33.322

HISTOIRE
D'ELBEUF

par H. SAINT-DENIS

TOME X

(De 1846 à 1865)

ILLUSTRÉ DE 12 PLANCHES HORS TEXTE

PAR DÉLIBÉRATION DU CONSEIL MUNICIPAL D'ELBEUF,
EN DATE DU 9 MAI 1894

Elbeuf. — Imprimerie H. Saint-Denis

1903

HISTOIRE D'ELBEUF

—

TOME X

UN TABLEAU DU MUSÉE MUNICIPAL. (VUE D'ELBEUF)

HISTOIRE
D'ELBEUF

par H. SAINT-DENIS

TOME X

(De 1846 à 1865)

ILLUSTRÉ DE 12 PLANCHES HORS TEXTE

PAR DÉLIBÉRATION DU CONSEIL MUNICIPAL D'ELBEUF,
EN DATE DU 9 MAI 1894

ELBEUF. — IMPRIMERIE H. SAINT-DENIS

1903

HISTOIRE D'ELBEUF

Tome Dixième

CHAPITRE Ier
(JUILLET DÉCEMBRE 1846)

Mlle Georges a Elbeuf. — Condamnations a propos de l'émeute de mai. — L'attentat Henry ; adresse a Louis Philippe. — Dernière exposition publique de criminel. — Élections municipales. — Grèves ; arrestations. — Le projet de caserne et l'intendance militaire. — La passion du jeu. Élections dans la garde nationale.— Installation de la municipalité, — Cherté des vivres.

Le ministre visa, le 9 juillet 1846, un arrêté défendant de se baigner sur la rive gauche de la Seine à Elbeuf. Les baigneurs devraient se rendre soit chez M. Hurel, dont l'établissement se trouvait à peu près en face de la rue.

de Paris, soit aux bains situés au bout de l'île Le Comte, près de celle de la Bastide, c'est-à-dire un peu en aval du pont suspendu.

Le « père Hurel », maître de bains, était porteur de deux médailles ; disons tout de suite que, vers 1859, il comptait 21 sauvetages.

Le grand évènement du mois de juillet 1846, à Elbeuf, fut la série de représentations que vint donner Mlle Georges, la célèbre artiste, alors âgée de 59 ans. Voici le tableau des pièces qu'elle joua sur notre théâtre, le montant de la recette de chaque soirée et celui des dépenses. C'est sans doute à la chaleur excessive qu'il faut attribuer le peu de monde qu'elle attira à deux de ces représentations :

Dates	Pièces	Recettes	Dépenses
9	Indiana, Marie Tudor......	618.45	140.50
12	Jeanne et Jeanneton, Lucrèce Borgia..................	690.25	142.75
13	Le Bénéficiaire, Mérop......	281. » »	136.95
16	Le Commis et la Grisette, Sémiramis................	341.55	136.75
19	Un Monsieur et une Dame, la Tour de Nesle............	869.40	160.20

Jamais la recette au théâtre de notre ville n'avait atteint 869 fr. dans une seule soirée. Mais elle fut dépassée le 29 juin 1848 avec *les Mousquetaires* ; cependant cette dernière représentation laissa en perte le directeur, qui était toujours M. Fleury dit Jeault, lequel avait fait venir des costumes et des décors nouveaux pour cette pièce.

En ce même mois de juillet 1846, un tir à la cible fut établi, pour la garnison, dans la prairie de M. Fouquier-Long, aux abords de la forêt, près du chemin de la Saussaye.

Les murs qui séparent l'hospice de la rue Bertaut datent également du mois de juillet.

Le 16, un incendie se déclara rue de la Porte-Rouge dans l'atelier de tissage de M. Félix Lefebvre ; l'immeuble, appartenant à M. Gorju, fut complètement détruit avec ce qu'il renfermait.

Dix-huit des malheureux compromis dans l'affaire des 22 et 23 mai passèrent en cour d'assises le 21 juillet. Douze furent condamnés à des peines variant d'un mois à deux ans de prison. Leur défense avait été présentée par MM. Deschamps, Génot, Savalle, Baudry, Boivin-Champeaux, Calenge, Vaucquier du Traversain, Cauvet, Maridor, Nion et Néel.

Le 6 du mois suivant, dix-neuf autres inculpés dans la même affaire furent traduits en correctionnelle. Les condamnations prononcées contre quinze d'entre eux varièrent d'un mois à trois mois de prison et de 16 à 20 fr. d'amende.

Un second attentat en l'année 1846 avait été commis sur Louis-Philippe.

Pendant les fêtes de Juillet, un nommé Joseph Henry, caché derrière une statue du jardin des Tuileries, tira, hors de portée, deux coups de pistolet sur le roi, qui saluait la foule assemblée sous les fenêtres du palais.

Ce ridicule attentat, le septième contre le roi Philippe personnellement, donna une nouvelle force au ministère pour les élections législatives qui eurent lieu tout de suite après.

Le Conseil municipal d'Elbeuf ne manqua pas à son habitude. Réuni d'office le 31 du même mois, il signa l'adresse suivante, que M. Bourdon avait écrite avant la séance :

« Sire ; une main coupable vient encore d'attenter à la vie de Votre Majesté.

« Au forcené que la justice vient de punir

— allusion à Lecomte, exécuté en juin — succède un autre forcené, dont la présence de la Reine, celle de votre noble famille, l'amour enfin de la population qui vous saluait de ses acclamations, n'ont pu désarmer le bras.

« En apprenant ce nouvel attentat, Sire, nous sommes tous saisis de stupeur. Il n'est donc rien de sacré pour des hommes qui ne craignent pas, dans leur affreux délire, de menacer une existence si laborieusement consacrée au bonheur de la France ?

« L'éclat que vous répandez sur le trône, par vos vertus et votre sagesse ; la vénération dont vous êtes entouré, la perspective des maux qu'ils attireraient sur tout un peuple ; rien ne peut donc arrêter leur rage.

« Mais la Providence continue, Sire, à veiller sur vous et sur la France. Si le crime ne se lasse pas, s'il redouble d'acharnement, elle aussi reste infatigable et redouble de vigilance : elle vous couvrait encore le 29 juillet de sa visible protection ; elle préservait par un nouveau miracle votre tête précieuse, et nous l'en bénissons !

« Nous n'avons, Sire, qu'un cri d'admiration pour le courage et le sang froid inaltérable de Votre Majesté, pour l'étonnante sérénité de votre âme, lorsqu'au moment même du danger, vous ne songiez qu'à calmer les vives alarmes qu'il avait fait naître.

« Nous avons à la fois un autre cri, Sire, un long cri de réprobation et d'horreur pour les misérables qui osent porter atteinte à vos jours, et fouler aux pieds toutes les lois divines et humaines.

« Tels sont, Sire, les sentiments de vos très fidèles et très dévoués serviteurs ».

MM. Levasseur et Barbé déclarèrent, le 1er août, qu'ils allaient faire paraître, le dimanche et le jeudi de chaque semaine, une feuille politique intitulée : *Journal d'Elbeuf. des départements de la Seine-Inférieure et de l'Eure.*

M. Victor Grandin fut réélu, pour la seconde fois, député au Corps législatif le 2 août.

La dernière exposition publique de criminel fut celle du nommé Kairis, sujet belge, demeurant à Orival, ancien marchand de déchets, qui fut exposé au poteau sur la place du Coq. Il avait été condamné le 18 juillet, par la cour d'assises de Rouen, pour avoir fait usage d'un billet faux et banqueroute frauduleuse, à sept années de réclusion, 100 francs d'amende et à l'exposition.

Au commencement d'août, le bruit se répandit que le détachement du 18e de ligne en station à Elbeuf allait partir. Le maire écrivit au préfet, lequel lui répondit que ce bruit était sans fondement, mais témoigna au maire la satisfaction qu'il éprouvait de voir l'intérêt qu'il portait au maintien de l'ordre dans notre ville en demandant la conservation de la garnison.

Le 15, beaucoup d'Elbeuviens se rendirent au Val-de-la-Haye, où l'on devait poser solennellement un aigle sur le monument élevé dans cette commune, sur le bord de la Seine, en commémoration du transbordement des cendres de Napoléon. Les Anciens militaires d'Elbeuf avaient à leur tête M. le docteur Godquin, président de la Société.

Une ordonnance royale en date du 24, augmenta le nombre des juges au Tribunal de commerce, qui dès lors fut composé d'un président, de quatre juges et de quatre juges suppléants.

Le 25, M. Laurent Collas rentra à la Chambre consultative, en remplacement de M. Paul Sevaistre.

Des élections municipales ayant eu lieu, il fut procédé à l'installation des élus, qui étaient MM. Pierre-Mathieu Bourdon, Delalande père, Pierre-Augustin Laurents, Louis-Robert Flavigny, Join-Lambert fils Bernard, François Rouvin, Alphonse Martel, Alphonse Sauvage, Charles Houllier, Hippolyte Delarue et Quesné-Dévé. MM. Henri Quesné, Paul Sevaistre, Isidore Lecerf et Bouffard, également élus, mais absents, furent installés dans la séance suivante.

Ce jour-là, le Conseil rejeta une proposition de M. Dautresme, tendant à faire imprimer le budget avant le vote, afin que chaque membre put l'examiner chez lui, à loisir.

Vers la fin d'août les ouvriers couvreurs se mirent en grève ; ils réclamaient que leur salaire fût porté de 2 fr. 50 à 3 fr. par jour ; une entente survint après quelques jours de chômage.

En ce même temps, des tisserands en drap projetaient une mise-bas générale, afin d'obtenir également une augmentation des salaires ; mais la grève n'éclata que dans l'établissement Sevaistre et Legrix, et ne dura que fort peu de temps.

La Chambre consultative fut informée, le 9 septembre, par M. Victor Grandin, de la formation, avec l'autorisation du gouvernement, d'une association ayant pour objet la liberté illimitée du commerce avec l'étranger. La Chambre protesta contre ce projet et appela à son aide tous les corps constitués d'Elbeuf.

Huit jours après, les membres du Conseil municipal, du Conseil des prud'hommes, du Tribunal de commerce et de la Chambre consultative, formèrent un comité de résistance contre le projet de libre échange. L'assemblée vota un crédit de 4 000 fr. pour les besoins de la cause protectionniste.

A la séance municipale du 22 septembre, il fut reparlé du chemin de fer.

M. Bourdon répondit, à une proposition de M. Tabouelle, que les compagnies étaient fort tièdes pour le moment et que des démarches seraient tout à fait inopportunes.

M. Colvée dit que M. Méry, ingénieur en chef du département de l'Eure, lui avait communiqué des plans, d'après lesquels le chemin de fer de Caen, traversant la Seine au Gravier, l'embarcadère serait placé dans une des îles sur lesquelles reposait la chaussée du pont suspendu. L'exécution de ces plans, que M. Colvée croyait prochaine, satisfaisait les intérêts d'Elbeuf, d'autant plus qu'il était en outre question d'un projet de jonction de cette ligne avec celle de Rouen à Reims.

Un incident se produisit, le 30 septembre, en séance du conseil municipal.

M. Paul Sevaistre pria M. Bourdon, président, de vouloir bien dire s'il avait l'intention, dans le cas où il accepterait de nouveau la place de maire, d'en remplir les fonctions sans adjoints.

M. Mathieu Bourdon répliqua, qu'ignorant s'il serait confirmé dans les fonctions qu'il occupait provisoirement, il ne pouvait répondre à l'interpellation ; et que, d'ailleurs, les conseils municipaux n'avaient pas le droit de s'immiscer dans une question de cette nature, toute politique, et conséquemment en dehors de leurs attributions

M. Sevaistre objecta que les troubles des 22 et 23 mai avaient démontré la nécessité d'une administration complète et qu'il croyait être l'organe du Conseil et de la ville entière en formulant ce vœu.

Le président répliqua que si les fonctions de maire lui étaient conférées de nouveau, il ferait, comme précédemment, tous ses efforts pour décider deux de ses collègues à accepter celles d'adjoint.

M. Victor Grandin déclara qu'il ne pensait pas, comme M. Sevaistre, que les événements de mai eussent prouvé que l'administration n'avait pas fait tout ce qu'il était possible de faire. Chacun de nous, dit-il, a complété l'administration dans ces jours néfastes. Il faudrait donc prendre garde qu'un blâme parût être déversé sur le maire à l'occasion d'événements où sa conduite n'a mérité que des éloges.

Un grand nombre de membres du Conseil approuva ces paroles.

M. Paul Sevaistre reprit la parole. Il n'entendait pas blâmer le maire, mais il croyait avoir le droit de s'occuper de cette question. Il proposa que le Conseil émît le vœu que l'administration fût à l'avenir complétée par deux adjoints.

M. Bourdon répondit qu'il ne pouvait laisser mettre aux voix cette proposition, qu'il considérait comme un empiétement sur les prérogatives royales.

On trouvera, sans doute, quelque intérêt à une lettre adressée, le 7 octobre, par le maire au préfet, et dont voici quelques extraits :

« Lorsque la ville d'Elbeuf, à la suite des déplorables événements qu'elle a éprouvés dans les journées des 22 et 23 mai dernier, adressa les plus vives instances à l'autorité supérieure pour obtenir une garnison, elle ne balança pas à s'imposer de grandes charges.

« En même temps que son conseil municipal votait une somme de 30 000 fr. à l'effet de concourir avec l'Etat à la construction d'une caserne, sur un terrain dont elle déclarait faire l'abandon gratuit, elle louait transitoirement, au prix énorme de 1.250 fr. par an, une maison pour loger la troupe et y dépensait plus de 1.000 fr. pour l'aménager.

« Malgré ces efforts pécuniaires, hors de proportions avec les ressources de la ville, lesquels efforts devaient présenter la mesure du prix qu'elle attache à la conservation d'une force permanente pour prévenir tout retour de troubles, surtout dans un hiver où la cherté du pain peut réveiller les dispositions séditieuses de la classe ouvrière, l'Etat ne paraît pas avoir tenu suffisamment compte de l'absolue nécessité de pourvoir à la construction d'une caserne définitive.

« La municipalité n'en a reçu que des réponses dilatoires qui ne donnent aucune garantie, aucune sécurité, dans une ville où les troubles antérieurs ont jeté de profondes inquiétudes et où ces inquiétudes deviennent chaque jour un obstacle de plus en plus sérieux au développement de l'industrie, alors qu'il serait si important, au contraire, de stimuler le travail dans l'avenir.

« L'opinion publique justement alarmée m'accuse de ne pas avoir assez insisté sur tous les points, et quoique ma conscience ne me reproche rien à cet égard, il est de mon devoir de continuer à réclamer une satisfaction dont l'absence me laisse en état de suspicion.

« ... Pour que la troupe soit toujours disponible en cas d'émeute, j'ai constitué à l'Hôtel de Ville un poste de 2ᵉ classe, et, pour veiller à la discipline des soldats du détachement, un autre poste de 3ᵉ classe a été formé à la caserne même ».

Le maire se plaignit de l'intendant militaire, qui voulait laisser à la charge de la ville les fournitures pour le chauffage de la troupe, sous prétexte qu'Elbeuf n'était pas une ville de garnison.

Il ajouta que l'un des deux postes serait remis à la garde nationale après sa réorganisation, mais qu'il en serait établi un autre par la troupe de ligne « dans le carrefour où l'émeute du mois de mai a pris naissance et où se rassemblent très fréquemment encore des individus sur lesquels il est indispensable d'exercer une active surveillance... »

Une des plaies d'une partie de la population ouvrière de notre ville était le jeu. Sur le Champ-de-foire, sur les quais, les places publiques, dans les terrains vagues, dans les rues même, mais particulièrement à l'entrée de la forêt d'Elbeuf, au lieu dit l'Arbre d'amour pendant la belle saison, et dans l'intérieur de l'immense caverne de la côte Saint-Cyr, pendant l'hiver et la nuit, on voyait des groupes de joueurs de dés, qui parfois avaient de violentes querelles entre eux.

On jouait également « au flu », variété de trente-et-un, que les gamins apprenaient dès l'école.

Des cafés étaient aussi notoirement connus

pour être des tripots, où souvent des ouvriers perdaient le gain de toute une semaine de travail.

Le maire voulut interdire ces abus. Il prit un arrêté, le 16 octobre, en conséquence ; mais la préfecture ne voulut point l'approuver, de sorte qu'il demeura sans effet ; cependant, un autre arrêté, ne concernant que les jeux de hasard sur la voie publique, reçut quelques jours après l'approbation préfectorale. Un arrêté spécial réglementa les jeux dans les cafés.

En novembre, on ouvrit une souscription au profit des inondés de la Loire ; elle produisit une somme de 872 fr.

Les droits d'entrée sur les charbons de terre venaient d'être supprimés. En octobre, une protestation, signée par 154 habitants de la ville, s'éleva contre les droits récemment mis, en remplacement, par le conseil municipal, sur les sucres, cafés, cacaos, chocolats et cassonnades, en ajoutant que ces droits pourraient être reportés sur d'autres articles qu'ils indiquaient.

Cette pétition fit l'objet d'une discussion à l'assemblée municipale du 19 du même mois. On décida de supprimer le droit sur les cassonnades et de réduire ceux mis sur les autres denrées à 2 centimes par kilog.

La grosse question du moment était celle du libre-échange. Les manufacturiers, commerçants, propriétaires et électeurs communaux, se réunirent au nombre de plus de quatre cents, le mercredi 28, à l'Hôtel de Ville, pour délibérer sur les mesures à prendre en vue du danger qui menaçait l'industrie nationale.

Un comité de défense fut nommé; il se composait de MM. Houllier père, Alex. Poussin, Henri Quesné fils, Hippolyte Delarue, Auguste Malteau, Th. Chennevière et Lefort-Henry. On arrêta qu'une souscription, à raison de trois pour cent du montant des contributions directes, serait ouverte pour donner au Comité central de Paris les moyens de résister contre l'Angleterre.

En ce même temps, M. Victor Grandin, député, intenta un procès au *Journal des Débats*, libre échangiste, qui, l'ayant attaqué, avait ensuite refusé de publier la réponse de notre concitoyen. Le journal fut condamné.

A partir du 25 octobre, il fut procédé à de nouvelles élections dans la garde nationale. Furent élus ou réélus, MM. :

Sapeurs d'élite : Victor Pannier, sergent.

Musiciens : Pierre Lejeune, chef ; Alexandre Porquet, sous-chef.

Chasseurs à cheval : Thony Salambier, lieutenant ; Pierre-Edmond Turgis, s.-lieutenant.

Sapeurs pompiers : Léon Pion, capitaine ; Pinchon, lieutenant ; Romain Leroy et Picard, sous-lieutenants.

Grenadiers : Paul Sevaistre, capitaine ; Parfait Delanos et Lecoq, lieutenants ; Victor Papavoine et Cotelle, sous-lieutenants.

Voltigeurs : Loslier-Thimus, capitaine ; Benoist Boisguillaume, lieutenant ; Alex. Lebret et Lecerf fils, sous-lieutenants.

1re Cie *de chasseurs :* Victor Ménage, capitaine ; Ch. Flavigny, lieutenant ; A. Godet et Martin-Bénard, sous-lieutenants.

2o Cie *de chasseurs :* Randoing, capitaine ; Lebret et Barbe, lieutenants ; Traber et Duhamel, sous-lieutenants ;

3e Cie *de chasseurs :* Suzanne, capitaine ;

Vernier, lieutenant ; Victor Fréret, sous lieutenant.

4e Cie *de chasseurs :* Flamant, capitaine ; Louis Dumor, lieutenant ; Florentin Lanne, sous-lieutenant.

1re Cie *de fusiliers :* Milliard et Pierre Vallée, capitaines ; Xavier Leroy et Théophile Lefebvre, lieutenants ; Yves Dupré et Félix Gariel fils, sous-lieutenants.

2e Cie *de fusiliers :* Polo et Limet, capitaines ; Dupuy et Leblanc, lieutenants ; Ovide Picard et Thibaut, sous lieutenants.

MM. Emile Delaunay et P.-A. Laurents furent réélus, le premier, chef de bataillon, et le second, porte-drapeau.

Une nouvelle grève de tisserands éclata, en octobre, dans l'établissement de M. Victor Gombert. Les grévistes se réunissaient dans la carrière Mulot et organisaient des souscriptions.

Le mardi 27, le parquet revint à Elbeuf, escorté de M. Loritz, commandant de gendarmerie, et de vingt gendarmes de Rouen. Trois ouvriers furent arrêtés pendant la nuit et conduits à Rouen le lendemain matin ; on en arrêta deux autres dans la journée du mercredi. Il furent tous condamnés, pour coalition, d'un jour à un mois de prison.

M. Bourdon, qui avait été confirmé dans ses fonctions de maire, par ordonnance royale du 1er novembre, avec MM. Join-Lambert et Colvée pour adjoints, dit au Conseil, le 20 du même mois, que, pour plus de convenance et ajouter au caractère dont elle était revêtue, l'administration prendrait désormais l'uniforme, comme insigne de la magistrature civile. Il demanda que cette mesure fût suivie également par les commissaires de police, pour lesquels M. Bourdon demanda le vote d'un crédit de 300 fr. destiné à leur habillement. Le Conseil adopta cette proposition.

Le maire représenta également que, pour répondre au zèle des officiers de la garde nationale pour la réorganisation de ce corps, il convenait de faire une demande de 300 fusils au ministre de la guerre, afin d'armer tous les gardes nationaux. L'assemblée adopta cette proposition.

M. Bourdon informa le Conseil que le ministre de la guerre avait refusé toute allocation pour la construction d'une caserne. Séance tenante, l'assemblée prit une délibération, basée sur de nombreux considérants, pour tenter un nouvel effort.

Ce même jour, M. Houllier fit la proposition suivante :

« Le fils d'un de nos honorables collègues, M. Dautresme, a obtenu son admission à l'Ecole polytechnique, où il entre avec le numéro 42 sur 150 concurrents. Un résultat aussi distingué ne peut être indifférent à aucun des habitants d'une ville où l'on sait apprécier les mérites de l'instruction. Je propose de faire mention d'un succès aussi brillant sur le registre de nos délibérations »

A l'unanimité, le Conseil vota cette proposition. M. David Dautresme, présent, remercia ses collègues et leur annonça qu'il ferait part à son fils de cette flatteuse preuve de sympathie.

Quelques jours après, M. Mathieu Bourdon reçut cette lettre :

« Monsieur ; j'ai été profondément touché de la bienveillante manifestation du conseil municipal d'Elbeuf et je viens aujourd'hui lui en exprimer toute ma reconnaissance.

« J'accepte les félicitations qui m'ont été si obligeamment adressées comme le témoignage flatteur d'une sympathie que je suis heureux d'inspirer, en même temps que je les considère comme la plus haute récompense qu'aient pu ambitionner les laborieux efforts dont vous parlez. Les travaux les plus pénibles deviennent bien légers, Monsieur, alors qu'ils reçoivent un accueil si favorable.

« Permettez-moi, en finissant, de m'excuser du retard que j'ai mis à répondre à votre lettre ; au moment où elle m'est parvenue, j'étais à l'infirmerie, brisé par une maladie dont je suis à peine guéri.

« J'ai l'honneur d'être, Monsieur, votre très humble serviteur. — Lucien DAUTRESME ».

Le 20 novembre également, on procéda à l'installation de nouveaux magistrats consulaires, par suite de l'ordonnance royale du 24 août précédent, portant que le Tribunal de commerce d'Elbeuf serait à l'avenir composé d'un président, de quatre juges et de quatre suppléants, ainsi que nous l'avons déjà dit.

Une autre ordonnance du roi, datée du 31 juillet, avait nommé M. Paul Sevaistre, président ; M. Noël Savoye, juge, en remplacement de M. Pierre Heullant ; et M. Charles Fourré, juge suppléant, pour remplacer M. Savoye.

Une troisième ordonnance royale, du 26 octobre, avait nommé M. Victor Barbier, suppléant, en remplacement de M. Charles Fourré, non acceptant, et une quatrième ordonnance, du 26 octobre également, avait nommé M. Auguste Lefort, et suppléants MM. Auguste Rocheux, Pierre-Isidore Lecerf fils et Sainte-Croix Desfresches.

La mauvaise récolte de l'année 1846 avait amené une cherté sur les subsistances. En décembre, le nombre des familles secourues était de 507, composées d'environ 2.400 individus. La ville leur fournissait alors 1.300 kilog. de pain par semaine, plus de la viande, de la paille, des couvertures, du bois, du charbon ; mais les ressources étant venues à manquer et le nombre des indigents augmentant chaque jour, le maire dut faire un appel à la charité publique.

Un détachement du 18e régiment de ligne était en garnison à Elbeuf à cette époque.

Il fut procédé solennellement, le 20 décembre, en présence des autorités civiles, militaires, judiciaires, religieuses et autres, à l'installation de M. Pierre-Mathieu Bourdon, chelier de la Légion d'honneur, renommé maire, ainsi que nous l'avons déjà dit, et à celle de ses adjoints, MM. François-Bernard Join-Lambert et Joseph Colvée. A cette occasion, M. Mathieu Bourdon prononça le discours suivant :

« Messieurs ; les suffrages de mes concitoyens m'ont continué dans mes fonctions de conseiller municipal ; la confiance du roi m'appelle, pour la troisième fois, à la tête de l'administration. L'ordonnance du 1er novembre, en m'imposant la continuité d'un fardeau bien lourd, devient néanmoins un bienfait pour moi : elle me donne deux collaborateurs.

« Depuis bien longtemps, je désirais voir l'administration complétée, et je m'applaudis sincèrement de partager avec des hommes sages et justement entourés de la considération publique, avec MM. Join-Lambert et Colvée, des fonctions qu'il m'a été si pénible de remplir pendant la dernière période triennale.

« A Dieu ne plaise cependant, Messieurs, que j'aie l'ingratitude d'oublier le puissant appui que vous m'avez prêté. Pendant cette épreuve de trois années, votre bienveillance m'a donné la force de remplir mes obligations; votre concours éclairé m'a aidé à ne laisser aucune partie du service en souffrance : vous et moi avons la conscience d'avoir bien fait.

« Mais, Messieurs, grande dans son but, féconde dans ses résultats, notre œuvre participe de la nature du temps. Comme lui, elle marche sans cesse ; comme lui, elle déroule lentement ses nécessités ; comme lui, elle révèle ses exigences ; nous devons donc, travailleurs infatigables, redoubler d'efforts pour ne faillir à aucun de nos devoirs.

« L'administration nouvelle trouvera les siens tracés dans la loi et plus encore dans une communauté de bienveillance, dans un échange de bons procédés, dans un amour sincère des intérêts de la cité. Aussi, toutes nos pensées, dégagées de prévention, exemptes de partialité, n'auront-elles qu'une tendance, celle de pourvoir à l'entretien, à l'amélioration de ce qui existe, et d'aider au développement de ce qui a besoin d'être créé.

« Déjà, Messieurs, vous avez, d'un commun accord, semé le germe de plusieurs de ces créations : il ne nous reste plus qu'à le féconder. Pour qu'elles puissent se développer et atteindre leur maturité, l'ordre public et la tranquillité sont indispensables : c'est une condition de vie pour une ville toute d'industrie et de commerce comme la nôtre.

« La garde nationale doit être reconstituée sur des bases solides ; elle doit servir de rempart contre le retour de scènes de désordre ; elle doit être la sauvegarde de toutes les classes de la société.

« Mais à son influence morale, il est prudent d'ajouter la puissance d'action, nous aurons donc à reproduire avec chaleur auprès du gouvernement, jusqu'à présent sourd à nos instances, la demande de l'établissement d'une caserne.

« La sécurité de la ville une fois assurée, il nous restera à nous occuper, permettez-moi cette expression, de ses besoins moraux et physiques.

« D'immenses améliorations, il est juste de le reconnaître, ont été provoquées par les administrations qui se sont succédé. Comparée à ce qu'elle était, il y a vingt ans, la cité d'aujourd'hui n'est plus reconnaissable. D'anciennes rues élargies, de nouvelles rues ouvertes, des places, des marchés créés sur des points divers, laissant circuler l'air et la lumière. Le port, rendu plus large, se prête mieux au mouvement des marchandises. De nombreux pavages rendent la circulation plus commode. L'éclairage, distribué sur une plus grande échelle, a reçu de notables perfectionnements. Des ponceaux, des aqueducs, ont contribué à l'assainissement de la voirie. Des fontaines publiques ont fourni à l'une des premières nécessités de la vie.

« Mais la salubrité publique réclame un établissement d'abattoirs et fondoirs : encore quelques efforts, et le sage projet que vous avez préparé à ce sujet ne peut manquer de recevoir son exécution.

« Le besoin de l'eau pour les usages domestiques et comme moyens de secours dans les incendies se fait sentir encore dans plusieurs quartiers.

« Le volume des eaux ménagères et industrielles prescrit sur beaucoup de points un écoulement plus facile pour la circulation publique.

« Un projet de construction simultanée d'une salle d'asile et d'une école primaire élémentaire atteste votre sollicitude pour les enfants de la classe ouvrière.

« A la subvention promise par le gouvernement, aux généreuses souscriptions particulières, la commune devra ajouter de nouveaux sacrifices : une combinaison satisfaisante, nous en avons l'espoir, sera soumise à vos délibérations.

« Ainsi se trouvera dignement complété le système gratuit d'instruction primaire élémentaire dont notre ville, la seule du département peut-être, puisse à juste titre s'enorgueillir.

« Les faibles crédits dont vous avez pu doter une bibliothèque publique, ont limité le nombre des volumes qu'elle renferme ; mais les ouvrages dont elle se compose sont de ceux qui font la gloire de la littérature française, et elle offre en même temps aux jeunes gens le complément d'une instruction solide et variée ; aux hommes murs, des délassements de bon goût et d'une saine morale. Le temps nous viendra en aide pour l'augmenter Dès à présent, elle peut, quand vous le jugerez convenable, être ouverte au public.

« Dans aucune circonstance, Messieurs, vos établissements de charité ne vous ont trouvés insensibles aux misères qu'il s'agissait de secourir, et vous leur avez accordé de larges dotations.

« Ne perdons pas de vue néanmoins que plus s'agglomère une population d'ouvriers dans notre ville, plus augmente le nombre des nécessiteux.

« L'hôpital reçoit plus de malades, les demandes pour la maison de bienfaisance et pour l'hospice des vieillards sont plus multipliées. Ah ! si nos ressources nous le permettaient que d'infortunes à soulager ! que de larmes à tarir !

« Mais nos efforts, quelque grands qu'ils soient, devenaient impuissants en présence des besoins de toute nature : vous avez été forcés de recourir à des emprunts, pour ne pas arrêter l'essor d'une ville qui a pris tout à coup un développement inespéré. Cet état de choses laisse à peu près impossible, pour longtemps encore, une réduction des impôts additionnels que nous avons votés, et c'est là, il faut bien le dire, un des plus vifs regrets que nous éprouvions.

« Espérons, Messieurs, que nous et nos enfants nous serons amplement dédommagés des sacrifices que nous sommes forcés d'imposer au présent et à l'avenir, par une prospérité croissante de notre cité manufacturière.

« Une question importante, qui se rattache à cette prospérité, la question du chemin de fer, semble pour ainsi dire, depuis plusieurs années, échapper à l'ardeur de nos vœux, à la persévérance de nos démarches. Espérons que les difficultés qui, en dehors de notre volonté, l'ont embarrassée et comme paralysée, finiront par s'aplanir, et qu'enfin elle recevra une solution impatiemment attendue.

« Dans cette énumération rapide et bien incomplète sans doute, nous avons essayé de vous indiquer le bien qui reste à faire. Ce serait une noble ambition que celle d'arriver intégralement au but proposé ; mais avec votre concours, nous essayerons d'entreprendre ce qu'il est humainement possible d'accomplir dans la limite restreinte d'une administration triennale ; nous laisserons donc à nos successeurs une tâche imparfaite, mais du moins, nous leur léguerons l'exemple d'intentions bonnes et droites, l'exemple d'un dévouement sans bornes au bien-être de la ville d'Elbeuf, et en même temps au gouvernement du roi, à son auguste personne et aux constitutions du royaume.

« Vive le roi ! Vive la France ! »

Un tableau de la chapelle de l'hospice montrant *Jésus portant sa croix et reconnaissant sa mère* porte cette inscription : Donné à l'Hospice le 30 décembre 1846 par Pierre-Prosper Potteau, né le 30 juillet 1777, paroisse Saint-Jean près l'église.

Un autre tableau placé dans la salle des décédés du même établissement, représentant *Jésus guérissant un paralytique*, est signé C. Henry.

La population d'Elbeuf, en 1846, était de 16.318 individus — On avait compté dans l'année 586 naissances, 141 mariages et 467 décès.

CHAPITRE II

(JANVIER-MARS 1847)

CHERTÉ DES SUBSISTANCES ; PROPOSITION DU MAIRE. — INQUIÉTUDES DE LA MUNICIPALITÉ; ELLE REDOUTE LA POPULATION DE CAUDEBEC ; PROJET D'EMPRUNT POUR SOULAGER LA MISÈRE ; ON PRÉFÈRE UNE SOUSCRIPTION PUBLIQUE. — M. VICTOR GRANDIN A LA TRIBUNE ; LE LIBRE ÉCHANGE. — DÉSORDRES A LA HALLE AU BLÉ. — UN EMPRUNT S'IMPOSE.

M. Joseph Aubert, alors âgé de 21 ans, se disposait, sur les conseils de M. Morin, directeur de l'Académie de peintnre de Rouen, à se rendre à Paris pour y continuer ses études. Avant de partir, il fit don à la ville d'Elbeuf d'une copie de Paul Véronèze, représentant *Saint Barnabé guérissant les malades.*

Le Conseil municipal, réuni le 4 janvier 1847, considérant que la copie offerte par ce jeune homme révélait les germes d'un talent qu'il fallait encourager ; que si Joseph Aubert, à force de travail et de persévérance, parvenait à inscrire son nom au nombre de ceux des peintres qui sont l'honneur de la France, une partie de cette gloire rejaillirait sur sa ville natale, surtout si sa ville natale lui avait prêté aide et secours, délibéra qu'une somme de 600 francs était accordée, à titre d'encouragement, au jeune artiste, et que le tableau, dont il venait de faire hommage à la Ville, serait placé dans la chapelle de l'hospice.

M. Maubec, pharmacien, rue Poulain, fut autorisé, le 6 janvier 1847, à ouvrir une savonnerie, rue Tournante.

Nous extrayons les quelques passages suivants d'un exposé sur la situation de l'industrie à Elbeuf aux premiers jours de l'année 1847.

« Le calme dans les affaires que notre fabrique ressent depuis deux mois est la reproduction de ce qui s'est passé l'année dernière à la même époque, et pourtant l'hiver s'est fait sentir assez rigoureusement. Mais la cherté des céréales et divers sinistres sur beaucoup de points de la France ont paralysé les transactions...

« Généralement, la fabrication a été restreinte sur toutes les espèces d'étoffes. Deux raisons sont à donner : le peu de confiance qu'inspiraient les affaires et l'élévation du prix des matières.

« ... La production dépasse la consommation ; c'est même un bien que les circonstances viennent porter à la réflexion les fabricants assez intempérants pour se laisser entraîner à fabriquer lorsqu'ils ont un choix très varié de matières premières.

« Depuis deux ans, la production est réduite d'un grand tiers ; si on se maintient dans cette réserve, notre fabrique n'a qu'à espérer un meilleur avenir...

« Cette année n'offrira pas, comme l'année

dernière, cette exubérance de nouveautés, qui firent de la saison une calamité. Pour les draperies, tout le monde sait le peu d'empressement qu'on a mis à en fabriquer..., la vente doit s'en faire assez rondement... »

D'un autre côté, une inquiétude, vague encore, assombrissait l'esprit de la classe bourgeoise de notre ville, un pressentiment lui disait que des événements graves pour sa sécurité pourraient se produire d'un jour à l'autre, pour des causes que M. Mathieu Bourdon, maire, exposa au conseil municipal dans la séance du 26 janvier.

En voyant l'augmentation progressive et rapide du prix des denrées indispensables à la vie, et surtout celui du pain, il avait, d'accord avec ses adjoints, pris la résolution d'en conférer avec l'assemblée municipale, et de rechercher les moyens de rendre moins lourde, pour la classe laborieuse, une augmentation qui était la suite naturelle de la mauvaise récolte de l'année 1846.

« La cherté des subsistances s'étend, dit-il, sur le pain, sur la viande et sur les liquides ; elle accroît la misère d'une population ouvrière, qui commence à souffrir de la privation de travail et dont il faut assurer l'existence; l'humanité le conseille, la prudence le commande. »

La taxe du pain était alors fixée au prix de 48 centimes le kilo. Les apports à la halle ne suffisaient pas pour subvenir aux besoins de la région. Pendant les dernières années, ces apports avaient été :

En 1839 de 28.335 hectolitres
— 1840 — 19 947 —

En 1841 de 38 485 hectolitres
— 1842 — 45 910 —
— 1843 — 30 045 —
— 1844 — 28 280 —
— 1845 — 36 855 —
— 1846 — 33 635 —

« L'augmentation du prix du pain, ajouta M. Bourdon, fait murmurer le peuple. Tout ce qui vient aggraver sa misère, il en fait remonter la cause au Conseil municipal. Ainsi, des gens mal intentionnés, ou qui ne comprennent pas les causes de la suppression prochaine des droits sur les houilles, suppression qui est la conséquence de la volonté législative, la lui font entrevoir comme un moyen de décharger la classe aisée au détriment de la classe pauvre. On interprète faussement les actes du Conseil municipal, tandis qu'on devrait bien faire connaître au peuple que la suppression des droits sur les houilles n'a d'autre but que de diminuer le prix des étoffes manufacturées et de réserver ainsi à son industrie les éléments d'un travail nécessaire.

« On devrait lui remettre sans cesse sous les yeux les efforts de toutes les administrations bienfaisantes de la ville. Cette année, le Bureau de bienfaisance distribue en secours de toute nature, une somme de 40.000 francs; l'Hospice, 36.000 francs ; les établissements d'enseignement gratuit coûtent 18.000 francs; ensemble : 94.000 francs.

« Mais n'y aurait-il pas lieu d'appliquer à la ville d'Elbeuf une mesure adoptée par d'autres villes et de diminuer pour les classes nécessiteuses le prix du pain dans une mesure raisonnable ?

«Vingt trois boulangers de la ville, neuf boulangers forains, fournissent tout le pain nécessaire à la consommation, et sur la consommation de chaque semaine. qui s'élève à 72.500 kilos, la boulangerie urbaine fournit 62.500 kilos, la boulangerie foraine 10.000 kilos.

« On doit estimer, autant qu'il est possible de le faire, que les 4/7 de cette quantité, soit environ 40.000 kilos, sont consommés par des personnes qui ne peuvent supporter une augmentation de taxe, et si le Conseil jugeait convenable de fixer pour cette classe pauvre, la taxe à 0 fr. 40, la différence serait de dix centimes, puisque la taxe réelle atteindra prochainement 0 fr. 50, et coûterait pendant une semaine 4.000 francs. Vingt-cinq semaines nous séparant encore de la récolte de 1847, une somme de 100.000 francs serait nécessaire pour suffire à cette dépense urgente.

« Où trouver cette somme ? »

Suivant M. Bourdon, il ne fallait pas toucher au crédit de 10.000 francs réservé pour la construction d'une caserne, la résidence d'une garnison à Elbeuf étant indispensable à la sécurité ; mais on pouvait faire appel à la charité et proposer une souscription semblable à celle qui avait été consentie pour repousser le libre échange ; mais de nombreux refus étaient à craindre. Il ajouta :

« Dans ces circonstances si difficiles, si pénibles, j'ai regardé comme un devoir de réunir le Conseil et de me concerter avec lui pour remédier à un état de choses qui renferme peut-être le germe de malheurs qu'il faut s'appliquer à prévenir. »

Après cet exposé, plusieurs membres prirent la parole ; leurs propositions prenaient toutes naissance dans un sentiment de générosité et d'humanité, mais parurent d'une application difficile. Une commission fut nommée au scrutin pour trouver une solution. MM. Lefort-Henry, Henri Quesné, Tabouelle, Paul Sevaistre et Isidore Lecerf furent désignés pour en faire partie. Ils se mirent aussitôt à l'étude de cette question.

La situation devenant chaque jour plus pressante, le Conseil se réunit de nouveau le surlendemain 28.

Le maire donna lecture d'une lettre de M. Victor Grandin.

Notre député s'était entretenu avec les ministres de l'Intérieur et du Commerce des inquiétudes que faisaient naître, à Elbeuf, l'augmentation du prix du pain. Les ministres pensaient qu'il n'y avait pas de motifs d'alarme sérieux, que la loi sur la libre introduction des récoltes aurait pour effet immédiat d'arrêter l'espèce de panique qui troublait les esprits. La disette n'était pas à craindre. Les ministres aideraient d'ailleurs, de tout leur pouvoir, les mesures que pourrait prendre la municipalité d'Elbeuf.

Trois communes étaient principalement mal cotées dans l'esprit de la bourgeoisie elbeuvienne : La Londe, Orival et surtout Caudebec, beaucoup plus importante par sa population ouvrière que les deux autres.

Dans cette même séance du 28 janvier, M. Bourdon lut une lettre du préfet sur l'extinction de la mendicité et la répression du vagabondage, et le maire profita de cette circonstance pour exposer combien le voisinage de Caudebec présentait de dangers pour la ville d'Elbeuf.

« Sans chercher, dit-il, à quelle cause il faut l'attribuer, il est malheureusement trop vrai que la commune de Caudebec manque d'action de police, qu'elle est privée de secours de bienfaisance pour ses pauvres. Là est le foyer d'une population mécontente, malveillante ; là grondent sourdement les passions mal conseillées par la misère ; de là partiront les menaces, les agressions peut-être, contre l'ordre et la tranquillité de la ville d'Elbeuf

« Un semblable voisinage inspire des craintes sérieuses, et il appartient à l'administration supérieure d'apporter le poids de son autorité pour réformer un état de choses déplorable, et étouffer, par de sages mesures, le germe de malheurs incalculables. Il y aurait donc lieu d'inviter M. le Préfet à prendre en sérieuse considération la position de la commune de Caudebec. »

Après ce discours l'assemblée prit la délibération qui suit :

« Le Conseil, considérant qu'il importe à la sécurité de la ville d'Elbeuf que la commune de Caudebec, dont elle est limitrophe, ne puisse présenter une retraite à tous les malveillants qui voudraient troubler l'ordre public ;

« Que le mécontentement des ouvriers mal intentionnés prend naissance dans l'absence de secours sagement distribués et d'un allègement apporté à leur misère ; qu'ainsi, le besoin de l'action surveillante d'une police et d'un bureau de bienfaisance à Caudebec est incontestable :

« A l'unanimité délibère :
« M. le Préfet sera instamment prié de constituer la commune de Caudebec, de manière à ce qu'il y soit établi une police active et créé un bureau de bienfaisance, et qu'enfin cette commune, qui atteint presque aux proportions d'une ville, reçoive une organisation complète. »

L'assemblée discuta ensuite sur la question des subsistances.

M. Quesné-Devé se prononça en faveur d'un emprunt de confiance constitué en actions de 500 francs, ne portant intérêt que lorsqu'il serait autorisé par le gouvernement.

M. Patallier rappela que lors de la création du premier emprunt de 250.000 francs, on avait tenté un moyen pareil, et il ne s'était présenté qu'un souscripteur, feu M. Grémont. Une souscription publique serait préférable ; elle aurait une influence morale sur la masse de la population. La classe malheureuse, informée qu'on s'intéresse à ses souffrances, aurait plus de courage pour les supporter avec patience. La générosité publique provoquerait chez elle des sentiments de reconnaissance et contribuerait puisamment à la convaincre que les secours grandiraient avec les besoins et ne lui manqueraient jamais de la part de ses concitoyens riches.

M. Dautresme objecta que, généralement les citoyens les plus aisés seraient ceux qui, toutes proportions gardées, souscriraient le moins. L'emprunt avait le désavantage des lenteurs administratives. On pourrait d'abord se servir des 10.000 francs de la caserne, le ministre ne se montrant pas favorable à cette construction ; en tous cas, il valait mieux, pour le moment, donner des secours aux pauvres que de songer à une caserne.

M. Paul Sevaistre se prononça pour les conclusions du rapport, proposant une souscription publique.

M. Fouard était aussi pour une souscription, mais il désirait que l'on épuisât d'abord toutes les réserves. Ainsi, dit-il, Madame Grandin de la Bretèque, ayant légué 20.000 fr. aux pauvres d'Elbeuf, on pourrait se servir de cette somme. Des aumônes qui avaient été recueillies pour une salle d'asile et l'achat d'un terrain, pourraient encore être employées à acheter du pain. Dût-on employer aussi les 10.000 francs de la caserne, il faudrait le faire encore, quitte à reconstituer ce fonds plus tard.

M. Bourdon exposa que les 20.000 francs de Mme Grandin étant payables par annuités ne pouvaient être d'un grand secours immédiat; d'ailleurs, suivant la volonté de la testatrice, cette somme devait être placée en rentes sur l'Etat. L'encaisse de la salle d'asile appartenait aux Dames inspectrices qui l'avaient donnée avec intentions spéciales, de même que la somme destinée à la caserne devait être réservée.

M. Lefort-Henry, rapporteur, dit que si le conseil municipal donnait un bel exemple de générosité, l'impulsion pour la souscription serait puissante. Elle aurait aussi l'avantage de faire cesser des plaintes mal fondées et ôterait tout prétexte à de fausses interprétations. La population ne pourrait plus accuser le Conseil de dégrever le charbon de terre au profit des grandes manufactures, car la souscription puiserait dans la bourse du riche pour verser l'aumône dans la main du pauvre.

M. Victor Quesné s'étonna qu'il ne fût point proposé d'ateliers de charité pour fournir de l'ouvrage aux bras qui en manquaient.

M. Colvée signala les inconvénients des ateliers de charité, sans les repousser d'une manière absolue ; mais le travail n'était pas réduit au point qu'il fût nécessaire d'en ouvrir immédiatement. La gêne provenait surtout de la cherté des vivres. Il se prononça pour une souscription.

M. Th. Chennevière considérait une souscription comme insuffisante, et il fallait se mettre en garde contre les éventualités par un emprunt de 100.000 francs ; il ne fallait pas craindre de frapper la propriété ; pour moi, dit-il, je suis sans pitié pour la propriété : je voterai pour un emprunt.

M. Flavigny se rallia aux propositions de la commission, bien qu'il préférât l'emprunt, qui aurait l'avantage de répartir plus également la charge.

La discussion continua encore quelque temps, puis le maire mit aux voix les conclusions du rapport, que le Conseil adopta à une très grande majorité.

Il fut décidé que les conseillers municipaux s'inscriraient les premiers sur la liste de souscription, et que, chacun dans sa section, ferait des visites à domicile pour recueillir des fonds.

Séance tenante, les membres du Conseil s'inscrivirent : le montant total de leur souscription se monta à 5.250 francs.

Puis le Conseil rédigea une circulaire pour être adressée aux manufacturiers, commerçants et propriétaires ; elle était ainsi conçue:

« Le prix élevé des céréales et des denrées servant à l'alimentation, le ralentissement du travail industriel, augmentent chaque jour la détresse de la classe ouvrière. Bientôt, la dotation du Bureau de bienfaisance va se trouver entièrement épuisée.

« Le Conseil municipal s'est vivement ému de l'impérieuse nécessité d'un secours prompt, et ne trouvant dans les ressources de la commune que le mode presque impraticable d'un nouvel emprunt, exigeant d'ailleurs une longue attente, lorsqu'il fallait agir de suite, il a reconnu que l'unique moyen était de faire un appel immédiat aux sentiments d'inépuisable charité qui animent les habitants.

« L'impulsion devait partir de lui ; une souscription ouverte séance tenante, au nom des vingt-sept membres qui le composent, a produit 5.250 francs.

« L'exemple qu'il donne sera suivi sans nul doute; la bienfaisance publique complètera la somme indispensable pour traverser des moments difficiles.

« Le Conseil témoigne à l'avance, au nom du pays, sa profonde reconnaissance envers toutes les personnes généreuses qui voudront bien répondre à ses vues d'humanité. »

Le même jour, le Conseil adressa au comte Duchatel, ministre de l'Intérieur, une demande de secours, de laquelle nous relevons les passages suivants :

« Nous vivons au milieu d'une population agitée par les passions et secrètement excitée en ce moment même par des agents de trouble. Le premier devoir était de prévenir une colli-

ANNÉE 1847 33

sion nouvelle, pouvant devenir plus funeste encore que celle des 23 et 24 mai dernier. »

La souscription en ville s'éleva à 36.633 fr.; la liste des souscripteurs fut imprimée et distribuée.

Une représentation donnée au théâtre, au bénéfice de l'hospice, produisit un boni net de près de 700 francs. Quelques jours après, le ministre envoya 2.000 francs à cet établissement, toujours très gêné par la cherté des subsistances.

La garde nationale reçut un nouveau règlement vers la fin du mois de janvier.

A partir du 31, le prix du pain fut ainsi fixé ; régence ou pain à sabot, 55 centimes le kilo ; pain bourgeois, 50 centimes ; pain bis, 42 centimes.

Par ordonnance royale du 5 février, M. Lefèbre, ancien clerc de MM. Legrelle et Buée, fut nommé notaire en remplacement de M. Auney, démissionnaire en sa faveur. Son étude était rue de la Barrière.

Dans un discours que M. Victor Grandin prononça à la Chambre, dans les premiers jours de février, pour mettre le gouvernement en demeure de s'expliquer sur la question du libre échange, il déclara que, depuis trente-trois ans qu'il était dans les affaires, jamais il n'avait assisté à une situation aussi triste et aussi difficile que celle du moment, et que cette situation s'aggravait des théories que cherchaient à faire triompher certains économistes.

Et comme il avait prononcé le nom de Hume à la française, les députés du centre se mirent à rire aux éclats. Aussitôt, M. Grandin leur dit :

« Riez, Messieurs, je ne me pique pas de connaître aussi bien que vous les finesses de la langue anglaise ; je me contente de parler le français aussi clairement que possible, et il y a quelque chose à quoi je tiens davantage, c'est à défendre les intérêts de l'industrie et du commerce français. »

M Grandin dit que l'appui apparent donné par le gouvernement aux libres échangistes avait porté partout la consternation ; qu'à Elbeuf, la valeur des propriétés servant à la fabrication avait baissé d'un tiers; il termina par ces paroles :

« Il a fallu des motifs bien graves pour que le gouvernement, qui doit en partie son établissement à l'industrie — car Elbeuf, pour sa part, a envoyé un grand nombre de citoyens à Paris, le 28 juillet — se décidât à la sacrifier. Que le pays ne se décourage pas ; qu'il multiplie ses manifestations ; car, au temps où nous en sommes, c'est un ministre qui l'a dit : C'est la force qui fait le succès. »

Ce discours produisit une vive sensation.

Vers cette époque M. Léon Heureux publia un recueil de poésies, qu'il mit en vente au profit des pauvres de notre ville.

M. Horcholle fit enregistrer son diplôme de pharmacien, le 9 février 1847.

Un arrêté du maire, en date du 28, porte que les barraques établies sur la place Saint-Louis, tant pour les foires de la Passion et de Saint-Gilles qu'à l'occasion du jour de l'An, seraient reportées sur la place Lécallier.

Conformément au désir exprimé par le commandant de la garde nationale, le corps municipal décida, dans sa séance du 14 février, de demander cinquante mousquetons pour la tenue de la subdivision de cavalerie de la garde nationale

Le même jour, le Conseil adopta l'offre que lui faisait M. Lesseré-Grémont d'ouvrir une rue commençant de la Seine et allant à la rue Louvet.

M. Pierre-Yacinthe Sèbe, décédé subitement le 22, fut enterré le 25 ; il était âgé de 67 ans.

Le préfet avisa le maire de notre ville, le 26 février, que le directeur d'artillerie du Havre tenait 300 fusils à la disposition de la garde nationale d'Elbeuf.

Un commencement d'émeute se produisit sur la place Bonaparte, à la halle du 27 février; des femmes voulurent forcer un cultivateur à leur livrer pour 50 francs une mesure de deux hectolitres de blé, dont le prix était, ce jour-là, de 78 à 82 fr. Le refus du vendeur exaspéra ces femmes.

Les ouvriers qui, au nombre de 200 à 300, se réunissaient, depuis plusieurs semaines, comme curieux, sur la place de la halle, poussèrent des clameurs menaçantes Des pierres furent lancées sur les agents de la force publique ; un spectateur, atteint au visage, eut deux dents brisées.

Un acheteur de Saint-Aubin, qui retournait chez lui avec un sac de blé acheté suivant le cours du marché, fut poursuivi, injurié et même frappé par des gens qui ne s'arrêtèrent qu'à la barrière du pont suspendu.

Suivant un rapport qui fut fait de cet événement, sans la présence d'un fort piquet d'infanterie sur la place, et la prudence de la police, cette affaire aurait eu des suites fâcheuses.

Le maire prit un arrêté, le 28, pour défendre tout rassemblement sur la place Bonaparte pendant les tenues du marché au grain. L'accès de la place ne fut permis qu'aux cultivateurs et aux personnes désirant acheter du blé. A cet effet, des piquets de garde nationale, des troupes de ligne et de gendarmerie furent placées aux abords du marché.

A partir de ce même jour, le prix du pain fut ainsi fixé : blanc, 59 centimes ; bourgeois, 54 centimes ; bis, 46 centimes le kilo.

A la séance municipale du 5 mars, le maire, après avoir rappelé les troubles de la dernière halle, dit que l'administration était informée que la classe ouvrière mêlait à ses plaintes des propos inquiétants.

« La charité publique, dit-il, malgré sa réponse généreuse à l'appel du conseil municipal, ne satisfait pas ceux qui réclament des secours. On dirait qu'ils veulent être en droit de se plaindre ; quelques-uns même vont jusqu'à repousser la main qui les soulage ; c'est de l'ouvrage qu'ils demandent, et non du pain.

« Leur présence turbulente sur la place du marché effraye les cultivateurs, dont le nombre diminue de huitaine en huitaine. Cette désertion de la halle a pour conséquence naturelle de diminuer la quantité des denrées sur le marché de la place Royale, parce que le jour où le cultivateur n'apporte plus son grain, la femme n'apporte plus les œufs, le beurre, la volaille et les autres produits de la ferme. »

Le maire dit que l'arrêté qu'il avait pris, le 28 février, était affiché dans les communes environnantes qui, ordinairement, alimentaient la halle d'Elbeuf.

Le maire n'était guère partisan des ateliers de charité; cependant, dit-il encore, si le chômage se prolonge, il imposera l'obligation de donner du travail aux hommes valides.

« Le gouvernement vient de demander aux Chambres un crédit de 4.000.000 de francs pour être distribués aux communes qui ouvriraient des ateliers de charité ; ce crédit sera voté, mais le gouvernement n'accordera que le tiers des sommes consacrées par les communes à des travaux de charité pour les ouvriers sans ouvrage.

« Occuper les travailleurs, continua M. Bourdon, voilà l'idée dominante du gouvernement : ce doit être aussi celle de l'administration municipale.

« Elle a donc examiné les travaux qui pourraient être entrepris. L'établissement d'une route du Buquet et des Ecameaux peut employer cinquante hommes et coûter environ 4.000 francs.

« Le remblai du Champ-de-foire à deux mètres d'élévation, pour le mettre au-dessus des débordements de la Seine, pourrait donner ouverture à de grands travaux. Des études ont été faites à ce sujet par M. Colvée.

« On a encore parlé d'agrandir le cimetière aux dépens de la forêt. »

Le maire conclut à un emprunt de 60.000 fr. qui autoriserait la commune à solliciter de l'Etat une somme de 20.000 francs pour être, les sommes entières, employées en travaux de charité.

Une longue discussion s'engagea ; elle se termina par l'acceptation de la proposition du maire. MM. Martel, Houllier, Sauvage, Lefort-Henry et Laurents furent chargés de désigner les travaux qui pourraient être entrepris.

M. Bourdon informa le Conseil que les 300 fusils demandés par la garde nationale allaient être dirigés sur Elbeuf.

Le Conseil vota une concession perpétuelle pour les restes de M. Louis-Rose Drevet qui, pendant cinquante ans, avait rempli les fonctions de secrétaire de la Ville

Dans la séance suivante le Conseil vota une pareille concession pour Mlle Anne Aubé, directrice de l'hospice, à côté de celle de Mlle Caroline Bertaut. Mlle Aubé, inhumée le 15 mars, n'était âgée que de 46 ans.

A la séance de la Chambre consultative tenue le 13 mars, fut présent M. de Montigny, dont nous avons déjà parlé, alors désigné pour le poste de consul à Chang-Haï (Chine), et qui, avant de partir, recueillait des échantillons dans les villes industrielles de France. La Chambre décida que M. Lizé serait invité à rassembler des échantillons de draps d'Elbeuf, pour les remettre à M. de Montigny.

On introduisit ensuite M. Cordier, marchand de laine à Melun, qui traita des droits d'entrée sur les laines étrangères, et des moyens à employer pour encourager l'amélioration et l'augmentation des troupeaux français.

A partir du 14, le prix du pain fut fixé à 63, 58 et 50 centimes le kilo. La semaine qui suivit, on le porta à 65, 60 et 51 centimes.

Le 15, commencèrent des travaux de charité à Caudebec, Saint-Aubin, Freneuse et Sotteville sous-le-Val, pour occuper les ouvriers sans pain.

Ce même jour, le Tribunal de Commerce

adopta un règlement concernant la retraite des agréés et le cautionnement des nouveaux.

Ce même jour également, M. Isidore Sèbe, qui remplissait les fonctions de vice-président du Conseil des Prud'hommes depuis le 24 janvier 1845, fut nommé président. M. Gabriel Bertrand lui succéda comme vice-président. Le greffier des Prud'hommes, depuis 1845, était M. Védie.

Notons en passant que le chemin de fer de Rouen au Havre fut inauguré le 20 mars.

Vers le 25, M. Beuzelin, curé de St-Etienne, fut nommé professeur de théologie à Rouen.

CHAPITRE III
(AVRIL DÉCEMBRE 1847)

Pétition ouvrière. — Travaux de charité pour les hommes sans travail.— M. Grandin soulève une tempête a la Chambre. — M. David Dautresme.-- Transfèrement du Tribunal de Commerce. — Au Conseil municipal. — L'entrée des Sœurs de Saint-Vincent-de-Paul a l'Hospice et au Bureau de bienfaisance. — Une grève. — Le comte de Salvandy, ministre, vient a Elbeuf.— Projet d'Ecole primaire supérieure.— La récolte de pommes.

Le portrait de Louis-Philippe, par M. Emmanuel Massé, avait été placé dans la grande salle de l'Hôtel-de-Ville. M. Delaunay, artiste peintre, originaire d'Elbeuf également, ayant manifesté son désir de donner à la Ville, pour placer dans cette même salle, le portrait de la reine, le maire et le conseil municipal prièrent le ministre de l'Intérieur et le directeur des Beaux-Arts de laisser M. Delaunay en prendre une copie.

Le 3 avril, il fut déposé sur le bureau, en séance du conseil municipal, une pétition signée par 452 ouvriers, réclamant instamment l'ouverture de travaux d'utilité publique au moyen desquels ils pussent se procurer le pain nécessaire à leur existence.

« Cette pétition, dit M. Patallier, formulée en termes de modération qui font honneur aux signataires, n'est pas moins remarquable par les sentiments du respect dû à la tranquillité et à l'ordre publics. Les pétitionnaires exposent leurs misères, mais en hommes qui méritent toute la sollicitude, tout l'intérêt de l'administration. »

Le Conseil prit cette délibération :

« Considérant que la détresse de la classe ouvrière, détresse causée par la cherté des céréales et le ralentissement du travail industriel, continue d'une manière alarmante et rend nécessaire l'ouverture immédiate d'ateliers de charité, pour venir de nouveau en aide à ceux qui souffrent :

« Que malgré l'énormité du sacrifice à faire, l'humanité exige l'emploi immédiat de ce mode de secours.

« Considérant qu'il importe toutefois à la commune d'alléger le poids de ces sacrifices qu'elle s'impose, de réclamer, d'une part, de l'administration des Ponts-et-Chaussées une juste indemnité, équivalent aux dépenses que cette administration aurait été obligée de faire pour améliorer le chemin de halage, depuis le quai jusqu'à l'extrémité est du Champ de foire.

« D'autre part, de l'administration départementale, son admission à la répartition des fonds votés par le Conseil général, en faveur des communes qui ouvrent des ateliers de charité.

« Article 1er. — Il sera pourvu à l'emploi immédiat des 60.000 francs, dont l'emprunt a été voté le 5 mars dernier, et à celui de la somme de 20.000 francs accordée par le gouvernement et des fonds qui devront être accordés par le département.

« Article 2. — Ces deux sommes sont destinées : 1° A la confection du prolongement du quai ; 2° A la confection d'ouvrages au chemin du Buquet, à l'élargissement de la rue Bertaut... »

La lutte contre les libre échangistes continuait, et ceux-ci frappaient parfois d'une façon peu courtoise. Dans son numéro du 11 avril, le journal *Le Libre Echange* publiait un article de M. Foucher, qui prenait directement à partie les industriels de notre ville :

« Les manufacturiers d'Elbeuf pourraient certes passer pour des contre-maîtres auprès des manufacturiers de Sedan ; il y a entre eux la différence du progrès intellectuel qui peut s'accomplir en un quart de siècle. Et bien ! les manufacturiers de Sedan s'accomoderaient, dans une mesure pratique et modérée, de la liberté commerciale ; vous ne satisferez pas, au contraire, les fabricants d'Elbeuf, à moins de conserver intactes pour eux les rigueurs les plus extravagantes et les plus surannées du système prohibitif. »

On considéra, dans notre ville, cet article comme une flatterie à l'adresse de M. Cunin-Gridaine, manufacturier de Sedan, ministre de l'agriculture et de commerce ; mais il ne piqua pas moins au vif les industriels d'Elbeuf, dont l'un d'eux répondit vertement à M. Foucher.

Le 28 avril, la Chambre consultative d'Elbeuf protesta contre l'établissement de la gare de la rue Verte, à Rouen, pour avoir amené la suppression de plusieurs arrêts de trains aux stations de Pont-de-l'Arche, Tourville et Oissel, avec lesquelles la population et le commerce de notre ville étaient en rapports à cause de leur proximité.

La dernière fête de Louis-Philippe, tombant un samedi, dura deux jours. Le 1er mai, le programme comportait des sonneries de cloches, des salves d'artillerie, une messe en musique, illuminations, etc. Le lendemain, dimanche, la garde nationale, la troupe de ligne en station à Elbeuf et les anciens militaires furent passés en revue sur le Champ de foire.

Le 10, on discuta à la Chambre la proposition de M. Crémieux, tendant à interdire aux députés de s'immiscer dans l'administration des entreprises par actions, et notamment des chemins de fer, que le gouvernement favorisait aux dépens de l'industrie.

En montant à la tribune, M. Victor Grandin annonça qu'il avait entre les mains une liste de soixante députés ayant fait partie de l'administration des Compagnies de chemins de fer.

Aussitôt une tempête se déchaîna contre lui. La voix du député d'Elbeuf fut couverte par des interruptions et des apostrophes furibondes, et ce fut à grand peine qu'il put prononcer son discours, contenant une vive critique de ce qu'il appelait les « communistes d'en haut », c'est à-dire ceux qui, sans rien faire, prétendaient aux jouissances.

L'attitude du député d'Elbeuf fournit à M. David Dautresme l'occasion de lui adresser cette lettre, rendue publique l'année qui suivit :

« Elbeuf, 11 mai 1847

« Monsieur Victor Grandin,

« Il est deux heures et je viens de lire le rapport de la séance d'hier de la Chambre des députés.

« J'ai remarqué, avec le plus grand plaisir, votre conduite courageuse dans cette séance ; aussi n'ai-je pu résister au désir de vous en adresser mes félicitations.

« Continuez, Monsieur, de stigmatiser les législateurs et les fonctionnaires, corrupteurs ou corrompus, quelque rang qu'ils occupent ou quelqu'opinion politique qu'ils manifestent. Défendez toujours, comme vous l'avez fait hier, la liberté de la tribune et vous aurez bien mérité du pays.

« La franchise de mon caractère et tous mes votes depuis vingt cinq ans me font croire que vous ne douterez nullement de la sincérité des sentiments que je prends la liberté de vous exposer.

« Agréez...

« David Dautresme »

Le préfet Dupont-Delporte et le maréchal Gérard étant venus à Elbeuf. le 13, à l'occasion de la revision, passèrent la revue de la garde nationale, commandée par M. Emile Delaunay, chef de bataillon.

L'inauguration de la nouvelle salle du Tribunal de commerce, dans l'enclave de la mairie, place du Coq, eut lieu le mardi 18. A ce te occasion, M. Paul Sevaistre prononça un long discours, dans le but d'ouvrir une souscription pour l'installation à Elbeuf des

Sœurs de charité. La souscription eut lieu, elle se montait, quelques jours après son ouverture, à la somme de 7.375 francs, qui fut remise au maire.

L'ouverture de la rue Grémont fut soumise à l'enquête à partir du 19 mai.

Le lendemain, à la séance municipale, un incident s'éleva entre le maire et M. Dautresme, au sujet d'un rapport dont celui-ci venait de donner lecture au Conseil, lequel rapport, suivant le maire, était empreint d'un esprit de dénigrement contre l'administration. La Commission fut chargée d'en corriger les termes.

Une lettre de M. Le Page, directeur de l'école primaire supérieure, fut le sujet d'un débat au Conseil municipal. M. Le Page se plaignait de l'admission à l'école gratuite des Frères, d'enfants appartenant à des familles aisées.

MM. Patallier, Laurents et Quesné appuyèrent cette réclamation. En principe, dirent-ils, l'école des Frères ne devrait être ouverte qu'aux indigents ; car la commune ne doit payer que pour l'entretien des pauvres; c'est, du reste, l'esprit de la loi. Une commission fut nommée pour examiner la question.

L'administration de la Guerre, ayant refusé de participer à la construction d'une caserne à Elbeuf, ne voyant pas l'utilité d'y mettre une garnison, le Conseil municipal fit de nouvelles démarches pour convaincre le ministre du contraire.

Peu de temps après, le Conseil vota une pension de 1.000 francs en faveur de M. Libre-Brutus Michel, en reconnaissance des services qu'il avait rendus à la ville d'Elbeuf.

Le mardi 25 mai, M. de Salvandy, ministre de l'Instruction publique, et le duc d'Harcourt vinrent à Elbeuf ; ils visitèrent les manufactures de M. Grandin.

Le Conseil municipal, voulant profiter des ateliers de charité pour élargir le chemin de halage et le planter d'arbres, afin d'en faire une promenade jusqu'au champ-de-foire, délibéra, le 19 mai, qu'il y avait utilité publique à acquérir tout le terrain compris dans ce chemin de halage.

Dans la même séance, le Conseil fut saisi d'une pétition d'habitants, demandant l'introduction à Elbeuf des Sœurs de St-Vincent-de-Paul, appuyée par une souscription de 7.375 francs

Il décida également qu'une morgue serait établie provisoirement auprès du halage, devant le Champ-de-foire.

Vers la fin de juin, lors de la discussion du budget des Travaux publics, M. Victor Grandin prononça un nouveau discours à la Chambre, contre les usurpations, les illégalités, les abus et le despotisme exercé par la Compagnie de l'Ouest aux dépens de nos localités, Les conservateurs reprochèrent par la suite à notre député d'avoir blessé le ministère; mais à Elbeuf, on jugea que le langage de M. Grandin était seulement de nature à tirer le ministère de son indifférence vis-à-vis des agissements de la Compagnie.

Par ordonnance royale du 25 juillet, M. Hesme fut nommé huissier à Elbeuf, en remplacement de M. Delaleau, démisionnaire en sa faveur.

Le 28 juillet, pour la dernière fois, on célébra le service funèbre annuel en mémoire des combattants morts aux journées de 1830. Pendant la messe à Saint-Jean, la musique de la garde nationale joua plusieurs morceaux.

La revue annuelle ne fut passée que le dimanche 1er août, à 7 heures du matin, par M. Mathieu Bourdon, qui complimenta la garde nationale pour sa bonne tenue.

Les revues des gardes nationales avaient assez souvent des côtés comiques, surtout dans les communes rurales. Voici ce que l'on publia dans les journaux de cette époque, sur une revue passée dans une localité des environs d'Elbeuf:

« ... M. le chef de bataillon se présenta et se mit à commander, en tenant les mains dans ses poches...; quand le commandant eut parcouru les rangs, il s'arrêta comme un homme fort embarrassé de ce qu'il avait à faire. Enfin, il s'adressa aux capitaines en ces termes :

« — Si vous voulez, nous en resterons là ; dites à vos hommes de s'en aller. »

Les capitaines suivirent le conseil et dirent à leurs soldats :

« — Allez vous en ! »

« Et chacun rentra chez soi, emportant une haute idée du talent avec lequel le bataillon avait manœuvré. »

Le ministre de l'Instruction publique n'ayant accordé que 3.000 francs pour la construction d'une salle d'asile et d'une école mutuelle, rue Tournante, le Conseil, par délibération du 2 août, décida que l'on emploierait à ce travail les 10.000 francs réservés pour la construction d'une caserne.

Le Conseil municipal consacra trois séances à l'étude d'un traité à passer avec la Compagnie du gaz, pour l'éclairage de la ville. Le cahier des charges fut adopté le 12.

A propos de la lecture du procès-verbal de ces trois séances un incident s'éleva entre M Patallier et M. Dautresme. Celui-ci se retira en déclarant qu'il ne remettrait pas les pieds au Conseil.

Dans la séance du 20, on discuta sur l'établissement des Sœurs de St-Vincent-de-Paul.

M. Tabouelle proposa l'ajournement de la question, une grave dissidence existant entre la supérieure de la communauté de Saint-Vincent-de-Paul et la Commission municipale. Ainsi, les religieuses refusaient d'accepter l'article 9 du projet de traité, stipulant qu'il serait interdit aux Sœurs, de « s'occuper de propagande en matière de religion, leur mission devant se restreindre au rappel de la morale évangélique. »

L'orateur ajouta que des souscripteurs très honorables, qui avaient été au premier rang pour conseiller la fondation d'une maison de ces religieuses à Elbeuf, avaient été amenés à modifier leurs opinions à la suite d'informations. D'ailleurs la maison de charité qu'elles disaient vouloir fonder, n'aurait aucun caractère légal, tandis que le Bureau de bienfaisance était légalement établi et fonctionnait régulièrement.

M. Paul Sevaistre prit la défense des Sœurs, qu'il avait ignorées pendant vingt-cinq ans, mais dont les vertus lui avaient été révélées, à propos d'un ouvrier de sa filature de Bernay; cependant il ne voulait pas de propagande, les Sœurs n'en faisaient d'ailleurs pas.

Année 1847

M. Lefort-Henry, rapporteur, rappella que le traité n'était que pour deux ans. Après cet essai, on jugerait les religieuses.

M. Laurents dit que l'on ne pouvait désirer rien de mieux que ces religieuses pour répartir les secours du Bureau de bienfaisance.

M. Sèbe demanda si, dans le cas où l'Hospice jugerait à propos de s'adresser à elles, on leur interdirait ce que la Commission appelait la propagande.

M. Patallier observa que l'Hospice fonctionnait sous une direction laïque. Si la Commission administrative croyait devoir recourir à des communautés religieuses, elle serait juge de l'opportunité à se lier avec tel ou tel ordre, et rien ne pouvait l'engager à l'avance avec les Sœurs de St-Vincent-de-Paul.

M. Quesné-Dévé appuya l'introduction des Sœurs au Bureau de bienfaisance.

M. Tabouelle observa que si les Sœurs ne faisaient pas de propagande, pourquoi refusaient-elles d'accepter l'article 9 ?

On discuta longuement sans prendre de décision ; cette question fut renvoyée à plus tard.

Le lendemain 21, le Conseil vota l'agrandissement du cimetière Saint-Etienne, par l'acquisition d'un terrain de 75 ares, appartenant à M. Auguste-Mathieu Maille.

Le même jour, le Conseil discuta sur une plainte de M. Le Page, directeur de l'Ecole primaire supérieure, auquel on vota une indemnité annuelle supplémentaire de 500 fr.

L'anniversaire des fêtes de juillet fut l'occasion d'un différend entre M. Delaunay, commandant de la garde nationale, et M. Mathieu Bourdon, maire. Le premier prétendit réduire à quinze hommes l'effectif de l'escorte qui devait accompagner les autorités à l'église, le 28. Le maire le requit, par voie du garde-champêtre, de mettre à sa disposition une compagnie entière.

Il fut une époque où l'on représenta les membres de la famille Dautresme comme les ennemis de la société, des gens de désordre, etc. On a même établi une légende là-dessus Or, nous trouvons une lettre de M. David Dautresme, datée du 29 juillet, dans laquelle il exposait au maire son embarras, par suite d'une double convocation à la même heure. l'une à la mairie, comme conseiller municipal, l'autre à la compagnie des chasseurs de la garde nationale, de laquelle il faisait partie depuis 34 ans, sans jamais avoir encouru de citation au conseil de discipline, malgré son peu de zèle naturel pour le service militaire. En résumé, il prie le maire de lui dire s'il peut, sans encourir de châtiments de ses chefs militaires de la garde nationale, se rendre à l'invitation que le chef de la municipalité lui a adressée.

Vers ce temps, 550 garde-nationaux signèrent une pétition pour que l'on ne rétablît pas le service de jour, ainsi que des officiers en avaient l'intention.

M. Guérin reçut, le 4 août, l'autorisation d'établir une brasserie de bière, rue des Ecameaux.

Le 5 et jours suivants, le juge de paix procéda à une nouvelle enquête pour la délimitation des communes d'Elbeuf et de Caudebec, de la rue du Port à la rue Guérot, et pour la réunion des îles La Motte, de la Bastide, Le Comte et Capron au territoire d'Elbeuf. Les trois premières dépendaient alors de Caudebec et la dernière de Saint-Aubin.

Vers la fin de septembre, les ouvriers de la filature de M. Albert Ménage, sise à l'ouest de la place Bonaparte, avaient été avisés qu'ils auraient à subir une diminution de salaire. Les ouvriers refusèrent de se soumettre à cette réduction et quittèrent leur patron, lequel fit venir des fileurs de Louviers.

Mais, le lundi 4 octobre, les ouvriers remplacés s'assemblèrent aux environs de la filature, dans le but de s'opposer à l'entrée des fileurs de Louviers chez M. Ménage. Des rixes éclatèrent. La police et des patrouilles firent évacuer la place Bonaparte.

Le lendemain, cette place et les rues voisines furent occupées par des détachements de la garde nationale et de la troupe de ligne, et deux brigades de gendarmerie. Toutes ces mesures effrayèrent les fileurs de Louviers, qui retournèrent chez eux. On procéda à l'arrestation de plusieurs ouvriers d'Elbeuf.

Pendant toute la semaine, la population ouvrière fut en ébullition, et l'on craignait à tout instant une émeute générale. Des compagnies de garde nationale se réunirent chaque jour dans la cour de l'Hôtel-de-Ville, jusqu'au samedi soir. A Caudebec, avait eu lieu une réunion d'ouvriers dans laquelle, disait-on, de l'argent avait été distribué pour empêcher les fileurs de reprendre leur travail.

Au 9 octobre, les ressources affectées aux travaux de charité étaient épuisées. Les dépenses s'étaient élevées à 85.052 francs, non compris les honoraires dûs à l'architecte. Heureusement, M. Armand Durécu, qui venait de quitter la ville, avait donné le matin du 9 octobre, une somme de dix mille francs pour la classe indigente.

Dans sa séance du 14, le Conseil municipal régla les travaux qui pourraient être continués.

MM. Isidore Sèbe et Edouard Turgis entrèrent, le 20 de ce même mois, à la Chambre consultative, en remplacement de MM. Louis-Robert Flavigny et Gustave Grandin, membres sortants par rang d'ancienneté.

M E. Lenormand, capitaine dans la garde nationale de la compagnie dite « porte-blouse » fut traduit, vers le 21 octobre, devant le conseil de discipline, pour avoir commandé de garde des hommes dont l'incorporation n'était pas suffisamment autorisée, le ministère public ayant fait appel au conseil d'Etat contre leur inscription sur les rôles.

Le 10 novembre, on baptisa une nouvelle cloche à Saint-Jean. Le parrain, M. Mathieu Bourdon, et la marraine, Mme Victor Grandin, lui donnèrent le nom de « Charles-Aimé-Victoire-Jeanne ». M. Leroy, sons-préfet de Pont Audemer, ancien maire d'Elbeuf, assista à la cérémonie.

Le comte de Salvandy, ministre de l'Instruction publique, revint dans notre ville, le lundi 15 novembre, pour visiter les écoles communales et l'asile Le ministre promit une allocation pour compléter la somme nécessaire au projet de construction d'un asile et d'une école primaire.

M. Patallier profita de cette circonstance pour plaider la cause de l'Ecole primaire supérieure, à laquelle le ministre promit une allocation de 10.000 francs, si la commune entreprenait de bâtir un groupe scolaire solide pour les trois établissements.

M. de Salvandy ajouta :

« Bâtissez un petit palais universitaire, qui soit à jamais la preuve de l'intérêt sincère que prend le gouvernement du Roi pour la classe laborieuse et de la sagesse de la ville d'Elbeuf, si distinguée par son industrie dont la renommée est plus qu'européenne.»

Le ministre visita également l'école des Frères, à laquelle il promit 2.500 francs pour compléter son mobilier scolaire. Puis le ministre se rendit à l'Hôtel de Ville ; il promit des ouvrages pour la bibliothèque.

Le Conseil municipal se trouvant assemblé le 19, le maire entretint ses collègues de cette visite.

La reconnaissance, dit-il, nous fait un devoir de proclamer que c'est la persévérance de Mme Prieur-Quesné, l'honorable inspectrice de l'asile, qui a déterminé le ministre en notre faveur. « C'est elle qui, inspirée par son bon cœur, a fait au ministre une peinture touchante de la détresse de notre asile, de sa situation malsaine et nuisible à la santé des enfants qu'elle entoure de soins pieux et maternels. C'est à ses chaleureuses sollicitations que nous sommes redevables de la visite du ministre ; son intervention a eu le résultat heureux que, convaincu par ses propres yeux de la vérité de ce qui lui avait été dit, le ministre, tout en se montrant très généreux pour notre ville, n'a fait qu'un acte de justice. »

Le maire conclut à voter des remerciements à M. de Salvandy et à Mme Prieur-Quesné, inspectrice de l'asile, à quoi le Conseil répondit par une acclamation unanime, s'adressant aussi aux dames qui secondaient Mme Prieur dans ses efforts.

Séance tenante, le Conseil nomma une commission chargée d'étudier les moyens de construire une école primaire supérieure. Nous avons relevé le passage suivant d'un discours prononcé par M. Mathieu Bourdon, maire, à cette occasion :

« Dans une ville dont la prospérité est basée sur l'industrie, dans une ville où l'emploi des machines requiert des connaissances spéciales de la mécanique, et où il est si intéressant de former des artisans habiles, il importe de donner à l'école primaire supérieure tout le développement dont elle est susceptible.

« Il est digne de remarque que dans toutes les villes qui possèdent un collège, l'institution de l'école primaire supérieure y est placée. Y aurait-il justice à ne considérer cet établissement à Elbeuf que par rapport au petit nombre de communaux qu'il a reçus jusqu'à présent ; n'est-il pas plus sage de se préoccuper de l'avenir, de démontrer son utilité par l'importance qu'on y attache ?

« N'est-il pas désirable que les parents comprennent enfin que cette école est destinée à être une pépinière d'artisans adroits et ingénieux ; que là seulement on veut acquérir le savoir et la précision dans les arts mécaniques, et s'enrichir de ces connaissances théoriques et pratiques que possèdent d'une manière si notable les ouvriers d'une nation voisine et rivale ?

« Un enseignement aussi élevé toucherait de bien près à l'enseignement secondaire, et, sous ce point de vue, ce serait encore une chose bonne et utile pour le pays. Cette question est assurément digne de tout l'intérêt du Conseil ; il s'agirait alors d'ajouter quinze ou vingt mille francs aux dix mille francs promis par le ministre. »

Malheureusement, ce beau projet ne fut point réalisé, même au profit de la génération qui suivit, car ce ne fut qu'en 1883 que notre ville fut enfin dotée d'une École primaire supérieure.

Quelques jours après la visite du ministre, le Conseil décida que le nom de M. de Salvandy serait donné à une rue que l'on se proposait d'ouvrir dans le voisinage de l'école projetée.

Le 19 novembre également, on procéda à l'installation de MM. Pierre-Isidore Lecerf et Desfresche aîné, comme juges, en remplacement de MM. Collas et Trinité; et de MM. Jean Jordan et Jacques Boisguillaume fils, juges suppléants, pour remplacer MM. Lecerf et Desfresches tous nommés par ordonnance royale, le 9 août précédent.

Vers le 20 novembre, Mlle Lefebvre-Duruflé donna sa démission de directrice de l'hospice d'Elbeuf.

Le 25, le conseil municipal reprit la discussion sur l'entrée des Sœurs de Saint-Vincent-de-Paul au Bureau de bienfaisance.

M. Henri Quesné commença par une opposition à cette introduction.

M. Mathieu Bourdon informa l'assemblée que la commission administrative de l'hospice avait ainsi décidé, en principe, l'introduction de Sœurs hospitalières dans cet établissement. Cette détermination avait été prise, parce que la directrice, Mlle Lefebvre-

Duruflé, ne pouvait, pour cause de santé, continuer ses fonctions. La commission n'avait pas encore fait choix de l'ordre religieux auquel elle s'adresserait, mais peut-être ce choix tomberait-il sur les Sœurs de Saint-Vincent-de-Paul, dont, dit-il, la place est beaucoup mieux marquée à l'hospice qu'au Bureau de bienfaisance.

M. Patallier observa que, quoi qu'il arrivât, la commission administrative de l'hospice entendait que cet établissement n'eût aucune liaison avec les autres institutions charitables; aussi, la prétention élevée de loger et nourrir à l'hospice les Sœurs du Bureau de bienfaisance ne serait pas admise, l'administration hospitalière voulant conserver à toujours une existence indépendante.

M. Paul Sevaistre parla chaleureusement en faveur de l'entrée des Sœurs au Bureau de bienfaisance.

M. Tabouelle, au contraire, la combattit : que les Sœurs hospitalières soient placées à l'hospice, c'est bien, dit-il ; c'est là que leur charité trouve à s'exercer dans les conditions les plus favorables Les jeter au milieu d'une population difficile, inquiète, dont elles ne connaissent ni les mœurs ni les habitudes, c'est les exposer à des erreurs à des déceptions.

« Il est difficile de croire, d'ailleurs, que les membres du Bureau de bienfaisance manquent à leur mandat et ne le remplissent pas d'une manière convenable. Jamais leur zèle n'a failli, et il y aurait une sorte d'ingratitude à le supposer. Ils s'entourent, autant que le feraient des Sœurs, de tous les renseignements nécessaires; comme les Sœurs, ils ne redoutent ni investigations ni recherches, et si quelquefois des ruses ou des rapports mensongers viennent tromper leur religion, quelle garantie plus grande les Sœurs offrent-elles contre la ruse et le mensonge ? Il faut bien le reconnaître, des citoyens honorables qui connaissent le pays sont plus aptes à trouver la vérité que des personnes étrangères à la localité.

« La question des soupes est tout à fait secondaire : rien de plus facile que de faire préparer et distribuer des secours de cette nature par des laïques, aussi bien que par des religieuses ; l'expérience l'a démontré en 1812, car des distributions ont eu lieu.

« Et d'ailleurs, il ne faut pas perdre de vue que les conclusions du rapport posent pour le traité à intervenir avec les Sœurs de Saint-Vincent-de-Paul des conditions qui ne sont pas admises par elles. Ajoutez, en outre, que la souscription n'a pas atteint le chiffre de 10.000 francs, posé également comme une des conditions du rapport.

« Voilà bien des motifs pour surseoir à une mesure dont l'utilité est si contestable. La commission administrative de l'hospice s'est rendue à un vœu, généralement manifesté, de confier l'administration intérieure à des Sœurs hospitalières ; on doit l'en féliciter ; mais quant au Bureau de bienfaisance, il faut lui conserver le caractère de secours civil et non lui donner le caractère de secours religieux. C'est une institution municipale, rien ne doit lui enlever son cachet municipal. »

Notons encore quelques mots d'un discours prononcé par M. Patallier :

« L'hôpital n'est vraiment pas en rapport avec l'extension de la ville et avec l'accroissement de la population. Tous les genres de maladies n'y sont pas traités : deux fléaux de l'espèce humaine, la gale et le mal vénérien, qui atteignent à Elbeuf des proportions effrayantes, ne trouvent point à l'hôpital des salles particulières qui devraient être affectées à ce service.

« L'établissement manque de bâtiments isolés, d'appareils de bain, en un mot de tout le nécessaire pour combattre avec succès les envahissements de cette double peste... »

L'introduction des Sœurs au Bureau de bienfaisance fut ajournée, par 14 voix contre 5 et plusieurs abstentions.

Les deux compagnies du 18ᵉ de ligne, en garnison à Elbeuf, partirent le 1ᵉʳ décembre ; elles furent remplacées par deux autres compagnies du 28ᵉ.

Mme Alexandre Grandin mourut au château du Thuit, près Berville-en-Roumois, le 2 décembre, très regrettée des pauvres. Elle était la tante de M. Lefebvre-Duruflé qui, dans le discours qu'il prononça sur la tombe, rappela le fait suivant :

« C'était pendant ces jours de trouble et de terreur où la richesse, même acquise par le travail, était punie de mort. M. Alexandre Grandin fut arrêté à Paris comme victime choisie par la ville d'Elbeuf. Le fer du bourreau menaçait sa tête. Mme Grandin, immédiatement avertie du danger, vola sur les pas de son mari pour l'arracher à la mort ; mais une nuit dût s'écouler entre le moment où elle avait reçu la fatale nouvelle et celui où elle arrivait au secours du prisonnier. Or, pendant cette nuit de tourmente et d'angoisse, la brune chevelure de la belle et jeune femme avait blanchi... La réaction salutaire du 9 thermidor sauva M. Grandin...»

La récolte de 1847 avait été bonne, mais le travail dans les manufactures de drap baissait de jour en jour depuis plus d'un an Des chantiers, établis pour occuper les ouvriers sans travail, étaient sur le point d'être fermés, faute de fonds ; en outre, le nombre des mendiants croissait continuellement. En considération de cette situation pénible, le maire adressa un appel chaleureux aux personnes charitables d'Elbeuf

M. Mathieu Bourdon dressa un état des recettes faites au théâtre d'Elbeuf, depuis le 25 mai 1845 jusqu'au 14 décembre 1847, par M. Fleury, dit Jeault, directeur. Il trouva un total de 80.923 francs pour ces quatre années et demie, sur lesquels le directeur avait eu 36.061 francs de frais. L'entreprise lui laissait donc un bénéfice net de 43.862 francs. En 1847, M. Fleury, dit Jeault, avait dépensé 1.000 francs pour monter les *Trois Mousquetaires* qui eurent un succès extraordinaire.

Des banquets réformistes avaient alors lieu sur divers points de la France. Il y en eut un au Neubourg, le 17 décembre, qui eut un grand retentissement et auquel prirent part 800 convives, parmi lesquels de notables Elbeuviens, qui rendirent hommage à M. Dupont, de l'Eure.

Le 24, la Chambre consultative prit connaissance d'un rapport dont elle avait chargé M. Isidore Sèbe, sur le travail des enfants dans les manufactures et l'approuva. Ce rapport, suivi des vœux de la Chambre, fut adressé au ministre.

La Chambre consultative était tellement satisfaite des services de M. Michel, commissaire de police, chef de la police secrète, qu'elle lui alloua 1.600 francs pour l'année, en raison des services qu'il avait rendus dans la recherche et la répression des vols de fabrique.

Si la récolte du blé avait été bonne en 1847, on considéra celle des pommes comme extraordinaire ; de mémoire d'homme, on n'en avait vu de pareille ; aussi les recettes d'octroi, que l'on prévoyait être très inférieures à celles des années précédentes, à cause de la cherté des subsistances et du manque de travail, furent-elles, au contraire, plus considérables. Elles s'élevèrent à 79.034 francs, contre 71.371 fr. en 1846, et 78.179 francs en 1842, année la plus favorable jusque-là.

Dans le courant de l'année, il y avait eu 594 naissances, 127 mariages et 506 décès.

CHAPITRE IV
(JANVIER-FÉVRIER 1848)

Le travail des enfants dans les fabriques. — La Révolution de Février ; ses effets a Elbeuf. — Administration municipale provisoire — Mesures pour le maintien de l'ordre. — Tout le monde est républicain; le « Journal d'Elbeuf » aussi. — Proclamations aux ouvriers. — Le nouveau drapeau tricolore. — Les clubs. — Le portrait de Louis-Philippe.

En réponse à un questionnaire du ministre du Commerce, la Chambre consultative d'Elbeuf répondit ce qui suit, dans les premiers jours de janvier 1848 :

« La fabrication d'étoffes de laine, la filature et la confection des lames sont les industries qui emploient des enfants âgés de moins de 12 ans. Le désir de se rapprocher des prescriptions de la loi de 1841 et l'inconvénient d'avoir à surveiller un double mouvement d'entrée et de sortie, ont fait que la plupart des ateliers à moteur mécanique n'emploient plus les enfants de 8 à 12 ans, le nombre des enfants de 8 à 12 ans qui sont employés ne s'élève pas au-delà de 150 Les lamiers en occupent 80, sur lesquels on en compte 20 au-dessous de 10 ans...

« La commission de la Chambre des Pairs limite à 12 heures le travail des filles et femmes, quel que soit leur âge, et elle réduit à 11 heures la durée du travail des adolescents, pendant 3 jours ouvrables de chaque semaine. C'est ajouter de nouvelles difficultés à l'exécution de la loi L'économie des travaux sera déjà altérée par la disposiion qui fixe à onze heures la durée journalière du travail des adolescents ; car cette disposition entraînera la fermeture prématurée de tous les ateliers à moteur mécanique dans lesquels l'emploi des adultes est inséparable de celui des femmes et des adolescents ...

... La grande majorité des enfants et adolescents qui ne sont pas de la ville, viennent à l'atelier le lundi matin et ne rentrent au domicile paternel que le samedi soir. Pendant la semaine, cette population flottante habite chez des logeurs...»

Le 5 janvier, on mit en adjudication les travaux de construction d'une salle d'asile et d'une école règlementaire, rue Tournante. Le devis, dressé par M. Darré, architecte de la ville, s'élevait à 66.785 francs.

Le 20, on inhuma M. Pierre-Parfait-Modeste Maille, ancien manufacturier et ancien maire, décédé le 17, à l'âge de 75 ans. Dans un discours prononcé sur sa tombe, M. Mathieu Bourdon rappela que le défunt avait été le premier manufacturier d'Elbeuf qui, en l'an X, lors de la première exposition de l'industrie en France, avait obtenu une médaille d'argent pour ses draps « nouveautés ».

Le 24, on procéda à l'installation de M. Emile Delaunay, nommé conseiller municipal en remplacement de M. David Dautresme, démissionnaire.

Sur la recommandation de M. Léon Coquiet, peintre d'histoire et professeur de M. Joseph Aubert, notre concitoyen, le conseil municipal vota à celui-ci une nouvelle allocation de 600 francs pour ses études artistiques.

Le conseil municipal fut informé, le 16 février, que M. Amable Delaunay, d'Elbeuf, avait obtenu l'autorisation de faire une copie du portrait de la reine, et que ce tableau serait donné par le ministre de l'Intérieur à notre cité, pour être placé dans la grande salle de l'hôtel de ville, en face de celui du roi.

Il fut également informé que M de Salvandy avait fait don de plusieurs ouvrages à la bibliothèque municipale.

Le 18, le Conseil décida qu'une somme de 10.000 francs serait prélevée chaque année sur les fonds municipaux pour la construction d'une caserne.

On discuta ensuite sur l'utilité d'introduire l'enseignement de la musique dans les écoles communales, après un rapport de M. Houllier concluant en faveur de M. Lemoine, professeur de musique par la méthode Galin-Paris-Chevé. Cette discussion ne manqua pas de gaieté.

M. Lefort-Henry, dans une allocution enjouée, développa cette thèse : la musique amollit les cœurs, énerve les âmes et conduit à des mœurs dépravées.

M. Houllier, au contraire, représenta la musique comme un élément de civilisation, comme la compagne obligée des beaux arts et des belles lettres. Il fit ressortir la prééminence de la musique vocale sur celle instrumentale, la voix étant le plus bel instrument que Dieu ait donné à l'homme. Il préconisa la méthode Galin-Paris-Chevé, préférable, suivant lui, à l'ancienne.

M. Lambert préférait la méthode Wilhem, adoptée par l'Orphéon de Paris ; mais il y avait une chose qui primait tout : le manque de fonds.

Le conseil municipal prononça l'ajournement. Il résolut d'ajourner également la question de l'entrée des religieuses de Saint-Vincent-de-Paul au Bureau de bienfaisance.

Ces votes furent les derniers du conseil municipal d'Elbeuf, sous la monarchie.

La révolution, on le sait, commença à Paris le mardi 22 février, dès le matin. Dans l'après-midi, les députés de l'opposition demandèrent la mise en accusation des ministres. Nous nous bornerons à rapporter les faits qui se produisirent à Elbeuf.

Des nouvelles graves de Paris arrivèrent à Elbeuf par le premier courrier du vendredi 25; en outre, le *Journal de Rouen* rendait compte des principaux événements de la veille.

M. Mathieu Bourdon s'empressa de convoquer le conseil municipal : à neuf heures du matin, il était réuni à l'hôtel de ville. Etaient présents MM. Join-Lambert et Colvée, adjoints; Constant Delalande, Hipp. Delarue, Bouffard, Paul Sevaistre, Ch. Houllier, Martel, Laurents, Quesné-Dévé, Sauvage, Fouard, Sèbe, Lecerf, Lefort-Henry, Patallier, Petitgrand, Chennevière et Emile Delaunay.

Le maire proposa d'adjoindre au Conseil, pour prendre des mesures assurant l'ordre public, quatre citoyens représentant les diverses nuances politiques, ainsi que cela avait été fait à Rouen.

Sur la proposition de M. Sevaistre, le nombre de ces citoyens fut porté à huit.

MM. Emile Lenormand et Fortuné Leblanc, invités à se réunir au Conseil, furent aussi priés de désigner deux autres personnes, de même pour MM Véret, juge de paix, et Joseph Flavigny, que le Conseil invita à se joindre à lui, avec deux citoyens de leur choix.

Après une suspension, la séance fut reprise avec le concours de MM. Leblanc et Lenormand, qui se réservèrent de désigner plus tard deux collègues, et de MM. Véret et Joseph Flavigny, lesquels présentèrent MM. Nicolas Louvet et Victor Ménage.

Alors M. Lefort-Henry proposa de constituer des comités en permanence à l'hôtel de Ville, chargés d'aviser sur les circonstances qui pourraient se produire. Il proposa également d'établir un service sûr, une communication fidèle pour la transmission rapide des nouvelles, soit de Paris, soit de Rouen, ce qui fut adopté.

On décida enfin que le Conseil, dont le nombre était porté à 37 membres, par suite des adjonctions faites, serait divisé en quatre comités, composés chacun de huit membres, pour, conjointement avec le maire et les adjoints, prendre les mesures jugées utiles à la tranquillité de la ville.

Chaque comité consultatif et d'action, sous la présidence du maire, provoquerait la réunion de l'assemblée entière, si des circonstances en démontraient la nécessité. Chaque comité resterait en permanence à l'hôtel de ville pendant vingt-quatre heures, et de telle manière qu'il y eût toujours deux de ses membres présents.

Les Comités furent ainsi composés :

Premier : MM. Constant Delalande, Laurents, Paul Sevaistre, Lefort-Henry, Isidore Sèbe, Robert Flavigny, Emile Lenormand et Joseph Flavigny.

Deuxième : MM. François Rouvin, Henri Tabouelle, Lecerf, Patallier, Victor Quesné, Henri Quesné, F. Leblanc et Véret.

Troisième : MM. A. Martel, Victor Grandin, Louis Bertrand, Désiré Petitgrand, A. Sauvage, Th. Chennevière et Nicolas Louvet.

Quatrième : MM. Houllier père, Hipp. Delarue, Emile Delaunay, Quesné-Dévé, Louis-Pascal Bouffard, Frédéric Fouard et Victor Ménage.

On arrêta encore qu'une députation composée de MM. Sèbe, Joseph Flavigny et Leblanc allait partir à Rouen, afin d'informer le Conseil municipal de cette ville de ce qui avait été fait à Elbeuf et le prier de tenir notre ville au courant des événements.

Enfin, on adopta une proposition de M. Leblanc, consistant en ce que la garde nationale fût prévenue de se rendre à l'hôtel de ville aussitôt que le rappel serait battu par les tambours.

Le soir, à sept heures, le conseil municipal, augmenté des membres adjoints, se réunit de nouveau. MM. Lenormand et Leblanc annoncèrent qu'ils avaient fait choix pour compléter l'adjonction, de MM. Edmond Dévé et Félix Limet ; le premier de ces citoyens était présent. M. Leblanc, au nom de la délégation, fit ensuite un rapport verbal du voyage à Rouen,

La délégation elbeuvienne avait été reçue à l'hôtel de ville, par le comité de permanence, présidé par M. Fleury, qui avait pris envers nos concitoyens l'engagement personnel et sous sa responsabilité, d'informer avec promptitude et fidélité, la municipalité d'Elbeuf de toutes les nouvelles graves reçues de Paris, et en même temps, des décisions prises par la municipalité de Rouen.

La délégation s'était ensuite rendue à la Préfecture, où elle avait trouvé le préfet, assisté d'un membre du comité démocratique et d'un membre du comité d'opposition constitutionnelle.

Le préfet informa les Elbeuviens du changement de gouvernement et de la composition du gouvernement provisoire.

Une heure après, à Elbeuf, on afficha une dépêche annonçant que le gouvernement républicain était constitué, que Vincennes et tous les forts détachés s'étaient rendus au nouvel état de choses ; que le citoyen Dupont (de l'Eure) était président du Conseil provisoire ; que les autres ministres étaient les citoyens Lamartine, Ledru-Rollin, Crémieux, Bedeau, Goudchaux, Marie, Bethmont, Arago et Carnot.

L'assemblée municipale prit connaissance d'une proclamation adressée aux habitants de la Seine-Inférieure. Sur la proposition de M. Lenormand, on décida de faire imprimer cette proclamation à 50 exemplaires et de l'afficher dès le lendemain matin.

Le Conseil maintint un ordre de service donné par M. Emile Delaunay, commandant de la garde nationale, portant le doublement du poste ; il décida même qu'on y ajouterait 25 hommes de la 4e compagnie de chasseurs.

M. Leblanc représenta à l'assemblée que des difficultés pourraient s'élever, le lendemain samedi, jour de paye des ouvriers à cause du manque de numéraire; des banquiers d'Elbeuf n'ayant pu obtenir à la banque de Rouen la négociation de valeurs qu'ils désiraient convertir en argent.

M. Martel répondit que son beau-frère, M. Prieur neveu, était en mesure de fournir aux besoins ordinaires de sa clientèle. M. Houllier, banquier, présent à la séance, fit la même déclaration en ce qui le concernait. Et pour être complètement rassurée sur cette question d'argent, l'assemblée délégua MM. Rouvin, Quesné-Dévé et Hippolyte Delarue, auprès des deux autres banquiers d'Elbeuf, qui étaient MM. Leblond-Barette et Hébert. La délégation, de retour, informa le Conseil que ces deux banques étaient également en mesure de satisfaire aux besoins de leurs clients.

Entre temps, on apprit que la Société des anciens militaires, dont le président était le docteur Godquin, avait offert son concours à la garde nationale pour le maintien de l'ordre dans la rue.

Parmi les incidents de la nuit suivante, nous noterons le bris de la devanture d'une boutique rue de la Barrière, occupée par Mme veuve Duparc, débitante de tabac, par une bande armée, dont le but était de s'emparer d'un drapeau qu'elle possédait.

A la réunion du Conseil qui eut lieu le samedi 26, à midi, M. Emile Lenormand proposa l'adjonction, à la commission municipale provisoire, de trois nouveaux membres, choisis par le Comité démocratique, parmi les ouvriers de la ville, afin de donner plus de garantie au maintien de la tranquillité publique.

Des objections furent opposées à l'orateur ; mais il insista et déclara qu'il avait été émerveillé de la noblesse des sentiments des citoyens recommandables dont il allait demander l'admission. Il fallait donner satisfaction aux travailleurs. Il n'entendait procéder par intimidation, mais un refus de l'assemblée déterminerait la retraite immédiate des membres présents appartenant au Comité démocratique.

Une nouvelle opposition se manifesta ; quelques uns alléguèrent l'utilité d'attendre les instructions du gouvernement provisoire. D'autres demandèrent si, l'admission de ces trois nouveaux membres était prononcée, l'assemblée ne serait pas soumise ensuite à une nouvelle extension.

MM. Lenormand et Leblanc prirent l'engagement moral de ne demander aucune nouvelle admission, après l'entrée des trois citoyens dont il s'agissait, qu'aucune parole de scission ne serait prononcée et que les décisions de la majorité de la Commission municipale feraient loi.

Après cette déclaration, on adopta, à l'unanimité, la proposition de M. Lenormand. Alors furent immédiatement introduits dans l'assemblée et invités à siéger, MM. Bertrand Espouy, Henri Champin et Eugène Decamps.

M. Bertrand Espouy demanda la parole. Dans une allocution chaleureuse, il exprima des sentiments pleins de sagesse sur le maintien de l'ordre, le respect de la propriété et la justice de pourvoir au bien-être des ouvriers. «Je vouerai, dit-il, toute ma puissance morale, comme je l'ai toujours fait, à dissuader mes compagnons de travail de tout désordre, parce que le désordre traîne à sa suite la ruine et la misère ».

L'assemblée entière applaudit à ces paroles « aussi nettement exprimées que senties ».

M. Paul Sevaistre crut opportun d'adresser une proclamation aux ouvriers ; il avait d'ailleurs préparé un texte, qu'il soumit à l'assemblée ; mais, sur la proposition de M. Lefort-Henry, la rédaction définitive fut renvoyée à une commission, dont firent partie MM. Bertrand Espouy, Paul Sevaistre, Lefort-Henry, Lenormand et Patallier.

On suspendit la séance pour cette rédaction ; à la reprise, lecture en fut donnée :

« Citoyens, travailleurs d'Elbeuf !

« Le Gouvernement provisoire s'occupe en ce moment des intérêts généraux de la France.

« Une commission municipale, chargée du soin spécial de la ville, au maintien de l'ordre dans la cité, s'est mise en permanence à l'hôtel de ville, pour assurer en même temps votre travail et votre existence.

« Citoyens, travailleurs, la sollicitude d'un grand nombre d'entre vous, pour calmer l'effervescence inséparable des moments difficiles, mérite les témoignages de reconnaissance de la cité entière.

« Vous avez compris que, sans ordre public, le travail de l'atelier cesse à l'instant.

« Citoyens, travailleurs, nous vous le disons avec la plus entière confiance : nous comptons sur vous comme sur nous-mêmes.

« Vous et nous, nous nous connaissons, nous sommes tous de la grande famille ouvrière française.

« Dans l'intérêt de la tranquillité et de l'union, la commission municipale s'est adjoint trois de vos camarades, chargés de participer à ses travaux et aux décisions à prendre pour le maintien de l'ordre social et d'une sage liberté.

« Nous nous concerterons avec eux ; ils uniront leurs efforts aux nôtres pour écarter les conseils dangereux qui pourraient venir du dehors.

« Aussi veulent-ils vous adresser eux-mêmes ces dernières paroles :

« Frères, travailleurs ! Point de vengeances particulières, car elles salissent les causes les plus saintes.

« Restons calmes en face des événements qui agitent notre pays. C'est ainsi que nous assurerons notre bien-être, l'ordre, la paix et la liberté, et qu'en sauvegardant notre présent, nous améliorerons notre avenir. »

Signèrent cette proclamation :

Conseillers municipaux : Les citoyens Mathieu Bourdon, J. Colvée, C. Delalande, P. Laurents, Paul Sevaistre, Lefort-Henry, Isidore Sèbe, Join-Lambert, F. Rouvin, H. Tabouelle, I. Lecerf, L. Patallier fils, A. Martel, D. Petitgrand, A. Sauvage, Th. Chennevière, Ch. Houllier, H. Delarue, Em. Delaunay, Quesné-Dévé, F. Fouard et Louis Bouffard.

Membres du comité démocratique : les citoyens Emile Lenormand, Fortuné Leblanc et Edmond Dévé.

Membres du Comité progressiste : les citoyens Véret, J. Flavigny, N. Louvet, V. Ménage.

Membres travailleurs : les citoyens Bertrand Espouy, Henri Champin et Eugène Decamps.

Cette pièce fut tirée à 600 exemplaires, dont la moitié en forme d'affiches pour être placardées en ville et dans les communes du canton, et l'autre partie en petit format pour être distribués à la population.

Le baron Dupont-Delporte, préfet de la Seine-Inférieure, fut remplacé, le 26, par M. Frédéric Deschamps, nommé commissaire du gouvernement provisoire dans notre département. Un des premiers actes de M. Deschamps fut de proroger de 15 jours les échéances des effets de commerce payables depuis le 23.

Pendant la nuit du 26 au 27, à quatre heures et quart du matin, le capitaine Wagon, commandant les deux compagnies du 28e de ligne, alors cantonnées à Elbeuf, alla réveiller M. Mathieu Bourdon, maire, et lui annonça qu'il venait de recevoir l'ordre de quitter notre ville.

Immédiatement, M. Bourdon fit assembler le conseil municipal, et, à six heures du matin, après délibération, le maire prit l'arrêté suivant :

« Considérant... que l'ordre qui fait l'objet de cette communication aurait pour effet, s'il était exécuté, de compromettre les mesures prises à Elbeuf pour le maintien de l'ordre public et que, dans les circonstances actuelles, il pourrait en résulter de graves inconvénients et même des dangers.

« Que l'autorité municipale provisoire n'a reçu aucun avis de cet ordre, qui n'émane pas de l'autorité départementale, à laquelle il convient d'en référer.

« Que d'ailleurs l'autorité départementale, dans une lettre d'hier, engage la municipalité à maintenir la tranquillité.

« Qu'un des moyens d'y parvenir est de conserver les deux compagnies pour qu'elles continuent, de concert avec la garde nationale et les autres citoyens, à se tenir en toute disponibilité pour parer aux éventualités.

« Que le départ de ces deux compagnies jetterait l'alarme dans le pays, et que ce serait assumer sur l'autorité municipale d'Elbeuf une immense responsabilité en ne le suspendant pas...

« Pour ces motifs, enjoint au capitaine Wagon de rester dans son cantonnement, où il continuera le service pour lequel il a été requis ». Suivant les signatures de MM. Mathieu Bourdon, Lecerf, Bertrand Espouy, Decamps, Leblanc, Victor Ménage, Laurent Patallier, F. Rouvin, Champin et H. Tabouelle.

Le dimanche 27, la commission municipale provisoire s'assembla à l'Hôtel de Ville, à midi, sous la présidence du citoyen Mathieu Bourdon, qui fit part à l'assemblée de ce qui s'était passé pendant la nuit. Il ajouta que les citoyens Tabouelle et Champin avaient été délégués à Rouen, afin d'appuyer de vive voix, auprès de l'administration départementale, la demande de maintien de la garnison.

Précisément arriva, au même moment, une lettre de Rouen, annonçant que la troupe était maintenue à Elbeuf, par ordre du lieutenant-général de Castellane, commandant de la division militaire.

Le citoyen Mathieu Bourdon, ayant pris l'avis de ses collègues, accorda au citoyen Piquenard, directeur-propriétaire du cirque de la rue Lefort, l'autorisation de donner des bals dans son établissement s'il le jugeait à propos.

Sur la proposition du citoyen Leblanc, l'assemblée décida que l'éclairage des rues de la ville aurait lieu toute la nuit, sans égard aux phases de la lune.

Le bataillon de la garde nationale, pendant cette séance, était réuni dans la cour de l'hôtel de ville. Sur la proposition du citoyen Victor Ménage, l'assemblée décida que la commission municipale provisoire lui ferait une visite aussitôt que le commandant serait disposé à la recevoir.

Une nouvelle réunion de la commission municipale eut lieu à trois heures de l'après-midi.

Le citoyen président donna lecture d'un paragraphe d'une lettre adressée par le citoyen Victor Quesné au citoyen Hébert, exposant l'urgence qu'il y avait de demander des commandes de drap de troupe et de l'argent au gouvernement provisoire. L'assemblée accepta l'offre du citoyen Victor Quesné de faire auprès du gouvernement les démarches qu'il croirait opportunes.

Le citoyen Victor Grandin, venu à Elbeuf avec des instructions du citoyen Ledru-Rollin, ministre de l'Intérieur, donna des détails sur la situation de Paris, d'où il arrivait. « Le peuple parisien, dit-il, a été admirable dans la grande révolution qu'il a faite. L'ordre et la tranquillité règnent dans la capitale. Je suis allé au ministère de l'Intérieur et du Commerce pour demander une large part dans les fournitures de l'Etat en faveur de la ville d'Elbeuf. J'ai reçu l'assurance positive que notre cité manufacturière serait l'objet de la sollicitude du gouvernement. »

Sur la proposition du citoyen Laurents, le

citoyen Victor Grandin fut invité à repartir immédiatement à Paris, pour, dans l'intérêt de notre ville, saisir toute occasion favorable d'obtenir du gouvernement une part équitable aux fournitures de l'Etat, et tout ce qui pourrait aider la ville.

Le citoyen Bertrand Espouy exposa que quelques ouvriers lui avaient communiqué leurs craintes de cessation du travail. Il serait urgent, dit-il, de pourvoir à assurer les subsistances ; la faim est une mauvaise conseillère et aucun effort ne doit être négligé pour maintenir l'ordre. Il conclut en proposant la nomination d'un comité de subsistances.

Le citoyen Lenormand appuya cette demande, qui fut adoptée à l'unanimité. La commission, composée séance tenante, fut formée des citoyens Espouy. Tabouelle, Sèbe, Joseph Flavigny et Lefort-Henry.

Sur la proposition du citoyen Victor Ménage, on décida également qu'un extrait des délibérations de la commission municipale provisoire serait imprimé dans le *Journal d'Elbeuf*, qui avait annoncé son projet de paraître chaque jour.

Pendant cette réunion, un grand nombre de citoyens, ayant appris l'arrivée du citoyen Grandin, s'étaient assemblés devant et dans la cour de l'hôtel de ville, de même que beaucoup de gardes nationaux. A trois heures, la foule était compacte.

A ce moment, les fenêtres de la salle du conseil municipal furent ouvertes. Le citoyen Grandin, entouré des membres de la municipalité, prit la parole, et, aussi loin que sa voix put s'étendre, porta à la connaissance des citoyens les intentions du gouvernement, les recommandations du ministre relatives au maintien de la paix publique.

La foule, après avoir entendu l'orateur, manifesta ses sympathies pour le ministère républicain.

M. Victor Grandin repartit à Paris le soir même, portant au nouveau gouvernement la certitude que la ville d'Elbeuf avait donné son entière adhésion au pouvoir, et que l'on pouvait compter sur la sagesse et le dévouement de sa population.

Le lendemain, lundi 28, l'assemblée municipale, réunie à midi, apprit du citoyen-président Bourdon que la provision de farines, chez les boulangers de la ville, différait peu de celle imposée par les règlements et surpassait même l'approvisionnement ordinaire. Il y avait des farines pour vingt jours et rien n'entravait leur circulation.

Ensuite, le président donna lecture d'une lettre qu'il venait de recevoir du citoyen Duvallet, second lieutenant de la 2e compagnie de fusilliers, par laquelle cet officier donnait sa démission, parce que des incorporations avaient été faites dans sa compagnie, sans décision du conseil de recensement, ce qui lui paraissait une infraction à la loi.

Une discussion s'engagea. D'une part, on fit valoir la déclaration du gouvernement provisoire, assurant à tous les Français les droits de citoyens, la participation aux élections et à la garde nationale. D'autre part, on s'appuya sur la loi de 1831 et sur celle de 1790, qui posaient des conditions pour l'admission dans la garde nationale.

L'assemblée s'érigea en conseil de recensement pour trancher la difficulté.

Le citoyen Emile Lenormand, capitaine de la 2e compagnie de fusilliers, dit que des citoyens travailleurs s'étaient présentés à lui, en demandant à faire partie de la garde nationale, afin de concourir au maintien de l'ordre et au respect de la propriété. Une pareille demande ne lui avait pas paru devoir être refusée. Pour régulariser cet état de choses, le citoyen Lenormand proposa l'ouverture à la mairie d'un registre sur lequel seraient inscrits les noms des citoyens désirant faire partie de la garde nationale.

L'assemblée accepta cette proposition et décida que le lieutenant Duvallet serait invité à retirer sa démission.

Elle décida également qu'un autre registre serait ouvert pour l'inscription des ouvriers manquant de travail, et qu'il serait avisé le plus promptement possible à la création de travaux.

Le citoyen Paul Sevaistre déclara se faire l'organe d'un grand nombre de gardes nationaux en proposant l'ouverture d'une souscription de la garde nationale en faveur des personnes nécessiteuses. L'assemblée vota des remerciements à la garde nationale et décida qu'une autre souscription serait également ouverte et à laquelle tous les habitants d'Elbeuf seraient invités à prendre part, suivant leurs facultés.

Le citoyen Leblanc proposa de remettre le montant des souscriptions à la commission des subsistances, parce qu'il doit être bien entendu, dit-il, qu'il ne s'agit pas de faire de simples distributions d'argent, mais de mettre chacun à l'abri du besoin, les secours distribués devant être la rémunération du travail.

Il résuma ainsi sa pensée : Secours en nature aux infirmes, en travail aux hommes valides. La proposition fut adoptée.

Le *Journal d'Elbeuf*, alors dans sa neuvième année, adhéra au nouvel état de choses. Voici quelques lignes de son numéro du 28:

« Le gouvernement de la République nous promet la liberté. Il tiendra sa promesse. Mais, sachons-le bien, cette promesse sincère, il ne la remplira que si nous l'aidons nous-mêmes à la remplir.

« Aujourd'hui le gouvernement de la République a besoin que nous lui garantissions l'ordre public, pour que, de son côté, il puisse nous procurer solidement la liberté. En pareil cas que faut-il donc que nous fassions ?

« En bons citoyens, en hommes raisonnables, nous devons comprendre l'importance de la recommandation qui nous est faite, et à cause de ses conséquences fécondes, nous devons obéir à cette invitation salutaire.

« Obéissons donc au gouvernement républicain qui nous commande. Obéissons-lui, sans hésiter, sans tergiverser, sans vouloir autre chose que ce qu'il veut, sans faire autre chose que ce qu'il nous prescrit.

« Ne nous égarons pas, ne nous dégradons pas ; ne détruisons pas, par des excès, ce que la République veut maintenir.

« Il faut que ce principe soit, pour tous les citoyens, une règle de conduite ; il n'y aura de liberté républicaine que s'il y a l'ordre républicain. Ecoutons ce gouvernement qui nous rend tous nos droits, et qui en réclamant nos efforts pour constituer la République les réclame pour repousser la hideuse anarchie...

« A cette heure, en France, il n'y a plus de

partis politiques. La République est fondée, et toutes les opinions l'acceptent et s'y rallient.

« Il est de l'intérêt général de ne rien faire, de ne rien proposer, de ne rien tolérer qui puisse gêner le gouvernement dans l'immense travail d'organisation auquel il consacre toutes ses heures.

« Le devoir des bons citoyens, dans une telle situation, c'est de favoriser l'œuvre du gouvernement. Point d'impatience, point d'intrigues, point de récriminations, point de rivalités mesquines, voilà ce qu'il faut.

« Que faut-il encore? Respect des administrations existantes ; respect des propriétés; respect des archives dans les mairies. Mais surtout, respect des croyances, des monuments consacrés au culte, de la religion et de ses ministres.

« Partant, ceux qui veulent que la France républicaine s'organise, doivent coopérer à repousser les violences de toute sorte. La République ne comporte pas de désorganisateurs... »

Ce même journal reproduisit d'enthousiasme la proclamation suivante du citoyen Corde, ouvrier teinturier chez le citoyen Noyon :

« Citoyens! ouvriers, mes camarades ! Il est de votre devoir, puisque nos frères, les Parisiens, ont renversé le gouvernement parjure ; de notre devoir, dis-je, de maintenir l'ordre, le respect des propriétés et celui des lois de la République que nous acceptons dans toutes ses formes.

« Vive la République ! Honneur à nos frères morts pour la défense de nos libertés ! Nous salirions leurs cendres si nous nous portions à quelques excès. Souffrons, attendons ! Je sais de bonne part que quelques fabricants bien pensants sont prêts à venir à notre secours. Paix ! Fraternité avec eux ! Ils sont nos frères, nous sommes les leurs. »

« Amable CORDE. »

Dans la journée du 28, les ouvriers du citoyen Félix Aroux exprimèrent publiquement leurs sentiments de reconnaissance envers leur patron qui, spontanément, venait de diminuer d'une heure la durée de la journée de travail, tout en maintenant les salaires au même prix.

Le lendemain 29, beaucoup d'ouvriers d'Elbeuf demandèrent une diminution de deux heures sur la journée de travail, qui était alors de quatorze. A cet effet, une lettre fut adressée au Conseil municipal le jour même.

Le bruit se répandit que de sourdes menées étaient dirigées par une partie de la population de notre ville contre MM. Libre-Brutus Michel, ancien commissaire de police ; Christophe, Duboc et Ségard, appariteurs, peu sympathiques parmi les travailleurs.

La séance municipale de ce même jour mardi 29 février, ouverte à midi, fut présidée par le citoyen Join-Lambert, adjoint, en l'absence du citoyen maire, auquel on avait annoncé la mort de son père, nouvelle reconnue inexacte, mais qui avait trop vivement impressionné le citoyen Mathieu Bourdon pour qu'il pût se rendre à la réunion.

Le citoyen Quesné-Dévé dit que l'on avait reçu la nouvelle officielle d'un arrêté du gouvernement provisoire accordant à la ville de Paris une prorogation d'échéance pour les effets de commerce, et que plusieurs négociants d'Elbeuf s'étaient présentés à l'Hôtel de Ville pour réclamer l'application de cette mesure dans notre canton.

Il fut répondu que cette réclamation trouvait sa satisfaction dans un arrêté que venait de prendre le citoyen Frédéric Deschamps, commissaire provisoire du gouvernement pour le département de la Seine-Inférieure.

Notification fut faite aux huissiers d'Elbeuf qu'une prorogation de quinze jours était accordée pour tous les effets de commerce, échéant du 23 février au 10 mars.

Pendant que l'on s'occupait de cette question, le feu se déclara dans la cheminée de la grande salle de l'hôtel-de-Ville.

On apprit qu'un seul citoyen s'était présenté jusque là pour faire partie de la garde nationale, et qu'on n'avait même pu inscrire le réclamant, qui habitait Caudebec. Mais le citoyen Félix Aroux avait présenté une liste de travailleurs de sa manufacture, disposés à demander leur inscription.

On lut une lettre, dont on verra le texte tout à l'heure, réclamant la publication et l'affichage dans toutes les rues de la ville, des actes et des proclamations du Gouvernement provisoire. Cette demande, appuyée par le citoyen Lenormand, fut adoptée à l'unanimité.

Le citoyen Victor Quesné proposa de changer l'ordre des couleurs du drapeau national, ainsi que cela avait été fait à Paris, et de les disposer ainsi : le bleu à la hampe, puis le rouge et enfin le blanc, et de faire inscrire sur cette dernière couleur les mots : République française. Cette proposition, adoptée à l'unanimité, reçut immédiatement son exécution.

Le citoyen Henri Quesné proposa d'adresser

aux membres du Gouvernement provisoire de la République française, une supplique pour, sans rien préjuger sur la question des douanes, obtenir un délai nécessaire, si elles étaient supprimées, pour l'achèvement de la fabrication et l'écoulement des produits fabriqués avec des matières premières qui, à leur entrée en France. avaient été frappées d'un droit de 22 pour 100. « Si, dit-il, la protection des douanes n'est pas maintenue, c'est pour beaucoup de fabricants la ruine immédiate, par conséquent la suspension du travail et la misère pour un grand nombre de travailleurs ».

L'assemblée décida qu'une pétition serait immédiatement soumise à la signature de tous les fabricants et travailleurs d'Elbeuf, et ensuite adressée au Gouvernement provisoire.

M. Victor Quesné proposa d'adresser au ministre de l'Intérieur une demande tendant à obtenir l'autorisation d'ouvrir à Elbeuf un registre d'enrôlements pour la garde nationale mobile. — La proposition fut adoptée.

On lut une lettre du citoyen Paul Descoubet, demandant l'organisation la plus prompte possible du service de la bibliothèque communale. — Comme il n'y avait pas urgence, l'assemblée ajourna les mesures à prendre à cet égard.

Le citoyen Leblanc donna lecture d'une autre lettre, du citoyen Hyacinthe Dobremel, contenant des considérations : sur l'utilité d'admettre un plus grand nombre de travailleurs dans l'administration ; sur la nécessité de guider leur intelligence, de diriger leurs sentiments, naturellement bons, et d'empêcher ainsi l'influence des maximes exagérées et de doctrines démagogiques.

Alors, le citoyen Decamps fit cette proposition :

« Que la commission municipale provisoire d'Elbeuf, sur la demande des trois membres représentant dans son sein les citoyens travailleurs de cette ville, décide, jusqu'à ce qu'il en soit avisé autrement, qu'il sera ouvert tous les jours, de neuf à dix heures du soir, et les dimanches, de trois à quatre, dans le Cirque de la rue Lefort, un cours public et gratuit des droits et devoirs du citoyen sous un gouvernement républicain démocrate.

« En conséquence, elle invite les fabricants à fermer leurs ateliers à neuf heures, pour ne pas priver les ouvriers d'assister à ce cours, qui leur est de la plus grande utilité ».

Plusieurs considérations se manifestèrent. On mit en avant : la difficulté de réunir un nombre considérable d'auditeurs dans un local qui ne pourrait pas le contenir ; le tumulte qui pourrait en résulter à cette heure avancée de la nuit ; l'opportunité de choisir de préférence le milieu de la journée ; la liaison du travail entre les hommes, les jeunes gens et les enfants qui pouvait, en l'absence des uns ou des autres, entraîner une grande perte de temps ; l'utilité absolue d'aider de leçons sur leurs droits ceux qui avaient des devoirs à remplir ; de moraliser partout et toujours.

Après discussion, la proposition fut admise ; mais en même temps l'assemblée désigna, pour réglementer son exécution, une commission chargée de faire un rapport à ce sujet. Cette commission se composa des citoyens Decamps, Véret, Isidore Lecerf, Henri Quesné et Hippolyte Delarue.

Le secrétaire donna ensuite lecture de la

proclamation du commissaire général du département de la Seine-Inférieure, le citoyen Frédéric Deschamps, nommé par le Gouvernement provisoire, publiée par le *Journal de Rouen*, que l'on venait de déposer sur le bureau.

Après cette lecture, sur la proposition du citoyen Tabouelle, l'assemblée, à l'unanimité, donna une adhésion pleine et entière de la municipalité et de la ville d'Elbeuf au Gouvernement provisoire de la République française, et la même adhésion aux principes d'ordre et de sécurité publique exprimés dans sa proclamation par le commissaire général du département.

Les citoyens Tabouelle, Victor Grandin et Véret furent délégués vers le citoyen Frédéric Deschamps, à Rouen, pour lui porter l'expression de ce vote unanime.

Dans son numéro du même jour, 29 février, le *Journal d'Elbeuf* inséra la lettre suivante, adressée par M. Dautresme aux membres de l'administration provisoire de la commune :

« Citoyens administrateurs,

« Une révolution heureuse vient d'être faite.

« Le gouvernement républicain remplace un gouvernement monarchique, dont la Nation française se rappellera longtemps la cupidité et l'immoralité.

« La probité, le désintéressement, les lumières du gouvernement actuel sont tels, au contraire, qu'il n'est pas permis, pour ainsi dire, de douter de leurs pensées, de leurs intentions en faveur de la Nation.

« Ils en ont, d'ailleurs, déjà donné des preuves par les proclamations, les avis, les arrêtés qu'ils ont dictés et publiés.

« Tout ce qu'ils ont dit et écrit au peuple de Paris est empreint d'une telle grandeur d'âme et d'une morale si pure, que l'honnête homme, celui qui aime son prochain, ne peut que les applaudir bien haut.

« Ces idées sont les vôtres, citoyens administrateurs, je n'en doute pas ; aussi, ne me permettrais-je pas de vous adresser cette lettre si, dans l'intérêt de tous les citoyens d'Elbeuf, je ne croyais de mon devoir de vous prier de faire publier, afficher, sans le moindre retard et dans toutes les rues de la ville, tout ce qui a été dit et écrit par le Gouvernement provisoire aux habitants de Paris...

« Le peuple français ne doit rien ignorer. Il faut qu'il connaisse tous les décrets, toutes les actions de ceux qui le gouvernent, afin que tous les membres de la Nation n'agissent, à leur tour, que dans l'intérêt de la République. — David DAUTRESME ».

En fait, des clubs se tenaient déjà chaque soir en divers lieux, notamment au Cirque de la rue Lefort, où la foule était si grande que M. Paul Descoubet pria les autorités municipales de prendre des mesures afin de prévenir l'effondrement des galeries. De leur côté, MM. Bertrand Espouy et H. Limet demandèrent, au maire d'Elbeuf, l'envoi d'un piquet de 15 hommes de troupe pour maintenir la foule et empêcher l'encombrement des abords de la salle du Cirque.

Le portrait de Louis-Philippe, par M. Massé, avait été placé dans la grande salle de l'ancien hôtel de ville ; mais à la Révolution de Février, nous assurent plusieurs de nos concitoyens, il fut décroché et jeté par la fenêtre dans la cour. Ils ne croient pas, cependant, à sa destruction :

la toile fut recueillie par quelqu'un qui l'aurait roulée, puis serrée dans un grenier de l'hôtel de ville. Mais qu'est-elle devenue depuis ?

Nous n'en savons rien.

Les ouvriers d'Elbeuf qui ne s'occupaient pas de politique, et leur nombre était grand, avaient vu cependant avec plaisir la chute du gouvernement de Louis-Philippe, en songeant qu'un nouveau régime ne pouvait rendre plus dures leurs conditions d'existence, et qu'ils ne pouvaient que gagner au règne de la liberté que la République amenait avec elle.

Quant aux bourgeois, ils n'étaient sans inquiétude, pour la plupart, sur la tournure qu'allaient prendre les événements.

CHAPITRE V
(Mars 1848)

L'Enseignement du peuple. — Fourniture de draps de troupe. — Nouvelle administration municipale, provisoire ; M. Henri Sevaistre, 25e maire (provisoire) d'Elbeuf. — La garde nationale a cheval. — Discussions municipales. — Questions ouvrières. — Les Comités politiques. — Le Comptoir d'Escompte. — Une cantate. — Circulaires électorales. — Ateliers nationaux.

La commission municipale provisoire prit cette délibération, le 1er mars :
« Un cours d'enseignement « des droits et « devoirs du citoyen sous un gouvernement « républicain » aura lieu, le soir, les mardi et jeudi de chaque semaine, de neuf à dix heures, et le dimanche de deux à quatre heures après-midi, dans le cirque de M. Piquenard.
« Des cartes indiquant le jour pour lequel elles donneront droit d'entrée à ce cours, à tout citoyen âgé d'au moins vingt ans, seront distribuées dans les bureaux de la mairie jus-

qu'à concurrence du nombre de places disponibles ».

Le citoyen Bertrand Espouy, qui se proposait de faire ce cours, déclara qu'il regardait comme très sages les mesures prises.

Ensuite, l'assemblée, qui avait été informée que le commissaire général du département s'occupait de composer une administration municipale provisoire, déclara, avant de se démettre de ses fonctions, offrir ses remerciements en son nom personnel et au nom de la cité entière, à la garde nationale, à la société des anciens militaires, aux deux compagnies du 28e de ligne et à tous les bons citoyens qui avaient concouru au maintien de l'ordre et de la tranquillité publiques.

La séance de la commission municipale provisoire s'ouvrit le jeudi 2 mars, comme la veille, sous la présidence du citoyen Join-Lambert.

Le citoyen Victor Quesné, qui était allé faire visite au citoyen Deschamps, commissaire général du département, informa l'assemblée que celui-ci avait déjà proposé un travail pour la formation de l'administration municipale d'Elbeuf, mais qu'il recevrait avec plaisir d'autres renseignements que ceux qu'il possédait.

Le citoyen Bertrand Espouy dit que le local du Cirque avait été mis à sa disposition par le citoyen Piquenard, et que l'on n'aurait que les frais d'éclairage à payer.

L'assemblée vota des remerciements au citoyen Piquenard, mais elle les retira le lendemain.

Ce même jour, une réunion composée d'environ 600 citoyens eut lieu à Caudebec, dans la salle du Belveder, appartenant au citoyen Faupoint, à l'effet de donner adhésion au gouvernement de la République.

A la séance du 3, le citoyen Join-Lambert, président, donna lecture d'une lettre du citoyen Victor Grandin, datée de Paris, 20 février. A cette lettre en était jointe une autre du ministre de la Guerre, donnant l'assurance que la demande de la ville d'Elbeuf, au sujet des fournitures de draps de troupe, serait favorablement accueillie et annonçant l'envoi de types des draps employés par l'Etat, avec les prix auxquels ils étaient achetés. Le ministre demandait quelles quantités les manufacturiers pourraient s'engager à fournir par semaine.

L'assemblée décida que ces pièces seraient immédiatement remises à la Chambre consultative des manufactures, chargée de convoquer les fabricants et de leur demander, dans cette réunion, des renseignements précis pour le Gouvernement.

Elle décida, en outre, qu'une publication serait faite dans les deux journaux de la localité, pour avertir les manufacturiers du dépôt à la mairie de types envoyés pour les fournitures qui pourraient être demandées ultérieurement par le gouvernement de la République.

Le secrétaire donna lecture d'une lettre imprimée, adressée par M. Randoing, manufacturier à Abbeville, aux membres du Gouvernement provisoire. Elle avait pour but d'obtenir des garanties, des encouragements, pour les manufacturiers qui continueraient d'occuper tous leurs ouvriers.

Le président informa l'assemblée qu'il avait écrit au commissaire du département pour le prier de former au plus tôt une administration municipale à Elbeuf.

Le citoyen Mathieu Bourdon, qui présida la commission provisoire le 4 mars, annonça qu'il était en mesure de rendre ses comptes administratifs à l'administration municipale qui allait entrer en fonctions.

Ce jour-là, qui était un samedi, il fut procédé aux opérations du tirage au sort, sous la présidence du citoyen Crosnier, ex conseiller de préfecture, délégué par le commissaire général du département. Elbeuf fournit 136 conscrits, les autres localités du canton 140. Le plus grand ordre régna dans la ville.

En présence de l'ancienne commission municipale provisoire, réunie le dimanche 5 mars, le citoyen Henri Sevaistre donna lecture de deux ordonnances du citoyen Deschamps, commissaire du Gouvernement dans la Seine-Inférieure, ainsi conçues :

1º « République française. — Liberté, Egalité, Fraternité. — La Commission du Gouvernement provisoire de la République française arrête ce qui suit :

« Article 1er. — L'ancien conseil municipal de la ville d'Elbeuf est dissous.

« Art. 2. — Une commission municipale est instituée. Elle est composée des citoyens : Henri Sevaistre, propriétaire ; Emile Lenormand, commissionnaire en draperies ; Victor Quesné, banquier ; Bertrand Espouy, ouvrier tisserand ; Hyppolite Limet, agréé ; David Dautresme, fabricant ; Henri Champion, ouvrier tisserand ; Lecerf père, propriétaire ; Fortuné Leblanc, commissionnaire en draperie ; Victor Ménage, caissier de la Caisse d'Epargne ; Eugène Decamps, tisserand.

« Le citoyen Henri Sevaistre remplira les fonctions de maire provisoire, et les citoyens Victor Quesné et Emile Lenormand celles d'adjoints provisoires

« Le Commissaire du Gouvernement provisoire de la République, F. Deschamps ».

2º « Le Commissaire du Gouvernement provisoire de la République française, arrête ce qui suit :

« Article 1er. — La démission du citoyen Lecerf père et Alphonse Sauvage, membres de la commission municipale provisoire de la ville d'Elbeuf est acceptée.

« Art. 2. — Les citoyens Justin, docteur-médecin, et L. Patallier fils, propriétaire, sont nommés membres de la commission municipale provisoire de la ville d'Elbeuf, en remplacement des deux membres démissionnaires.

« Fait à Rouen, au siège de l'administration départementale provisoire, le 4 mars 1848.

« Le commissaire du Gouvernement provisoire, F. Deschamps ».

Après cette lecture, le citoyen Henri Sevaistre déclara la commission provisoire installée, puis adressa cette allocution à l'assemblée :

« Après les héroïques efforts du peuple de Paris, les preuves de dévouement de toute sorte données par la garde nationale tout entière pour chasser un gouvernement démoralisateur, est il un citoyen qui puisse se refuser à se dévouer aussi quand il peut espérer, par son concours actif, rendre quelque service à la chose publique ?

« Tel est le sentiment auquel nous avons obéi. Nous avons fait taire en nous ces trop justes craintes que nous inspire la conscience de notre insuffisance ; nous avons mieux aimé compter sur la coopération et l'appui des citoyens qui ont accepté, avec nous, le fardeau. Puissiez vous, chers concitoyens. le rendre moins pesant, en nous entourant de vos sympathies et en chassant de vos esprits ces craintes chimériques dont on a toujours accompagné l'idée du retour d'un gouvernement républicain.

« Respect des personnes, respect des propriétés: comptez sur nous pour assurer ces deux bases de toute association d'hommes de tout gouvernement. Et puis attendons avec confiance les institutions que nous donnera cette Assemblée nationale qui sera nommée par le Pays tout entier.

« Vive la République !

« Je ne puis mieux terminer qu'en me rendant l'interprète de la nouvelle administration provisoire, qui m'a chargé de remercier les citoyens membres adjoints de leur zèle infatigable pour le maintien dans notre ville de l'ordre et de la sécurité ».

Le citoyen Félix Limet fut élu secrétaire.

Le citoyen Patallier demanda si le citoyen Victor Grandin, envoyé par l'ancienne commission municipale à Paris, pour s'occuper des fournitures de drap à faire au Gouvernement, était maintenu dans sa mission.

Le citoyen Victor Quesné émit un avis approbatif, mais en demandant qu'il fut désigné un adjoint au citoyen Victor Grandin, et il proposa le citoyen Henri Quesné.

Après une observation du citoyen Leblanc, l'assemblée décida que les citoyens Victor Gombert et Henri Quesné seraient adjoints, comme délégués de la Ville, au citoyen V. Grandin.

Le citoyen Patallier dit qu'il y aurait environ 100.000 mètres de drap à fournir, et que l'on avait promis au citoyen Grandin 80.000 mètres pour Elbeuf

Le maire proposa d'appeler dans le sein du Conseil la Chambre consultative des arts et manufactures, avec voix consultative ; ce qui fut adopté.

Pendant cette délibération, la garde nationale s'était assemblée ; le corps municipal interrompit sa séance pour aller la passer en revue.

A la reprise de la séance, le corps des officiers de la garde nationale fut reçu par la commission municipale. Lecture fut donnée à ces officiers d'une lettre par laquelle le citoyen Paul Sevaistre retirait sa démission de capitaine de la garde nationale et de président du Tribunal de commerce.

Après le départ des officiers, on reparla des fournitures militaires. Les citoyens Félix et Hyppolite Limet émirent l'idée de confier ces fournitures à un atelier national, où l'on organiserait une association.

Le citoyen Patallier objecta que les fournitures devraient être livrées dans le délai d'un mois et que, conséquemment, on ne pourrait organiser un atelier.

Le maire pensait que l'on pourrait demander 60.000 mètres à répartir aux fabricants et réserver 20.000 autres mètres, des dernières fournitures, pour un essai d'association.

Le citoyen Victor Quesné proposa de mettre à l'ordre du jour, après la question des travaux de charité, celle de l'annexion de la Belgique à la France.

Les citoyens Leblanc et Félix Limet répondirent que la question n'était pas urgente et que l'annexion ne pouvait être faite que par l'Assemblée nationale.

A ce moment entrèrent les citoyens membres de la Chambre consultative.

Le citoyen Alexandre Poussin donna lecture du procès-verbal de cette Chambre du vendredi précédent, après quoi le citoyen Grandin prit la parole.

Il était allé voir les ministres de la Guerre et de l'Intérieur ; on ne savait de quel ministère les fournitures dépendraient. Le général Duvivier l'avait renvoyé au citoyen Villemain, intendant, qui avait promis à Elbeuf 80.000 mètres sur 100.000. Notre concitoyen avait déclaré qu'Elbeuf livrerait, 30 jours après ordre écrit, 2.000 mètres par jour, et dans le troisième mois 3.000 mètres. Rien n'avait été décidé pour les prix, mais il était probable qu'une augmentation de 10 pour 100 sur les prix anciens serait accordée.

Le citoyen Lenormand observa qu'il serait utile de faire remarquer aux manufacturiers que le nombre des heures de travail par jour allait être réduit, afin qu'ils pussent établir leurs calculs sur les délais de livraison et le prix des étoffes.

Après une discussion à laquelle prirent part les citoyens Laurent Collas, Champion, Poussin et Hyppolite Limet, on rejeta la condition, proposée par M. Chennevière, de faire exécuter en ville le tissage des draps à fournir ; puis les membres de la Chambre se retirèrent.

Alors, la commission municipale s'occupa de la question du travail pour les ouvriers sans ouvrage, et prit cette délibération :

« La commune reconnaît la nécessité de venir en aide aux travailleurs inoccupés. A cet effet, des travaux seront immédiatement ouverts sous le titre de « chantiers nationaux ».

« Ces chantiers auront pour objet : la construction d'un chemin vicinal tendant de la rue Fouquier à la commune de Saint-Martin-la-Corneille (Eure); 2° la construction d'un chemin vicinal tendant du hameau du Buquet à la route que construit en ce moment la commune de la Londe, à travers le bois de MM. Reizet et Malfilâtre.

« La rétribution journalière allouée à chaque travailleur est fixée à 1 fr. 25 par jour, savoir 75 centimes en alimentation et 50 centimes en numéraire. L'alimentation sera fournie en commun aux travailleurs sous des hangars couverts, établis à proximité de chaque chantier national. Jusqu'à ce que la commission soit en mesure de mettre le régime alimentaire en commun, les travailleurs recevront 75 centimes en numéraire et 50 centimes en bons de pain et de viande.

« Les dépenses seront couvertes, jusqu'à due concurrence : 1° par les allocations ensemble de 20.000 fr. existant aux budgets sous la rubrique « Part contributive de la commune dans l'érection d'une caserne ; 2° par le produit de la souscription volontaire ouverte au nom de la garde nationale ».

L'assemblée nomma ensuite plusieurs commissions: Organisation des ateliers nationaux, les citoyens H. Limet et Victor Quesné ; alimentation, les citoyens docteur Justin et Victor Ménage ; fournitures de draps militaires, les citoyens Leblanc, Bertrand Espouy et David Dautresme.

Sur la proposition du citoyen Félix Limet, on décida que la rue Royale prendrait le nom de rue de la République, et l'on rapporta la délibération qui donnait le nom de Salvandy à une rue projetée.

Après la séance d'installation de la nouvelle municipalité, on commenta très vivement en ville l'attitude de la garde nationale à cheval, qui avait crié seulement : « Vive M. le maire ! », mais n'avait pas acclamé la République, comme le reste du bataillon.

Les réactionnaires — il y en avait déjà — essayèrent de démontrer que crier « Vive M. le maire ! » c'était crier « Vive la République ! » et donner une complète adhésion au nouveau gouvernement, dont le maire était le représentant.

Et afin d'effacer la mauvaise impression qui s'était produite et prouver leur dévouement pour le peuple, les gardes à cheval organisèrent une souscription entre eux, en faveur des ouvriers sans travail ; elle produisit la somme de 1.055 fr.

D'un autre côté, des critiques s'élevèrent contre les nouveaux maire et adjoints qui, à la revue de la garde nationale passée ce même jour, partaient au bras gauche un ruban rouge, au lieu de bleu-blanc-rouge, couleurs adoptées par les fonctionnaires de la République : le *Journal d'Elbeuf* s'exprima ainsi : « On s'est demandé en vertu de quel décret nos nouveaux édiles avaient adopté ce drapeau, qui a été si énergiquement repoussé, à l'Hôtel de Ville, par de Lamartine ».

Tous les manufacturiers d'Elbeuf se trouvèrent réunis, le 6, à l'Hôtel de Ville, où M. Victor Grandin leur exposa les démarches qu'il avait faites auprès du ministre de la Guerre et de M. Vilmain, intendant militaire, afin d'obtenir du gouvernement des commandes de draps pour l'habillement des armées nationales de la République. De ces communications, il résultait que la fabrique d'Elbeuf aurait 80.000 mètres de drap à fournir. Les fabricants furent invités à déclarer les quantités qu'ils pourraient livrer ; ce qui fut fait le jour même. Mais deux jours après, on apprit que la part de la ville serait réduite à 60.000 mètres.

A partir de la séance municipale du même jour, le secrétaire supprima le mot Monsieur devant le nom propre de chacun des membres de l'assemblée et le remplaça par celui de Citoyen, employé depuis le changement de gouvernement.

A l'ouverture, on lut une lettre du citoyen Quesné-Dévé qui protestait contre la dissolution du conseil municipal.

On discuta ensuite sur le théâtre et son directeur, le citoyen Jeault, que quelques-uns voulaient obliger à revenir à Elbeuf, malgré qu'il perdît de l'argent à y donner des représentations.

Le citoyen Bertrand Espouy rendit compte d'un voyage qu'il venait de faire à Paris. Il y avait vu le citoyen Albert. Suivant celui-ci, le Gouvernement provisoire ne pouvait prendre l'initiative de la création d'ateliers ; il fallait attendre la décision de l'Assemblée nationale. Quant aux fournitures militaires, il fallait surveiller la confection, dans l'intérêt du Gouvernement et des travailleurs.

Le citoyen Félix Limet proposa que les frais du voyage du citoyen Espouy fussent payés par la Ville.

Les citoyens Leblanc et Victor Ménage appuyèrent la proposition, mais demandèrent qu'à l'avenir aucun voyage ne fut entrepris sans l'avis de la commission municipale.

On décida que les 44 francs déboursés par le citoyen Espouy lui seraient rendus.

L'assemblée discuta ensuite sur les travaux projetés pour la création du chemin de la Saussaye.

Elle décida d'écrire au ministre pour obtenir les 30.000 fr. promis par M. de Salvandy pour les écoles, et de lui faire porter, par des délégués, une lettre que le citoyen Patallier fut chargé de rédiger.

Un membre de la commission proposa et l'assemblée adopta que l'on ferait insérer dans les deux journaux : le *Journal d'Elbeuf* et la *Sentinelle républicaine*, un avis ainsi conçu : « Il est ouvert à l'Hôtel de Ville un registre pour l'inscription de tous les citoyens, âgés de 20 à 55 ans, qui doivent leur service dans les rangs de la garde nationale ».

Entre temps, la Chambre consultative avait réuni les fabricants de draps et leur avait demandé s'ils étaient disposés à entreprendre des fournitures militaires. Cinquante-et-un d'entre eux avaient souscrit pour 284 mille mètres. Des représentants de cette Chambre vinrent en faire part à la commission municipale provisoire.

Le citoyen Félix Limet rappela que la commission municipale s'était réservé la faculté d'attribuer une partie des fournitures à un essai d'organisation de travail.

Sur une observation du citoyen V. Grandin, pour parer à cette éventualité, on porta le chiffre des engagements à 300.000 mètres.

Le 7, les membres du Tribunal de commerce envoyèrent aux ministres de la Justice et du

Commerce leur adhésion au Gouvernement provisoire.

Les 7 et 8 mars, il n'y avait pas eu de réunion municipale. A celle du 9, on s'occupa d'un traité avec le citoyen Fouquier-Long, pour établir un dépotoir dans ses bois, et des travaux vicinaux projetés entre Elbeuf et la Saussaye.

En attendant, le citoyen Dautresme proposa une besogne de terrassement à façon. L'assemblée l'accepta avec empressement. Il s'agissait de quatre fossés de 200 mètres de longueur, deux mètres de largeur et un mètre de profondeur.

Ce jour là, on afficha à Elbeuf le décret de convocation des électeurs, pour le 9 avril, afin de nommer des députés.

Immédiatement, il se forma un comité politique, dont le principal organisateur fut le citoyen Victor Papavoine, qui prit le titre de « Comité cantonal républicain ». Le citoyen Petou en fut le président, le citoyen Camille Randoing le vice-président et le citoyen Papavoine le secrétaire.

Le 11, la commission provisoire municipale s'occupa des préliminaires de la formation de la liste électorale, puis l'on parla de la réduction de la journée de travail dans les manufactures ; quelques fabricants persistaient à faire travailler leurs ouvriers pendant 14 heures.

On décida d'envoyer, vers le citoyen commissaire du Gouvernement à Rouen, une délégation composée des citoyens Sevaistre, maire, Victor Quesné, Espouy et Félix Limet, pour prendre des informations au sujet de la durée de la journée de travail.

Le dimanche 12, M Jules May, associé de

M. Grandin, fit publier une lettre adressée à la *Sentinelle républicaine*, accompagnée de la déclaration suivante :

« Dans l'intérêt de la vérité et de la justice, et pour répondre à un article incriminant la conduite de M. Victor Grandin, article inséré dans la *Sentinelle républicaine*, les soussignés souscripteurs de fournitures, déclarent sur l'honneur que les explications fournies par M. Victor Grandin n'ont pu faire considérer la fourniture projetée comme définitive, et que, dans cette circonstance comme dans d'autres, sa conduite a été aussi loyale que dévouée.

Signé : « Lecoupeur-Barette, Mouchet fils, Félix Aroux, Isidore Decaux, Ch. Flavigny, Isidore Aroux, Sevaistre aîné et Legrix, Lair aîné, Lefebvre-Gariel, Drouet, Petitgrand-Lepage, Luc Suchetet neveu, Edouard Guérot, Félix Lefebvre fils, Houllier fils, Victor Luce G. Bertrand, Isidore Lecerf, Achille Cavrel, Godard-Cauchois, Quesné-Devé, P. Dupuis, Tassel-Sevaistre, J. Dupont fils, Lesseré-Grémont et Ch. Fouré ; Chauvreulx, Chefdrue et fils ; S. J. Simon, Frigard et Lequesne, Désiré Petitgrand, Florentin Lanne, B. Javal, H. Ancelin, M. Couprie, Delarue frères, Sevaistre et Lesage, Benoist-Boisguillaume, Vimont frères, Constant Grandin fils, Victor Tassel, Lemonnier Chennevière, Th. Chennevière, P. Turgis, Join-Lambert fils.

La principale question à l'ordre du jour de la séance municipale du 13, concernait l'instruction à donner au peuple.

Le citoyen maire avait reçu la visite du frère Philippe, directeur de l'école chrétienne, qui se mettait à la disposition de la municipalité pour enseigner les ouvriers.

Le citoyen Dautresme dit qu'il n'avait pas confiance dens la doctrine des Frères et qu'il n'accepterait leur offre qu'à défaut d'autre.

Les citoyens Espouy et H. Limet protestèrent énergiquement contre toute initiative tendant à livrer l'éducation des enfants et des adultes aux Frères. L'Assemblée nationale, dirent-ils, organisera sous peu un système d'éducation.

Le citoyen Félix Limet annonça que plusieurs jeunes gens étaient disposés à donner leur temps pour faire des cours du soir. Une vingtaine de cours ainsi formés suffiraient pour le moment.

Le citoyen Leblanc dit qu'il fallait plutôt retirer l'instruction du peuple aux Frères que la leur donner.

Le citoyen Patallier parla en ces termes :

« J'ai toujours combattu pied à pied dans cette enceinte l'introduction des Frères. Parce que je leur avais été opposé, ces Messieurs voulurent que je visse de près leur méthode et leurs règles. J'ai lu et commenté le volume contenant leurs méthodes et j'ai présenté des observations. Dans les visites que j'ai faites à leurs maisons, j'ai vu qu'elles étaient parfaitement tenues sous le rapport de l'enseignement. En dehors de la science, j'ignore s'il y a les influences que vous redoutez.

« L'enseignement mutuel, j'en ai été partisan ; mais il a ses inconvénients. Le citoyen Fririon a deux cents élèves, le local n'en peut contenir plus, la surveillance du citoyen Fririon ne peut suffire ; il n'y a donc ni le même ordre ni les mêmes résultats. L'instruction des Frères ne laisse rien à désirer et elle est peut-être supérieure ».

Le citoyen Leblanc combattit ce qu'il y avait d'illogique dans le discours du citoyen Patallier et dit qu'il était opposé à ce qu'on livrât le peuple aux Frères, dont l'ordre, dit-il, est sous la dépendance des Jésuites.

Le citoyen Ménage s'exprima ainsi : « Comment les Frères obtiennent-ils de meilleurs résultats ? Ils font choix entre les élèves et renvoient les insoumis à l'école mutuelle. »

Le citoyen maire rappela qu'il s'agissait de savoir si l'on voulait accepter l'offre, faite par les Frères, de recevoir les ouvriers le soir.

On discuta longtemps encore ; enfin, on aboutit à la nomination d'une commission pour étudier la proposition.

On lut ensuite une pétition des cafetiers et débitants, tendant à la suppression de la lanterne qu'ils étaient obligés de tenir allumée chaque soir à leur porte.

L'assemblée s'occupa aussi des subsistances pour les ouvriers. Le citoyen Félix Limet posa en principe que la commune devait nourrir tous ceux auxquels elle ne pouvait donner d'ouvrage. A tout prix, dit-il, il faut empêcher les ouvriers de mourir de faim, tant que l'Assemblée nationale n'aura pas pourvu à l'existence de tous par des moyens généraux.

Le citoyen Patallier proposa de voter 10 ou 15 centimes additionnels, mais on ne prit aucune résolution.

En réunion de tous les industriels de la ville d'Elbeuf, convoqués, ce même jour 13 mars, à 9 heures du matin, le citoyen Sevaistre, maire provisoire, exposa à l'assemblée le résultat de démarches qu'il avait faites auprès du commissaire du département, relativement à la durée de la journée de travail, et lut la proclamation fixant la journée à onze heures de travail effectif, ainsi qu'une lettre du ministre du Commerce aux préfets, enjoignant à ces derniers l'exécution de cette mesure.

L'assemblée, après délibération, décida :

Que le travail serait réduit pour le jour même à onze heures ; que s'il survenait quelque désaccord entre les ouvriers et les chefs, soit pour le prix, soit pour l'exécution de cet arrêté, il serait nommé un jury composé de six membres pris parmi les ouvriers et de six membres patrons, pour trancher le différend.

Elle dit également que les chefs d'établissement devraient éviter toute aigreur envers les ouvriers, à l'occasion de ces dispositions ; la décision se terminait ainsi :

« Ceux qui ont pensé à réduire les salaires ou à quitter les affaires sont engagés à s'abstenir de toute détermination qui pourrait susciter le mécontentement parmi les ouvriers ; qu'il convenait, dans des circonstances aussi graves, de faire tous ses efforts pour secourir les travailleurs par la constitution du travail ».

Ce même jour, à trois heures du soir, la Chambre consultative nomma trois commissaires, les citoyen Edouard Turgis, Leblanc et Poussin, pour se rendre auprès des administrateurs du Comptoir d'escompte, en formation à Rouen, afin de faire admettre le commerce d'Elbeuf à l'escompte de son papier, ou sinon un comptoir local semblable serait créé.

Le lendemain mardi 14, les manufacturiers d'Elbeuf et de Caudebec se réunirent, sur une convocation de la Chambre consultative, afin d'entendre les délégués qui avaient été envoyés auprès du Gouvernement provisoire au sujet des fournitures de draps de troupe.

M. Victor Grandin exposa d'abord les démarches faites pour des draps destinés à l'habillement de la garde nationale mobile. Des difficultés s'étaient présentées pour cette fourniture; les délégués avaient été assez heureux pour obtenir du gouvernement provisoire la commande de 215.000 mètres de drap pour la garde nationale sédentaire de Paris. Il donna ensuite lecture du cahier des charges et soumit les échantillons-types des étoffes à fournir.

Les fabricants examinèrent ces échantillons, firent séance tenante leurs prix de revient et chacun calcula pour combien de mètres il pouvait soumissionner.

Le maire provisoire déclara à l'assemblée que cette fourniture avait été accordée en vue surtout de procurer du travail aux ouvriers, et que tous les fabricants d'Elbeuf et de Caudebec pouvaient se présenter au bureau pour signer immédiatement leur soumission.

Quarante-cinq fabricants se firent inscrire et apposèrent leur signature au bas de cet engagement :

« Nous soussignés, fabricants de draps à Elbeuf et à Caudebec, après avoir pris connaissance du marché passé par les délégués de la Chambre consultative, MM. Victor Grandin, Henri Quesné, Victor Gombert et Charles Lizé, ainsi que du cahier des charges dudit marché, déclarons accepter toutes les conditions par les délégués précités et nous rendre solidairement responsables de leur exécution. — Elbeuf, 14 mars 1848... »

La fourniture pour la garde nationale de Paris devait s'élever au total à 300.000 mètres, dont la répartition avait été ainsi faite : Sedan, 50.000 mètres ; Abbeville, 10.000 ; Louviers, 25.000 ; Elbeuf, 215.000 ; Caudebec, 15.000 mètres.

Les fabricants d'Elbeuf et de Caudebec, s'étant inscrits pour une totalité de 239 mille mètres, alors que la commande n'était que de 215.000, la Chambre consultative, après avoir examiné la quantité d'ouvriers employés par chacun d'eux, décida de réduire les soumissions de treize manufacturiers jusqu'à concurrence des 24.000 mètres soumissionnés en trop.

Le citoyen Zacharie-Victor Delalonde, nommé commissaire de police à Elbeuf, par le citoyen commissaire général du Gouvernement provisoire pour la Seine-Inférieure, fut installé le 16 mars.

Le même jour, les employés de commerce se réunirent à l'hôtel de ville pour nommer trois délégués devant s'adjoindre au Comité républicain, que présidait M. Petou. MM. Joannès Moreau, Traber et Alfred Barbe furent élus.

Jusque-là, les magasins des négociants et commissionnaires en draperies restaient ouverts le dimanche comme les autres jours ; mais plusieurs chefs de maison ayant donné l'exemple, ces magasins furent bientôt fermés les dimanches et jours de fête. Les premiers qui commencèrent furent MM. Hémery et Dupont, Emile Lenormand, Savoye et Rougeolle, J.-P. Mallet et Cie et Alfred Jobey.

La commission des subsistances s'entendit avec les boulangers, qui consentirent à une réduction de trois centimes par deux kilos de pain. Il fut rendu compte de cette entente à la réunion municipale du 18 mars, présidée par le citoyen Henri Quesné. Il y fut dit également que l'on commencerait, sous deux ou trois jours, la distribution de soupes dans un local transformé en réfectoire.

Il y avait alors 300 travailleurs aux chantiers nationaux d'Elbeuf. Pour pourvoir à leur salaire, la commission municipale provisoire vota ce jour-là 10 centimes additionnels.

Puis on agita de nouveau la question de l'instruction à donner aux ouvriers.

Le citoyen Fririon pouvait recevoir 100 élèves, le soir, dans son école, et le citoyen Le Page 50 dans la sienne. De plus, la citoyenne Virginie Noyon offrait de faire des cours du soir aux ouvrières.

Des réunions se tenant au Cirque tous les soirs, le capitaine des pompiers crut nécessaire d'y laisser une pompe à incendie en permanence, et de faire de nouvelles ouvertures au bâtiment. La commission municipale chargea le citoyen H. Limet de faire un rapport sur le Cirque.

Le citoyen Félix Limet proposa à l'assemblée de voter au budget de 70 à 80 fr. par mois aux citoyens Espouy, Champin et Decamps, ouvriers, dont tout le temps était pris par les affaires municipales.

Le citoyen maire observa qu'il serait bon d'en référer au citoyen commissaire du Gouvernement, car nulle part on n'avait jamais payé les conseillers municipaux.

Le citoyen Leblanc lui répondit : « Nous sommes une commission provisoire et révolutionnaire, et ne relevons que de notre conscience.

La proposition fut adoptée, et, quelques jours après, l'assemblée fixa à 80 fr. le montant de l'allocation mensuelle. Si même le citoyen Patallier n'eût pas déclaré qu'il démissionnerait si une proposition nouvelle était adoptée, on eût voté semblable somme pour chaque membre de la municipalité provisoire, en laissant chacun libre d'en faire l'usage que bon lui semblerait.

Le bruit s'étant répandu que le couvent du Sacré-Cœur, à Saint-Aubin, allait être envahi par le peuple, la supérieure de cette maison en prévint le maire d'Elbeuf, le 20 mars, et lui demanda protection, dans le cas où la nécessité s'en ferait sentir.

A cette époque, on comptait dans notre ville trois comités électoraux :

Le comité « Espouy-Limet » ou « Comité électoral fraternel », composé de républicains « rouges », radicaux, démocrates ou socialistes, que les autres comités accusaient de communisme. Son programme était : suppression des contributions indirectes, monopolisation par l'Etat des chemins de fer et autres entreprises d'utilité publique, remaniement des contributions directes et impôt progressif, instruction laïque, gratuite et obligatoire, etc.

Le « Comité cantonal républicain », présidé par M. Petou et ayant pour secrétaire M. Papavoine; ce comité était composé de ralliés, de royalistes et de cléricaux.

Le « Comité républicain des travailleurs de toutes les classes », qui tenait le milieu entre les deux autres. Ses principaux membres étaient les citoyens Voranger, Godquin, Durup de Baleine, Berment, Héron, qui faisaient partie du bureau. Il fut l'objet de tentatives violentes, qui le poussèrent à demander la création d'un poste rue de la Justice, près du lieu où il se réunissait, afin de prévenir le retour de désordres qui se renouvelèrent plusieurs fois.

Comme il y avait impossibilité de traiter avec le Comptoir d'escompte de Rouen pour le placement des bordereaux d'Elbeuf, les membres de la Chambre consultative avaient chargé MM. Victor Grandin et Alex. Poussin de rédiger un projet pour fonder dans notre ville un Comptoir national d'escompte.

Le Comptoir aurait une durée de deux ans; son capital serait de 1.500.000 fr. fournis : un tiers par des souscripteurs en espèces, métaux, valeurs en portefeuille, matières premières ou marchandises ; un tiers par la ville d'Elbeuf, en obligations négociables ou bons du Trésor ; un tiers par l'Etat, en numéraire ou bons du Trésor.

Le tiers à fournir par les actionnaires souscripteurs serait divisé en actions de 250 fr. chacune. Les bénéfices du Comptoir appartiendraient exclusivement aux actionnaires, l'Etat et la ville ne voulant aucun bénéfice de leur intervention.

Les opérations du Comptoir consisteraient exclusivement dans l'escompte de tout papier de commerce ayant au moins deux signatures solvables.

Le Comptoir serait autorisé à créer des bons de 5, 10 et 20 fr., à dix jours de vue, pour une émission de 100.000 fr., qui seraient reçus comme monnaie dans la circonscription du canton d'Elbeuf.

Il serait administré par sept membres élus par les actionnaires, plus un directeur nommé par le ministre, sur une liste de trois candidats présentée par les actionnaires.

Ce projet fut soumis à la discussion de la commission municipale provisoire, ce même jour 20 mars.

Le citoyen Lenormand vit un inconvénient dans le dépôt des marchandises, mentionné au projet.

Le maire dit que les opérations commenceraient avec les 500.000 fr. du gouvernement.

Le citoyen Félix Limet croyait que le Comptoir trouverait de l'argent facilement.

Les citoyens maire et Dautresme objectèrent que les négociants étaient trop gênés pour payer les actions en argent. Ce dernier ajouta que l'on obtiendrait difficilement les 500 mille francs, parce qu'il fallait déposer des marchandises pour le double de cette somme.

Le citoyen Ménage avait la persuasion que les capitalistes refuseraient leur concours au Comptoir.

Le citoyen Dautresme proposa que le prix des actions fût abaissé à 125 fr., au lieu de 250 fr.; mais l'assemblée se prononça contre; ce fut la seule résolution prise dans cette séance.

Le 23 mars, le maire rendit compte des démarches faites par le citoyen Victor Grandin, qui avait apporté 50.000 fr à compte sur les 500.000 du Gouvernement pour le Comptoir d'escompte. Il fallait que les souscriptions complétassent le fonds de 500.000 fr., sans quoi les 50.000 devraient être retournés. On avait déjà obtenu 400 000 fr. en valeurs ; on trouvera, dit-il, le reste en marchandises, et je ne doute pas que le Gouvernement accepte cette constitution.

Le maire mit aux voix et l'assemblée adopta à l'unanimité la proposition de voter un engagement de 500.000 fr. devant former le montant des obligations de la ville dans le Comptoir d'escompte.

Le maire dit ensuite qu'il y avait un projet de bons pour parer au manque d'espèces, dans le cas où les banquiers ne pourraient suffire aux demandes. Il nous fallait, dit-il, des fonds pour remplacer la valeur des marchandises ; nous avons réuni les capitalistes d'Elbeuf et nous avons obtenu 68.000 fr. de signatures ; mais ils demandent que la Ville les garantisse contre les pertes, qui d'ailleurs n'arriveraient que dans des cas extraordinaires. L'assemblée, consultée, donna cette garantie.

M. Jeault, directeur du théâtre, donnait alors une série de représentations très suivies. Le 23 mars, après la représentation des *Aristocraties*, d'Etienne Arago, M. Salvetti, artiste de la troupe, récita la cantate suivante, de sa sa composition, que le public applaudit à outrance :

La Liberté, depuis longtemps bannie,
Dans son exil, veillait sur nos destins :
Du haut des cieux, à la France asservie,
Elle tendait ses généreuses mains
Lorsqu'un seul cri, menaçant et terrible,
A fait trembler, pâlir ses oppresseurs :
Aux armes ! aux armes ! — L'on est invincible
Quand la patrie appelle ses vengeurs.

A ces accents, d'une mâle énergie,
On voit soudain flotter les étendards ;
C'est le réveil d'une lente agonie,
C'est un élan surgi de toutes parts.
Dans ces trois jours d'une lutte sublime,
Que de hauts faits cachés à tous les yeux.
Le peuple seul est grand et magnanime.
Et ses vertus n'ont pas besoin d'aïeux !

Peuple héros, qu'un instant fait éclore,
Honneur à vous, qui n'avez point permis
Que l'on pût voir le drapeau tricolore
Orner, vaincu, les dômes avilis !
Purifiant cette illustre bannière,
Qui vous guidait à l'immortalité,

Tout votre sang a lavé la poussière
Qui ternissait son éclat redouté.

Ces preux guerriers d'une époque héroïque,
Qui, triomphants, arboraient nos drapeaux ;
Ces vieux soldats de notre République,
Ont tressailli jusque dans leurs tombeaux.
Pour soutenir leur vaillant héritage,
Un peuple entier tout-à-coup s'est levé !
Il a brisé les fers de l'esclavage
Et reconquis sa noble liberté !

Sparte, autrefois, ne donnait point de larmes
A ses enfants tombés dans les combats.
Donc, point de pleurs à tous nos frères d'armes,
Doit-on pleurer de ces nobles trépas ?
La Gloire sainte a filé leur suaire,
Pour ses martyrs son temple va s'ouvrir.
Non, point de pleurs, la France était leur mère,
Et pour sa mère il est beau de mourir !

Puis entouré d'une sainte auréole,
Le souvenir de vos nobles vertus
Sera gravé sur notre Capitole,
Où les tyrans ne reparaîtront plus !
Vos fils, alors, redoublant d'énergie,
Répèteront ces mots pleins d'avenir :
« Ils sont tombés, martyrs pour la Patrie;
« Sachons, comme eux, être libres ou mourir !

Cette pièce fut couverte d'applaudissements, et redemandée par les spectateurs à la représentation qui suivit. Dans cette dernière soirée, dont la pièce principale était *Latude*, un autre artiste, M. Blanchard, chanta, sur l'air des *Girondins*, une cantate républicaine, composée par un Elbeuvien, qui garda l'anonymat.

M. Guillaume Petit, maire de Louviers, et M. Sevaistre, maire d'Elbeuf, échangèrent plusieurs lettres relatives aux réclamations des ouvriers de la fabrique, touchant le prix du tissage, la durée de la journée et le travail de nuit.

Le 24, M. de Bostenney, maire de la Saussaye, porta plainte au maire d'Elbeuf contre les ouvriers travaillant au chemin dit de la Vallée, qui allaient en bande dans sa commune demander à boire et du pain.

Peu après, certains ouvriers du chantier national demandèrent un salaire de 1 fr. 25 par jour ; mais leur réclamation, adressée au corps municipal, étant restée sans réponse, le maire reçut une lettre anonyme, le menaçant d'une descente générale des travailleurs avec leurs pelles et leurs pioches. Dans cette lettre, MM. Sevaistre, Limet et Bertrand Espouy étaient particulièrement désignés comme destinataires.

Le 25 mars, le citoyen maire provisoire Henry Sevaistre informa le public que la liste des électeurs était déposée à la mairie ou chaque citoyen pourrait venir s'assurer de son inscription. — Inutile de rappeler que la nouvelle Révolution avait créé le suffrage universel.

A l'occasion des élections, l'archevêque de Rouen envoya une lettre aux curés les autorisant à célébrer la messe à 5 heures et même 4 heures du matin et à supprimer les vêpres. Elle leur rappelait, par un *post-scriptum*, que l'on n'avait que jusqu'au 26 mars pour se faire inscrire sur la liste des électeurs.

Les circulaires des candidats commençaient à être lancées dans le département.

Celle de M. Victor Grandin était conçue en ces termes :

« Citoyens ; ancien député de l'opposition, je m'étais considéré comme candidat naturel à l'élection qui se prépare. J'avais résolu de garder le silence.

« Mais l'on m'interpelle et l'on me demande quelle sera ma ligne de conduite si je suis nommé représentant. Voici ma réponse :

« Mû par le seul amour de mon pays, guidé par une expérience acquise pendant dix années de vie politique, si le choix du peuple m'appelle à concourir à la constitution et à la consolidation de la République, je consacrerai à cette œuvre, si grande et si noble, ce que je possède de zèle et de dévouement.

« Si, dans l'intérêt même des classes moins favorisées de notre société, j'ai hésité, dans le passé, à admettre comme praticables au milieu de nous des institutions complètement républicaines, l'admirable conduite du peuple après la victoire, sa modération, l'intelligence dont il a fait preuve, tout m'a démontré que mes appréhensions n'étaient pas fondées. La participation de tous à la vie publique m'a apparu comme une garantie pour tous, et, sans plus tarder, j'ai arboré la bannière républicaine, où sont inscrits ces trois mots : *Liberté, Egalité, Fraternité.* Ce symbole est le mien ; les grands principes qu'il consacre seraient mon unique règle de conduite dans la nouvelle Assemblée constituante.

« Là, le sort des travailleurs serait l'objet de ma sollicitude la plus ardente. Plus de trente années passées au milieu d'eux m'ont appris à connaître leurs besoins. J'ai vu de près leurs souffrances, et si quelquefois il m'a été permis de les soulager, combien n'ai je pas gémi en voyant avec quelle froideur et quelle indifférence étaient accueillies leurs plaintes, dont je me suis souvent fait moi-même l'écho.

« Mais que pouvaient alors quelques volontés individuelles ?

« Aujourd'hui, grâce au concours de toutes les volontés, l'œuvre va devenir plus facile. Quant à moi, j'ai foi dans l'amélioration de la position des travailleurs, et mon plus grand bonheur serait d'apporter mon contingent à cette œuvre de régénération sociale.

« Les intérêts du peuple sont les miens, sont ceux de ma famille ; mon concours appartient donc au peuple.

« Cependant, citoyens, s'il se présente à vous des hommes, non pas plus dévoués que moi, mais plus capables et plus éclairés: préférez-les, et le premier j'applaudirai à vos choix ; car ce que je veux, avant tout et par dessus tout, c'est la gloire et le bonheur de mon pays.

« Vive la République !

« Victor GRANDIN.
« Ancien député de la Seine-Inférieure (4e arrondissement de Rouen) ».

M. H. Dobremel, monteur à Elbeuf, était également candidat. C'était un ancien professeur, entouré de l'estime publique, et qui d'ailleurs fut élu, mais démissionna ensuite. Voici le texte de sa circulaire aux électeurs départementaux :

« Citoyens ; il est pour le monde un spectacle sublime : c'est celui d'un peuple opprimé qui soudain se lève, chasse son oppresseur et reconquiert ses droits.

« Ce spectacle, citoyens, nous venons de le donner au monde ; et les peuples ont applaudi et les rois ont tremblé ; mais ne devenons pas la risée de l'Europe, qui nous regarde, et qu'un jour, ces mêmes rois tremblants aujourd'hui, ne puissent pas dire : Qu'ont ils fait de leur liberté ? Pour éviter ce malheur, il faut, citoyens, nous mêler tous ensemble, nous appuyer l'un sur l'autre, nous unir, et après avoir excité l'admiration par notre courage, nous faire admirer encore par notre fraternité!

« Le passé prophétise l'avenir, et le passé nous dit tout haut qu'une République seule peut régir la Société française, et lui donner la prospérité, l'éclat auquel elle peut atteindre.

« La République a pris pour devise ces trois mots : *Liberté, Égalité, Fraternité.*

« La liberté confère à chaque citoyen le droit de faire tout ce que ne répriment pas les lois et la morale. Le droit d'émettre librement ses pensées, le droit de se réunir et de discuter hautement, sur tout ce qui intéresse la société en général et chaque individu en particulier. Au-delà, il n'y a plus que licence.

« Par l'égalité, tous doivent jouir des mêmes droits, tous ont droit à l'instruction et à tous les emplois.

« La fraternité ne consiste pas seulement en des égards réciproques entre les citoyens ; pour qu'elle soit vraie, réelle, il faut que l'on extirpe la paupérisme, cette lèpre hideuse qui dégrade notre époque ; il faut que, par de sages réglements, la société donne à tous les moyens de pourvoir à leurs besoins. La République, en un mot, doit effacer le mot misère du milieu de nous, éteindre la mendicité ; elle doit instruire les enfants, nourrir les vieillards, faire le bien de tous, soulager toutes les douleurs, et faire de notre société un peuple de frères !

« Tels sont mes principes, citoyens ; et si je suis votre élu, quand je les aurai fait triompher, la République sera notre mère, et alors, de tout l'élan du cœur, nous pourrons crier : Vive la République !   H. DOBREMEL ».

Au 28 du même même mois il y avait 700 ouvriers inscrits pour les ateliers nationaux, et leur nombre augmentant chaque jour, par suite de la crise commerciale, 450 ouvriers seulement avaient place dans ces chantiers. La commission municipale, réunie ce jour-là, nomma une commission qui fut composée des citoyens Patallier, Dautresme et Decamps pour prendre quelques mesures, notamment ne pas laisser entrer aux chantiers des étrangers à la ville d'Elbeuf et supprimer quelques autres abus.

Le citoyen H. Limet exposa que les distributions du Bureau de bienfaisance se faisaient encore « par des curés ». Je crois, dit-il, qu'elles doivent être entièrement faites par des laïques.

Le citoyen Ménage répondit : « Le curé ne fait que remettre les quantités fixées sur les cartes, qui sont nominatives. Les curés distribuent les cartes seulement et non les secours en nature. Le curé de Saint-Etienne a divisé sa paroisse en six sections, et cela se fait avec beaucoup d'ordre ».

Les citoyens Limet objectèrent que c'était un tort de diviser la ville en deux paroisses. Il ne faut pas livrer, dit l'un, aux membres du clergé la distribution des secours, soit en nature, soit en cartes. On a cité des faits qui impliqueraient que les curés ne suivent pas toujours les indications du Bureau de bienfaisance. Il ne faut pas qu'un doute puisse exister ; un culte implique l'idée d'exclusion, et l'esprit des membres du clergé se révèle souvent à cet égard.

On rappela un fait particulier : il s'agisssait d'un fagot dont le curé de Saint-Jean avait fait tort à un ouvrier; puis on passa à autre chose.

Le citoyen H. Limet demanda que la commission municipale fût complétée.

Le citoyen Espouy dit que l'administration supérieure réclamait de l'activité pour la fabrication des draps destinés à l'habillement des gardes nationaux.

Le 29, les souscripteurs au Comptoir d'escompte se réunirent à la mairie M. Victor Grandin, délégué de la Chambre consultative, rendit compte des démarches qu'il avait faites auprès du gouvernement pour constituer l'association, dont les statuts seraient ceux du Comptoir d'escompte de Paris.

Quelques jours après, les souscripteurs nommèrent les directeurs et administrateurs du Comptoir. Furent élus : MM. Lefort, du château de la Villette ; Sèbe et Duval, ancien huissier, directeurs ; MM. Alex. Poussin, Paul Sevaistre, L.-R. Flavigny, V. Grandin et Turgis, membres.

Vers la fin du règne de Louis-Philippe, la commission administrative de l'hôpital-hospice avait résolu de confier la direction de cet établissement à des sœurs de Saint-Vincent-de-Paul. Elles arrivèrent au mois de mars 1848, et furent logées dans les combles de l'hospice, l'année suivante, pendant la construction du bâtiment situé en face de la chapelle.

Cette construction fut due en grande partie à Mme veuve Pelou, qui fit un don de 30 mille francs à la maison hospitalière. A cette somme vint s'ajouter une autre de 14.000 fr. que cette dame laissa après sa mort, survenue quelques années après.

CHAPITRE VI
(avril 1848)

On complète la commission municipale provisoire. — Plantation d'un Arbre de la Liberté. — Élections législatives ; les candidats ; les résultats ; le citoyen Victor Grandin est réélu ; le citoyen Dobremel. — L'insurrection des 28-29 avril ; la garde nationale ; les barricades ; un mort et plusieurs blessés. — A l'Hôtel de Ville ; proclamation aux ouvriers. — Des troupes arrivent de Rouen ; arrestations. — Démission du maire et des adjoints. — Le citoyen Buée, 26ᵉ maire d'Elbeuf.

Le 1ᵉʳ avril, le « Comité électoral fraternel » d'Elbeuf adressa une invitation à la commission municipale d'assister à la plantation d'un Arbre de la Liberté, le dimanche 9 avril. Cette pièce, imprimée chez M. Fournier, à Elbeuf est signée de quarante et quelques citoyens, dont quelques-uns seulement de la classe bourgeoise.

M. Sevaistre, maire provisoire, invita, par lettre du 3, le commandant de la garde nationale à ne plus commander de service les nouveaux incorporés non armés, qui, après chaque descente de garde, prétendaient emporter le fusil qu'on leur avait remis au poste.

Une pétition signée de 73 ouvriers de notre ville et datée du 4 avril, priait le maire de fixer la taxe du pain chaque semaine, afin de faire cesser la différence existant, sous le gouvernement déchu, entre son prix et celui du blé.

A la séance municipale du même jour, le citoyen Lenormand annonça que la ville était autorisée à profiter d'un crédit de 2.000 fr., accordé par le département, pour envoyer 60 ouvriers travailler au chemin de Saint-Aubin à Tourville. Ces 60 hommes étaient allés, le matin même, se faire inscrire à Rouen. Ils travailleraient de neuf heures du matin à six heures du soir et recevraient chacun 75 centimes par jour s'ils n'avaient pas d'outils, et 85 centimes s'ils en étaient pourvus.

L'assemblée décida d'abaisser le prix de la journée, dans les autres chantiers, à 85 centimes au lieu de 1 fr. payé jusque-là, malgré les observations des citoyens membres ouvriers.

Le citoyen maire demanda qu'il fût consigné au procès verbal que, le dimanche précédent, il avait décidé, d'accord avec ses adjoints, d'écrire à Rouen pour obtenir de la troupe ; qu'il avait reçu la visite des citoyens Limet, Leblanc, Justin et Champin, qui lui avaient manifesté leurs craintes de l'agitation que l'arrivée des troupes jetterait dans l'esprit des ouvriers. Le citoyen maire avait alors renoncé à demander des soldats, mais il entendait que la responsabité pesât sur qui de droit.

Le citoyen Justin observa que la situation était changée depuis le dimanche précédent, à cause de la diminution des salaires, qui pourrait maintenant justifier des craintes de troubles. On parla ensuite des ouvrières trieuses de laine, dont on craignait le soulèvement. Il fut dit qu'on leur donnerait un livret, qui leur permettrait d'avoir une occupation momentanée chez les fabricants ayant pris l'engagement de faire travailler pendant quinze jours, mais qu'elles ne feraient que demi-semaine.

Le citoyen maire donna lecture de la pétition du Comité électoral fraternel, tendant à ce que l'administration municipale se joignît à la manifestation patriotique de la plantation d'un arbre de la Liberté. L'assemblée accepta l'invitation.

Le citoyen F. Limet donna lecture d'une proclamation aux ouvriers, les avertissant de la diminution des salaires. On décida que le Conseil municipal, en corps, la lirait le lendemain sur les chantiers.

Au 5 avril, le chiffre des actions du Comptoir d'escompte d'Elbeuf s'élevait à 345 mille francs, somme plus que suffisante pour que la Société se trouvât régulièrement constituée.

Le citoyen Sevaistre, maire, donna lecture à l'assemblée municipale, le 8 avril, d'un arrêté du commissaire du Gouvernement, complétant le conseil municipal provisoire, puis procéda à l'installation de nouveaux membres, qui étaient les citoyens :

Mercier, receveur de l'enregistrement; Eug. Elie, fabricant ; V. Papavoine, commissionnaire en draperie ; H. Quesné fils, fabricant; Yves-Louis Randoing, fabricant ; Augustin Delarue, fabricant ; Lecoq aîné, teinturier ;

Marais jeune, boulanger ; Gresley, fabricant associé ; Maubert fils, ouvrier couvreur ; Dagommé, ouvrier tondeur ; Santerre, ouvrier presseur ; Masselin, ouvrier ferblantier ; Michel Cavé, ouvrier tisseur.

Ensuite l'assemblée agréa les citoyens Lefort, Duval et Isidore Sèbe comme candidats aux fonctions de directeurs du Comptoir d'escompte, bien que tous trois eussent décliné ce mandat.

Le citoyen F. Limet fut ensuite élu, par 22 voix sur 24, pour remplir les fonctions de secrétaire de la commission municipale.

Ce fut le vapeur l'*Elbeuvien* qui, le dimanche 9, prit au port d'Oissel l'arbre de Liberté destiné à la ville de Rouen, et dont la plantation eût lieu le même jour. Cet arbre fut coupé par des malfaiteurs dans la nuit du 12 au 13, et remplacé par un autre le 13.

Les élections législatives avaient été fixées à ce même jour 9 avril, mais elles furent renvoyées au jour de Pâques, 23 du même mois.

Le 10, le citoyen Le Page, directeur de l'Ecole primaire supérieure d'Elbeuf, ouvrit des cours pour les citoyens désirant compléter leur instruction élémentaire. Ils eurent lieu de sept heures et demie à neuf heures du soir, rue du Nord, les lundis, mardis, mercredis et vendredis. Ces cours comprenaient des exercices d'orthographe, de style, de tenue de livres, de géométrie pratique, des notions de physique, de chimie, de mécanique, etc.

Le 23, M. J.-B. Lefort, pour des motifs de santé, déclara ne pas pouvoir accepter les fonctions de directeur du Comptoir d'escompte. M. Duval fut invité à le remplacer jusqu'au moment où le directeur définitif serait nommé.

Ce même jour, le maire réglementa le travail dans les ateliers nationaux, auxquels étaient admis tous les ouvriers âgés de plus de quinze ans et domiciliés à Elbeuf depuis plus d'un an.

La journée était de huit heures : le prix le plus élevé payé aux travailleurs était de 85 centimes par jour. Il y avait un brigadier par vingt hommes ; il recevait un supplément de solde de 25 centimes, mais était tenu de travailler comme les hommes placés sous ses ordres.

Ce même jour encore, M. Henri Sevaistre, qui avait accepté la candidature à la Chambre des représentants du peuple, se désista en faveur de M. Camille Randoing. En publiant cette nouvelle, le *Journal d'Elbeuf* ajouta :

« ... Nous nous abstiendrons de combattre la candidature inattendue de M. Randoing, jusqu'au moment où nous aurons acquis la conviction que lui et ses amis cherchent à entretenir la division dans une question où il importe, à un si haut degré, que tous les vrais amis de l'ordre et de la liberté trouvent la force dans l'abnégation de leur amour-propre et dans la franchise de leur union ».

Toute la ville fut en mouvement le 16 avril, jour fixé pour la plantation de l'Arbre de la Liberté. Voici les principales parties du programme dressé à l'occasion de cette solennité:

« Les édifices publics arboreront le drapeau républicain. Les habitants sont invités à arborer également le drapeau républicain. — A la chute du jour, illuminations générales.

« Vingt commissaires seront choisis pour être chargés du maintien de l'ordre et de la tenue du cortège qui, de l'Hôtel de Ville, devra se rendre rue de Caudebec, pour y prendre l'Arbre de la Liberté... Ces commissaires porteront un bras gauche un brassard tricolore...

« Le cortège sera divisé en dix sections ; à chacune d'elles sera attaché un des commissaires. Les autres seront échelonnés le long de la colonne pour diriger la marche du cortège.

« La garde nationale, à midi précis, viendra se mettre en bataille sur le côté de la rue de la Barrière opposé à la mairie, la droite appuyée sur la rue Saint-Jean, et le cortège se formera dans l'ordre indiqué ci-après...

« A midi et demi précis, le cortège se mettra en marche pour aller chercher l'arbre de la Liberté en suivant les rues de la République, du Glayeul, place Bonaparte, rues Bourdon, de Seine, de la Porte-Rouge, place Lemercier, rues de Paris, du Cours, Saint-Amand, de Caudebec et de la Barrière.

Cet arbre avait été donné à la ville par M. David Dautresme, père de M. Lucien Dautresme alors secrétaire d'Arago à Lyon.

Le cortège était ainsi composé :

Tête : la garde à cheval, les sapeurs-pompiers, un peloton de troupe de ligne.

1re section : un commissaire, le sous-commissaire du gouvernement provisoire pour le canton et la ville d'Elbeuf, les huissiers du Tribunal de commerce et de la Justice de paix, le juge de paix et ses suppléants, le président et les membres du Tribunal de commerce, le Conseil des prud'hommes, la Chambre consultative.

2e section : un commissaire, le Comité électoral fraternel.

3ᵉ section : un commissaire, le maire et ses adjoints, les membres du conseil municipal, la députation du Comité central démocratique, la députation du Comité des travailleurs de Rouen, les autres députations.

4ᵉ section : un commissaire, l'état major de la garde nationale d'Elbeuf, celui des communes du canton et de leurs autorités civiles.

5ᵉ section : un commissaire, la Société des Anciens militaires en armes, les corps enseignants, les enfants des écoles — desquels nous faisions personnellement partie — des fabriques et autres.

6ᵉ section : deux commissaires, les tambours et la musique de la garde nationale, une députation des corps armés de la ville, l'Arbre de la Liberté, une députation du Comité des travailleurs.

7ᵉ section : un commissaire, le comité cantonal républicain.

8ᵉ section : un commissaire, le Comité des travailleurs.

9ᵉ section : un commissaire, une députation des travailleurs des ateliers nationaux.

10ᵉ section : un commissaire, un peloton de troupe de la garde nationale, un peloton de troupe de ligne, la gendarmerie.

Ces diverses sections furent augmentées par les soins des commissaires, de clubs et députations des communes voisines venues pour se joindre au cortège après sa mise en marche.

Il fut interdit de pousser d'autre cri que celui de : « Vive la République ! »

L'arbre fut planté devant l'Hôtel de Ville, ainsi que nous l'avons dit plus haut ; c'était un peuplier à tête ronde, orné de rubans à toutes branches. Le curé de Saint-Jean, accompagné de son clergé, vint donner « la consécration à l'arbre de la Liberté, symbole de notre jeune République », écrivit M. Henri Sevaistre, maire d'Elbeuf.

Voici le texte du discours prononcé par ce prêtre devant l'arbre de Liberté :

« Mes frères, car nous aimons à vous donner ce nom. C'est celui avec lequel l'Eglise annonce à ses enfants la parole de vie. Il résume d'ailleurs mieux que tout autre cette pensée, ce sentiment d'union et de fraternité que vous avez inscrit sur votre bannière et, ce qui est mieux encore, gravé dans vos cœurs.

« C'est une heureuse idée, mes frères, qui vous a portés à faire consacrer, par une bénédiction religieuse, cet arbre, symbole de la liberté dont vous jouissez. Aussi, est-ce avec confiance que nous repondons à votre appel.

« Et comment voulez-vous qu'il en soit autrement ?

« N'est-ce pas quelque chose de bien admirable que cette vénération dont le peuple entoure dans les rues de la capitale et partout ailleurs la croix, ce signe auguste de la rédemption. Non, une nation qui donne au monde un pareil spectacle de respect pour la religion ne peut pas périr : cette nation se montre digne d'un avenir glorieux et prospère.

« Vous avez eu raison de faire à cette religion sainte une large part de cette liberté qui nous est chère. Vous n'avez fait que la reporter à sa source. La liberté, en effet, est fille du ciel, le plus noble apanage de l'homme et, perdue par l'homme déchu, reconquise pour l'homme régénéré par le Christ, elle a trouvé en lui son fondateur et son premier apôtre. Nous sommes tous libres, dit l'apôtre des nations, libres de cette liberté que Jésus-Christ nous a acquise par son sang. Cette liberté est donc à nous, oui, liberté sage, éclairée, qui ne connaît que des défenseurs et des apôtres.

« Et l'égalité, mes frères, n'est-elle pas une doctrine de l'Evangile ? Il n'y a point d'acception de personnes devant Dieu, a dit le divin législateur. Il n'y a plus maintenant de distinction de Juif ou de Gentil, de libre ou d'esclave. Nous sommes tous une même chose devant le Seigneur, nous dit l'apôtre. La religion a donc encore proclamé la première ce principe d'égalité, égalité devant Dieu, égalité devant la loi qui respecte et concerne les droits de tous.

« Enfin, la fraternité est la charité, et la charité est Dieu. Cette fraternité qui, selon l'Ecriture, établit en tous les hommes le bien sacré de la famille ; il y a plus : l'union qui existe entre les membres d'un même corps dont Dieu est le chef.

« Puisse donc cet arbre béni par la religion être le gage de cette union qu'elle préconise, union qui doit préluder à celle que nous aurons dans le sein de Dieu notre père ».

Pendant la plantation, la musique, placée sur le trottoir de l'Hôtel de Ville, joua plusieurs airs républicains

A la suite, le sous-commissaire du gouvernement et le maire passèrent en revue la garde nationale, les anciens militaires et la troupe de ligne, puis le défilé commença et se poursuivit aux acclamations du peuple.

A l'issue de cette fête, semblable cérémonie eut lieu à Caudebec, en présence du sous-commissaire du département et de députations d'Elbeuf.

Le matin, on avait aussi planté un arbre de Liberté à St-Aubin et un à la Londe.

On apprit en ville, le 17, que M. Henri Sevaistre, maire provisoire, avait donné sa démission. Elle fut suivie de la démission de MM. Lenormand et Victor Quesné, adjoints.

M. Paul Sevaistre, nommé président d'une réunion publique qui devait tenir séance pendant tous les jours de la semaine suivante dans un local appartenant à M. Rocheux, pria le maire de faire envoyer chaque soir un piquet de troupe de ligne.

Ces précautions n'étaient pas inutiles, car le citoyen Espouy, tisserand, fut plusieurs fois menacé de mort par certains de ses adversaires politiques. Le préfet écrivit même au maire à son égard, afin de faire protéger sa personne.

A cette époque, une vive polémique était engagée entre M. Victor Grandin et M. Félix Limet, rédacteur de la *Sentinelle républicaine*, qui avait accusé de légitimisme l'ancien député d'Elbeuf, alors de nouveau candidat, et le malmenait rudement et souvent dans le club du cirque de la rue Lefort, en alléguant qu'il s'était montré servile envers le gouvernement de Louis Philippe. A cette occasion, M. Grandin fit publier la lettre que M. Dautresme lui avait adressée le 11 mars 1847, que le lecteur connaît.

Vers ce même temps les ouvriers de M. Félix Aroux, fabricant, versèrent à la Caisse des dons volontaires pour la Patrie, une somme de 600 fr., produit d'une journée de travail.

Pour la première fois, la France donna au monde le spectacle du suffrage universel, à l'occasion des élections générales législatives.

Tous les citoyens majeurs étaient électeurs,

sauf ceux privés de leurs droits civiques. L'élection était directe. Les électeurs se réunissaient au chef lieu de canton, et le dépouillement se faisait au chef-lieu du département. Une indemnité de 25 fr. par jour était allouée aux députés, au nombre de 900, devant former l'Assemblée constituante.

L'assemblée électorale du canton d'Elbeuf était divisée en deux sections. La première, formée de notre ville, la seconde des neuf autres communes. Le vote, pour toutes les communes, eut lieu à Elbeuf.

Les électeurs d'Elbeuf votèrent au Cirque ; ceux dont les noms étaient compris de A à H le 23 avril, et ceux de I à Z le 24.

Les électeurs des communes rurales votèrent dans l'ancienne salle du Tribunal de commerce, rue de la Prairie : ceux de Caudebec, le 23 à 7 heures du matin, ceux de Saint Pierre de Lierroult à 4 heures du soir. Les autres votèrent le lendemain 25 dans l'ordre suivant : Saint-Aubin à 7 heures du matin, Tourville à 9 heures, Sotteville à 10 h. 1/2, Freneuse à 11 h. 1/2, Cléon à un heure de l'après-midi, la Londe à 2 heures, Orival à 4 heures.

Six Elbeuviens étaient candidats à la députation dans le département de la Seine-Inférieure, qui devait nommer dix-neuf députés : les citoyens Dobremel, ouvrier tisserand ou monteur ; Victor Grandin, fabricant, ancien député ; Camille Randoing, fabricant ; Grelley, industriel ; Leblond, commissionnaire en draperies, et Champin, ouvrier tisserand

Le citoyen Dobremel était patronné par sept comités centraux de Rouen ou du département, sur les huit existants ; le citoyen Victor

Grandin l'était par six ; le citoyen Randoing par deux seulement ; le citoyen Grelley par trois ; les citoyens Leblond et Champin par un seul : le Comité central démocratique.

Le citoyen Dobremel était né à Abbeville. Vers 1838, il s'était rendu à Rouen où, pendant une année, il avait été surveillant de collège, emploi qu'il quitta par suite de son mariage, pour venir se fixer à Elbeuf, où il fut d'abord surveillant de l'institution de M. Lebeurrier. Ses charges de famille ayant augmenté, il s'était fait tisserand, métier qu'il exerçait dans notre ville depuis huit ans, à la satisfaction de ses patrons. La facilité de parole qu'on lui avait reconnue dans les clubs et son intelligence l'avaient fait désigner pour la candidature.

Voici quel avait été le résultat des élections dans le canton d'Elbeuf :

Electeurs inscrits de la 1re section (ville d'Elbeuf) 5.289 ; votants : 4.348.

Electeurs de la 2e section :

	Inscrits	Votants
Caudebec lès-Elbeuf	2.154	1.864
Saint-Pierre de-Lierroult	52	47
Saint-Aubin-j.-B	390	365
Tourville-la-Rivière	246	175
Sotteville sous-le-Val ...	106	89
Freneuse...............	187	137
Cléon..................	151	132
La Londe...............	451	409
Orival	460	381
Totaux.......	4.197	3.617

Le dépouillement avait donné pour le canton : Lamartine 4.615 voix, Randoing 4.572,

Morlot 4.552, Th. Lebreton 4 505, Desjobert 4.464, Lefort-Gonssollin 4.469, Osmont 4.383, Girard 4.281, Sénard 4.224, Cécille 4.215, Martinetz 4.170. Germonière 4.090, Goyer 4.080, V. Grandin 3.995, Maindorge 3.273, Deschamps 3.866, P. Lefebvre 3 814, *Dobremel* 3.804, Bulard 4.547, *Leblanc* 3.555, Duboc 3.363, Jamelin 3.458, Lemasson 3.379, *Espouy Bertrand* 3.372, Avril 3.371, *Félix Aroux* 45, *Grelley* 1.106, *Champin* 124, Louis-Napoléon Bonaparte 135, etc.

Les candidats dans le département étaient fort nombreux, et chaque agglomération avait ses préférés. Les dix-neuf élus furent les citoyens Lamartine 147 mille voix, Lefort Gonssollin 142 mille, Morlot 142, Desjobert 142, Th. Lebreton 140, Osmont 138, Cb. Levavasseur 133, amiral Cécile 130, *Victor Grandin* 130, Germonière 128, Pierre Lefebvre 125, Girard 117, *Dobremel* 121, Ch. Dargent 108, Senard 102, Beautier 104, Martinetz 103, Desmarets 103, *Camille Randoing* 100.

Dans l'Eure, les élections donnèrent ces résultats : Dupont (de l'Eure) 99 mille voix, Garnier-Pagès 98 mille, Legendre 91, Picard 75, Dumont 70, Canel 64, *Alcan* 59, *Paul Sevaistre* 52, Davy 52, Langlois 51, Montreuil 37, etc., *M. Lefebvre-Duruflé* n'obtint que 17.400 voix environ.

Le jeudi 27, une grave émeute éclata à Rouen. Des barricades s'élevèrent, surtout dans la partie Est de la ville, quartier de l'Eau de Robec et de Martainville. Il y eut plusieurs tués et blessés. Cette insurrection gagna Elbeuf, où des réunions eurent lieu pendant la nuit suivante

Une première barricade fut élevée à la porte

de Rouen dans la matinée du vendredi 28. La garde nationale, prévenue, se dirigea de ce côté et opéra quatre arrestations. Alors le tumulte s'accrut dans tout le quartier Saint Etienne, et une foule considérable se porta vers l'hôtel de ville, en réclamant la mise en liberté des citoyens arrêtés.

Des gardes nationaux furent désarmés par la foule.

La commission municipale provisoire s'assembla à la hâte. A midi, étaient présents à l'hôtel de ville les citoyens Victor Quesné et E. Lenormand, adjoints; H. Limet, H. Justin, Leblanc, Ménage, Mercier, Elie, Papavoine, Randoing, Augustin Delarue, Lecoq aîné, Marais jeune et Masselin. La plupart des anciens de la commission municipale, comme on le voit, étaient absents.

Nous allons reproduire textuellement les procès-verbaux, parfois incohérents, de cette séance et de celles qui suivirent ; ils rendront, mieux que nous le saurions faire, l'état des esprits, tout en indiquant la marche des événements pendant les deux jours, qui reçurent. par la suite, la dénomination de « journées des barricades » :

« M. Victor Quesné, président, demande ce qu'il y a à faire.

« M. Mercier demande qu'on agisse de suite et dit que la garde nationale ne voudra pas se retirer.

« Elie demande que plusieurs membres aillent savoir ce que veulent les meneurs.

« A. Delarue demande que la ligne marche contre les barricades.

« Pierre, sous-commissaire (du gouvernement) est introduit et dit que les circonstances ne sont pas ordinaires, que l'irritation a une cause autre qu'un accident ; il faut éviter jusqu'au dernier moment le conflit et être prudent.

« M. Victor Quesné se plaint de ce que quelques fabricants ont fait fermer leurs ateliers. On répond que ce sont les ouvriers eux-mêmes qui ont fait fermer.

« H. Limet dit que les ouvriers demandent le renvoi des gardes nationaux qui sont à l'hôtel de ville et qu'ils ne gardent pas de munitions. Il ajoute qu'attendu l'irritation qui existe entre les deux partis, c'est le devoir de tout bon citoyen de faire tout ce qui est humainement possible pour éviter une collision.

« Papavoine dit que la douceur doit être employée avant tout ; qu'on écrive à Rouen demander des renforts.

« M. A. Delarue insiste de nouveau sur la proposition qu'il a faite ci-dessus.

« Papavoine propose d'user de moyens dilatoires ; de dépêcher à Rouen un second exprès, pour y faire connaître l'aggravation des désordres et demander l'envoi d'un bataillon de ligne pour le rétablissement de l'ordre.

« H. Limet dit qu'il faut d'ici là prendre une détermination.

« La proposition de M. Papavoine est adoptée, ainsi que la lettre au commissaire général, et que Papavoine la portera immédiatement.

« M. Mercier demande que l'on s'assure si, de l'autre côté de la barricade, il y a des désordres chez M. Victor Grandin, et que dans ce cas la troupe, la garde nationale et tout le conseil municipal se rendent sur les lieux.

« A ce moment des coups de feu partent

sous la grande porte (de l'hôtel de ville), le premier tiré sur la sentinelle par un ouvrier armé d'un pistolet. Alors la garde nationale force les portes du Conseil et s'empare des caisses de cartouches déposées dans la salle ».

La séance fut suspendue; on la reprit à deux heures et demie. Etaient seuls présents les citoyens Victor Quesné, Lenormand, Lecoq, Delarue, Masselin, Marais, Elie et H. Limet, soit seulement le tiers du Conseil.

Le citoyen Victor Quesné, président, donna lecture d'une lettre ainsi conçue :

« Elbeuf, le 28 avril 1848.

« Le maire provisoire de la ville d'Elbeuf au citoyen commissaire général du Gouvernement provisoire de la République française pour le département de la Seine-Inférieure.

« Citoyen maire *(sic)*.

« Je vous prie de la manière la plus pressante de donner les ordres les plus prompts pour qu'un bataillon soit à l'instant dirigé sur Elbeuf, sans quoi je ne réponds plus du sort de la ville, tant est grande l'exaspération de la multitude égarée, qui depuis une heure a commencé à élever une barricade à l'entrée de cette ville du côté de Rouen, et qui menace de se livrer aux derniers excès.

« Je compte sur le secours que je vous demande au nom et pour le salut de la cité entière

« Je suis très pressé, le conseil municipal s'assemble et nous vous réitérons tous ensemble notre demande pressante de secours.

« Salut et fraternité.

« Le premier adjoint délégué par le maire absent : Victor QUESNÉ ».

Puis le Conseil s'entretint, en proie à une

vive agitation, des événements qui se succédaient. Une seconde barricade avait été élevée près de l'église Saint-Jean et des ouvriers s'apprêtaient à en construire d'autres, rue de l'Hospice notamment. Nous reprenons la copie du procès-verbal :

« M. Lecoq demande qu'on enlève la barricade de l'église Saint-Jean. On répond que des ordres sont donnés.

« Il est dit que l'acte d'agression est venu des ouvriers.

« A trois heures arrivent les citoyens Cavé et Grelley. A trois heures et demie, le citoyen Paul Sevaistre vient au Conseil demander à être admis au conseil municipal avec une vingtaine de gardes nationaux.

« Le sous-commissaire admet et prend un arrêté. Le citoyen Santerre arrive à trois heures et demie.

« La liste des membres adjoints : Beaumier, J. May, Laurents, Desfresches-Sainte-Croix, Polo, Victor Delarue, Lefort-Henry, Lescouvé, Fauconnet, Tabouelle, J. Flavigny, Louvet, Godquin, Maubec, Devisuzanne, Napoléon, ouvrier ; Rivière, agréé ; Paul Sevaistre, Sauvage père.

« Une communication est faite à quatre heures et quart sur les barricades faites rue de l'Hospice.

« Une députation d'ouvriers vient demander qu'on rende les prisonniers, sous la condition de détruire les barricades ; dans le cas où les barricades ne seraient pas enlevées, les prisonniers seraient remis en prison...

« M. Tabouelle demande que les barricades soient immédiatement détruites.

« M. Godquin est d'avis de les relâcher (les

prisonniers), puisque quatre hommes de plus ne peuvent jeter le trouble.

« Il est décidé que les prisonniers iront eux-mêmes porter la proposition.

« Lecture est donnée d'une lettre du directeur de la Poste, annonçant que son courrier a été arrêté rue de l'Hospice, à la barricade, par plusieurs hommes armés.

« Le citoyen Masselin, envoyé aux barricades à la maison de M. Victor Grandin, rend compte que les officiers de la garde nationale, qui sont partis pour enlever les barricades, disent qu'il serait préférable d'essayer des voies de douceur.

« M. Victor Quesné a fait demander à M. Bocquier si la Ville pourrait disposer du bateau à vapeur pour envoyer à Rouen. La réponse a été affirmative.

« Le commandant de la garde nationale dit qu'il est impossible de prendre la barricade Grandin sans renfort, et vu l'impossibilité de dégarnir l'hôtel de ville, il demande si on veut faire rétrograder les troupes sur la mairie.

« M. Polo dit qu'il ne faut pas rétrograder.

« M. Tabouelle demande qu'on fasse revenir les scrutateurs qui sont au Cirque, sous la présidence du juge de paix et gardés par cent hommes.

« Des ouvriers, porteurs de paroles de conciliation, ont fait plusieurs démarches près des citoyens des barricades ; ils acceptent, à la condition que les gardes nationaux rentreront chez eux. Quelques ouvriers seulement, sans armes, cinq à six, resteraient en sentinelles sur les barricades, se chargeant eux-mêmes de faire la police.

« M. Beaumier demande la cause du conflit.

Les ouvriers répondent que l'on demande la destitution de Victor Grandin et Drobremel.

« M. Polo demande que si la garde nationale rentre chez elle, les barricades seraient abandonnées et détruites

« Le citoyen Pierre rend compte de ses démarches près la barricade Grandin. Les ouvriers ont pris l'engagement de se retirer si les gardes nationaux se retiraient Ils ont demandé aussi le désarmement ou au moins de faire décharger les armes, ce qui a été refusé

« Le citoyen Maubec dit que le rôle de la garde nationale est tout de conciliation ; que jamais elle n'a été attaquée ; qu'ainsi aujourd'hui elle n'a riposté qu'après avoir reçu deux coups de feu. Un ouvrier répond que les ouvriers se sont soulevés parce qu'ils se sont défiés des intentions des gardes nationaux, attendu qu'on savait qu'on avait de la poudre et des balles.

« Le citoyen Leprêtre raconte ce qui s'est passé lors du coup de feu et aussi à propos du citoyen Limet. Le citoyen Lecoq raconte que la compagnie des grenadiers, arrêtée par quelques citoyens seulement, a préféré revenir sur ses pas que d'engager une collision.

« Le citoyen Maubec dit que le fait des munitions est bien justifié, parce qu'on a désarmé plusieurs gardes nationaux en les maltraitant. Le citoyen Limet dit que les ouvriers, aussi bien que les gardes nationaux, doivent faire justice des propos dangereux tenus par des insensés.

« Le citoyen Lecoq demande que quelques travailleurs soient admis à la garde du poste. M. Quesné dit qu'il y a encore trop d'irritation.

« Il est enfin dit que les armes seront déchargées et que les gardes nationaux rentreraient chez eux ; que les barricades seraient ouvertes pour le passage des voitures ».

La séance fut interrompue.

A huit heures du soir, un membre de la commission municipale provisoire exposa à ses collègues, assemblés de nouveau, que M Lecoupeur était attaqué chez lui, et demanda « s'il ne convenait pas de prendre...

« Le maire propose d'envoyer deux émissaires à Paris, pour informer le ministre de l'état dans lequel se trouve la ville et demander des secours. Il soumet un projet de lettre dont la rédaction est acceptée.

« MM. les citoyens Maubec et Sauvage sont désignés.

« On demande 150 hommes pour aller chez M. Lecoupeur à dix heures.

« Le citoyen Pinailler est introduit au sein du Conseil. Il rend compte de la mission dont il s'était chargé près des travailleurs à la barricade de la route de Rouen. Il expose que les travailleurs ne veulent ni quitter, ni détruire leurs barricades ; qu'ils veulent les garder jusqu'à demain, et s'opposent à toute patrouille de leur côté ; qu'à ces conditions ils resteront tranquilles. Ils disent qu'ils se plaignent qu'on a usé d'influence pour empêcher les électeurs de prendre leurs cartes à la mairie, et ensuite pour empêcher ceux qui les avaient prises de voter. Acheter des cartes.

« Sur la demande de M. Paul Sevaistre, on vote des remerciements au citoyen Pinailler, et on lui fait observer que, pour les faits qu'il cite, les travailleurs peuvent faire une protestation à l'Assemblée constituante. Le Conseil l'engage à continuer sa mission, en allant calmer les auteurs de la barricade de la rue de Rouen et ceux de la route du Neubourg, qui, suivant lui, se sont bornés à briser les auvents et à inspecter chez M. Lecoupeur-Barette. Le citoyen se retire et la séance est suspendue.

« Les citoyens Joseph Leprêtre et Eudoxie Lefebvre, deux travailleurs arrivant du Calvaire, rapportent que tout est calme au Calvaire, et que les auvents de M. Lecoupeur ont été brisés par des gamins, mais sans pillage, qu'ils ont rencontré une patrouille.

« Le Conseil leur vote des remerciements et les engage à retourner vers leurs camarades pour les calmer, et éviter une collision, que la garde nationale évitera de son côté, mais qu'elle repoussera vigoureusement au besoin.

« M. Zouin, maire de Caudebec, et M. Laurent Dugard sont introduits. Ils exposent que leur commune est assez tranquille ; qu'ils ont convoqué la garde nationale de leur commune pour se joindre à celle d'Elbeuf ; mais que le peu de gardes nationaux qui ont répondu à leur appel ne leur a pas permis de remplir leur dessein ; que demain ils la convoqueront de nouveau et qu'ils espèrent réunir 250 hommes qu'ils amèneront à se joindre à nos gardes nationaux ; que, n'ayant pas de munitions, ils prient qu'on envoie un fort détachement au-devant d'eux, et qu'à cet effet ils enverront un exprès. — Le Conseil leur vote des félicitations ».

A deux heures et demie du matin, les membres de l'administration municipale provisoire se réunirent de nouveau à l'hôtel de ville, pour délibérer sur la proposition que devait leur faire le citoyen Paul Sevaistre de rédiger une proclamation devant paraître de grand matin.

Le citoyen Mercier remplaça au fauteuil de la présidence le citoyen Victor Quesné, et invita les membres présents à nommer un secrétaire. Le citoyen H. Rivière fut désigné à l'unanimité.

Le citoyen Paul Sevaistre présenta alors son projet de proclamation, qui fut accepté. Voici le texte de cette pièce :

« Les membres de la commission municipale provisoire à leurs concitoyens,

« Quel vertige, quel délire aveuglent donc la population d'Elbeuf?

« La convocation de la garde nationale faite hier, suivant les formes légales et prévues par les réglements, n'avait pour but que la protection et le maintien du travail.

« Elle vous prouve par sa modération, par sa prudence, malgré de nombreuses provocations, qu'elle voulait éviter toute collision.

« Croyez-le, citoyens, la garde nationale n'a pas l'intention d'attaquer, mais son devoir sera de faire respecter l'ordre, les personnes, les propriétés.

« Ouvrez donc enfin les yeux ! Conservons notre sang, notre courage, pour défendre et combattre des ennemis dès qu'elle aura besoin de nous !

« Citoyens travailleurs, unissons-nous tous pour le rétablissement de l'ordre ! Pensez-y ; tout le mal qui serait fait retomberait sur vous.

« Nous vous tendons une main fraternelle, persistez-vous à la repousser ?.. »

La municipalité resta en permanence pendant la nuit du vendredi au samedi 29 avril. Le citoyen Lescouvé remplit les fonctions de secrétaire.

On annonça l'arrivée immédiate d'un bataillon du 52ᵉ de ligne venant de Rouen. Le citoyen Fauconnet déclara que c'était grâce à l'intervention du citoyen Sevaistre aîné qu'il avait pu obtenir du général l'envoi de ce bataillon. Le maire, au nom de tout le Conseil, lui vota des remerciements.

Nous reprenons le registre des procès-verbaux :

« Le citoyen Duboc, rue de l'Hospice, se plaint que sa boulangerie est envahie par les émeutiers. Des mesures lui sont promises pour protéger son travail.

« Le citoyen Elie rend compte de la mission dont il a été chargé par le Conseil. Il s'est transporté avec le citoyen Limet aîné aux diverses barricades. Par suite de leur conférence avec les insurgés, il a été arrêté que, pendant la nuit, on ne ferait contre ces derniers aucunes démarches offensives, à la condition expresse que, dès le matin, ils déferaient leurs barricades, rentreraient dans l'ordre et que surtout les armes enlevées seraient rendues.

« Une nouvelle commission est nommée à l'instant même ; ce sont MM. Limet, Henri Quesné fils. Le citoyen Pierre, sous-commissaire du gouvernement, est prié de se joindre à ces Messieurs ; il y consent. — Ces Messieurs doivent de nouveau se présenter devant les insurgés et faire tout pour les ramener à leurs devoirs et éviter l'effusion du sang.

« Un membre fait observer que si l'on était forcé d'attaquer les barricades Saint-Etienne, il y aurait imprudence à le faire de front ; que tout en se tenant sur la défensive, il faudrait les attaquer par Orival, et qu'à cet effet on pourrait user du bateau à vapeur.

LA PORTE DE ROUEN

« Nous avançons dans la nuit. Arrive un ouvrier de la barricade Saint-Etienne ; il est introduit dans le Conseil. Il assure que les barricades de ce quartier sont abandonnées par presque tous les insurgés, que lui seul reste nanti d'un fusil ; que l'on peut facilement s'emparer des barricades, que, du reste, il s'offre à parlementer lui-même avec ceux de ses camarades qui pourraient encore être restés ; qu'enfin il se fait fort d'obtenir leur retraite. Il promet également d'aller trouver les émeutiers du quartier de l'Hospice, afin de les préparer à quitter leur position.

« Le Conseil, toutefois, qui connaît les conditions imposées par ces mutins, déclare qu'il n'y consentira jamais, et que s'ils persistent dans leur révolte, ils seraient seuls la cause des mesures rigoureuses que l'on est bien décidé à prendre contre eux.

« Ce même ouvrier rentre plus tard. Il dit n'avoir pu rien gagner des émeutiers rue de l'Hospice. On le remercie et il se retire

« Rentre le citoyen Elie. Il annonce que la barricade rue de l'Hospice semble enfin devoir être abandonnée par les émeutiers, pour se retirer sur les hauteurs. Il dit avoir remarqué la plus grande effervescence parmi le peuple, qui paraît persister dans le projet de faire quitter les armes à la garde nationale.

« Le moment de l'arrivée du bataillon de ligne s'avance. Le maire fait appeler au sein du Conseil le commandant de la garde nationale et lui donne l'ordre de faire partir une compagnie à la tête du pont de la rue Saint Jean, ayant soin de faire garder les issues des rues adjacentes, afin de protéger l'entrée en ville de la troupe de ligne.

« Le Conseil acquiert la certitude que le maire de Saint-Aubin a pris les mêmes mesures pour ce qui le concerne. »

On suspendit la séance.

Le bataillon d'infanterie de ligne arriva le samedi 5 avril, à cinq heures du matin, par le pont suspendu. On l'accueillit aux cris de : « Vive la ligne ! Vive la République ! »

Le Conseil municipal avait repris sa séance. Le maire se rendit au-devant du commandant du bataillon, avec lequel il prit des mesures pour le logement des officiers. Une commission municipale, composée des citoyens Rivière, H. Quesné, Louvet, Maubec et Godquin, fut chargée de les mettre à exécution.

La séance municipale fut reprise à 8 heures du matin. Nous continuons à copier sur le registre des procès-verbaux :

« M. Tabouelle, devant partir avec M. Laurents, dans la matinée, pour Rouen, afin d'y déposer le résultat des élections d'Elbeuf, s'offre de porter à M. Deschamps une lettre émanant de l'administration pour réclamer de lui et du général le prolongement du séjour du bataillon, vu l'urgence des événements.

« On annonce la prise des barricades, et déjà se font des arrestations assez nombreuses. Des compagnies de ligne, de la garde nationale et la garde à cheval se réunissent. Elles partent pour la Londe. Elles y font des perquisitions, qui ont aussi pour résultats d'opérer de nouvelles arrestations, et principalement celle du citoyen maire de la Londe, désigné comme un des meneurs.

« Les arrestations se multiplient. Un membre fait observer qu'il serait urgent de s'adresser au parquet de Rouen, pour obtenir, de suite, la présence des membres nécessaires à l'enquête judiciaire. Cet avis est adopté unanimement.

« M. Tabouelle est chargé de formuler les lettres de demande Lecture en est faite ; leur rédaction est approuvée M. le maire y appose sa signature. MM. Tabouelle, Laurents, Maubec, Mercier, sont chargés de porter ces diverses lettres, en les appuyant de tous les renseignements propres à leur donner le plus de poids possible.

« Le citoyen Victor Quesné confirme la démission de MM. Sevaistre. Lenormand, ainsi que la sienne, comme maire et adjoints. Le citoyen Paul Sevaistre propose alors la recomposition de l'administration municipale.

« Le citoyen Victor Qusné dit que, dans cette prévision, il avait pensé à proposer M. Buée comme maire Tout le Conseil accepte M. Buée.

« MM. Lefort-Henry père. Victor Papavoine, sont proposés comme adjoints : acceptation unanime. Une commission nommée à l'instant va se rendre près de ces Messieurs. Elle rentre et annonce leur adhésion ».

Après quoi on suspendit la séance.

Lors de la prise de la barricade de la porte de Rouen, une ouvrière du nom de Fromont, avait été blessée à la tête d'un coup de feu par un soldat.

La séance reprit à deux heures de l'après-midi :

« Le citoyen Delaporte, premier surveillant des ateliers nationaux, est introduit au sein du Conseil.

« Sur la déclaration que les ouvriers des chantiers n'avaient rien reçu pour les journées des vendredi et samedi, et bien qu'il reconnaît qu'ils ont peu ou point travaillé, le Conseil, animé d'un sentiment d'humanité, décide unanimement que les ouvriers ne seront payés pour ces deux jours que pour un seul et dans la proportion de 30, 40 et 60 centimes.

« Le citoyen maire donne lecture du nouveau réglement concernant les travailleurs Le suivra-t-on ? Le modifiera-t-on ? Cette décision est remise lors de la nomination de la nouvelle commission ; seulement, le Conseil décide que les travaux suivront leur cours lundi 1er mai. Les chefs de chantiers reçoivent des instructions très positives sur la tenue et la continuité du travail.

« La commission envoyée à Rouen expose le résultat de sa mission. Elle a trouvé, chez toutes les autorités, les meilleures dispositions. Le général commandant tient seulement à ce que, le séjour au bataillon du 52e de ligne étant prolongé, les soldats soient casernés et non logés chez le bourgeois ; que leurs casernes ne soient pas disséminées et que des précautions hygiéniques soient scrupuleusement prises dans le choix de ces casernes MM. Godquin Maubec, Louvet, Henri Quesné, Rivière, composent une commission qui devra s'occuper du casernement provisoire.

« Ces Messieurs annoncent aussi, pour le soir même, l'arrivée des membres judiciaires, devant procéder à l'enquête des détenus. M. le maire prie quelques membres de se joindre à lui pour recevoir la Cour Comme elle est escortée par une cinquantaine de dragons, MM. Maubec et Godquin devront aussi s'occuper de leur logement

« Il est près de cinq heures du soir ; le commandant de la garde nationale demande à ce qu'il soit autorisé à ne conserver sous les armes qu'une compagnie de son bataillon, afin de faire rentrer les autres compagnies à leur domicile, la garde nationale étant depuis quarante-huit heures sous les armes et sous les fatigues d'un service incessant. M. le commandant se plaît à reconnaître que chacun d'eux dans ses rangs, cavalerie, infanterie, a rivalisé de zèle et de courage.

« M. le maire, ainsi que tout le Conseil, reconnaît l'opportunité de donner du repos aux gardes nationaux. Il prie M. le commandant d'adresser à tous les félicitations du Conseil.

« Il est donné lecture de la lettre de M. Limet aîné, qui envoie sa démission de conseiller municipal... »

A la séance municipale tenue le lendemain dimanche 30 avril, à midi, étaient présents les citoyens Victor Quesné, E. Fauconnet, Rivière, Nicolas Louvet, Laurents, Henri Quesné fils, A. Lescouvé, Maillard, Buée, Sainte-Croix Desfresches, J. Flavigny, Randoing, Beaumier, Tabouelle, Polo, Sauvage père, Auguste Delarue, Marais, Lecerf fils, Grelley, Devisuzanne, Paul Sevaistre, Lecoq aîné.

« La séance est ouverte par le citoyen Victor Quesné, faisant les fonctions de maire. Il annonce qu'il va procéder à l'installation de la nouvelle administration.

« Un incident s'élève sur la demande faite par un des membres d'y admettre le citoyen Victor Grandin. Cet incident donne lieu à des explications, qui s'échangent particulièrement entre les citoyens Victor Quesné, Victor Grandin et Polo.

« Le citoyen maire déclare que, pour ce qui lui est personnel, il verrait avec plaisir la présence du citoyen Victor Grandin, mais qu'il n'est point à sa connaissance que des invitations aient été faites, soit à M. le juge de paix soit au suppléant, pour assister à cette installation. Le citoyen Victor Grandin reconnaît la justesse de cette observation ; il se retire.

« Un nouvel incident s'élève sur la question de savoir à quel titre et de quel droit siègent au Conseil les conseillers adjoints dans la séance du 28 avril. M. Laurents insiste particulièrement à cet égard et demande à ce que le citoyen Pierre, sous-commissaire du Gouvernement, soit appelé dans le Conseil.

« Ce dernier est introduit. Il explique qu'en vertu de se pouvoirs discrétionnaires, sur la demande du citoyen Paul Sevaistre et sous l'empire des événements du 28, il a dû prendre un arrêté qui adjoignit au Conseil de nouveaux conseillers ; qu'il ratifie cet arrêté séance tenante et qu'il le ratifiera par acte administratif.

« Le citoyen Victor Quesné donne lecture de l'arrêté du 29 avril, qu'il a reçu du commissaire général de la République pour le département de la Seine-Inférieure.

« En vertu de cet arrêté, les démissions du citoyen maire Henri Sevaistre, et des citoyens adjoints Victor Quesné et Emile Lenormand sont acceptées.

« Le citoyen Buée (Jean-Louis), notaire, est nommé maire d'Elbeuf. Les citoyens Lefort-Henry (Pierre-Nicolas-Désiré) et Papavoine (Victor) sont nommés adjoints au maire de la dite ville.

« Cette lecture faite, le citoyen V. Quesné,

avant de quitter son écharpe, se met à la discrétion de la nouvelle administration pour l'aider de tous les renseignements dont elle pourrait avoir besoin ; puis il remet ses pouvoirs au citoyen Buée, qui entre aussitôt en fonctions.

« Ce dernier, dans une courte et digne allocution, remercie ses concitoyens de leurs suffrages. Il promet tout son concours à l'administration, dont la devise sera toujours : « De « l'ordre, mais pas de réaction ».

« On agite la question de savoir si M. le commissaire général du département, en acceptant la démission d'adjoint du citoyen Victor Quesné, a entendu également accepter celle de conseiller municipal. Le citoyen Quesné se retire, et le Conseil, après avoir délibéré, décide qu'il continuera de faire partie du Conseil. A l'instant même, rentre le citoyen Quesné, et le citoyen Pierre se retire.

« Le citoyen Lefort-Henry, après avoir donné quelques explications sur les ressources et les charges de la ville, charges qui vont encore augmenter par suite du séjour de la nouvelle garnison, annonce que, dans une prochaine séance, il pourra mettre à même le Conseil de décider l'emploi d'une somme de 40.000 fr. qui, suivant lui, est disponible, et qui, suivant quelques membres du Conseil, n'est qu'éventuelle... »

A la fin d'avril, beaucoup de familles elbeuviennes et caudebécaises étaient dans l'inquiétude, à cause de dénonciations, parfois injustifiées, contre certains de leurs membres, accusés de participation à l'émeute ou de connivence avec des émeutiers.

CHAPITRE VII
(Mai 1848)

Proclamations aux habitants et a la garde nationale. — Aux environs d'Elbeuf. — 160 arrestations. — MM. Bertrand Espouy, Félix et Hippolyte Limet. — Nouvelle commission municipale ; son adresse aux représentants du peuple. — Elections dans les deux bataillons de la garde nationale ; M. F.-M. Sevaistre, colonel.

Le 1er mai, la commission provisoire municipale adressa cette nouvelle proclamation à ses administrés :

« Citoyens habitants de la ville d'Elbeuf,

« Notre ville industrielle, qui plus que toute autre éprouve l'immense besoin de l'ordre, vient d'être profondément troublée.

« Une partie de la population, égarée par des émissaires secrets, s'est mise en état d'insurrection sans but et sans motif, et c'est en méprisant la belle devise de la République, la Fraternité, que les misérables agitateurs, qui la poussaient à l'anarchie, ont osé provoquer la guerre civile en tirant lâchement sur la garde nationale inoffensive.

« Grâce à la sage énergie de cette garde nationale insultée, au concours généreux de notre garnison militaire, à la fermeté du bataillon du brave 52e de ligne, force est restée à la loi, et la justice, qui saura séparer les hommes égarés des chefs cent fois plus coupables, informe en ce moment.

« Mais il reste encore une œuvre difficile, c'est le rétablissement complet de la tranquillité publique

« L'administration provisoire, nommée dans ces graves moments, a besoin du concours de tous pour ramener le calme dans les esprits ; elle ose compter sur le zèle des bons citoyens pour lui venir en aide.

« L'oubli du passé, le rejet de toute idée de récriminations, sont aujourd'hui les seuls moyens de faire renaître dans nos murs la paix qui ramène la confiance et procure le travail. Embrassons cette pensée de conciliation.

« Nous entrons dans une ère toute nouvelle; la République ne voit dans les citoyens que des frères : soyons-le donc en réalité ; ne songeons qu'à l'avenir, jetons un voile sur le passé, et qu'un instant d'égarement soit remplacé par la ferme volonté de tous à s'aimer et à s'estimer réciproquement !

« Citoyens habitants de la ville d'Elbeuf, la devise de votre administration provisoire est : Oubli et fraternité ; qu'elle soit aussi la vôtre pour le bonheur commun !

« Vive la République ! »

En même temps, l'administration municipale adressa cette autre proclamation aux gardes nationaux·

« Votre conduite, au milieu des graves événements qui viennent d'affliger notre ville, a été admirable ! L'administration provisoire vous en félicite au nom du pays.

« Provoqués par des coups de feu tirés lâchement sur vous, lorsque vous ne songiez qu'à maintenir l'ordre avec votre modération accoutumée, vous avez répondu à cette agression des agitateurs avec courage, mais sans néanmoins vous laisser entraîner à des représailles trop justement méritées. Honneur vous en soit rendu !

« Ceux que de coupables menées avaient agités reviendront de leurs erreurs. Séparés des émissaires de désordre qui les égaraient, ils reconnaîtront bientôt que la garde nationale, qu'on leur signalait comme ennemie, est, au contraire, la sauvegarde de leurs véritables intérêts en maintenant la tranquillité publique, indispensable partout et principalement dans un pays d'industrie.

« Continuez, citoyens gardes nationaux, à déployer la même énergie et la même sagesse, et vous aurez mérité la reconnaissance, non seulement des amis de l'ordre, mais même de ceux qui, un instant égarés, sauront plus tard vous accorder la juste estime qui vous est due.

« Vive la République ! »

Ce jour-là, à quatre heures et demie du soir, vingt-et-une personnes arrêtées à l'occasion des troubles des 28 et 29 avril, furent embarquées au quai de notre ville, pour être conduites à la prison de Bicêtre à Rouen.

« Depuis samedi soir, lisait-on dans le *Journal d'Elbeuf* du mardi 2 mai, les arrestations ont continué dans notre ville et dans les communes environnantes.

« Plusieurs membres du parquet de la cour d'appel et plusieurs conseillers en robe rouge sont en permanence à l'hôtel de ville, où ils procèdent à l'interrogatoire des prévenus. Ce matin, le nombre des individus qui étaient sous la main de la justice était de 140. Des ordres étaient donnés pour faire encore des recherches et pour qu'on dirigeât des troupes à pied et à cheval dans les diverses directions qu'ont dû prendre ceux des coupables qui se sont enfuis...

« Les communes de Bosc-Roger et de Saint-Ouen, où les habitants se tiennent en armes, font des patrouilles et ne laissent passer aucun étranger, avant que d'avoir reconnu que ses papiers sont en règle ou que ses déclarations sont sincères. On sait que, samedi dernier, à la nouvelle que les communistes de la Londe étaient descendus à Elbeuf pour prendre rang parmi les insurgés, les habitants de Saint-Ouen et de Bosc-Roger s'étaient empressés de prendre les armes pour venir soutenir la cause de l'ordre public et le parti des honnêtes gens. Ils se mettaient en marche, au moment où ils reçurent communication que force était restée à la loi et que les rebelles étaient dispersés ».

Ajoutons à ces détails que les habitants de Bosnormand avaient aussi pris les armes, ayant à leur tête le comte de Luchapt, leur maire, ancien chef de bataillon de l'empire, qui même avait accepté le commandement pour diriger les gardes nationaux des trois communes, rangés sur la grande route de Bourgtheroulde à Elbeuf. — Nous reprenons le récit du *Journal d'Elbeuf:*

« Les communes de Saint-Aubin et de Caudebec ont également droit à notre reconnaissance... A Saint-Aubin, on veillait avec intelligence et courage pour que les insurgés ne pussent recevoir les auxiliaires qu'ils avaient dit attendre de la presqu'île. Depuis trois jours, les habitants de ces communes déploient le plus grand zèle à seconder les recherches de la justice et à faciliter les poursuites contre les coupables. C'est par les habitants de Saint-Aubin que M. Hippolyte Limet a été arrêté dimanche matin, au moment où, après être rentré dans Elbeuf pendant la nuit, il venait d'en sortir, cherchant à gagner la station de Tourville.

« Les perquisitions actives qui ont été faites d'après les ordres des magistrats et que M. le commissaire de police Michel a dirigées avec l'expérience et la sagacité qui le distinguent, ont eu pour résultat la saisie de malles appartenant à quelques prévenus qui, au moment où l'on s'est emparé de leurs personnes, s'apprêtaient à prendre la fuite. On a également saisi une caisse contenant des pistolets et des poignards.

« On ignore si Bertrand Espouy est resté à Elbeuf dans la nuit de samedi et dans la journée de dimanche. Des perquisitions avaient été faites, par la police, dans l'établissement du Cirque et dans plusieurs maisons où l'on pensait qu'il avait pu trouver asile. Ces recherches étaient restées sans résultat.

« Lundi matin, la nouvelle fut apportée à Elbeuf que Bertrand Espouy venait d'être arrêté par la gendarmerie de Pont-de-l'Arche, à la station du chemin de fer.

« Il s'était présenté, vers deux heures du matin, pour demander une carte de voyageur.

D'abord, l'employé de service lui répondit par un refus, et Bertrand se retira. L'employé, à qui la visite d'un voyageur si matinal avait inspiré des soupçons, était alors en conversation avec deux personnes qui n'étaient autres que des gendarmes. Sommé de produire ses papiers, Bertrand Espouy fut aussitôt reconnu. On le fouilla ; on le trouva porteur d'un poignard. On s'assura de sa personne et il fut immédiatement conduit à Louviers.

« D'après un ordre de la commission d'instruction siégeant à Elbeuf, Bertrand Espouy a été amené dans notre ville. Une foule immense s'est portée à la rencontre du prisonnier. Un détachement de la troupe de ligne et de la garde nationale ont escorté la voiture et veillé à ce que l'ordre public ne fut point troublé.

« Rien n'a transpiré de l'interrogatoire que Bertrand Espouy a subi à son arrivée. Seulement, on a constaté que le poignard trouvé sur lui était semblable en tout point à ceux contenus dans la caisse d'armes qui a été saisie, il y a deux jours.

M. David Dautresme père, en rappelant les noms de quelques républicains de 1848, écrivit en 1882 :

« L'un d'eux, un ouvrier tisserand, Bertrand Espouy, poursuivi pour avoir pris part au mouvement socialiste, traqué par la police, fut arrêté sur la route de Pont-de-l'Arche et ramené en cabriolet, escorté de deux gendarmes.

« Le bruit de son arrestation s'était peu à peu répandu dans la ville. Les ouvriers avaient quitté leurs ateliers et la population tout entière était sur pied. Une foule immense, houleuse, haletante, l'attendait sur le Cours, et lorsqu'on aperçut la voiture, des vociférations, des cris de : A bas Bertrand ! A mort Bertrand ! A mort Bertrand ! s'élevèrent de toutes parts et l'indignation populaire fut à son comble. La voiture s'avançait avec peine au milieu de ces fanatiques qui huaient, injuriaient et insultaient le malheureux que la police traitait sans pitié.

« De ma vie, je n'ai assisté à une scène plus affreuse, plus poignante, à un spectacle plus triste, plus navrant, et ceux de nos concitoyens qui vivent encore en ont certainement gardé le souvenir ».

La *Démocratie pacifique* du mercredi 3 mai publia cette lettre que M. Félix Limet lui avait adressée :

« Je lis dans votre journal un extrait du *Messager* contenant les plus grossières erreurs sur ce qui s'est passé à Elbeuf.

« Il est faux que l'on m'ait forcé de quitter la ville. Je suis parti volontairement pour aller demander au commissaire du département justice contre les gardes nationaux qui avaient envahi la salle du conseil municipal et couché en joue tous les conseillers.

« N'ayant pu voir M. Deschamps qui était pour ainsi dire prisonnier, et la terreur étant organisée à Rouen, j'ai dû venir à Paris demander cette justice. Plusieurs citoyens, et entre autres l'adjoint provisoire. M. E. Lenormand, m'y ont rejoint.

« Quant à mon frère Hippolyte Limet, également conseiller municipal comme moi, il n'est pas parti ; il a été arrêté, dimanche matin, par quelques gardes nationaux, sans ordre ni mandat.

« L'enquête que nous réclamons prouvera qu'il n'y avait pas de meneurs dans l'émeute, et que les provocations ne sont pas venues de la part des ouvriers, dont le calme et la modération ont fait contraste avec la fureur de certains gardes nationaux.

« Salut et fraternité.

« Félix Limet,
« Conseiller municipal d'Elbeuf, rédacteur de la *Sentinelle républicaine*.

Ce même jour, vingt personnes, accusées d'avoir pris part aux troubles d'avril, furent dirigées sur Rouen pour être incarcérées à Bicêtre. Dans le nombre se trouvait le citoyen Boissel, ancien maire de la Londe.

Dans l'après-midi, MM. V. Grandin, Randoing et Dobremel quittèrent notre ville, pour assister à la séance d'ouverture de l'Assemblée nationale, qui eut lieu le lendemain. — M. Victor Grandin prit pour secrétaire M. Félix Tournachon, si connu depuis sous le nom de Nadar.

Ce même jour encore, M. Delaunay, commandant la garde nationale, écrivit aux journaux de Paris qui avaient inséré la lettre de M. Limet, pour la démentir et prendre la défense des gardes nationaux. Voici un passage de sa lettre :

« Ils n'ont tiré sur les insurgés qu'après avoir été en butte à des provocations répétées. Ce fait est tellement évident qu'il est reconnu par le journal de M. Limet lui-même, la *Sentinelle républicaine* en date du 30 avril.

« Il n'y a eu qu'un mort. C'est un homme qui a été tué à la barricade de la porte de Rouen, après une nouvelle agression des insurgés contre la garde nationale et la troupe de ligne, alors inoffensives et l'arme au bras ».

Ici se place un incident qui fut alors l'objet de nombreux commentaires.

M. Lucien Dautresme, secrétaire d'Emmanuel Arago, commissaire du gouvernement dans le Rhône, étant revenu de Lyon, se présenta au Cercle des commerçants avec son père. A peine étaient-ils assis, qu'une rumeur s'éleva dans la salle ; une douzaine de fabricants s'approchèrent de M. David Dautresme, l'injurièrent et l'obligèrent à sortir.

Son fils ayant demandé le nom de celui qui lui avait paru le plus animé, M. Gautier, il lui envoya deux témoins pour le sommer de lui donner une réparation par les armes, ou de faire des excuses à son père. Les témoins rapportèrent des excuses.

A la séance de la Chambre consultative tenue le 7 mai. M. Charles-Hyacinthe Lize annonça que la répartition de la fourniture de 42.000 mètres de drap bleu foncé, destiné à l'habillement de la garde nationale mobile, s'était ainsi faite : Sedan, 6.000 mètres ; Louviers, 8.000 mètres ; Elbeuf, 28.000 mètres. Et comme on n'avait pas de nouvelle de la commande des 315.000 mètres promise, la Chambre décida d'écrire au ministre.

A l'ouverture de la séance municipale du 9 mai, le citoyen Buée donna lecture d'un arrêté pris la veille, par le commissaire général du département, portant que la commission municipale provisoire était dissoute et que l'administration de la ville était confiée à une nouvelle commission municipale composée de vingt-sept citoyens dont les noms suivent :

Jean-Louis Buée, maire; Lefort-Henry et

Victor Papavoine, adjoints; Hyppolite Justin, médecin; Alphonse Sauvage père; Patallier fils Laurent; Potel, ouvrier fileur; Coquerel aîné, ouvrier du port; Maillard, ouvrier; Henri Quesné fils; Ludovic Mercier, receveur de l'enregistrement; Eugène Elie, manufacturier; Augustin Delarue; Joseph Lecoq aîné, teinturier; Jean Jacques Marais, boulanger; Emile Delaunay, commandant de la garde nationale; Auguste Beaumier, commissionnaire en draperies; Adrien Lescouvé, commissionnaires en draperies; Sainte-Croix Desfresches, manufacturier; Joseph Flavigny, membre du Conseil d'arrondissement; Hyppolite Rivière, agréé; Pierre-Isidore Lecerf fils, manufacturier; Pierre-Augustin Laurents, directeur de l'Assurance elbeuvienne; Alphonse Martel, commissionnaire en draperies; Chenest, ouvrier tondeur; Delaporte, ouvrier laineur; Amable Carle, ouvrier teinturier.

Le nouveau Conseil fut installé aux cris de: « Vive la République! » Puis le citoyen Lescouvé fut nommé secrétaire, et l'on forma les commissions municipales.

L'assemblée adopta un traité passé avec les héritiers Fouquier-Long pour l'élargissement du chemin d'Elbeuf à la Saussaye.

Elle autorisa l'administration à employer les ressources disponibles pour les dépenses des ateliers nationaux.

Sur un vœu du commissaire général, le Conseil nomma deux de ses membres ouvriers, les citoyens Maillard et Coquerel, le premier membre adjoint au Bureau de bienfaisance, le second membre adjoint à la commisssion administrative de l'hospice.

Le conseil municipal autorisa, par délibération du 9 mai, le maire à louer au prix de 4.000 fr. par an, un immeuble de la rue de la Justice, appartenant à M. Massé, artiste peintre, demeurant à Paris, pour en faire une caserne provisoire ; puis, le 9 du mois suivant, la troupe de la garnison ayant été considérablement diminuée par le départ du bataillon du 52e de ligne, la ville remit l'immeuble à M. Massé.

Mais le 19 septembre suivant, cette propriété fut requise par le citoyen Dussard, préfet, pour être de nouveau mise à la disposition de la municipalité de notre ville, à l'effet d'y loger des troupes qui y restèrent deux jours. Le 21, le maire fit une nouvelle remise à M. Massé de sa propriété, qui ne l'accepta pas, la ville s'étant engagée envers lui par le bail du 9 mai, jusqu'au 8 octobre.

Le dimanche 14 mai, à l'occasion de la reconnaissance de la nouvelle administration municipale, une revue fut passée sur la place du Champ-de-Foire, où s'étaient réunis la garde nationale, les anciens militaires et les soldats du 52e de ligne.

Après la revue, les gardes nationaux fraternisèrent avec la troupe de ligne et les ouvriers présents. Des gâteaux et des rafraîchissements furent apportés sur des tables préparées d'avance et chacun leva son verre en souhaitant l'union des classes. Une quête fut faite au profit des ouvriers sans travail.

Au moment du défilé, le commandant du bataillon invita les ouvriers à prendre rang parmi les gardes nationaux ; beaucoup répondirent à cet appel.

Du champ de manœuvres jusqu'à l'hôtel de ville, la garde nationale, la troupe de ligne et les ouvriers chantèrent les *Girondins* et la *Marseillaise* qu'entrecoupaient les cris de : Vive la République ! « mille fois répétés ».

Le peu de confiance que la majorité de l'Assemblée constituante inspirait au parti populaire rendit possible une échauffourée qui, le 15 mai, faillit amener la dissolution de cette Assemblée, mais dont celle-ci triompha sans effusion de sang.

On sait que la Chambre avait été envahie par une partie du peuple de Paris, et qu'à la suite il fut procédé à l'arrestation des révolutionnaires, qui avaient tenté de constituer un nouveau gouvernement à l'Hôtel de Ville.

Le lendemain, la commission municipale d'Elbeuf vota l'adresse suivante aux représentants du peuple :

« Citoyens représentants,

« Honneur au courage que vous avez déployé dans la séance d'hier !

« Votre attitude ferme et digne mérite la reconnaissance de tous ; nous venons vous exprimer celle des habitants de la ville d'Elbeuf.

« En vous se résume l'opinion de l'immense majorité des Français. Comme le pays et avec le pays, vous voulez la République, sage, forte et grande ; vous voulez l'ordre dans la liberté, que rien ne vous détourne de cette volonté : vous ferez le bonheur de la France et l'admiration du monde entier ! »

De son côté, la garde nationale de notre ville signa cette adresse à la garde nationale sédentaire de Paris :

« Camarades !

« Oui, vous avez bien mérité de la Patrie !

« Vous avez assuré à la République, par votre énergie et votre admirable modération, l'ordre et la tranquillité qui la rendent impérissable.

« La voix de la nation entière répètera avec enthousiasme le vote de ses représentants.

« Honneur à vous !

« Que vos camarades d'Elbeuf soient des premiers à vous féliciter de l'éclat que votre belle conduite a fait encore une fois rejaillir sur votre courage à toute épreuve et votre inépuisable dévouement.

« Vive la République !

« Salut et fraternité ».

Ce même jour, M. Rivière entretint le conseil municipal de notre ville de nombreuses réclamations formulées contre l'impôt des quarante-cinq centimes. L'administration municipale fut chargée de faire des démarches pour en décharger les contribuables elbeuviens.

Dans cette séance, le Conseil repoussa une demande d'indemnité présentée par le citoyen Pierre, pour le séjour qu'il avait fait à Elbeuf.

A la séance municipale du 19 mai, le citoyen Mercier informa le Conseil qu'un de ses membres, le citoyen Maillard, avait été insulté et frappé par des ouvriers des chantiers nationaux. L'assemblée décida de poursuivre les coupables.

Pendant la nuit du 22 au 23, M. Michel, commissaire de police, accompagné de deux compagnies de garde nationale et de la troupe de ligne, se rendit à la Londe, où il mit en état d'arrestation plusieurs personnes accusées d'avoir pris part aux troubles d'avril et qui, paraît-il, s'étaient soustraites aux reches jusque-là en se tenant cachées dans les bois.

Plusieurs arrestations furent également opérées à Elbeuf ; le nombre des nouveaux prisonniers faits depuis la veille était de neuf. Le mardi 23 au matin, deux conseillers de la Cour de Rouen vinrent les interroger et entendre des témoins.

A l'ouverture de la réunion municipale tenue le 23, on lut une lettre du commissaire général, accompagnant l'envoi d'un ouvrage du citoyen abbé Cochet sur les Eglises de l'arrondissement de Dieppe, que le savant archéologue offrait à la ville.

Le citoyen Lefort-Henry, en présence du décret qui rendait définitif l'impôt des quarante cinq centimes, donna lecture de deux pétitions, l'une adressée au ministre de l'Intérieur, afin d'obtenir un sursis aux poursuites relatives à la perception de cet impôt.

Ces pétitions étaient motivées par l'état déplorable des finances de la ville, causé par les sacrifices que lui avaient imposés, dès l'année précédente, la cherté des subsistances, le manque de travail, l'organisation de chantiers nationaux et la perturbation apportée dans le commerce par les événements politiques. Les dépenses occasionnées par la crise s'élevaient à 88.538 fr., et il y avait à prévoir 140.200 fr. de nouvelles dépenses avant la fin de l'année.

Il fut procédé, du 28 au 30 mai, à l'élection des officiers de la garde nationale de la légion d'Elbeuf ; ils furent solennellement reconnus le 18 du mois suivant. Voici la liste des citoyens nouveaux élus :

François-Mathieu Sevaistre, colonel ; Join-Lambert, lieutenant-colonel ; Pourtet, major chef de bataillon ;

1er bataillon : V. Papavoine, commandant ; Petel, porte-drapeau. — 2e bataillon ; P.-A.

Laurents, commandant ; Pellier, porte drapeau.

Hippolyte Justin, chirurgien-major ; Lejeune, chef de musique.

Pompiers : L. Pion, capitaine ; Picard, lieutenant.

Chasseurs à cheval : T. Sallambier, lieutenant ; Grémont, sous-lieutenant.

1er *bataillon* : Lair, adjudant-major ; Fauconnet, capitaine-rapporteur ; J. Sallambier, lieutenant secrétaire ; Alfred Vy, chirurgien-aide-major.

1re compagnie : Boisguillaume, capitaine ; Trabert, Devisuzanne, sous-lieutenants ;

2e compagnie : Flamant, capitaine ; Dumort, Cavrel, lieutenants ; Lanne, Martin, sous-lieutenants ;

3e compagnie : Nivert, capitaine ; Jacques Lécallier, lieutenant ; Lemercier, J. Menuguié, sous-lieutenants ;

4e compagnie : Debroches, capitaine ; Benoist-Boisguillaume, lieutenant ; X. Menuguié, Fouard, sous-lieutenants ;

5e compagnie : Dupré, capitaine ; Adam, lieutenant ; Chervin, Lemire, sous lieutenants ;

6e compagnie : L. Chennevière, capitaine ; Barbe, Pinel de Golleville, lieutenants ; Bastien, Hector Suchetet, sous-lieutenants ;

2e *bataillon* : Lecoq, adjudant-major ; L. Patallier, capitaine rapporteur ; Duval, lieutenant secrétaire ; Nicole, chirurgien-aide-major.

1re compagnie : Loslier, capitaine ; E. Join-Lambert, lieutenant ; Picard, Vasseur, sous-lieutenants ;

2e compagnie : Aug. Lefort, capitaine ; Lebret, lieutenant ; Lechandelier, I. Lecerf fils, sous-lieutenants ;

3e compagnie : Alph. Godet, capitaine ; Aublé, lieutenant ; Boucher, sous-lieutenant ;

4e compagnie : Suzanne, capitaine ; Duhamel, lieutenant ; Ed. Guérot, Fr. Delaporte, sous-lieutenants ;

5e compagnie : Sèbe, capitaine; Rigoneaux, Ed. Turgis, lieutenants ; Charpentier, Neymark, sous-lieutenants ;

6e compagnie : Ch. Flavigny, capitaine ; Cadet, lieutenant ; Blivet, Guérot fils, sous-lieutenants.

Les nouveaux élus furent invités à obéir au colonel Sevaistre en tout ce qu'il commanderait pour la défense de la République, le maintien de l'ordre et des principes de liberté, d'égalité et de fraternité.

M. François-Mathieu Sevaistre, dont l'attitude martiale en imposait, fut surnommé le « Changarnier du Bec Thomas ». Il habitait cette commune, où il avait un château.

En mai, M. Victor Hayet, sourd-muet, ouvrit un atelier de daguerréotypie pour le public, rue Deshayes. Ses prix étaient de 3 à 10 francs par portrait.

En l'année 1848, parut *Rollon*, tragédie en cinq actes (in-8o de x et 101 pages), dont l'auteur fut M. Louis-Eugène Sevaistre, né à Elbeuf. Il habitait une dépendance de la maison de son père.

Vers ce temps, M J. B Chanu, « jurisconsulte », que l'on surnomma « l'avocat des pauvres », fonda un journal l'*Union des Peuples*, qui n'eut que quelques numéros.

CHAPITRE VIII
(juin-juillet 1848)

Affaires diverses. — La fourniture de draps militaires. — Dissolution des ateliers nationaux. — L'insurrection de Juin a Paris ; un Elbeuvien mort et un blessé. — Adresse aux représentants du peuple. — Projet de fortification de l'Hôtel de Ville d'Elbeuf ; le vote du Conseil. — Une partie des insurgés d'avril en correctionnelle.

Le représentant du peuple Lamartine ayant opté pour Paris, Dobremel et Martinetz, également députés, ayant remis leur démission, les électeurs de la Seine-Inférieure furent, le 4 juin, convoqués pour nommer trois nouveaux représentants.

On comptait au moins 120 candidats. Le canton d'Elbeuf donna 2.229 voix à M. Thiers, 2.178 à M. Loyer, et 2.084 à M Ch. Dupin. Un certain nombre de voix allèrent, dans notre canton, aux citoyens Fortuné Leblanc (276), Desseaux (361), Deschamps (211), Bertrand Espouy (80), Devitry (76), Louis-Napoléon

Bonaparte (105), etc. — Les élus furent MM. Thiers, Loyer et Dupin, qui obtinrent 58.361, 55.946 et 45.071 voix.

Le 5 juin, la Chambre consultative fut informée, par son président, qui avait fait des démarches à Paris, que l'on pouvait encore espérer la fourniture de 315.000 mètres de drap militaire promise et même soumissionnée.

Le 7 juin, la Chambre consultative fut informée que plusieurs fabricants payaient en nature tout ou partie des salaires ouvriers, au moyen de coupons de drap, et que des plaintes s'élevaient parmi les travailleurs.

La Chambre fut d'avis que les marchandises données en payement seraient expertisées par un commissaire désigné par l'administration.

Le citoyen Lefort-Henry fit connaître au conseil municipal, le 9, qu'il n'y avait pas lieu de compter sur la somme de 10.000 fr. promise par M. de Salvandy, pour la construction d'un local destiné à l'Ecole primaire supérieure, cette somme n'ayant pas été ordonnancée par l'ancien ministre.

On lut une lettre du citoyen Piquenard, réclamant, pour frais d'éclairage au Cirque, pendant la durée des clubs, 107 fr. 55, plus une somme de 123 fr. pour dégâts causés à son établissement.

Le citoyen Martel observa qu'on n'était admis au Cirque qu'avec une carte d'entrée du prix de 10 centimes, et que cette indemnité avait dû être suffisante pour payer l'éclairage. Quant aux dégâts, ils n'avaient pas été constatés ; conséquemment la ville n'était pas tenue de les payer. — On admit la première partie de la demande; mais on rejeta l'autre.

Après un exposé des finances de la ville, par le maire, on nomma une commission pour produire un projet d'emprunt.

Ce même jour, le bataillon du 51ᵉ de ligne quitta notre ville pour se rendre à Versailles. Il fut remplacé par deux compagnies du 28ᵉ, qui avaient déjà tenu garnison à Elbeuf avant les événements de février.

Le 10, M. Lizé apporta une mauvaise nouvelle. Il avait vu le ministre de la Guerre, au sujet de la fameuse fourniture de 315.000 m. de drap, qui lui avait franchement déclaré que le crédit destiné aux draps militaires venait d'être absorbé par des commandes remises aux manufacturiers qui produisaient habituellement pour l'armée. Cependant, le ministre de la Guerre avait ajouté qu'il était en instance auprès de son collègue des Finances pour un nouveau crédit, qui serait employé à des commandes destinées à nos fabriques.

A un questionnaire du ministre du Commerce, la Chambre consultative répondit, le 13 juin, par une longue lettre, dont voici quelques passages :

« L'écoulement de nos produits a cessé d'avoir son cours ordinaire, les magasins s'encombrent de jour en jour. La crise financière, la difficulté des négociations, viennent ajouter à la détresse de nos fabriques. L'industrie, arrêtée dans son activité, ne peut occuper qu'un petit nombre des ouvriers qu'elle emploie dans les temps ordinaires ; ses ressources privées, celles de son crédit, sont épuisées en efforts impuissants pour conjurer les souffrances des travailleurs, cette classe si nombreuse et si intéressante, qui attend avec une anxiété le retour de son travail.

« L'industrie, avant la crise actuelle, avait des pertes à réparer, parce que la cherté des subsistances, dans l'année qui vient de s'écouler, avait exercé une influence très préjudiciable sur les affaires commerciales, en outre des sacrifices que chacun avait cru devoir s'imposer pendant la disette ; 1847 avait été une année de pertes.

« Aujourd'hui la détresse de l'industrie ne peut que se traduire en ruine. Pas de possibilité d'acquitter les engagements en souffrance ; le crédit est entièrement anéanti, et si cet état de choses devait durer encore, on serait forcé de fermer les ateliers, la misère s'augmenterait, les faillites ne feraient que multiplier et l'Etat éprouverait lui-même un déficit considérable dans l'impôt que lui paye son industrie...

« Pour nous résumer nous demandons :

« Que le chiffre accordé à l'exportation de nos produits soit porté à 13 1/2 0/0.

« Qu'une prime extraordinaire de 10 0/0 soit accordée à la sortie de nos étoffes durant l'espace de deux mois au moins et de trois s'il est possible.

« Si, avec les exportations, le gouvernement nous accorde les fournitures pour l'armée que nous sollicitons, ce sera le moyen de prêter une assistance efficace à l'industrie privée, de la soutenir dans ses épreuves et de lui ouvrir des voies de développement, de l'aider à sortir de la ruine et de secourir la famille des travailleurs dans l'intérêt des chefs d'établissement. Il existe des sympathies incontestables entre les uns et les autres ; le gouvernement trouvera toujours les fabricants prêts à adopter les institutions les plus libérales en faveur de

l'ouvrier. La suppression des heures de travail, quoique très onéreuse à la fabrique, a été accueillie avec empressement, et tous s'occupent avec le plus grand zèle de l'amélioration morale et matérielle du sort de travailleurs...
« Salut et fraternité.
« Lefort-Henry, président ; Alex. Poussin, secrétaire ».

A la suite de plusieurs démarches faites par les filateurs des Ardennes, puis par ceux de Seine-et-Oise, dans le but de régulariser dans toute la France le prix de la filature, la Chambre consultative et MM. A. Ménage, Lefebvre-Mancel et Lefebvre-Dantan, tous trois filateurs, proposèrent une réunion générale à Paris de cette catégorie d'industriels.

Il fut procédé, le 14 juin, au tirage au sort des numéros pour les six compagnies de chacun des deux bataillons de la garde nationale, à laquelle le colonel Sevaistre donna de nouveaux réglements, le 16. Quelque temps après, il fit imprimer une consigne générale pour la garde.

Pendant la séance municipale du 20 juin, il fut donné lecture d'un arrêté du commissaire général du département, en date du 14, ayant pour objet la dissolution des ateliers nationaux existants, et leur réorganisation par l'application du travail à la tâche.

Le Conseil approuva de grand cœur cette mesure et décida qu'elle serait appliquée le plus tôt possible aux chantiers d'Elbeuf. Il nomma une commission composée de vingt membres, pris en dehors du Conseil et dont faisaient partie cinq ouvriers.

On parla, en présence de l'impossibilité de contracter un emprunt, de voter 20 centimes additionnels, y compris les 10 déjà votés ; mais il fut décidé que, auparavant, le maire verrait le citoyen Dussart, le nouveau préfet, afin de lui exposer la situation de la ville et la nécessité d'un secours en argent, et que, de son côté, le citoyen Lefort se rendrait à Paris, pour : 1º solliciter une fourniture de 300.000 mètres de drap ; 2º demander une augmentation de prime d'exportation, et 3º des secours en argent.

Les fabricants d'Elbeuf et de Caudebec se réunirent le 25, convoqués par la Chambre consultative, pour entendre le résultat des démarches faites en vue d'obtenir deux fournitures de drap militaire. M. Lizé donna ces renseignements :

« Le ministre de la Guerre a cru devoir accorder, aux fournisseurs ordinaires des draps de troupe, l'autorisation de fabriquer les quantités réservées, afin de compléter envers eux tous les engagements que comportait le marché passé avec l'administration de la Guerre.

« Sur l'observation que leur a faite M Lizé qu'il était loisible au ministre d'en porter la livraison sur le crédit de 1849, parce que déjà ces fabricants avaient eu à fournir tout ce qui leur était possible de produire en 1848, et plus même, à cause de la diminution des heures de travail, le ministre, faisant droit à ces observations et désirant faciliter la reprise du travail dans les fabriques privées des fournitures de l'armée, a pris l'engagement de disposer en faveur de ces fabriques d'une fourniture d'environ 440.000 mètres.

« M. Lizé, accompagné de MM. Lefort-Henry et Victor Grandin, est allé trouver le ministre du Commerce, qui a paru accueillir les demandes qui lui étaient adressées, mais préoccupé des événements qui venaient d'éclater dans la capitale, il n'a pu prendre une décision immédiate ».

Le président de la réunion fit entendre à l'assemblée que les promesses du ministre de la Guerre étaient positives et qu'elles étaient approuvées par celui du Commerce ; que toutefois, le marché n'avait pu être signé à cause de la lutte sanglante qui s'engageait, lutte dont les conséquences pouvaient influer sur l'exécution d'une promesse non revêtue des formalités devant lui donner un caractère définitif et irrévocable.

Chacun connaît les graves événements qui bouleversèrent Paris pendant quatre jours, du 23 au 26 juin, auxquels on a vu M. Lizé faire allusion. A la réunion municipale qui se tint le 28 du même mois, le citoyen Buée, maire, proposa de rédiger une adresse aux représentants du peuple, ce qui fut accepté. Voici le texte de cette pièce, rédigée par M. Lefort-Henry :

« Citoyens représentants,

« Vos mesures énergiques ont sauvé la patrie. En déclarant Paris en état de siège, en revêtant de pleins pouvoirs l'illustre général Cavaignac, vous avez assuré le triomphe de l'ordre. La société, menacée par ses plus cruels ennemis, n'a plus aujourd'hui de dangers à redouter et n'en aura jamais tant que vous persévérerez dans cette voie de fermeté.

« Ces dangers étaient immenses, citoyens représentants, car au moment même où une lutte sanglante commençait à désoler la capitale, des agents d'anarchie cherchaient à soulever les populations ouvrières ; ils accouraient dans notre ville d'Elbeuf, centre d'industrie déjà agité par leurs doctrines communistes, pour établir chez elle, comme ailleurs, une funeste diversion.

« Notre cité était privée de sa garnison militaire, rappelée tout-à-coup. Les émissaires de l'anarchie exerçaient déjà leur funeste influence ; on s'est trouvé dans la triste nécessité de comprimer l élan des gardes nationaux, aussi empressés qu'en 1830 à voler au secours de la capitale ; une partie d'eux cependant n'a pu être retenue, malgré les vives sollicitations des magistrats de la commune. Plus heureuse que la nôtre, la milice citoyenne des départements prenait les armes pour se réunir à leurs frères de la capitale, et joindre leurs efforts à ceux de notre brave armée et de l'admirable garde mobile et républicaine.

« C'est à l'union fraternelle de l'armée et de la garde nationale que la Société doit son salut. Vous chercherez, citoyens représentants, à conserver dans leur puissance ces deux grandes forces de la nation, qui ont si bien mérité la reconnaissance du pays, en maintenant les éléments qui les ont si admirablement constitués pour la défense de l'ordre.

« Le principe démocratique est et doit être la base de la Société nouvelle ; mais ce principe poussé à l'extrême pourrait tout compromettre et menacer jusqu'à l'existence elle-même. Votre sagesse saura éviter ce danger.

« Salut et fraternité ».

Un membre, dont nous n'avons pu connaître le nom, demanda la parole.

Il entretint le Conseil des mesures qu'il y aurait à prendre, pour éviter que les factionnaires placés à la porte de l'Hôtel de Ville fussent gênés dans leur service, par les allées et venues continuelles des passants, et, le plus souvent, par les groupes qui se formaient autour d'eux.

Il s'étonna que déjà même le poste de la mairie n'eût pas été forcé dans les malheureuses circonstances que l'on venait de traverser et qui, dit-il, pèsent encore sur la cité.

« Il fit sentir énergiquement, dit le procès-verbal, toutes les terribles conséquences qu'entraînerait après lui un pareil envahissement et combien il était urgent de le prévenir.

« Il proposa donc de faire entourer l'Hôtel de Ville d'une grille en fer, en deçà du trottoir et des candélabres, avec une porte à deux battants en face la porte cochère ; de griller les sept croisées donnant sur la rue de la Barrière ; de mettre la porte cochère en état de fermeture solide ; de murer une des portes donnant sur la rue de la Bague, de griller toutes les fenêtres donnant sur cette rue et de consolider la porte qui donne de l'Hôtel de Ville sur la rue de la Bague.

« Ces dernières mesures ayant pour but de garantir d'un coup de main le magasin des pompes et plus tard, les canons qui y seraient déposés ».

Le Conseil reconnut l'urgence de ces mesures ; l'administration fit seulement observer l'état de ses ressources et l'impossibilité où elle était de parer à de nouvelles dépenses. Toutefois, elle s'en rapporta à la sagesse du Conseil.

L'assemblée nomma une commission, qui fut présidée par le citoyen Lescouvé, adjoint, et à laquelle on adjoignit le lieutenant-colonel de la garde nationale.

La commission s'arrêta à la construction

d'une grille en fer de 1 mètre 1/2 de hauteur et s'étendant jusqu'à 1 m. 50 au-delà du trottoir ; elle décida, en outre, que toutes les fenêtres du rez-de-chaussée, donnant sur la rue de la Barrière, seraient garnies de barreaux de fer « afin qu'en cas d'une attaque sérieuse, la grille ne protégeant plus d'une manière assez efficace la sentinelle ou la garde placée dans son enceinte, celles-ci pussent se replier dans l'intérieur en refermant la porte cochère, fortement consolidée, et trouvassent un abri sûr et facile à défendre ».

Ce ridicule projet est à citer en entier :

« Le côté donnant sur la rue de la Bague n'a pas été négligé. Là aussi on a eu à signaler des clôtures insuffisantes et par conséquent dangereuses dans un temps où l'audace joue un si grand rôle ; on a donc pensé à y remédier.

« Le devis s'élève à 5.145 fr. Cette somme toute importante qu'elle paraisse être, vu l'état de nos finances, est bientôt effacée par son utilité, en même temps qu'elle décharge l'administration d'une grande responsabilité, responsabilité qui grandira encore si, comme nous avons lieu de l'espérer, la demande que nous avons faite pour obtenir des canons nous est accordée ».

M. Darré, architecte de la ville, fit un plan de ces travaux de défense, mais devant le fou rire que ce projet obtint en ville, la municipalité n'osa pas le mettre à exécution.

Le maire d'Elbeuf invita ses collègues des environs de faire surveiller les insurgés, refoulés de la capitale, qui viendraient dans notre région « avec des projets de pillage et d'incendie ».

Le 30, vingt-six communes situées entre Elbeuf et le Neubourg, Surtauville et la Haye-du-Theil, furent mises en émoi par la nouvelle qu'une bande de 400 hommes armés s'avançaient pour mettre le pays au pillage. La générale fut battue partout ; les paysans s'armèrent de fusils, de fourches et de faux, et des patrouilles furent dirigées dans toutes les directions pendant la nuit. Le lendemain, on apprit que c'était une fausse nouvelle ; mais un grand nombre de personnes restèrent malades de peur.

En ce même temps, on apprit que deux Elbeuviens qui étaient allés à Paris pendant l'insurrection avaient été blessés. L'un était M. Edouard Berrier fils, volontaire de la garde nationale, amputé d'un bras, et qui mourut peu de temps après, et l'autre M. Durup de Baleine, blessure au bras. — On ouvrit une souscription dans notre ville dans le but de leur offrir un objet témoignant de l'estime que l'on avait pour leur dévouement.

En juin, mourut M. Pierre Michel Lebailly, qui avait légué la nue-propriété de sa succession à nos établissements de bienfaisance.

Vers le commencement de juillet, la garde nationale de notre ville signa et envoya l'adresse suivante à l'Assemblée nationale :

« Citoyens représentants,

« Les gardes nationaux de la ville d'Elbeuf ont aussi payé leur tribut à la patrie dans les terribles journées de juin ; plusieurs de leurs volontaires peuvent montrer d'honorables blessures.

« Unis de sentiments avec leurs frères d'armes de Paris, ils viennent, comme eux, réclamer justice prompte et énergique contre les coupables ; comme eux, ils pensent que l'insurrection n'a pu s'organiser dans des proportions aussi colossales, sans l'appui secret de chefs puissants, qu'il faut principalement atteindre.

« Jamais la Société n'a été si violemment menacée, jamais la Patrie n'a été mise en un plus grand danger.

« Grâce au courage de la brave garde nationale de Paris, au concours valeureux de l'armée si cruellement frappée dans ses plus illustres généraux, à l'élan chevaleresque de la garde mobile et républicaine, le parti de l'anarchie a été vaincu ; mais que de pertes à déplorer ! et combien il importe de maintenir dans toute sa puissance la force qui a pu réprimer cette tentative furieuse !

« Etudiez les graves événements de juin, citoyens représentants ; recherchez la cause du désarmement forcé de trois légions ; voyez à quelle classe de la société appartenaient les combattants de la cité parisienne décimés par l'insurrection, et vous reconnaîtrez que si la France s'est trouvée à deux doigts de sa perte, c'est par l'oubli momentané du grand principe de vos devanciers de la Constituante, de confier la défense de l'ordre à ceux qui avaient intérêt à l'ordre.

« Les gardes nationaux de la ville d'Elbeuf, pleins de confiance en votre patriotisme, sont convaincus que vous poserez aussi cette sage maxime dans la Constitution projetée.

« Justice contre les insurgés de Juin et surtout contre les chefs, cent fois plus coupables encore ; une bonne et prévoyante loi sur l'organisation de la garde nationale : tels sont leurs vœux et ceux du pays entier ».

La Chambre consultative de notre ville rédigea également un manifeste, qu'elle adressa aux députés ; il était conçu :

« Citoyens représentants,

« Le commerce a un immense besoin d'ordre ; les commotions politiques lui portent toujours un coup funeste ; mais si chacune de nos révolutions a menacé son existence, jamais, il faut le reconnaître, il n'a été si près de sa ruine que par les utopies mises en pratique depuis le 24 février.

« Le génie des destructions semble avoir plané sur notre malheureuse France : institutions, principes sociaux, tout a été méconnu, renversé, et comme si l'on avait pris à tâche ainsi d'ériger un système de terreur, on a culbuté la presque totalité des administrations et remplacé les hommes les plus honorables par des choix le plus souvent indignes.

« Tant de fautes, tant d'aberration devaient produire des funestes fruits ; aussi l'inquiétude universelle et l'égarement des esprits en ont-ils été la déplorable conséquence.

« Dans les villes d'industrie, nous avons vu des émissaires du désordre s'efforcer de substituer la méfiance et la haine aux bons rapports qui existaient entre les chefs d'établissement et les ouvriers, et trop souvent le succès a couronné leurs tentatives anarchiques.

« Dans la capitale, les doctrines les plus perverses ont eu leurs professeurs avoués. On a prêché la révolte dans les clubs, en abusant du droit de réunions, et les écrits les plus incendiaires, répandus sous le manteau de la liberté de la presse, ont enfin allumé la guerre civile qui vient d'ensanglanter les rues de Paris et devait se répandre au loin.

« Que ces résultats désastreux vous servent au moins d'enseignement utile !

« Déjà le retour aux principes d'ordre s'est manifesté avec éclat lorsque, dans les terribles journées des 23, 24, 25 et 26 juin, les bons citoyens se sont ralliés sous un drapeau commun.

« C'est au cri unanime de « Vive la République des honnêtes gens ! » que la garde nationale s'est précipitée vers les barricades, que l'armée a versé son sang le plus généreux, que les départements se sont levés pour voler au secours de la société tout entière, menacée dans son centre le plus actif.

« Il vous appartient, citoyens représentants, de réaliser ce vœu de la nation éclairée.

« La République des honnêtes gens, c'est la compression de l'anarchie, c'est la sagesse imposant les bases de la Constitution, c'est la défense de l'ordre confiée à ceux qui ont intérêt à l'ordre, c'est la participation des ouvriers aux bienfaits de la société nouvelle, et assurant principalement leur bien-être, c'est l'énergie dans les résolutions pour écarter les dangereuses théories ; voilà ce qu'ont entendu proclamer la garde nationale et l'armée ; voilà ce qui peut, seul, ramener la confiance, aujourd'hui perdue, et relever les manufactures qui succombent en ce moment et ne pourraient supporter trois mois de plus un état de misère aussi affreuse.

« Ecoutez la voix du peuple, citoyens représentants ; écoutez le cri de détresse des manufacturiers. Assez de sang, assez de ruines ! Il est temps d'arrêter un mal qui dévorerait tout. Sauvez la France et la République !

« Salut et Fraternité ».

Suivent les signatures des membres de la Chambre, alors composée des citoyens Laurent Collas, Edouard Turgis, Isidore Sèbe, Théodore Chennevière, Lefort Henry, président, et Alex. Poussin, secrétaire.

Le 5 juillet, M. Lizé entretint la Chambre consultative de ses nouvelles démarches faites, en compagnie de M. Lefort, pour obtenir la commande de draps militaires, qui intéressait tant notre ville.

Le général Cavaignac s'était retranché dans une offre positive de 175.000 mètres, en attendant qu'il fût statué sur la question. MM. Lefort et Lizé n'avaient pas cru devoir accepter cette offre, dans la crainte que la quantité de 175.000 mètres ne fût la seule satisfaction accordée à leurs instances.

M. Lizé ajouta que M Villemain, sous-intendant militaire, lui avait confirmé la promesse de 24.000 mètres, destinés à l'habillement des gardes nationales mobiles.

Le lendemain jeudi 6, la Chambre consultative fit écrire au ministre qu'elle voyait un danger imminent dans le décret présenté par M. Duprat, dans le but d'abroger celui du 2 mars précédent relatif à la durée du temps de travail, fixé à onze heures.

Le citoyen Papavoine, ayant été nommé commandant de notre garde nationale, dut démissionner de ses fonctions d'adjoint au maire.

Le 10 juillet, on procéda à l'installation du citoyen A. Lescouvé, comme second adjoint, qui avait été nommé à cette fonction l'avant-veille, par le citoyen Dussard, préfet de la Seine-Inférieure.

Le même jour, malgré l'invitation du préfet, notre conseil municipal refusa de supprimer les droits d'octroi sur la viande.

Sur la proposition d'un de ses membres, il décida que la distribution des soupes aux ateliers nationaux cesserait à partir du lundi suivant 17 juillet ; mais il vota un crédit de 30.000 fr. pour la continuation des ateliers.

Parmi les faits divers qui se produisirent à cette époque, il nous faut signaler la mort de deux soldats de la garnison, qui avaient commis l'imprudence de se baigner en Seine en dehors de l'école de natation, alors tenue par M. Dulis et située sur l'île Le Comte, en aval du pont suspendu.

Le mardi 11 juillet, on célébra un service funèbre dans nos deux églises « pour rendre les honneurs aux citoyens morts pour la République les 23, 24, 25 et 26 juin 1848. L'Hôtel de Ville et beaucoup de maisons particulières arborèrent des drapeaux crêpés de noir. Les cloches des deux paroisses sonnèrent un glas dès le matin. Les messes commencèrent à onze heures. Les autorités se rendirent à celle célébrée à Saint Jean, escortées de la garde nationale et de la troupe de ligne.

Le 13, la municipalité décida de louer une partie d'immeuble, appartenant au citoyen Victor Quesné et sis rue de la République, pour en faire une caserne provisoire.

Ce même jour, le Conseil arrêta que les ateliers nationaux seraient dissous, laissant au maire le soin de fixer la date de la mise en vigueur de cette décision.

Le citoyen Edouard Berrier, blessé à Paris, puis amputé du bras droit, était mort de ses blessures, ainsi que nous l'avons dit. Son corps partit de l'Hôtel Dieu le vendredi 21 juillet.

A Elbeuf, la 4ᵉ compagnie du 2ᵉ bataillon, formée des citoyens habitant la rue Saint-Jean, où était la demeure du décédé, se réunit le samedi soir et alla au devant du cortège funèbre, qui arriva à Martot vers onze heures, et se dirigea ensuite sur Elbeuf. Les funérailles eurent lieu le lendemain dimanche 23 ; les cordons du poêle furent tenus par MM. Victor Grandin, Buée, Lefort-Henry, adjoint, et Sevaistre, commandant de la garde nationale. De nombreux discours furent prononcés au cimetière.

A la séance municipale qui suivit, le Conseil accorda un quart de concession de terrain pour la sépulture du citoyen Berrier, afin de perpétuer son souvenir. — La concession portait le numéro 73.

La chambre des mises en accusation, statuant sur le sort des citoyens arrêtés à l'occasion des troubles d'avril à Elbeuf, les avait classés en deux catégories. Les uns avaient été renvoyés devant la cour d'assises, les autres en police correctionnelle.

Le 27 juillet, le tribunal correctionnel, présidé par M. Coquet, examina les faits relatifs aux nommés Lejeune, Collard, Pierre Hervieux dit Godard, Lefebvre, Duval, Maillard, Petel et femme Hervieux.

« Les faits, dirent les journaux de l'époque, sont à peu près les mêmes pour tous les prévenus ; ils se sont passés soit à Elbeuf même, soit à la Londe.

« Le 28 avril, alors que trois barricades avaient déjà été enlevées aux principales entrées d'Elbeuf, des individus parcouraient la ville en s'excitant mutuellement au désordre, et en cherchant à faire sortir sur la voie publique les ouvriers qui travaillaient encore dans les ateliers.

« Une bande assez nombreuse se présenta notamment au domicile de M. Boismard. Le père de ce dernier, contre-maître de la fabrique, sortit pour les calmer, et, comme il tardait à ouvrir la porte principale, dont il n'avait pas la clé, l'un des émeutiers le menaça de le couper par morceaux. Un autre, en gesticulant, le frappa involontairement d'une broche à rôtir qu'il brandissait dans sa main en guise d'épée. Malgré tous ses efforts, la porte fut brisée et l'atelier envahi.

« Entre temps, des scènes analogues avaient lieu dans la commune de la Londe. Dans la matinée, un individu, monté sur un cheval blanc et armé d'un sabre de cavalerie, était arrivé sur la place du village, en criant aux habitants « qu'on égorgeait leurs frères à El-« beuf, qu'il fallait prendre les armes pour le « venger ».

« Beaucoup d'habitants se laissèrent prendre à ces nouvelles mensongères et parcoururent le pays en proie à l'exaspération la plus violente. Leur irritation était telle, qu'au dire des témoins, ils ne ressemblaient pas à des hommes, mais à des lions furieux.

« La plupart des riches cultivateurs, craignant pour leur vie, s'enfuirent dans les bois. En leur absence, on pénétra dans leurs maisons, dont on enleva toutes les armes. Heureusement, les excès s'arrêtèrent là ».

Les accusés furent défendus par MM^{es} Poullain, Revelle et Vauquier du Traversain. Ils furent condamnés de quinze jours à deux mois de prison et de 16 à 50 fr. d'amende.

Le 28, la commission provisoire porta de

1.500 fr. à 1.810 fr. le traitement du citoyen Pourtet, capitaine adjudant major de la garde nationale, en raison de l'augmentation de ses occupations.

Le maire donna lecture d'une lettre du préfet, accordant, par suite de la dissolution des ateliers nationaux, une somme de 30 centimes par jour et par ouvrier, dont il fixait le nombre à 600, pendant sept jours.

Le Conseil décida qu'il ne serait pas donné de livres de prix, aux élèves des écoles, en 1848, et que les 600 fr. votés « vertiraient » au Bureau de bienfaisance.

On fit un large usage du suffrage universel en 1848. Après les élections législatives, celles de la garde nationale, des prud'hommes, il y eut des élections municipales le 30 juillet. Les électeurs, divisés en cinq sections, votèrent soit dans la mairie, dans la salle du Tribunal de Commerce, dans l'établissement Rocheux, rue de la Bague, dans l'ancienne salle du Tribunal de Commerce, rue de la Prairie, soit dans la salle d'asile, rue de la Justice. Chaque section ne votait que pour cinq conseillers municipaux.

CHAPITRE IX
(AOUT-DÉCEMBRE 1848)

M. Blanqui a Elbeuf. — Nouveau Conseil municipal. — Elections aux Conseils général et d'arrondissement. — Nouveaux troubles. — La journée de douze heures. — Paiement en drap des ouvriers. — Installation de la municipalité. — La garde nationale d'Elbeuf a Paris. — Promulgation de la Constitution. — Banquets politiques. — L'élection du président de la République. — Conditions de place ; liste des fabricants. — Les émeutiers d'avril en cour d'assises; condamnations.

Le 6 août, la Chambre consultative écrivit au citoyen général Cavaignac, président du conseil des ministres, pour solliciter à nouveau une commande extraordinaire de draps de troupes, fin d'occuper les ouvriers pendant l'hiver.

M. Lefort-Henry se rendit à Paris pour remettre cette lettre au président du pouvoir exécutif, mais il y rencontra des difficultés qui ne lui permirent pas de la présenter utilement.

Alors, il rédigea, de concert avec les délégués de Sedan, Louviers, Abbeville et Romorantin, une lettre collective au général Cavaignac. De retour à Elbeuf, M. Lefort ne cacha pas qu'il n'espérait de cette nouvelle démarche qu'un résultat douteux.

En ce même mois, M. V. Grandin prononça un éloquent discours à l'Assemblée nationale, dans le but de faire ouvrir des crédits à divers ministères pour des commandes à l'industrie. Ses conclusions furent repoussées.

Le vendredi 18, eut lieu une conférence extraordinaire de la Chambre consultative, par suite de la présence de M. Dussard, préfet, et de M. Jérôme-Adolphe Blanqui, le célèbre économiste, qui, dans la journée, avaient visité les fabriques de MM. Victor Grandin et Chauvreulx.

Dans cette séance, on agita la question d'amélioration et d'organisation du travail.

M. Lefort dit qu'il entendait l'amélioration du travail par sa régularisation ; c'est-à-dire par la limitation du temps du travail, sagement calculée : douze heures effectives par jour, sans extensions ; par la suppression du travail de nuit, par la fixation d'un minimum de salaires, en ajoutant à ces mesures une éducation morale et des caisses de prévoyance contre la maladie et la vieillesse.

M. Blanqui déposa un questionnaire, auquel le président de la Chambre fut prié de répondre.

M. Blanqui était alors âgé de 50 ans ; il était membre de l'Institut et avait été député de la Gironde. Il mourut en 1854. Il était frère du citoyen Louis-Auguste Blanqui, à cette époque, prisonnier à Belle-Ile-en-Mer.

Année 1848

Les élections avaient amené au Conseil les citoyens Buée, maire provisoire, Félix Aroux, David Dautresme. Emile Lenormand, Eugène Elie, J.-B. Hue fils, Véret, Fortuné Leblanc, Frédéric Lainé, Masselin, Decamps, Dagommet, Patallier fils, Laurents, Mathieu Bourdon fils, Marais jeune, Adrien Lescouvé, Poussin, Charles Flavigny, Charles Rocques, Auguste Rocheux, Henri Tabouelle, Henri Sevaistre, Auguste Malteau, Lefort-Henry, Isidore Sèbe et Th. Chennevière.

Les principaux candidats battus dans cette élection avaient été les citoyens : Jules Guérot, Ch. Houllier, Louis Sevaistre, Aug. Lefort, Joseph Flavigny, Joseph Colvée Lecerf, Mercier, Victor Papavoine, Victor Grandin, Louis-Robert Flavigny, Victor Gombert, Alphonse Martel, Victor Hervieu, Alexandre Buisson.

La première occupation du nouveau Conseil, installé le 19 août, eût pour objet la situation financière. On chargea une commission composée des citoyens H. Sevaistre, Mathieu Bourdon, H. Tabouelle, I. Sèbe et E. Lenormand de l'examiner et de faire un rapport.

Tous les fabricants d'Elbeuf et de Caudebec avaient été convoqués à une réunion générale qui se tint, le 21 août, dans la grande salle de l'Hôtel de Ville. Il s'agissait de leur donner connaissance du projet de réglement des conditions de vente de la place. Ces conditions furent acceptées par les soixante fabricants présents.

Le 22, M. Ch. Flavigny fut élu président du Conseil des Prud'hommes. M. Ch. Fouré, élu vice-président, succéda à M. Quesné-Dévé, nommé à la vice-présidence le 28 janvier précédent.

Le 28, eut lieu une élection au Conseil général. Le candidat des républicains était M. Frédéric Deschamps, avocat à Rouen, et celui des conservateurs M. Henri Sevaistre. M. Deschamps fut élu par 2.787 voix, contre 2.152 qui allèrent à son compétiteur. Il y avait eu 4.975 votants.

Les électeurs du canton furent de nouveau convoqués le 3 septembre pour l'élection d'un membre au Conseil d'arrondissement. On divisa la circonscription électorale comme précédemment, en trois sections : 1º Elbeuf ; 2º Caudebec (chef-lieu) avec Saint-Pierre-de-Lierroult, la Londe et Orival ; 3º Saint-Aubin (chef-lieu) avec Freneuse, Cléon, Tourville et Sotteville. Mais, à cause de son importance, on redivisa la section d'Elbeuf en trois sous-sections.

Les candidats étaient les citoyens Victor Quesné-Prieur et Alexandre Poussin.

Les résultats du scrutin, dépouillé le lendemain seulement, furent ceux ci :

Sections	Quesné-Prieur	A. Poussin
1re (Elbeuf)....	1.471 voix	963 voix
2e (Caudebec).	990 —	279 —
3e (St-Aubin).	70 —	207 —
Totaux...	2.531 voix	1.448 voix

M. Victor Quesné-Prieur fut donc élu, mais il n'accepta pas le mandat que les électeurs voulaient lui confier.

Le 7, une pétition, signée de 76 ouvriers fileurs, fut adressée à M. Véret, juge de paix à Elbeuf, pour le prier d'intervenir auprès des patrons filateurs qui avaient résolu de baisser le prix du travail, contrairement à des conditions établies au mois de mars précédent. Le juge de paix répondit que cette affaire ne le concernait pas.

Le 16, de nouveaux troubles éclatèrent dans notre ville. Des dégâts furent commis chez M. Javal, fabricant rue de l'Hospice, à l'angle sud de la rue Saint Louis.

Aussitôt que la nouvelle de ces événements parvint à M. Dussard, préfet, ce magistrat vint à Elbeuf, d'où il rédigea et fit afficher cette proclamation :

« Ouvriers d'Elbeuf !

« Le désordre a reparu dans cette ville ; des pierres ont été lancées, des vitres brisées. Des hommes, séduits par des agitateurs insensés, ont voulu imposer aux ouvriers laborieux la loi brutale de leur volonté ; ils ont méconnu la voix de vos magistrats municipaux.

« Prétendraient-ils, ces hommes, résister au décret de l'Assemblée nationale ? Penseraient-ils que le représentant de la République dans le département cédera devant une manifestation coupable ? Qu'ils se détrompent ! Les intentions du gouvernement ne sont pas suspectes. Il veut l'amélioration du sort des travailleurs. Mais, avant tout, il veut l'ordre ; il exige des bons citoyens la confiance et le calme, sans lesquels il n'y a point de travail.

« Ouvriers, je déplorerais la triste nécessité où vous me mettriez d'opposer la force à de coupables tentatives. — Respectez la loi, et ne forcez pas le pays à gémir sur les conséquences inévitables de ces querelles sans portée.

« Elbeuf, 17 septembre 1848. — Le préfet, H. DUSSARD ».

Le jeudi 28, M. Lizé fit part à la Chambre

consultative de deux marchés qu'il avait passés, au nom de la fabrique d'Elbeuf, avec M. Villemain, sous-intendant militaire, l'un de 6.000 mètres de drap bleu 4/4, l'autre de 11.000 mètres drap gris pour capotes. Les fabricants furent convoqués le surlendemain, pour soumissionner.

A la séance municipale du 3 octobre, M. David Dautresme provoqua des explications sur les promesses faites par M. de Salvandy, lorsqu'il était ministre de l'Instruction publique.

MM. Bourdon et Patallier répondirent que ce ministre avait ordonnancé, par un arrêté reconnu valide par M. Carnot, les subventions promises pour l'Asile et l'Ecole primaire élémentaire, parce que la commune avait rempli les engagements qui en étaient la condition. Quant à la subvention pour la construction d'une Ecole primaire supérieure et à la subvention mobiliaire de l'Ecole des Frères, la commune n'ayant pu réaliser les ressources qui étaient la condition des promesses faites, ces promesses n'avaient pu être suivies d'effet.

Ce même jour, le Conseil vota un emprunt de 86.000 fr. et les 20 centimes additionnels dont il avait été question.

Il refusa ensuite d'accorder un secours à la dame Fromont, mère d'un enfant de 13 ans, blessée à la porte de Rouen, le 29 avril ; il se contenta de la recommander au Bureau de bienfaisance.

A propos d'un projet nouveau de sous-répartition de la contribution foncière, M. Bourdon prit la parole. Voici un passage de son discours :

« Les assemblées cantonales n'ont été consultées que sur les évaluations qui les concernaient isolément ; le surplus du travail leur a été caché. Elle n'ont pas pu procéder par voie de comparaison, ni faire une vérification complète.

« Mais il y a un fait nouveau, un fait grave: c'est l'abaissement extraordinaire survenu dans le produit des propriétés bâties, par la secousse de l'événement immense de février.

« A Elbeuf notamment, le revenu des immeubles a considérablement fléchi ; il y en a beaucoup d'inoccupés. Il faut que les propriétaires fassent des sacrifices énormes pour retrouver des locataires ; encore ceux ci ne consentent-ils à prendre que des engagements de courte durée ; il y en a, il faut bien le dire, qui ne consentent à louer qu'à la semaine, bientôt peut-être à la journée, et personne ne saurait dire ce qu'il faudra de temps pour que les valeurs se relèvent au point où elles étaient lorsqu'a eu lieu le travail de la sous-répartition.

« ... Le contingent du canton d'Elbeuf figure sur les tableaux avec une augmentation de 49 pour 100, et celui de la ville pour une de 48 pour 100. Au lieu de 66.759 fr. qu'elle avait à payer, sa part contributive serait de 98.155 fr., et cela au moment où elle se voit obligée de recourir à des emprunts et à s'imposer extraordinairement jusqu'à 48 centimes additionnels... »

Le Conseil pria le préfet de suspendre l'application du projet dont il s'agissait.

Le 8, le citoyen Félix Aroux fut élu membre du conseil d'arrondissement par 2.129 voix contre 921 obtenues par le citoyen A. Poussin.

Le 10, le Conseil municipal vota une somme

de 400 fr. en faveur des Frères, pour la continuation des classes du soir, fréquentées par des ouvriers.

En ce même mois, le citoyen Lainé, curé de Saint-Jean, prit sa retraite pour cause de santé.

La Chambre consultative appelée, le 21, à donner son opinion sur la limitation de la journée de travail dans les établissements industriels, fut d'avis qu'il serait très utile :

1° De limiter à douze heures effectives la journée de labeur.

2° De réclamer trois heures supplémentaires après la journée, pour les établissements de pressage et de décatissage, et pour les teintureries, mais seulement en ce qui concernait le travail des chaudières, quand besoin serait.

3° De réclamer liberté entière pour les fouleries, avec l'échange nécessaire d'ouvriers pour le jour et la nuit.

4° De demander la suppression entière du travail pendant les dimanches et fêtes légales.

Ce même jour, la Chambre étudia les moyens d'améliorer l'état moral et matériel des ouvriers.

M. Th. Chennevière observa que, depuis l'introduction des nouveautés, les tisserands avaient été agglomérés dans des ateliers, ce qui était devenu très mauvais pour leur moralité. Il fut d'avis que ce serait une sage mesure de supprimer les centres de tissage et de congédier les ouvriers étrangers. En ce qui le concernait, il avait 180 tisserands agglomérés au moment de la Révolution, et avait résolu de donner du travail de préférence à ceux qui possédaient des métiers chez eux. Il n'y avait aucun inconvénient au départ des ouvriers étrangers, parce qu'il s'était formé une pépinière d'ouvriers locaux habiles au travail des nouveautés.

Le lendemain 22, M. Lefort exposa à la Chambre que des plaintes nouvelles s'étaient succédées à l'occasion du payement des salaires au moyen de drap. Après une délibération, l'assemblée prit cet arrêté :

« La Chambre consultative appelée à émettre son opinion sur les plaintes qui lui sont parvenues, relativement à la rémunération du salaire de l'ouvrier, partie en espèces, partie en drap, pratiquée par quelques manufacturiers, et apprenant que ce mode, qui a pris naissance dans les circonstances extraordinaires de ces derniers temps, tendrait à s'établir comme usage, s'est vivement préoccupée des conséquences qu'une telle dérogation aux habitudes constantes de la fabrique pourrait amener, tant dans l'intérêt général du commerce que dans l'intérêt des travailleurs.

« Après s'être saisie de la question, comme tutrice naturelle des manufactures, l'avoir étudiée mûrement et s'être fait représenter les lois applicables à l'espèce, elle a pris la résolution suivante :

« Considérant que les fabricants, peu nombreux du reste, qui veulent propager le mode de salaire partie en espèces et partie en drap, s'appuient sur l'article 14 de la loi du 12 avril 1803, portant que « les conventions faites de « bonne foi entre les ouvriers et ceux qui les « emploient seront exécutées », et qu'ils justifient d'un accord passé entre eux et leurs ouvriers, pour légitimer le payement autrement qu'en espèces.

« Attendu qu'il y a, de la part de ces fabricants, interprétation erronnée du mot « convention » écrit dans cet article ; que ce mot doit s'entendre uniquement de la fixation du prix pour un travail déterminé, soit à la tâche, soit à la journée, soit pour tout autre mode, et que l'on ne peut admettre que la rémunération sacrée du salaire puisse donner lieu à des conventions particulières ;

« Attendu qu'en équité, le prix convenu doit être soldé intégralement, et que le solde intégral ne peut être effectué, à défaut d'espèces métalliques en monnaie ayant cours, que par une représentation effective de ce prix et immédiatement réalisable ;

« Attendu que le payement en drap n'offre pas cette condition ; qu'au fond l'ouvrier ne reçoit en échange de son salaire qu'une valeur « variable » par la qualité, la nuance et le dessin, d'un placement incertain, souvent même impraticable, et toujours onéreux par la nécessité d'une prompte conversion en numéraire.

« Par ces motifs, est d'avis, à l'unanimité.

« Que l'article 14 de la loi du 12 avril 1803 s'applique uniquement à la fixation du prix à recevoir pour un travail déterminé ;

« Que le prix convenu doit être payé intégralement et que le solde intégral ne peut être effectué, à défaut d'espèces métalliques ou monnaie ayant cours, que par sa représentation exacte et immédiatement réalisable.

« Que le payement en drap n'offre pas cette garantie, et que, dès lors, ce mode doit être écarté comme insuffisant et illégal, et qu'il y a lieu de maintenir le salaire en espèces, comme seul praticable et seul équitable, en notre ville manufacturière ».

Cette délibération fut transmise aux autorités supérieures et au Conseil des prud'hommes.

M. Hyppolyte Dussard, préfet du département, vint à Elbeuf, le 29, pour procéder à l'installation de la nouvelle municipalité, en exécution d'un arrêté du citoyen Cavaignac, président du Conseil des ministres, du 3 du même mois, nommant le citoyen Jean-Louis Buée maire d'Elbeuf, et les citoyens Adrien Lescouvé et Auguste Rocheux aux fonctions d'adjoints.

A cette cérémonie étaient présents les membres du conseil municipal, de la Chambre consultative, du Tribunal de paix, du clergé des deux paroisses, des Prud'hommes, de la commission administrative de l'hospice, du Bureau de bienfaisance, du comité d'instruction primaire, les inspecteurs du travail des enfants dans les manufactures, les directeurs de la Caisse d'épargne, les membres de la Légion d'honneur, les fonctionnaires publics, les officiers de la garde nationale, les officiers de la ligne, les officiers de la société des anciens militaires et le commandant de la gendarmerie.

M. Buée prononça ce discours :

« Messieurs ; votre présence ici témoigne de vos sympathies pour l'administration municipale ; nous en sommes profondément touchés.

« En acceptant de nouveau les fonctions dont nous venons d'être investis, nous avons moins consulté nos forces que notre dévouement pour la cité. La tâche qui nous est confiée est entourée de bien des écueils ; de nombreuses difficultés se groupent à l'infini. Peut-être y avait-il témérité à accepter une mission que d'autres auraient sans doute rempli mieux que nous ; mais la gravité des circonstances nous faisait un devoir de ne pas hésiter.

« Tous nos efforts tendront, au surplus, à justifier la confiance que l'on a mise en nous. Notre situation financière sera l'objet de nos constantes préoccupations ; nous nous préoccuperons surtout de la nécessité d'apporter un contrôle sévère dans la répartition des secours à distribuer par la ville, sans oublier cependant qu'avant tout il y a des misères profondes à soulager.

« Nous avons déjà traversé un temps d'épreuves ; nous essayerons d'effacer jusqu'à la moindre trace de nos discordes civiles ; nous ferons un appel à la concorde et à l'union entre tous les bons citoyens, et, si nous sommes aidés dans notre tâche laborieuse, nous pourrons espérer de voir renaître, avec le calme et la sécurité, la prospérité dans notre ville, qui occupe un rang si élevé parmi les cités manufacturières, et, avec la prospérité, le travail et le bien-être pour nos ouvriers.

« En tous cas, Messieurs, l'administration se rappellera sans cesse qu'elle doit protection à tous, et elle veillera en sentinelle vigilante au maintien de l'ordre public, inséparable de la vraie liberté ».

La séance fut levée aux cris de : « Vive la la République ! »

M. Poullain, curé de Caudebec-en-Caux, fut nommé curé de Saint-Jean d'Elbeuf en octobre. Le curé de Saint-Aubin-jouxte-Boulleng lui succéda à Caudebec-en-Caux.

Des fabricants d'Elbeuf et de Caudebec-lès-Elbeuf avaient fabriqué des draps pour l'habillement de la garde nationale de Paris ; mais la totalité n'avait point été employée et il en restait une grande quantité que la ville de Paris se trouvait dans l'obligation de vendre. Cependant, cette vente pouvant avoir de graves inconvénients pour le marché national, le préfet de la Seine pensa qu'il conviendrait d'en traiter, de préférence. avec un acheteur qui exporterait ces draps, et. comme il y aurait de grands sacrifices à faire pour obtenir ce résultat, le préfet de la Seine fit appel aux manufacturiers soumissionnaires pour les engager à entrer dans la perte, afin de faciliter l'exportation de ces étoffes.

Les fabricants intéressés se réunirent donc, le 2 novembre, pour prendre connaissance des propositions du préfet de la Seine, qui furent repoussées, et l'assemblée pria la Chambre consultative d'écrire en ce sens au préfet de la Seine. Ce qui fut fait. Voici un extrait de la lettre que le président de la Chambre lui adressa :

« ... Malgré tous mes efforts, je n'ai pas été assez heureux pour faire adopter une combinaison quelconque. Effectivement, au moment où la ville d'Elbeuf sollicitait du Gouvernement provisoire avec une aussi vive instance les fournitures dont la ville de Paris a favorisé nos fabriques, elles étaient dans la la plus grande détresse, dans l'impossibilité d'occuper leurs nombreux ouvriers et sans ressources pour pourvoir à tous les besoins d'une population dont l'existence ne s'alimente que du travail manufacturier.

« Quoique ces fournitures aient rendu un immense service, on ne peut se dissimuler que la position de la fabrique est toujours désespérante. Les magasins s'emplissent ; les draps qui ont été rejetés par la ville de Paris sont encore dans les mains des fournisseurs, et les fabricants, obligés d'alimenter leurs ouvriers au moment de l'hiver, moment critique où les affaires sont plus calmes et les besoins plus multipliés, sont dans une détresse pécuniaire qui ne permet d'ajouter de nouveaux sacrifices a ceux que les circonstances leur imposent déjà.

« Une proposition a bien été faite par M. Mathieu Quesné fils et elle a été appuyée par MM. Th. Chennevière, Suchetet neveu et Hue fils, ayant pour but de faire des lots de draps existants, livrés par chaque fabricant, dans la pensée d'en traiter isolément ; mais cette proposition n'a pu recevoir l'assentiment des autres fournisseurs.

« D'ailleurs, la baisse considérable qui a eu lieu sur les matières premières a fait subir à ces draps une dépréciation notable qu'il est toujours fâcheux de faire prévaloir ; mais la seule raison est bien la détresse financière de la fabrique.

« C'est pourquoi, citoyen préfet, les fabricants soumissionnaires sont dans l'impossibilité », etc.

Le 7 novembre, on inaugura la salle d'asile de la rue Tournante.

Le samedi 11, deux détachements de la garde nationale s'embarquèrent sur le bateau à vapeur pour aller prendre le chemin de fer à Oissel et se rendre à Paris, où, le lendemain, devait avoir une fête à l'occasion de la promulgation de la nouvelle Constitution. Ces deux détachements se composaient de 155 hommes, y compris les officiers ; ils étaient sous le commandement de M. V. Papavoine, chef de bataillon, et ne revinrent que le mardi soir suivant, enchantés de la réception qui leur avait été faite à Paris.

Le journal le *Corsaire* publia ce filet :

« Parmi les gardes nationales accourues à Paris pour les fêtes de la Constitution, nous avons remarqué celle d'Elbeuf, dont la magnifique tenue se faisait applaudir sur toute la ligne. Si nous jugeons de la garde nationale normande par l'échantillon qu'Elbeuf nous a envoyé, la République rouge n'est pas dans de beaux draps dans la Seine-Inférieure ».

Le 13 novembre, un détachement de vingt-deux hommes et trente-huit chevaux vint à Elbeuf pour faire activer le chargement du bois que M. Chennevière, de notre ville, devait fournir au parc de Vernon.

Une société d'hommes de lettres, sous la présidence du citoyen Henri-Léon Lizot né à Montaigne (Tarn-et-Garonne) en 1817, fit la déclaration, le 15 novembre, qu'elle allait publier huit journaux à Elbeuf, dont voici les titres : 1º le *Conciliateur neustrien*, 2º le *Conciliateur normand*, 3º le *Neustrien conciliateur*, 4º le *Normand conciliateur*, 5º le *Réconciliateur neustrien*, 6º le *Réconciliateur normand*, 7º le *Neustrien réconciliateur*, 8º le *Normand réconciliateur*.

Les gérants étaient MM. Louis Lebrun, ancien voyageur de commerce, à Berville-en-Roumois ; Henri-Léon Lizot, homme de lettres à Elbeuf ; Nicolas-Amand Hurel, homme de lettres au Theillement (Eure) ; Merville, typographe à Elbeuf. Les gérants des quatre derniers devaient être déclarés ultérieurement.

Ces huit journaux devaient paraître à trois jours d'intervalle l'un de l'autre, et, dans la pensée des fondateurs, n'avoir qu'un numéro chacun. Leur but était de s'affranchir du cautionnement ; mais la préfecture exigea le dépôt de ce cautionnement avant la mise sous presse du premier, de sorte que le projet n'eut pas de suite.

Le citoyen préfet écrivit, le 18 novembre, au citoyen maire de Saint-Aubin-jouxte-Boulleng qu'il ne pouvait autoriser la subdivision de sapeurs-pompiers de cette commune à se placer sous les ordres du capitaine des pompiers d'Elbeuf, cette ville ne formant pas un bataillon cantonal, et Saint-Aubin étant d'un autre bataillon de la garde nationale, qui venait d'être licencié.

La Constitution de 1848 fut promulguée à Elbeuf. le dimanche 19 novembre, à 11 heures du matin, sur une estrade élevée place du Coq contre l'Hôtel de Ville, devant les autorités de tous ordres et les fonctionnaires publics.

La garde nationale, la troupe de ligne et les anciens militaires, rangés sur le revers de la rue de la Barrière, avaient l'arme au pied. Le milieu de la chaussée était occupé par la population.

Un cortège se forma et se rendit à Saint-Jean où l'on chanta un *Te Deum* solennel. A la suite, une revue des corps armés fut passée sur la place du Champ-de-foire. L'Hôtel de Ville et beaucoup de maisons particulières furent pavoisés tout le jour et illuminés le soir. Ajoutons qu'à cette fête assista une députation de la garde nationale de la capitale.

Le soir, un banquet de 500 couverts fut offert par les gardes nationaux d'Elbeuf à leurs frères d'armes de Paris, « en reconnaissance du bon accueil qui avait été fait à nos concitoyens lors de leur séjour à Paris, les 12 et 13 de ce mois ; et dans ce banquet tous se sont témoigné cordialement, tant pour eux que pour les légions qu'ils représentent, les sentiments de fraternité qui unissent désormais les gardes nationales des deux villes de Paris et d'Elbeuf».

Le lendemain 20, le conseil municipal repoussa une demande des débitants de liquides, tendant à obtenir la suppression des exercices et leur remplacement par un droit unique.

A la séance suivante, on accorda une remise de 9.000 fr. à M. Lefrançois, adjudicataire des droits sur les halles et marchés.

Le 27, la Chambre consultative adressa au ministre une lettre en faveur du citoyen Ch. de Montigny, vice-consul à Chang-Haï, qui avait envoyé à la fabrique d'Elbeuf divers types de vêtements chinois dont la matière pourrait être fournie par l'industrie locale.

Il y eut de nouveaux troubles en novembre.

Le 28, le Conseil vota la construction d'une caserne dans la partie nord du Champ-de-foire. La dépense devait s'élever à 250.000 fr., dont on se proposait de demander les 2/5 à l'Etat. Quelque temps après, le ministre fit savoir qu'il ne serait pas donné suite à ce projet.

Le même jour, 28 novembre, M. Tabouelle proposa d'organiser, sous le patronage de la municipalité, une Société de tempérance, des Sociétés de secours mutuels entre ouvriers, avec le concours des patrons ; des cours ou lectures du soir, pour initier les travailleurs aux beautés de la littérature française, et enfin un orphéon, avec cours de musique pour les jeunes gens.

Ce même jour, M. Lenormand proposa la création d'une Crêche. Quand Mme Théodore

Chennevière fut informée de ce projet, elle envoya une somme de 1.000 fr. pour concourir à la fondation.

Le préfet ayant été informé que les ouvriers d'Elbeuf devaient se réunir sur la place Bonaparte, se diviser en corporations et se rendre ensuite, bannières déployées, au Cercle des Travailleurs, où un grand banquet était projeté, il invita le maire, le 30 novembre, à prendre des mesures pour empêcher cet attroupement sur la voie publique.

Ce banquet, à 75 centimes par tête, fut fixé au 3 décembre. Le préfet offrit au maire de lui envoyer un bataillon de ligne, mais celui-ci refusa ce secours, se faisant fort de maintenir le bon ordre dans la ville. Elbeuf avait d'ailleurs une garnison de trois compagnies d'infanterie et sa garde nationale.

Les convives furent nombreux, dans la salle du Cirque où eut lieu le repas, présidé par le citoyen Félix Limet, et auquel assistait le citoyen Bertrand Espouy, tous deux remis en liberté.

Le citoyen Jacques-François-Edouard Hervieux, demeurant rue Hervieux, chez sa belle-mère, la citoyenne Saint-Amand qui mourut centenaire, fit enregistrer son diplôme de docteur en médecine à l'Hôtel de Ville, le 4 décembre. — On sait que le docteur Hervieux devint une célébrité médicale de Paris.

Le 4 décembre également, mourut M. François Bernard Join-Lambert, fils aîné de M. Hippolyte-Lambert Join-Lambert, adjoint au maire, lieutenant-colonel de la garde nationale; il était âgé de 42 ans seulement. Par suite de ce décès, la société de teinture Join-Lambert et Sèbe fut dissoute.

On était à la veille de l'élection du président de la République ; le général Cavaignac et Louis Bonaparte étaient les deux candidats les plus en vue, mais une active propagande était faite dans notre contrée en faveur du second. A propos de cette élection, un Elbeuvien composa et fit publier ces vers :

> Cavaignac est le coryphée
> Des jongleurs du *National;*
> Des escamoteurs d'assemblées.
> C'est le prince, le général.
> A la lueur de la chandelle,
> Il sait faire maint tour charmant ;
> Par malheur, on voit la ficelle,
> Ça détruit l'enchantement.
>
> Grand partisan de la République,
> Il veut en être le président ;
> L'ami de la chose publique
> Pense à sa chose auparavant.
> Or le national régime,
> C'est la misère et le mic-mac ;
> Ne donnons point dans la farine
> Et dégommons le Cavaignac.
>
> J'aime mieux le parent de l'autre ;
> Celui-là ne se vante point,
> Il ne fait pas le bon apôtre
> Et reste modeste en son coin.
> Il nous aimait, lui, le grand homme !
> Nous rendre heureux c'était son vœu.
> C'est Napoléon que je nomme
> En allant chercher son neveu.

On sait que ce fut le 10 décembre que l'on procéda à l'élection du président. Les électeurs de toutes les communes du canton votèrent à Elbeuf, où l'on établit plusieurs sections.

Les résultats pour le canton furent les suivants : Louis-Napoléon Bonaparte, 6.275 voix ; général Cavaignac, 845 ; Ledru-Rollin, 312 ; Lamartine, 1 ; Raspail, 43.

Le 12, mourut M. Jean-Baptiste-Louis-

Joseph Flavigny, âgé de 69 ans. Il avait été commandant de la garde nationale, adjoint au maire et comme tel maire par intérim, administrateur du Bureau de bienfaisance, président de la société des Anciens militaires, membre du comité local de l'instruction primaire et du comité cantonal d'inspection du travail des enfants dans les manufactures, membre du conseil d'arrondissement, conseiller municipal, et était encore l'un des administrateurs de l'hospice.

Le 19, les manufacturiers d'Elbeuf et de Caudebec se réunirent pour se concerter, avec la Chambre consultative, sur les moyens à prendre pour mettre à exécution le projet des conditions commerciales de la place.

Ceux qui adhérèrent au réglement furent les suivants, MM. :

Isidore Aroux, Edmond Aroux, Aubin et Cie, H. Ancelin, Morel-Beer, A. Bertrand, Berrier aîné, Nestor Brigot, Alphonse Baube, Auguste Bachelet, Isidore Bachelet, Victor Barbier, Boisguillaume fils, H. Bénard, Michel Berthelot, Bénard-Durand, Jean-Marie Berthelot, Adolphe Beer, Bellest, Beaudoin aîné, Brisson, Benoist-Boisguillaume, H. Broussois, Buisson-Lécallier jeune et fils, Beaudoin, Z. Blondel, Adolphe Broussois, G. Bioche, Bertin-Gancel.

Henri Chevalier fils, Carbonnier, Th. Chennevière, Achille Cavrel, C. Carré, Concorde aîné, M. Couprie et Cie, L. Collas et Cie, E. Cirette, Alexandre Constantin, Defrémicourt fils, Auguste Dubosc, Deriberpré, C. Delalande père, Drouin, Prosper Dupuis, C. Delalande fils, Aug. Dautresme, Edmond Dévé, Mathieu Delalande et Blanquet, E. Dumanoir et Cie, Dumor-Masson, Louis Dumor, A. Delaunay,

ANNÉE 1848

A. Delarue frères, Victor Dusseaux et Drouet, François Delaporte, Isidore Decaux, Philippe Decaux, Léon Duclos, Eugène Elie, Faupoint et Jeuffroy, Charles Frémont, E. Foliot et Mary, Ch. Flamant et Lavoisey, Louis-Robert Flavigny fils, Charles-Robert Flavigny fils, Frédéric Fouard.

Godard-Cauchois, Victor Grandin et Jules May, Edouard Guérot, Victor Gombert, Nicolas Gouel, Charles Gouel, Victor Hue et fils, Honoré Hue et Cie, Hébert-Piot, J.-B. Hue fils, Hellouin-Samson, Vital-Heullant, Harant, Houllier fils, Jourdain, B. Javal, Julien, Lefebvre-Gariel et A. Adam, Lair aîné, Isidore Lecerf, Lemonnier-Chennevière, Victor Luce, Florentin Lanne, Lenoble aîné, Lesseré-Grémont et Charles Fouré, Pascal Legrand, A. Levasseur; Lefort, Chevalier et Vauquelin; Leforestier et Duhamel, Félix Lefebvre fils, M. Lamaranthe et Perré, Lecoupeur-Barette, Jacques Lécallier.

Mary et Cie, Menuguié jeune et Cie, Amédée Masson, L. Montreuil et P. Prevost, Mouchet fils, Parfait Martin, Métot frères et sœurs, Frédéric Olivier, Osmont et Boimard, P. Omont, Léon Pion, Pelletier-Samson, Alex. Picard jeune, Alex. Poussin, Pérelle, Ovide Picard, Gervais Protais, Roussel, Emile Rollin, Rastier fils, Regnault et Cie, Roze, Roulé père et fils, Alphonse Sanson, C. Sanson, S.-J. Simon, Luc Suchetet neveux, Jean-Baptiste Suchetet, E. Sebirot et Aublé, Eugène Sevaistre fils.

Tassel-Sevaistre, Benjamin Sebirot père, Suchetet-Lefort et Mignard, Sevaistre aîné et Legrix, Henri Sevaistre et Lesage, Thibault jeune et neveu, Anthime Ternisien, **Jules**

Tassel, Pierre Turgis et Join-Lambert aîné, E. Trinité-Maille, Vimont frères, Aimé Vasseur, Jules Vallès. — Le seul survivant de cette liste est, en 1903, M. Victor Hue fils.

Ce fut le 22 décembre, devant la cour d'assises du Calvados, que furent jugés les malheureux Elbeuviens compromis dans les affaires d'avril. Il n'y avait pas moins de 220 témoins : 190 à charge et 30 à décharge.

Parmi les premiers se trouvaient MM. Victor Quesné-Prieur, adjoint, faisant fonction de maire pendant les événements, qui déclara que les causes générales et particulières de l'émeute avaient été : l'extrême misère, l'eau-de-vie, l'excès de travail, la débauche, l'ignorance et le peu de sympathie que certains fabricants montraient aux ouvriers pendant les dernières années. « Le caractère des ouvriers d'Elbeuf est bon, généreux, laborieux et économe. Autrefois, les fabricants exerçaient sur les ouvriers un véritable patronage ; depuis l'introduction de la nouveauté et le système des nouveaux fabricants, les choses ont bien changé. Les hommes gagnent de 30 à 32 sous, les femmes de 15 à 18, en tenant compte des chômages, bien entendu ».

M. Ludovic-Michel Lemercier, 48 ans, receveur de l'enregistrement, déclara que la population d'Elbeuf, extrêmement paisible et laborieuse avant la Révolution de février, avait été agitée par des ouvriers venus de Lyon, prêchant des doctrines communistes. Après la Révolution, arriva de Paris à Elbeuf des agitateurs qui firent ouvrir des clubs, prononcèrent des discours violents, anarchiques, dont le résultat fut de jeter l'effervescence dans la population.

Le 23, la cour entendit les dépositions de MM. Louis-Eugène Elie, Marie-Pierre-Constant Grandin, Constant Lejeune, Victor Duvalet, Léon Chauvreulx, Dulis, Sement, maire de Saint Ouen de la Londe, et autres.

Le 24, on continua l'audition des témoins ; bref, les débats ne se terminèrent que le 30, à sept heures du matin.

Vingt-six accusés furent acquittés : Allais, Havard, Bourdet, Bérenger, Boivin, Charpentier, Cavelier, Daumesnil, Druel, Dautresme, Dufour, Dupont, Saint-Gilles, Langlois, Lecomte, Lemonnier, Lormier, Malzard, Martin, Mazier, Moulin, Prevost, Papey, Pépin, Ruilland et Turpin.

Onze condamnés à treize mois de prison : Caire, Chevalier, Duteurtre, Franqueville, Jorisse, Leprêtre, Lesaux, Lemercier, Marais, Pinayet et Papavoine.

Trois à deux ans de prison : Boutillier, Pascal Bréant dit le Chanteur et Ch. Bréant.

Trois à trois ans de prison : Duhamel, Hervieu et Mauger.

Deux à quatre ans de prison : Ignard et Levacher.

Un à cinq années de détention : Goyat, antérieurement condamné cinq fois, dont une à sept années de travaux forcés.

Ces multiples condamnations causèrent une vive émotion à Elbeuf, où la plupart des ouvriers condamnés étaient estimés de leurs camarades et même de leurs patrons. Les peines prononcées furent par tout le monde considérées comme excessives et très arbitraires.

Néanmoins, la lettre suivante fut adressée à M. Daigremont-Saint-Manvieux, qui avait présidé les assises :

« Monsieur le Président,

« Les condamnés P. Bréant, Caire, Charles Bréant, Duhamel, Jauris, Leseaux, Papavoine, Marais, etc., pour les troubles d'Elbeuf, sachant apprécier la haute impartialité que vous avez montrée dans les longs et pénibles débats qui viennent de se dérouler devant vous, et que vous avez si noblement dirigés, vous en témoignent hautement leur reconnaissance et vous prient d'agréer leurs remerciements bien sincères ». — Suivent les signatures.

Les condamnés furent transférés, des prisons de Caen, dans la maison centrale de Beaulieu.

Le 23 décembre, s'était fondé le *Cercle du Commerce et des Arts*, maison Loiseleur, rue Louvet. Cette société avait M. Félix Prevost pour président, et M. Ch. Drevet pour vice-président. Elle se composait de 108 adhérents.

Rollon, tragédie de M. Louis-Eugène Sevaistre, dont nous avons parlé, fut jouée au théâtre d'Elbeuf, le 28 et 31 du même mois.

Le dernier fait de l'année 1848 intéressant notre ville fut la nomination, à la date du 31 décembre, de M. Ernest Leroy, comme préfet de la Seine-Inférieure, pour succéder à M. Dussard.

Pendant les derniers douze mois, il y avait eu 573 naissances, 126 mariages et 486 décès.

CHAPITRE X
(JANVIER-JUIN 1849)

Les freres Limet. — Réapparition du choléra. — L'élection de M. V. Grandin. — Distribution de drapeaux aux gardes nationales. — Mort de M. Petou. — Anecdote amusante. — Les Sociétés elbeuviennes. — Le parti « démagogique ». — Adresses a Louis-Napoléon ; réponse du président de la République. — Elbeuf a l'Exposition de 1849.

Le budget municipal pour l'année 1849 avait été prévu pour 304.000 fr., celui de l'Hospice pour 37.000 fr. et celui du Bureau de bienfaisance pour 69.000 fr.

L'hiver de 1848-1849 fut mauvais pour tout le monde, de sorte que le théâtre se trouva réduit à ne plus jouer que le dimanche, et encore le directeur, qui était toujours M. Jeault, dut-il prier le Bureau de bienfaisance de ne pas l'obliger au droit des pauvres pour les premiers mois de 1849.

Le 20 ou le 21 janvier, M. Houssemaine, qui avait ouvert plusieurs rues dans sa propriété, rue Saint-Jean, périt victime d'un assassinat à Evreux. Il était âgé de 60 ans.

Le 30, M. A. Cordier vint comme agréé à Elbeuf, en remplacement de M. Félix Limet, ancien rédacteur de la *Sentinelle républicaine*, qui, on l'a vu, avait joué un certain rôle l'année précédente, ainsi que son frère aîné, M. Hippolyte Limet, ingénieur, tous deux conseillers municipaux.

Une note publiée en 1882, par le *Petit Rouennais*, va nous dire ce que devint M. F. Limet :

« Limet était, en 1848, agréé à Elbeuf ; il avait succédé à Dupuy, un garçon d'esprit, qui est devenu avec le temps un magistrat grave, très grave, conseiller à la Cour de Paris, tout ce qu'il y a de plus inamovible.

« Limet était jeune, un peu naïf, plein d'enthousiasme et aussi de beaucoup d'illusions. Il s'occupait ardemment de politique et rédigeait un journal dans lequel il « bêchait » deux fois par semaine les réactionnaires de l'époque. Et Dieu sait qu'il n'en manquait pas. Doux comme un agneau, le successeur de Dupuy devint, après la révolution de 1848, la terreur des bons ou plutôt mauvais bourgeois d'Elbeuf. Quand on le rencontrait dans la rue, on était pris de peur et on l'évitait bien vite, dans la crainte de coudoyer un homme si redoutable. En revanche, il jouissait auprès des ouvriers d'une immense popularité.

« Abreuvé de dégoût, il dut quitter notre ville et alla s'installer à Rouen, où il se fit inscrire au tableau des avocats. Il plaida rarement, car la réaction n'y était pas moins puissante qu'à Elbeuf, et ce pauvre garçon, découragé, désolé, désespéré, partit un jour pour l'Amérique.

« Les voyages instruisent ; aussi l'ancien « rouge » de 1848, celui que ses amis avaient surnommé Saint-Just, devint un admirateur de Napoléon III. Nous eûmes l'occasion de le rencontrer certain jour sur le boulevard Montmartre, en l'an de grâce 1867, pendant l'exposition universelle qui avait attiré à Paris tant d'étrangers, et nous fûmes tout surpris de l'entendre faire l'éloge du futur héros de Sedan. Il ne comprenait pas que ses anciens amis pussent bouder un homme de génie comme le fils de la reine Hortense.

« Aujourd'hui, Félix Limet est, nous assure-t-on, revenu à de meilleurs sentiments, et il ne serait pas impossible que le gouvernement récompensât les services qu'il a rendus, il y a quelque quarante ans, à la cause républicaine ».

Il avait été convenu et signé que le réglement des conditions de place aurait son effet le 1er janvier 1849 La plupart des manufacturiers tinrent leur promesse, mais d'autres la violèrent plusieurs fois en moins de dix jours.

La Chambre consultative convoqua les uns et les autres, le 24, en une assemblée générale. M Augustin Delarue demanda que ceux des fabricants ayant manqué à leur signature fussent nommés.

M. Morel-Beer exprima un blâme sévère contre eux et proposa qu'il fût ouvert un registre sur lequel viendraient signer ceux qui avaient tenu leur promesse. — M. Chennevière ne vit rien de bien pratiquement utile dans cette proposition. — M. Poussin dit que le mieux était de jeter un voile sur le passé, car les récriminations ne pouvaient conduire à aucun des résultats que l'on s'était proposé.

Et, finalement, l'assemblée, à l'unanimité

moins une voix, rendit la liberté aux signataires, qui se trouvèrent donc déliés de leur engagement. Néanmoins, MM. Aug. Delarue et Isidore Aroux furent priés d'étudier un autre projet de conditions qui fût en harmonie avec les besoins de l'industrie et du commerce, en s'adjoignant, pour l'établir, des négociants en draperie.

Le 9 février, le maire d'Elbeuf désigna une commission d'hygiène. Elle se composait de huit membres titulaires, MM. Revelle, Justin, Fillolet, Lesaas, Delanos, Hervieux, Nicole et Alfred Vy, médecins ; et de douze membres adjoints, MM. Monsaint, Delhomel, Maubec, Deschamps, pharmaciens; Gueroult, A. Godet, P Delanos, T. Lecallier, membres du Bureau de bienfaisance, MM. C. Grandin, Grelley, E. Delaunay et Couprie.

M. Laurents fut élu lieutenant-colonel de la garde nationale ; sur 1.295 électeurs inscrits pour cette élection, il ne s'en était présenté que 259 au scrutin.

Le 10 février, le procureur de la République écrivit au maire d'Elbeuf pour le prévenir qu'il avait donné des ordres très sévères pour la répression des délits qui se commettaient dans les bois et forêts des environs de notre ville. Entre autres, il ordonnait l'arrestation en cas de flagrant délit.

Le 22, M. Edmond Turgis fut élu commandant du deuxième bataillon de la garde nationale, par 137 voix sur 515 inscrits.

Le 24, on célébra un service funèbre à Saint-Jean, en mémoire des victimes de la Révolution de février 1848. Conformément aux ordres du gouvernement, on chanta un *Te Deum* après l'office. Cette cérémonie, se fit également dans toutes les paroisses du canton, en présence des autorités locales.

Dans le courant du mois de février, la Chambre consultative écrivit deux fois au ministre du Commerce : pour s'opposer à ce que l'Exposition projetée fût internationale, et pour demander l'élévation au grade de consul de M. de Montigny, vice-consul de Shang-Haï.

Le choléra fit une réapparition en février. A ce sujet, M. Aroux réclama du Conseil l'assainissement de la rue du Cours, ce qui fut grandement appuyé par M. Dautresme. M. Chennevière ayant observé que le réglement ne permettait pas à l'un de ses membres de discuter sur une proposition dans laquelle il pouvait être intéressé, M. Dautresme lui répondit par une apostrophe qui lui valut un rappel à l'ordre ; on suspendit même la séance.

Le 6 mars, trois compagnies du 61e de ligne vinrent remplacer à Elbeuf les trois du 28e, qui partirent le lendemain pour Rouen.

M. Augustin Dévé, ancien manufacturier, mourut le 18, à l'âge de 81 ans.

Vers le 18 également, Mme de Martel, veuve de M. du Chevalier, maréchal de camp et chevalier de Saint-Louis, âgée de 90 ans, mourut en son château de Saint-Pierre-de-Lierroult. En elle finissait la ligne directe de l'une des trois branches de la descendance de Guillaume Martel, sire de Bacqueville, tué à la bataille d'Azincourt, en défendant l'oriflamme qu'« on lui avait baillé comme au plus brave qui fust oncques parmi les chevaliers ». Guillaume Martel remontait à Bauldry le Teuton, venu en Neustrie avec les premiers Normands.

L'épidémie cholérique progressait et ayant même déjà fait plusieurs victimes, le conseil municipal, réuni le 31 mars, vota des dépenses diverses pour combattre le fléau, notamment la création d'une salle spéciale de cholériques à l'hospice.

Il vota également des félicitations à M. Lefebvre, curé de Saint-Etienne, qui avait soigné une malade atteinte du choléra, abandonnée de ses voisins, et ne l'avait quittée que lorsqu'elle avait été hors de danger.

Cette année-là, on remplaça les vieux bâtiments de la direction de l'hospice par une construction neuve ; les dépenses prévues devaient s'élever à environ 40.000 fr.

En ce même temps, Mme veuve Petou donna à notre hospice une somme de 30.000 fr.

De son côté, le ministre de l'Intérieur accorda un secours de 6.000 fr. à notre Bureau de bienfaisance.

En mars, une souscription était ouverte chez M. Tabouelle, agréé, pour la propagation de publications combattant les doctrines socialistes.

Les maires du canton s'assemblèrent à Elbeuf, le 31, pour s'entendre à l'effet de restreindre la mendicité. Il fut convenu que les pauvres de chaque commune seraient secourus dans leur localité, et que les mendiants étrangers seraient arrêtés.

Sur la demande du maire d'Elbeuf, le ministre lui accorda 1.000 fr. par an pour les besoins de sa police secrète.

En ce même mois d'avril, le maire reçut l'ordre de faire surveiller les réunions publiques.

Il existait alors dans notre ville une « Société philanthropique, dont le siége était rue de Paris. Elle s'occupait aussi des affaires commerciales.

Vers ce temps, M. Auguste Mortera fit imprimer chez M. Fournier, établi rue St-Jean, 77, un ouvrage politique intitulé la *Vérité*. Il arrivait de Rouen, où il avait été signalé par ses opinions « ultra démocratiques exposées au cercle de la *Nitrière*, rue des Bons-Enfants, où il reparut le 1er mai, pour se plaindre d'avoir, à Elbeuf, été traqué comme un loup-cervier par les agents de police ».

Le 14 avril, M. A. Barrabé fut nommé notaire, pour succéder à M. Lefebvre, décédé.

Le 25, la ville loua, de M. Victor Quesné, un local sis sur le côté Nord de la rue de la République, dans la cour où était la banque de M. Hébert, pour y caserner une partie du détachement du 28e de ligne. Le prix du bail, 2.000 fr. par an, ne fut fixé qu'au commencement de 1852.

Le 2 mai, jour anniversaire de la proclamation de la République, on célébra une messe, suivie d'un *Te Deum*, dans nos deux églises. Les autorités civiles et militaires assistèrent à cette cérémonie.

Le dimanche 13 mai, les électeurs du département furent appelés à élire les seize représentants à l'Assemblée nationale attribués à la Seine-Inférieure. Les électeurs de la Londe et d'Orival vinrent encore voter à Elbeuf. Le département ne nomma que des députés modérés ou réactionnaires. M. Victor Grandin fut réélu.

Le Gouvernement de Février ayant décidé que de nouveaux drapeaux, portant la devise républicaine, seraient distribués à toutes les gardes nationales de France, le préfet annonça au maire d'Elbeuf qu'il se rendrait, le dimanche 20, dans notre ville, pour la distribution des étendards à la garde nationale locale et à celles des environs. Il fit remettre au bateau à vapeur sept drapeaux, dont deux pour la légion d'Elbeuf et les autres pour les bataillons d'Orival, Freneuse, Caudebec, Oissel et Saint-Etienne du-Rouvray, qui devaient s'assembler à la reconnaissance des officiers elbeuviens nouvellement nommés, dont les noms suivent : M. P.-A. Laurents, lieutenant colonel ; Edouard Turgis, chef du 2e bataillon ; Prestat et Berrier, sous-lieutenants de la compagnie de sapeurs-pompiers, et de quelques autres officiers du rang.

Une estrade avait été élevée sur le Champ-de-Mars ; toutes les autorités y prirent place et la cérémonie commença.

Le curé de Saint-Jean, revêtu de ses habits sacerdotaux, procéda à la bénédiction des sept drapeaux, qui avaient été apportés par un peloton de soldats de la ligne en garnison à Elbeuf.

Le préfet Leroy prit la parole et résuma les devoirs que les gardes nationales étaient appelées à remplir envers la patrie et leur cité.

Les porte-drapeaux se retirèrent, chacun avec son étendard, dans leurs bataillons respectifs, aux cris de : « Vive le président de la République ! »

La revue des gardes nationales suivit, et la fête se termina par un défilé, aux accents de la musique des différents corps, sous le commandement du colonel Sevaistre.

A la suite de cette cérémonie, MM. Dautresme, Elie et Emile Lenormand, membres du conseil municipal, déposèrent leur démission.

Quelques jours après, mourut M. Georges-Paul Petou, ancien maire et ancien député, âgé de 76 ans. Son inhumation eut lieu le 25. Sur le cercueil, on plaça l'écharpe blanche que le défunt avait portée pendant la durée de sa magistrature municipale. La création du Tribunal de commerce et la construction des routes de Pont-de-l'Arche et de Bourgtheroulde furent en grande partie l'œuvre de M. Petou.

A la séance du 31 mai, M. Mathieu Bourdon proposa de donner un avis favorable à une demande de M. A. Delaunay, artiste peintre d'Elbeuf, d'obtenir l'autorisation de faire le portrait de Bonaparte, premier consul, qui était venu dans notre ville en 1802. — Cet avis fut donné à l'unanimité.

Le tableau fut exécuté et donné par le ministre à la ville d'Elbeuf, qui le plaça dans une des salles de la mairie. Il est actuellement au Musée de notre ville. Nous l'avons reproduit dans notre tome VIII.

L'anecdote suivante fut racontée par un des journaux de cette époque :

« Dernièrement, M. le docteur Nicole, ayant transféré son domicile dans la partie la plus élevée de la rue de la Justice, voulut épargner à ses clients la peine de faire une longue et fatigante ascension pour aller réclamer ses soins. Il pria M. Maubec, pharmacien, rue Poulain, de bien vouloir recevoir, pour les lui transmettre, les demandes de visites qui lui seraient faites. Pour le mode de transmission, on convint que M. Maubec se servirait de drapeaux de différentes couleurs qui seraient hissés, suivant les circonstances, à un mât placé sur le toit de sa maison. Il y aurait drapeau blanc, drapeau noir, drapeau rouge et drapeau bleu.

« Or, voici ce qui arriva, à l'occasion de cette télégraphie :

« Un jour de cette semaine, le drapeau blanc se trouvait hissé au moment où des ouvriers descendaient de la campagne. Les braves gens, qui ignoraient ce dont il s'agissait, s'imaginèrent que la Restauration allait sortir de la pharmacie de M. Maubec. On crie au légitimiste ! On court à l'Hôtel de Ville. Les appariteurs, fort étonnés d'apprendre que M. Maubec a levé l'étendard de la branche aînée, se mettent en devoir de vérifier le fait. Mais voilà bien une autre affaire ; quand ils levèrent les yeux, le signe de rébellion était changé : le drapeau rouge flottait à la place du drapeau blanc.

« On demande des explications, puis on finit par convenir que, pour éviter toutes les fausses interprétations du public, on excluerait de la télégraphie les drapeaux dont la vue pouvait mettre martel en tête à ceux qui n'étaient pas dans le secret. Voilà pourquoi les drapeaux actuels sont barriolés comme les drapeaux de la Chine et du Congo ».

Le 2 juin, deux voltigeurs de la garnison d'Elbeuf se noyèrent, par imprudence, dans la Seine.

Le 7, on procéda à des élections à la Chambre de commerce. Sur 891 inscrits, il n'y eut que 54 votants. Furent élus : président, M. Henri Sevaistre ; juges, MM. Lecerf fils, Ch. Lizé, Lefort fils et Victor Barbier ; juges suppléants, MM. Jules Lanseigne, Alex. Buisson, Hippolyte Delarue et Houllier fils. Les suppléants refusèrent le mandat que les électeurs voulaient leur confier. — Quelque temps après, MM. E. Bellest, Martin-Bénard, Foliot et Lemaître-Dévé furent élus, par 42 volants, pour les remplacer.

Un rapport de M. Michel, commissaire de police, adressé au préfet, mentionne les sociétés existant alors à Elbeuf :

La société de Secours des Anciens Militaires, présidée par M. Godquin, docteur médecin ;

La société de Secours des Tisserands, dont le président était M. Chennevière, ouvrier tisserand ;

Le Cercle commercial, présidé par M. Lizé ;

Le Cercle du commerce et des arts, présidé par M. Prevost, propriétaire.

Il y avait eu précédemment un Cercle des travailleurs, mais il n'existait plus.

Le 13, le bruit courut à Elbeuf que le parti « démagogique » allait mettre le feu à la ville par plusieurs points à la fois, et qu'il n'attendait pour cela que le mouvement commencé à Paris eût réussi. — Des mesures furent prises par l'administration municipale et les chefs de la garde nationale pour faire avorter toute tentative d'émeute. — M. Bertrand Espouy fut arrêté à Paris et enfermé à Sainte-Pélagie.

Les 18 et 25 juin, des pèlerinages partirent d'Elbeuf pour Bonsecours, afin de prier pour la France contre le choléra.

Le 19, le Conseil municipal rédigea cette adresse au président de la République, à l'occasion des événements du 13 :

« Grâce à d'énergiques mesures, l'anarchie vient encore d'être vaincue, et la République, préservée d'épouvantables malheurs, est raffermie sur ses bases.

« C'est à vous, M. le Président, à votre gouvernement, qu'il faut rapporter l'initiative de ces mesures ; à la garde nationale, à l'armée et à leur digne chef, la rapidité et le succès dans l'exécution.

« Organe de la ville d'Elbeuf, qui a tant besoin d'ordre, le conseil municipal, pour cet immense service, dépose en vos mains la profonde expression du sentiment de reconnaissance qui anime la cité toute entière.

« Maintenant, une grande tâche reste à remplir ; c'est de prévenir le retour des sinistres projets que la vigilance gouvernementale a déjoués. Il ne nous appartient pas d'en indiquer les moyens ; mais qu'il nous soit permis, M. le président, d'appeler sur cette nécessité sociale si impérieuse, votre incessante sollicitude et d'oser compter sur elle, comme vous pouvez compter sur notre dévouement ».

Plusieurs membres du Conseil refusèrent d'apposer leur signature au bas de cette pièce.

Le 21, M. Grandin remit l'adresse que l'on vient de lire à Louis-Napoléon. Le président parut très sensible à ce témoignage de sympathie et chargea le député d'être son interprête auprès de la municipalité d'Elbeuf.

Ce même jour, M. Grandin reçut de la garde nationale de notre ville, une adresse, destinée également au président de la République.

Les Archives municipales conservent cette lettre, signée du président de la République :

« Paris, 15 juin 1849.

« Monsieur le Maire ; Votre conseil municipal, en réclamant toute ma sollicitude pour prévenir le retour des nouvelles tentatives d'anarchie, veut bien m'adresser des félicitations sur ma conduite au 13 juin et me promettre un concours dévoué. Je le remercie. Soutenu dans le danger commun par l'accord des pouvoirs et par la résolution énergique de citoyens tels que ceux d'Elbeuf, toujours prêts à se ranger sous le drapeau de l'ordre, j'accomplirai ma mission. Le pays, en garde contre des attaques coupables, verra enfin s'affermir la confiance et le crédit, dont votre ville recueillera une des premières les heureux effets.

« Veuillez, Monsieur le maire, être mon interprète auprès de vos honorables collègues et agréer l'assurance de mes sentiments distingués. — Louis-Napoléon BONAPARTE »

Vers la fin du mois, la société des Anciens militaires envoya également une adresse au président de la République.

Les quinze maisons d'Elbeuf suivantes prirent part à l'exposition industrielle de Paris en 1849 :

Victor Barbier, nouveautés, paletots, draps rearskin, etc. — Obtint une médaille d'argent.

Alphonse Touzé, satins, paletots, draps militaires. — Médaille d'argent.

Osmont-Bertèche, draps noirs et de couleurs pour l'exportation, paletots, nouveautés. — Médaille d'argent.

Mathieu Delalande et Blanquet, nouveautés fines, tartans, flanelles pour robes, étoffes pour manteaux de dames. — Médaille de bronze.

Lemonnier-Chennevière, nouveautés, castors et cuir-laine, draps de couleurs vives, flanelles, écharpes.

Charles Flamant et Lavoisey, draps pour officiers, genres de Sedan.

Couprie et Cie, draps lisses. — Méd. d'argent.

Parnuit, Dautresme et Cie, nouveautés, paletots, flanelle extra-fine. — Méd. de bronze.

Augustin Delarue frères, draps de billard de 16 à 50 fr. le mètre, castors, nouveautés, écarlates, tapis, draps légers.

Charles Flavigny, draps lisses, paletots, nouveautés. — Croix de la Légion d'honneur.

Sevaistre aîné et Legrix ; draps pour billard, nouveautés, noirs, cachemires pour gilets, paletots. — Médaille d'or.

Chauvreulx, Chefdrue et fils ; pantalons, paletots, édredons (tissus nouveaux créés par cette maison en 1846).

Th. Chennevière, pantalons, paletots, zéphirs, peaux de rennes, étoffes nouvelles pour robes et manteaux, châles, imitation d'hermine.

Auguste Malteau, machine à fouler. — Médaille de bronze.

En outre, M. Cavé, ouvrier chez M. Alph. Godet, obtint une médaille de bronze, en récompense de ses longs et bons services.

CHAPITRE XI
(JUILLET-DÉCEMBRE 1849)

Au tribunal de commerce. — Louis Napoléon vient a Elbeuf; proclamation, programme, discours, décorations; un diner perdu. — Mort de M. Victor Grandin; la ville prend le deuil pour cinq jours; les obsèques. — Etat a Elbeuf. — Election législative; quatre candidats; M. Mathieu Bourdon est élu.

Un décret du 28 août de l'année précédente avait modifié la législature sur les tribunaux de commerce. Au 10 juillet 1849, le Tribunal d'Elbeuf avait M. Henri Sevaistre pour président; MM. Ch.-H Lizé, Auguste Lefort, Isidore Lecerf et Victor Barbier pour juges; MM. Edouard Bellest, Jean-Louis Lemaître, Hyacinthe Martin et Eug. Foliot pour suppléants; tous furent installés ce même jour.

Conformément à l'article 2 du décret précité, le tribunal procéda à la formation de la liste des juges complémentaires, pouvant être appelés à compléter le tribunal dans le cas d'insuffisance du nombre des juges et des suppléants, par suite de récusation ou empêchement. Cette liste comprit les noms de :

MM. Laurent Patallier père, Capplet, Albert Ménage, Laurent Collas, Louis-Robert Flavigny, Th. Chennevière, Augustin Delarue, Constant Grandin, Constant Delalande père, Alexandre Poussin, Alphonse Martel, Lemonnier Chennevière, Noël Savoye, Charles Flavigny, Aug. Rocheux, Desfresches aîné, Boisguillaume, Lefort-Henry, Edmond Trinité, Nicolas Louvet, Hyppolite Delarue, Houllier fils, Jules Lanseigne, Alexandre Buisson et Morel-Beer.

Dans cette séance, M. Savoye, président d'audience, prononça un discours, duquel sont extraites les lignes suivantes :

« Messieurs ; privé du concours et des lumières de son honorable président, que le suffrage universel a appelé dans nos assemblées nationales, le tribunal a vu s'accroître encore sa tâche déjà pénible, par la retraite prématurée et regrettable de plusieurs de nos collègues...

« Un renouvellement partiel du tribunal devait s'opérer en 1848 ; il a été prorogé par un décret de l'Assemblée constituante... »

Le jeudi 12, à sept heures du matin, on trouva étendu dans une rue le corps d'un surnuméraire de la Poste, M. Edouard Joseph Lemotheux de Chitray, âgé de 22 ans, fils d'un avocat de Château-Gontier.

Le 18 juillet, dans la matinée, une « pluie » de papillons blancs tomba sur la place du Port, à l'ouest du pont suspendu. Tous moururent peu après avoir touché le sol.

Vers ce temps on procéda à des élections pour le renouvellement général de la Chambre consultative. Sur 525 électeurs inscrits, il ne s'en présenta que 35. Les élus furent MM. Th. Chennevière, L. Collas, Alex. Poussin, V. Grandin, I. Sèbe, E. Turgis, H. Sevaistre, A. Delarue, Alb. Ménage, Boisguillaume fils, Lefort-Henry et Ch. Flavigny.

Le peloton des tirailleurs de la garde nationale commença des exercices de tir à la cible le 22 juillet.

Le conseil municipal fut convoqué extraordinairement le lendemain 23. Le maire exposa à l'assemblée que, dans une entrevue qu'il avait eue avec le préfet, ce magistrat lui avait exprimé le désir que la légion d'Elbeuf se rendît à Rouen, le jour où Louis-Napoléon Bonaparte, président de la République, irait en cette ville. M. Buée proposa d'engager le chef de l'Etat à venir lui-même à Elbeuf.

M. Lefort-Henry appuya cette proposition, ainsi que MM. Bourdon et Laurents.

M. Leblanc fut d'un avis contraire, à cause des dépenses que cette visite causerait à la ville, dont le budget était obéré.

Après discussion, on décida, à l'unanimité, que l'administration ferait tous ses efforts pour engager le président à visiter notre ville; on nomma une députation, composée du maire, de MM. Ch. Flavigny, Henri Tabouelle et Adrien Lescouvé, pour porter l'invitation du Conseil à Louis-Napoléon.

On était à peu près certain de son acceptation, car le jour même une seconde commission, composée de MM. Chennevière, Bourdon et Rocques, fut chargée de s'occuper des voies et moyens de la réception.

Le 31, à une nouvelle réunion du Conseil, M. Buée exposa que les démarches de la ville d'Elbeuf avaient été couronnées de succès. M. Bourdon donna lecture du programme composé par la commission pour la réception du chef de l Etat.

M. Leblanc demanda que les mots « chef de l'Etat » fussent remplacés par ceux de « président de la République » et trouva trop élevé le crédit de 1.000 fr. proposé par la commission pour les frais de réception.

Ses observations furent combattues et les conclusions du rapport adoptées. — Les dépenses s'élevèrent à 2.034 fr.

Le maire adressa cette proclamation à ses administrés, le 9 août :

« Mes chers concitoyens,

« Le président de la République a bien voulu accepter l'invitation qui lui a été faite par votre municipalité de venir visiter la ville.

« Dans peu de jours il sera au milieu de nous !

« Vous le recevrez avec empressement, vous l'accueillerez avec bonheur.

« Appelé à présider à vos destinées, son avènement a raffermi la confiance, ranimé le travail, vivifié le crédit, et rétabli le calme et la sécurité, si nécessaires surtout dans notre ville industrielle !

« A lui donc notre reconnaissance pour la direction sage et ferme qu'il imprime au gouvernement pour le maintien de l'ordre public ; car c'est avec l'ordre public que renaît l'activité dans nos manufactures, heureuse conséquence, qui, après un long chômage, nous permettra bientôt de répéter avec vérité ces mémorables paroles du premier consul : « El-
« beuf est une ruche : tout le monde y tra-
« vaille ».

« En acceptant spontanément l'invitation de visiter notre cité, Louis-Napoléon Bonaparte a voulu, par sa présence, exprimer tout l'intérêt qu'il porte à l'industrie elbeuvienne.

« Nous témoignerons donc, mes chers concitoyens, à l'élu de la France, nos plus vives sympathies, afin que sa réception dans nos murs rappelle le souvenir précieux de celle qui fut faite jadis par nos pères au grand homme dont il porte le nom si glorieux!... — BUÉE ».

Ce même jour, le maire arrêta le programme de la cérémonie de réception du prince-président :

« Le lundi 13 août, le maire, accompagné du corps municipal, se rendra, à dix heures trois quarts du matin, à l'entrée du pont suspendu, pour attendre et recevoir M. le président de la République française.

« Le drapeau national sera arboré à l'Hôtel de Ville. Les habitants sont invités de même à pavoiser la façade de leurs maisons.

« La garde nationale et les troupes de la garnison prendront les armes et se formeront en haie sur son passage, depuis le pont jusqu'à la mairie.

« Toutes les cloches sonneront en volée pendant un quart d'heure.

« A son arrivée à l'Hôtel de Ville, M. le président de la République recevra les autorités qui, immédiatement après, lui offriront un déjeuner.

« M. le président se rendra ensuite sur le Champ-de-Mars, pour y passer en revue les gardes nationales de la ville et du canton, les troupes de la garnison et les anciens militaires.

« M. le président sera prié de vouloir bien, après la revue, visiter un ou plusieurs établissements industriels.

« A une heure, le maire et le corps municipal assisteront au départ de M. le président pour Louviers. La garde nationale et les troupes de la garnison formeront de nouveau la haie sur son passage. Toutes les cloches de la ville sonneront de nouveau en volée au moment où le chef de l'Etat quittera la ville. — Buée ».

De son côté, la Chambre consultative prit des mesures à l'occasion de la visite annoncée. Elle décida que le président n'ayant que quelques heures à consacrer à la ville d'Elbeuf, on l'engagerait à ne visiter qu'un seul établissement, celui de M. Victor Grandin, le plus considérable et le plus complet. Elle arrêta également que M. Lefort-Henry ferait un rapport sur les besoins de l'industrie elbeuvienne, et que ce rapport serait remis au président de la République et recommandé au ministre du Commerce.

Par suite du renouvellement général de ses membres, la Chambre consultative se trouvait ainsi composée : M. Buée, maire, président d'honneur ; Lefort-Henry, président ; Isidore Sèbe, vice-président ; Alex. Poussin, secrétaire ; Victor Grandin, Edouard Turgis, Laurent Collas, Théodore Chennevière, Augustin Delarue, Charles Flavigny, Isidore Lecerf fils, Charles Fouré, Achille Suchetet, membres.

Le rapport de M. Lefort-Henry, extrêmement étendu, rappelle, naturellement, la visite de Napoléon Bonaparte en 1802, puis mentionne les difficultés et les exigences que l'exportation française rencontre à la douane, traite surtout de la durée du travail dans les manufactures, et réclame le repos les jours de fêtes et dimanches.

Le samedi 11 août, à dix heures et demie du matin, 360 gardes nationaux de la légion d'Elbeuf s'embarquèrent sur le vapeur le *Napoléon* pour aller se joindre aux gardes nationales du département devant être passées en revue le lendemain dimanche, à Rouen, par le président de la République.

Le lundi 13, dès le matin, une foule considérable, venue en grande partie des campagnes, circulait dans les rues, attendant l'arrivée du président.

A neuf heures, la garde nationale à cheval partit pour Tourville, en même temps que la commission municipale montait en voiture pour se rendre à cette gare afin de recevoir Louis Bonaparte, qui descendit de wagon accompagné du préfet, du ministre de la Marine, du Commerce et des Travaux publics, des généraux Grosbon et Lebreton, du colonel Vaudrey, de MM. Lucien Murat, Persigny, d'Albuféra, Paul Sevaistre, Charles Levavasseur, Estancelin, représentants du peuple, etc.

A onze heures et demie, les cloches de nos deux églises annoncèrent l'arrivée du président, qui, indisposé, ne descendit pas de voiture après avoir franchi le pont suspendu.

A l'Hôtel de Ville, il n'y eut point de présentations, à cause de la fatigue de Bonaparte. Cependant, il remit la croix de la Légion d'honneur à M. Brulefer, sergent des voltigeurs du 61e, puis déjeuna ; le repas ne dura que vingt minutes. Le maire lut ce discours :

« J'ai l'honneur de proposer un toast à M. le président de la République.

« C'est à vous, M. le président de la République, à votre gouvernement, que nous devons l'affermissement de la société et le rétablissement complet de la tranquillité publique.

« C'est grâce à votre gouvernement, véritable port de salut, que nous avons pu trouver un refuge après l'orage, et qu'après de cruelles épreuves, nous avons pu voir, enfin, la confiance se ranimer, et nos ateliers reprendre leur activité.

« Qu'il nous soit permis, à nous qui avons pu apprécier combien le désordre et l'anarchie entraînent avec eux de misère et de calamité, de vous témoigner notre reconnaissance.

« A une autre époque, c'était le 3 novembre 1802, votre oncle, le grand homme dont la mémoire nous est si chère, avait, dans une visite qu'il fit à notre ville, prononcé ces paroles, qui peignent admirablement l'intelligence et l'activité de nos industriels et de nos ouvriers : « Elbeuf est une ruche, tout le « monde y travaille ».

« Ne peut-on pas dire que cette visite et ces paroles ont eu une heureuse influence sur l'avenir de la ville d'Elbeuf, qui se trouve aujourd'hui placée au premier rang des cités manufacturières de l'Europe ?

« N'est-ce pas, enfin, par une coïncidence providentielle que vous vous trouvez appelé aujourd'hui dans des circonstances identiques, à exercer, comme votre oncle, une mission vraiment réparatrice ?

« Nous fondons, du reste, toutes nos espérances dans votre gouvernement, et nous avons la confiance qu'avec le calme et la paix, il facilitera l'essor de notre industrie et pourra s'occuper de toutes les améliorations dont il a

M. LÉON PION

déjà, dans sa sollicitude, pris l'heureuse initiative.

« A Monsieur le président de la République ! »

Le président dit qu'il était profondément touché des sentiments exprimés par le maire, au nom de la population, et porta un toast à la ville d'Elbeuf.

On sortit de la salle pour aller à la revue des troupes. La cour de l'Hôtel de Ville était transformée en un véritable jardin. Là se tenaient un grand nombre de personnes, notamment Mme Rodier, supérieure des sœurs de Saint-Vincent-de-Paul, qui résidait à Ham à l'époque où Louis-Bonaparte y était prisonnier.

Sur le Champ-de-Foire, les gardes nationales étaient déjà rangées. Une estrade avait été élevée par les ouvriers de M. Chennevière, marchand de bois, dont l'établissement était voisin. On y remarquait Mme Prosper Delarue, veuve de l'ancien maire d'Elbeuf qui, en l'an XI, avait fait au premier consul les honneurs de notre ville et l'avait reçu chez lui.

Le président monta à cheval et passa la revue. Avant le défilé, il remit la croix de la Légion d'honneur à M. Léon Pion, capitaine des pompiers, à M. Sallambier, qui, depuis dix-sept ans, commandait la garde nationale à cheval, et à M. Charles Lizé, ancien juge au Tribunal de commerce, négociant en draperies, qui avait contribué à l'extension de notre commerce avec l'étranger.

Des pétitions furent remises au président. Un jeune enfant, que portait sur les bras l'appariteur Duboc, lui remit, en tremblant et les larmes aux yeux, une requête pour obtenir la grâce de son père, condamné à la suite des troubles d'avril 1848.

Après le défilé, Bonaparte remonta en voiture et se rendit, par les rues de la Barrière, de la République, du Glayeul et de la Rochelle, chez M. Victor Grandin, dont il visita les ateliers. Un des ouvriers s'avança et lui adressa ces paroles :

« Monsieur le président,

« Vous n'aimez pas les discours, et nous, ouvriers, nous ne savons pas en faire. Votre désir et notre insuffisance cadrent à merveille. Permettez-moi seulement de vous exprimer en quelques mots, Monsieur le président, combien votre visite nous est précieuse et de vous dire qu'elle nous comble de joie.

« Au 10 décembre, nos ateliers étaient déserts, nos souffrances inouïes. La volonté nationale vous place à la tête de l'Etat, et cette heureuse inspiration ramène, avec l'ordre et la confiance, l'activité de l'industrie qui nous fait vivre. Le travail a déjà ramené parmi nous quelque bien-être. Nous vous en rendons grâce, Monsieur le président, et nous espérons en vous pour l'avenir, car nous savons que notre sort vous touche et vous préoccupe vivement.

« En retour de ce que vous avez fait, de ce que vous voulez faire encore, acceptez, Monsieur le président, notre profonde reconnaissance, et comptez, nous vous en prions, sur nos bras et sur nos cœurs ».

Louis Bonaparte tendit la main à l'orateur en lui disant :

« Je vous remercie des sentiments que vous venez d'exprimer ; et la main que je vous donne, je la donne à tous vos camarades ».

Le président de la Chambre consultative

remit au visiteur le mémoire sur l'industrie elbeuvienne. Bonaparte promit que les réclamations qu'il contenait seraient l'objet d'un sérieux examen.

Il n'eut pas le temps d'aller visiter la maison de la rue Saint-Jean où son oncle était descendu en 1802, et quitta notre ville pour se rendre à Louviers, accompagné, jusqu'à la limite du département, du maire, de la gendarmerie et de la cavalerie de la garde nationale.

A l'extrémité de Saint-Pierre-de-Lierroult, le cortège rencontra le préfet de l'Eure et la garde à cheval de Louviers. Bonaparte dit adieu aux Elbeuviens, en leur adressant ses remerciements.

L'autorité municipale et les chefs de notre garde nationale s'étaient proposé d'inviter, après le départ du président, les maires et chefs de bataillon venus du dehors, au banquet encore dressé à l'Hôtel de Ville ; mais quand les uns et les autres entrèrent dans la salle du festin, ils trouvèrent la table desservie. De sorte que maires et officiers durent, au mécontentement général, retourner chez eux pour déjeuner. En ville, on s'amusa beaucoup de cet incident.

On commenta aussi l'absence, à la cérémonie de réception du président de la République, de M. Deschamps, membre du Conseil général, et de M. Aroux, membre du Conseil d'arrondissement, connus, d'ailleurs, pour leur hostilité à Louis Bonaparte

Le soir, un banquet fut offert par les sous-officiers du 61e de ligne et à ceux de la compagnie des Anciens militaires. M. Desfresches présidait.

Cette journée avait débuté par un douloureux accident. M. Lecoq, teinturier, traversait la Seine avec sa femme et son enfant, pour se rendre à Saint-Aubin au-devant du cortège présidentiel. Les lames soulevées pour les roues d'un bateau à vapeur firent chavirer la barque dans laquelle ils étaient montés. Mme Lecoq fut retirée de l'eau moment où elle allait mourir ; quant à l'enfant, il se noya

Vers cette époque, la municipalité décida, malgré l'opposition de M. Leblanc, que le nom de Salvandy serait redonné à la rue projetée dans le quartier des écoles.

Le 16, le procureur de la République à Pont-Audemer se transporta à Boscroger pour informer sur une fabrique clandestine de poudre, dont l'existence, disait-on à Elbeuf, était certaine. — Quelque temps après, MM. Bouquet, pharmacien à Bourgtheroulde, et Langlois, tisserand à Boscroger, furent condamnés à huit jours de prison et 300 fr. d'amende, pour fabrication de poudre.

M. Antoine-Casimir Boyer, clerc d'agréé à à Rouen, fut admis par le Tribunal de commerce d'Elbeuf, comme agréé, le 18 août ; il succédait à M. Fauconnet.

M. Victor Grandin, représentant du peuple, mourut à Paris le 25 août. Il avait manifesté le désir d'être transporté à Elbeuf. Son frère, M. Jacques Grandin, en informa M. Buée.

Le maire convoqua extraordinairement le conseil municipal le lendemain 27 août et lui adressa cette allocution :

« Messieurs ; la ville d'Elbeuf vient de faire une perte immense ; la mort lui enlève un grand citoyen, un industriel des plus distingués dans la personne de M. Victor Grandin, succombant à un âge qui permettait encore de longs services. On peut dire que son existence a été consacrée aux affaires publiques et au progrès de l'industrie.

« Il n'y a qu'un moyen de rendre un hommage mérité à la mémoire de M. V. Grandin et d'exprimer la douleur profondément sentie par la population : c'est en vous proposant de voter un deuil public.

« Un précédent semblable s'est produit dans le siècle dernier, en faveur d'un citoyen recommandable. Je ne vous exposerai pas les titres de M. Victor Grandin à cet acte de la reconnaissance publique ; vous avez trop bien apprécié les qualités qui le distinguaient pour que je me crois obligé de vous en retracer l'expression ».

Le conseil municipal, à l'unanimité, prit cette délibération :

« Considérant que la perte d'un grand citoyen est un deuil public ; que la mort de M. Victor Grandin, représentant de la Seine-Inférieure, est spécialement pour Elbeuf, sa ville natale, un légitime objet de profonde affliction ;

« Qu'en se rendant l'organe de cette douleur, par une manifestation publique, le conseil municipal ne fait que payer un juste tribut de reconnaissance à une vie consacrée tout entière aux intérêts du pays.

« Par ces motifs, le Conseil délibère :

« La ville d'Elbeuf prend le deuil pour cinq jours à partir de demain 28 août, à l'occasion de la perte si douloureuse qu'elle vient de faire en la personne de M. Victor Grandin.

« La présente délibération sera publiée, avec invitation aux citoyens de s'unir aux intentions du Conseil.

« Pendant le délai ci-dessus, les drapeaux placés sur les monuments communaux seront ornés d'un crêpe. Les dépêches municipales seront cachetées de noir.

« Une expédition de la présente délibération sera adressée, par les soins de M. le maire, à la famille de M. Victor Grandin, et aux journaux d'Elbeuf et de Rouen ».

L'inhumation de M. V. Grandin se fit, on peut le dire, avec le concours de toute la population ; de nombreux magasins et ateliers furent fermés.

Plusieurs discours furent prononcés sur sa tombe ; nous reproduisons celui de M. Buée, maire :

« Messieurs ; la mort de M. Victor Grandin est un malheur public ; le concours considérable de citoyens de toutes les classes qui assistent à cette cérémonie, le recueillement profond, le deuil général dont cet événement est la cause, vous disent que M. Grandin fut un homme de bien. Je voudrais vous peindre à longs traits cette vie consacrée en entier au service du pays ; mais il me faudrait pour cela une éloquence que je n'ai pas. Cependant, tout insuffisant que sera l'hommage que je lui rendrai, il aura au moins le mérite de partir du cœur.

« M. Grandin naquit à Elbeuf le 21 décembre 1797. Après avoir terminé ses études classiques, il se livra avec une ardeur sans égale aux travaux de l'industrie. On peut dire qu'il fut un de ceux qui favorisèrent le plus le développement de la ville d'Elbeuf. Aucuns sacrifices ne lui coûtèrent pour assurer des débouchés à nos produits manufacturés. Expéditions lointaines, comptoirs à l'étranger, il ne négligea rien pour imprimer de l'activité à nos manufactures et occuper nos ouvriers. Aucune amélioration ne lui échappa pour perfectionner nos moyens de fabrication.

« Enfin, le voilà qui arrive aux affaires publiques. Tour à tour adjoint au maire de la ville d'Elbeuf, député, commandant de la garde nationale, membre du Conseil général des manufactures, du Conseil général, de la Chambre consultative, du conseil municipal, suppléant de la justice de paix, membre de l'Assemblée nationale constituante et de l'Assemblée nationale législative, il déploya, dans ces diverses fonctions, sa prodigieuse activité.

« Il fit face à tout : son dévouement était sans bornes. Tout ce qui put intéresser la ville d'Elbeuf et le sort de ses nombreux ouvriers fut l'objet de ses constantes préoccupations. Le voyez-vous, Messieurs, dans la défense du travail national et dans toutes les questions qui peuvent être menaçantes pour notre industrie : comme il se multiplie, comme il fait preuve d'une haute intelligence pour combattre des théories funestes aux véritables intérêts du pays.

« Rappelez-vous, enfin, Messieurs, que d'efforts, que de persévérance, afin d'obtenir des fournitures pour nos fabriques, alors que les ateliers chômaient ; et avec quel désintéressement, quelle abnégation ! Que de sacrifices ne s'imposa-t-il pas lui-même, l'année dernière, pour occuper ses nombreux ouvriers, objets de sa constante sollicitude.

« Vous connaissez tous, Messieurs, les qualités privées de l'homme que nous pleurons : il était d'un cœur excellent, bon, affable, généreux. On peut dire que jamais infortune ne s'adressa vainement à lui ; obligeant pour tous, véritablement heureux quand il pouvait rendre service.

« Ainsi s'est éteint cet homme de bien, ce grand citoyen, dont l'existence nous était si chère. Doué des plus éminentes qualités, d'un âge peu avancé, il pouvait encore rendre de grands services au pays ; mais la Providence en a disposé autrement.

« Associons-nous, Messieurs, à la douleur si légitime de cette honorable famille qui vient d'être si cruellement frappée, et unissons-nous dans ce moment suprême pour dire un dernier adieu à l'homme qui laissera parmi nous des regrets profonds.

« Adieu, Victor Grandin, ta bonne et vertueuse mère t'attend au ciel, entourée de l'auréole des saints ! »

Quelques jours après, M. Buée reçut la lettre suivante :

« A Monsieur le maire et à Messieurs les membres du conseil municipal de la ville d'Elbeuf.

« Messieurs ; c'est avec une vive émotion que nous avons reçu l'extrait de la délibération par laquelle le conseil municipal de la ville d'Elbeuf a voté un deuil public de cinq jours, à l'occasion du décès de M. Victor Grandin, notre parent.

« Cette marque de sympathie est à nos yeux la plus honorable qui put être rendue à sa mémoire.

« Aussi venons-nous, Messieurs, tant au nom de sa veuve qu'au nom de sa famille et de celle de Mme Victor Grandin, vous en exprimer notre profonde gratitude et nos remerciements les plus sincères.

« Veuillez agréer, Messieurs, l'assurance de la haute considération de vos très humbles serviteurs.

« Constant GRANDIN. A. FOUQUIER.
« Elbeuf, le 24 septembre 1849 ».

En ce même temps, une souscription fut ouverte pour élever un monument à M. Victor Grandin.

La perte que notre ville venait de faire inspira un poète elbeuvien, M. J.-A. Refuveille, qui écrivit une pièce en vers : *Aux mânes de M. Victor Grandin...* (in 8° de huit pages). — Notons, en passant, que M. Refuveille fut l'auteur d'*Alain Banchart, ou le Siège de Rouen, en 1418*, drame lyrique en trois actes, musique d'Adrien Boïeldieu (1850) ; de *Les Deux Amants*, drame lyrique en trois actes (1850) ; de *Adrien Boïeldieu, sa vie, ses œuvres* (1852, in-8° de 44 pages) ; de *Qui vive ?..* (1850, in-8° de 12 pages) ; et de *Dix ans de solitude. Poésies* (1851, in 8° de 192 pages).

Le 30 août, la Chambre consultative « appréciant la perte immense que la ville venait d'éprouver par la mort prématurée de l'honorable M. Victor Grandin », prit les résolutions suivantes :

« Considérant qu'il serait d'un grand intérêt d'avoir, pour le remplacer à l'Assemblée législative, un mandataire choisi dans la ville d'Elbeuf, comme lui pénétré des besoins de l'industrie et de sa nombreuse population, délibère qu'une lettre sera adressée, par les soins de M. le président, à M. Taillet, de Rouen, pour l'engager à ne pas accueillir trop précipitamment dans le comité qu'il dirige, le choix d'un candidat, et pour laisser le temps convenable aux citoyens d'Elbeuf de s'entendre sur le choix de celui qui leur paraîtra le plus digne et le plus capable de remplir cette importante mission ».

Le 7 septembre, le ministre des Finances reçut une pétition, à l'effet d'obtenir que les fonds perçus dans le canton d'Elbeuf pour la Chambre de commerce de Rouen fussent remis à la Chambre consultative de notre ville.

Un tableau nous présente l'état de l'imprimerie à Elbeuf, à cette époque :

Etablissement Fournier : 2 presses lithographiques, 2 presses typographiques. 5 ouvriers gagnant en moyenne 2 fr. 25 par jour, 1 enfant gagnant 40 cent. — Matières premières employées par an : 2.515 fr. Produit des travaux : 10.378 fr.

Etablissement Levasseur et Barbé : 3 presses lithographiques, 2 presses typographiques. 9 ouvriers à 3 fr. par jour ; 2 enfants à 40 centimes. — Matières premières employées par an : 4.390 fr. Produit des travaux : 19.610 fr.

Le 10 septembre. M. Adrien Bérard fils déclara qu'il allait publier un nouveau journal l'*Industriel*, qui ne porterait plus le qualificatif d'*Elbeuvien*.

Le détachement du 61e régiment de ligne, alors en garnison à Elbeuf, quitta notre ville, pour Paris, le 12 septembre. La garde nationale fit le service des postes jusqu'à l'arrivée de nouvelles troupes.

Le 25, plusieurs compagnies du 1er régiment d'infanterie légère vinrent prendre garnison dans notre ville.

En ce même mois, M. Véret, juge de paix à Elbeuf, permuta avec M. Graindorge, juge de paix à Valmont.

Le président de la République nomma

M. MATHIEU BOURDON
Ancien Maire, Député d'Elbeuf

M. Mathieu Bourdon suppléant du juge de paix, en remplacement de M. V. Grandin.

En prévision de l'élection législative qui devait avoir lieu dans la Seine-Inférieure pour le remplacement de M. Victor Grandin, un comité dit de « l'Union électorale » se forma à Elbeuf. Il était composé de MM. L. Collas, Augustin Delarue, Charles Flavigny, Charles Fouré, Jules Lanseigne, Lecerf fils, Alexandre Poussin, Isidore Sèbe, A. Suchet et Henri Tabouelle.

Ce comité désigna trois citoyens pour la candidature : MM. Mathieu Bourdon fils, Théodore Chennevière et Lefort-Henry, et, le 27 septembre, procéda à un scrutin préparatoire, auquel prirent part tous les électeurs adhérant au programme de « l'Union électorale ».

Une quatrième candidature s'était produite, celle de M. Henri Quesné fils ; le Comité l'avait repoussée, parce que M. Quesné avait quitté la ville et l'industrie en 1848, et s'était lui-même fait rayer des rôles de la garde nationale. Il avait été également question de M. Alexandre Poussin, mais M. Poussin déclara par lettre qu'il déclinait la candidature.

Le scrutin préparatoire donna 791 voix à M. Bourdon, 537 à M. Th. Chennevière et 59 à M. Lefort Henry. — Le comité départemental, présidé par M. Taillet, accepta la candidature de M. Bourdon, que combattit le *Journal de Rouen*

Le scrutin eut lieu les 14 et 15 octobre.

M. Bourdon fut élu par 61.531 voix, contre 31.734 données à M. Fr. Deschamps, conseiller général pour le canton d'Elbeuf, candidat du *Journal de Rouen*, qui professait alors une ardente foi républicaine. Le canton d'Elbeuf avait donné 2 571 voix à M. Bourdon et 2.526 à M. Deschamps.

Le mercredi 24 octobre, on inhuma M. Laurent-Etienne Patallier, décédé la veille dans sa 79ᵉ année En 1792, M. Patallier était parti d'Elbeuf pour aller combattre les Prussiens, qui avaient envahi la France. Sous l'empire, il avait été chef de cohorte et avait commandé la garde urbaine jusqu'en 1814. Pendant la Restauration, on l'avait considéré comme le chef, à Elbeuf, de l'opposition constitutionnelle. M. Patallier avait, successivement ou simultanément, été membre du conseil municipal, du Tribunal de commerce, du Bureau de bienfaisance. C'était aussi l'un des fondateurs de la Société des anciens militaires.

Dans le courant du même mois, M. Lefort-Henry rédigea un rapport sur la création d'une société de secours mutuels et sur la fondation d'une caisse de retraite pour les ouvriers.

En octobre également, M. Paul Sevaistre, membre de l'Assemblée législative, informa la Chambre consultative d'Elbeuf que le gouvernement avait présenté un projet de loi tendant à faire constater les conventions entre patrons et ouvriers en matière de tissage et de bobinage, afin de faire cesser les abus et la fraude. M Lefort-Henry rédigea un rapport qui fut transmis, par M. Paul Sevaistre, à la commission de l'Assemblée législative.

Le 29, M. Paul Sevaistre vint conférer avec la Chambre consultative sur le projet de loi dont il s'agissait.

Vers le commencement de novembre, on reçut à Elbeuf, une collection d'échantillons de draps anglais et russes, laines et autres produits ou matières, envoyés par M. de Montigny, consul de France à Shang-Haï. Ces objets furent exposés pendant trois jours dans la grande salle de l'Hôtel de Ville, avec des notes y relatives.

La génération actuelle ne se fait sans doute pas une idée de la masse des eaux qui roulaient alors dans les ruisseaux de la ville ; elle pourra s'en rendre compte par cet extrait du procès-verbal de la séance municipale du 17 novembre :

« M. Charles Flavigny demande s'il n'y aurait pas possibilité de faire diminuer la profondeur de plusieurs ruisseaux, notamment ceux qui existent à l'ancienne place du Calvaire, à cause du danger qu'ils offrent à la circulation des voitures.

« M. le maire répond que l'administration n'ignore pas les inconvénients signalés et qui ne tendent qu'à s'augmenter par l'affluence des eaux que les usines alimentent continuellement, mais en présence d'une situation financière aussi chargée et des dépenses que nécessiterait un travail complet, il y a lieu d'ajourner tout projet à cet égard ».

Les rues Saint-Jean, de la République et de l'Hospice étaient également pourvues d'un très profond ruisseau central qui, nous l'avons dit déjà bien des fois, donnait cours aux eaux des fabriques et des ravines. Le public traversait ces rues au moyen de planches formant pont.

On ferma temporairement le cimetière Saint-Etienne, à dater du 1er décembre ; on inhuma dans celui de Saint-Jean seulement. Cette mesure avait été prise parce que des fosses du cimetière Saint-Etienne avaient été réouvertes prématurément et qu'il en était résulté un danger pour la salubrité publique.

Le 17, MM. Marie-Frédéric-Victor Grandin, âgé de 19 ans, et Gustave-Charles-Alexandre-Victor Grandin, âgé de 18 ans, fils de feu M. Michel-Pierre-Victor Grandin, manufacturier, chevalier de la Légion d'honneur, membre de l'Assemblée législative, et de Mme Aimée-Victorine Fouquier, furent émancipés, afin de pouvoir continuer l'exploitation de la grande usine créée par leur père.

Le produit de l'octroi qui avait été de 135.269 francs en 1848, s'éleva, en 1849, à 154.685 fr.

En l'année 1849, l'état-civil d'Elbeuf enregistra 615 naissances, 131 mariages et 679 décès. — A Caudebec, on nota 241 naissances, 51 mariages et 219 décès.

CHAPITRE XII
(1850)

Faits divers. — Le centenaire Bigotti. — L'incendie de la Vallée. — Dissolution de la garde nationale de la Londe-Orival. — Mutilation de l'Arbre de la Liberté. — Projet de monument a M. V. Grandin. — Fin de l'Ecole primaire supérieure. — Situation de la manufacture elbeuvienne. — On reparle du projet de chemin de fer.

Le 1er janvier 1850, la compagnie de pompiers offrit un sabre d'honneur à son capitaine, M. Léon Pion.

Ce même jour, la municipalité fit établir un poste de troupe de ligne place du Calvaire, au bas de la rue du Neubourg, afin d'éviter le retour de scènes de désordres, précédemment très fréquentes dans ce quartier. — Ce poste fut fermé en avril, par ordre du général Grosbon, venu pour inspecter la garnison.

Dans le courant de janvier, MM. Auguste et Yves Delalande, pour se conformer aux dernières volontés de feu M. Auguste Delalande, leur père, firent don de 8.000 fr. à l'hospice, de 500 fr. à l'Asile des vieillards et de 500 fr. au Bureau de bienfaisance.

Un décret rendu le 30, enleva aux communes de Caudebec et de Saint-Aubin une partie de leur territoire des îles Lecomte, de la Bastide, des Mottes et Capron, pour le réunir à celui d'Elbeuf, et fixa la rue Mazagran comme limite entre notre ville et Caudebec.

Pendant la première quinzaine de février, la Seine sortit de son lit et causa des dégâts assez importants. La navigation par bateaux à vapeur entre Rouen et Elbeuf fut suspendue.

Vers le milieu de ce mois, M. Gabrielli Bigotti, italien d'origine, mourut à Elbeuf, étant dans sa centième année.

Ce vieillard était un singulier type et aimable vieillard qui, dans sa jeunesse, avait parcouru une partie de l'Europe, en en apprenant les diverses langues. Sa profession était de réparer ou de vendre des baromètres; il exerça ce métier jusqu'à son dernier jour.

Il était connu dans toute notre région, qu'il habita longtemps. Son domicile préféré était l'une des roches d'Orival, où, pendant la Révolution, il avait caché des proscrits, et où encore, dans les dernières années de sa vie, il recevait de nombreux visiteurs, qu'il amusait par sa gaieté, ses histoires plaisantes, des tours d'escamotage, des chansons, ses airs de flageolet exécutés sur deux instruments à la fois. Ce brave homme fut regretté de la population elbeuvienne.

En ce même temps, le ministre fit connaître au maire d'Elbeuf que, conformément au vœu exprimé par le conseil municipal, il avait chargé M. A. Delaunay de faire le portrait de

Bonaparte, premier consul, et que ce portrait serait remis à la ville d'Elbeuf.

On conserve, au bureau de l'architecte municipal de notre ville, un beau pastel de M. J. Aubert, portant la date de 1850, que l'on pourrait intituler le *Signe de la Croix*.

On célébra le dimanche 24 février l'anniversaire de la fondation de la République. Les autorités se rendirent à l'église Saint-Jean, où l'on chanta un *Te Deum*.

Le 8 mars, les fabricants du canton d'Elbeuf se réunirent à la mairie pour examiner l'offre qu'on leur faisait de se joindre aux négociants de Rouen, afin de subventionner M. Arnaud-Tison pour une mission à l'étranger dont il était chargé.

M. Jean-Georges Bénard, ancien commissaire de police, destitué après la révolution de février 1848, fut réintégré dans ses fonctions et prêta serment, le 18 mars, comme commissaire de police, en remplacement de M. Delalonde.

Le 26, la Chambre consultative nomma M. Théodore Chennevière membre du Conseil général de l'agriculture, des manufactures et du commerce, en remplacement de feu M. Victor Grandin.

Le jeudi 4 avril, mourut dans des circonstances atroces, Mme Victor Grandin, veuve de l'ancien député.

Vers six heures du matin, elle était endormie quand une sœur de St-Vincent-de-Paul, qui passait toutes les nuits dans sa chambre, la quitta pour aller à la messe. Une demi-heure après, son frère, M. Achille Fouquier, l'entendit appeler au secours. Il se précipita dans sa chambre où il la trouva environnée de flammes : on ne sut comment le feu avait pris aux légers vêtements dont elle s'était couverte en se levant. Elle mourut dans l'après-midi. Mme veuve Grandin, née Charles-Aimée-Victorine Fouquier, n'était âgée que de 40 ans.

Le même jour mourut chez M. Graindorge des Demaines, juge de paix, Mme Sophie-Eulalie Romieu de Fonteneuf, âgée de 47 ans

Le 5, M. Lefort-Henry, président de la Chambre consultative, adressa au ministre du Commerce des observations sur les moyens de faciliter l'exportation des produits manufacturés.

Un sieur Moisseron, artiste dramatique, monta en avril 1850, un petit théâtre sur la place Lécallier.

La date du 16 avril fut marquée par l'épouvantable catastrophe du pont d'Angers qui jeta la consternation dans toute la France. — Pendant quelque temps, certaines personnes de notre ville n'osèrent plus passer sur les ponts suspendus d'Elbeuf et de Saint-Aubin, tellement elles avaient été impressionnées par la rupture de celui d'Angers, construit depuis douze ans seulement et réparé l'année précédente.

Le 22 du même mois, mourut M. Jean-Félix Lefebvre, manufacturier, âgé de 65 ans.

Le 13 mai, la Chambre consultative adressa au ministre de la Guerre un rapport tendant à faire modifier le cahier des charges relatif à l'adjudication des draps pour l'armée, de façon que les manufacturiers d'Elbeuf pussent être admis à soumissionner.

Le 16 juin, toute la population d'Elbeuf, de Caudebec et localités voisines furent mises en émoi par un immense incendie qui détruisit une partie du village de la Vallée.

Le feu s'était déclaré à 2 heures de l'après-midi, mais les pompiers de Caudebec, d'Elbeuf et de Louviers n'arrivèrent qu'une heure ou heure et demie après, et alors il y avait déjà soixante-dix-sept bâtiments détruits ou en flammes. Ils durent se borner à circonscrire le sinistre, qui ne fut éteint qu'au moyen de cidre que l'on employa en guise d'eau pour alimenter les pompes à incendie. En autres effets déplorables, ce sinistre jeta dans la misère quatorze familles d'ouvriers.

Des souscriptions furent organisées pour venir au secours de ces infortunes. Le théâtre des Variétés, alors installé sur la place Lécallier, donna à leur bénéfice une représentation des *Chauffeurs de pieds*.

Le 22, le conseil municipal vota 13.500 fr. pour l'agrandissement immédiat du cimetière Saint-Etienne, où les inhumations étaient suspendues, et vota, mais en principe seulement, l'extension de celui de Saint-Jean.

Le dimanche 30, M. Mathéo Nakar, archevêque de Nabk et Kériatim, près du mont Liban, célébra une grand'messe dans l'église Saint-Jean. Il quêtait pour la fondation d'une église syriaque à Kériatim.

M. Buée, maire, visant une circulaire préfectorale et considérant « que selon le vœu patriotique des habitants d'Elbeuf » il y avait lieu de solenniser l'anniversaire de la proclamation de la République, arrêta que le vendredi 3 mai, au soir, et le lendemain 4, au matin, les cloches seraient mises en volée ; que l'Hôtel de Ville serait pavoisé, qu'un *Te Deum* serait chanté à Saint Jean après une messe en musique, et enfin que des illuminations auraient lieu le soir du samedi.

A cette époque, les républicains d'Elbeuf et du canton étaient plus que jamais surveillés par la police, ce qui n'empêcha pas la garde nationale de la Londe et d'Orival d'élire pour son commandant M. Ferdinand Boissel, qui avait été maire de la Londe en 1848 ; mais aussitôt le *Journal d'Elbeuf* et tous les réactionnaires firent chorus pour demander le licenciement du bataillon, dont l'audace était allée jusqu'à nommer un républicain pour le commander. Le bataillon fut, en effet, licencié par décret du 23 juillet suivant.

En ce même temps, les républicains firent circuler à Elbeuf et dans les communes voisines, des pétitions contre le projet de loi sur la réforme électorale, considéré comme une violation de la Constitution. La pétition fut signée de 4.000 citoyens, tous habitants de notre canton. Elle était soutenue par le *Journal de Rouen*, organe démocratique, à cette époque.

L'emploi de maître de poste aux chevaux fut confié à Mme Ribot, le 15 mai.

M. Douyn de Mauclerc, nommé commissaire de police en remplacement de M. Michel, prêta serment le 22. — Deux agents : le brigadier Dubosc et l'appariteur Delavigne, constituaient alors, avec les commissaires, tout le personnel de la police. Ces deux subalternes furent frappés d'une peine disciplinaire, en cette même année, par le maire d'Elbeuf.

Pendant la nuit du jeudi 25 au vendredi 26 juillet, on mutila l'Arbre de Liberté planté devant l'Hôtel de Ville, malgré la présence des factionnaires de la garde nationale. Le commissaire central de Rouen, le juge de paix, la police firent des enquêtes qui amenèrent à conclure que le criminel avait profité du sommeil d'un des factionnaires pour s'approcher de l'arbre et le mutiler. Cet événement avait causé une certaine émotion en ville.

Le dimanche 18, 70 tirailleurs de la garde nationale d'Elbeuf se rendirent à la Bouille, où ils furent reçus par la garde nationale de cette commune. Ils se livrèrent à des exercices dans la prairie du Vracq, qui émerveillèrent les autorités bouillaises, lesquelles prirent part au déjeuner des tirailleurs. On n'y parla pas pas politique, mais on porta des toasts et l'on chanta.

Une seconde expédition fut faite l'année suivante par les tirailleurs elbeuviens accompagnés de la musique. Le maire de la Bouille montra une vive satisfaction de cette nouvelle visite. Un tir à la cible fut organisé, on lança une montgolfière. Un banquet suivit ; bref, au dire des contemporains, ce fut une belle journée pour la commune de la Bouille et les tirailleurs elbeuviens.

En août, M. Louis-Paul Levasseur, déjà imprimeur lithographe, reçut un brevet de typographe. Il était le neveu de M. Jean-Simon Levasseur. A noter que Louis-Paul ne savait pas lire, et que Jean-Simon savait à peine écrire.

Le 22 de ce mois, M. Isidore Sèbe fut élu président de la Chambre consultative, en remplacement de M. Lefort Henry, démissionnaire. Deux mois après, M. Chennevière fut nommé vice-président, pour succéder à M. Sèbe.

Une enquête fut ouverte, le 28 août, pour l'agrandissement du cimetière Saint-Etienne.

Le départ des compagnies du 1er régiment d'infanterie légère, tenant garnison dans notre ville, inquiéta notre administration municipale, qui n'avait qu'une confiance très relative dans l'influence de la garde nationale pour le maintien de l'ordre dans la rue

A la séance municipale du 12 septembre, M. Buée fit part de ses impressions à l'assemblée, en lui rappelant le passé et démontrant la nécessité d'une garnison. Il informa aussi le Conseil que MM. Mathieu Bourdon, membre de l'Assemblée législative, et Lescouvé, adjoint, étaient allés trouver le ministre de la Guerre pour lui demander de la troupe sédentaire. Le ministre avait répondu qu'il enverrait un bataillon entier si la ville disposait d'un casernement convenable. A la suite de cet exposé, on décida, en principe, la création d'un casernement.

Ce même jour, après avoir examiné le projet de monument à élever à la mémoire de M. Victor Grandin, le Conseil prit cette délibération :

« Considérant le vote émis simultanément, et par le conseil général du département, et par le conseil municipal de la cité à l'effet d'élever un monument à la mémoire de M. Victor Grandin ;

« Considérant que les honneurs décernés à un citoyen doivent être proportionnés à ses services ;

« Considérant la nature de ceux rendus par M. Victor Grandin, soit au département, soit à la ville d'Elbeuf, soit au pays ;

« Considérant que le vœu des souscripteurs a été d'élever à ce digne citoyen, non pas une simple pierre tumulaire, mais bien un monument civique ;

« Considérant que l'emplacement où sera

élevé ce monument devra être en harmonie avec les proportions et accessoires dudit monument ;

« Considérant qu'aucune des places publiques de la ville d'Elbeuf ne remplit ces conditions d'harmonie...

« Considérant qu'il y a lieu de choisir un emplacement qui sauvegarde la dignité du projet, ainsi que sa perpétuité ;

« Considérant que l'Hôtel de Ville d'Elbeuf n'a cessé, pendant l'existence de M. Grandin, d'être le théâtre de son zèle et de son dévouement à remplir les nombreuses fonctions qui lui ont été confiées ;

« Considérant qu'il y a convenance et dignité à choisir cet emplacement pour y perpétuer le souvenir de celui dont la perte a excité de si vifs regrets ; qu'il est regrettable toutefois que le dépôt des pompes à incendie, sis dans l'enclave de l'Hôtel de Ville, s'oppose à ce que le dit emplacement soit fixé au milieu du rectangle qui forme cet enclave, en sorte que pour le cas où ledit dépôt serait déplacé dans l'avenir, il y a lieu de décider que le monument serait reporté alors sur le point médiaire dont il s'agit ;

« Considérant que M. Tricquety, comme artiste et comme ami de la famille Grandin et Fouquier, offre toutes les garanties désirables de talent et de zèle ;

« Considérant que, si par un sentiment de délicatesse des plus honorables, M. Tricquety s'est abstenu de faire figurer au devis des dépenses prévues présentées par lui la moindre somme qui lui fut applicable, il est de toute justice de reconnaître ce généreux procédé en lui allouant un *quantum* d'honoraires ;

« Considérant que, pour égaliser les recettes avec les dépenses indiquées au devis, il y a lieu d'en compléter la différence par une somme de 600 fr.;

« Considérant que la commune d'Elbeuf tient à honneur de contribuer pour sa part de souscription à l'érection du monument Victor Grandin, en harmonisant cette dépense avec ses ressources ;

« Le Conseil décide :

« 1º Il sera fait hommage à M. V. Grandin d'un buste plus grand que nature, avec socle, bas reliefs, inscriptions et accessoires.

« 2º Ce monument, ainsi exécuté, sera placé dans la cour de l'Hôtel de Ville et adossé au mur faisant face à celui de la justice de paix, entre la salle des Prud'hommes et le bureau militaire (buste et attributions en saillie), le tout entouré de quatre bornes liées entre elles par des chaînes de fer ; de telle sorte que si les magasins des pompes à incendie venaient à être retirés de l'Hôtel de Ville, le monument put être replacé au milieu de la cour dudit Hôtel de Ville.

« 3º M. Tricquety, artiste sculpteur de Paris, sera chargé de l'exécution dudit monument et de son ensemble.

« 4º Il sera alloué à M. Tricquety une somme de mille francs à titre d'honoraires ;

« 5º Il sera ouvert au budget de 1851 un crédit de 600 fr. à titre de souscription communale ».

M. de Mauclerc, commissaire de police, venait d'être subitement frappé de destitution par l'autorité supérieure, malgré ses excellents services, reconnus par la municipalité, mais celle-ci refusa de lui allouer un mois de traitement. Son successeur à Elbeuf fut M. Benoist.

M. Letellier ouvrit une école primaire, rue de la Barrière, le 14 septembre.

Une nouvelle loi sur l'enseignement ne reconnaissant que deux espèces d'écoles primaires, fonctionnant à titre égal, il en résulta que notre Ecole primaire supérieure, dirigée par M. Le Page, cessa de recevoir des subventions de la ville, à partir d'octobre.

Le vendredi 25 de ce mois, les deux commissaires de police et la gendarmerie accompagnèrent jusqu'à la station d'Oissel, par Orival, six caisses renfermant les fusils provenant du désarmement de la garde nationale de la Londe et d'Orival. Ces armes furent dirigées sur Rouen, par chemin de fer.

La Chambre consultative, qui avait alors M. Isidore Sèbe pour président, M. Th. Chennevière pour vice-président et M. A. Poussin comme secrétaire, répondit, vers le 1er octobre, à un questionnaire qui lui avait été adressé par le ministre du commerce.

Dans cette réponse, la Chambre établit que le travail manufacturier avait été très soutenu pendant les trois premiers trimestres de l'année, et que la production avait dépassé de beaucoup celle de 1848. La position de l'ouvrier était très bonne : travail constant et vie à bon marché. Mais la vente des produits n'avait pas été satisfaisante ; l'exportation ayant fait défaut, il était resté une masse considérable de marchandises qui se vendaient à vil prix, ce qui venait d'amener un chômage partiel, et l'on craignait un manque de travail pendant l'hiver qui allait commencer.

La Chambre terminait en réclamant une

prime proportionnelle aux droits payés à l'entrée en France des matières propres à la fabrication du drap. — Les laines payaient alors 22 % à la douane, ce qui mettait notre industrie en mauvaise position à l'étranger, d'où la Belgique, l'Angleterre chassaient nos draps par leurs prix inférieurs aux nôtres. On ne les y recevait qu'exceptionnellement, quelques-uns en raison du goût qui avait toujours distingué la fabrication française ; d'autres en raison des sacrifices ruineux faits par les fabricants.

La Chambre termina sa réponse en ces termes :

« En 1848, la France a exporté beaucoup de ses produits, mais en faisant de gros sacrifices et sous l'égide de l'ordonnance du 15 juin qui accordait une surprime de 4 1/2 pour 100. C'est de cette époque que date la reprise des affaires ; c'est pendant cette période de six mois que l'équilibre du stock des marchandises s'est rétabli. Les bienfaits de cette ordonnance se sont fait sentir pendant l'année 1849. Nous avons vu renaître l'abondance, l'ordre, la confiance, dans nos villes manufacturières ; mais il a fallu peu de temps pour détruire cette position normale ; les besoins de l'intérieur une fois satisfaits, l'exportation venant à manquer, les magasins se sont emplis, les transactions se sont arrêtées forcément.

« Voilà, Monsieur le ministre, la position dans laquelle la ville d'Elbeuf se trouve aujourd'hui, et dont elle ne sortira pas d'ici à longtemps, si elle n'obtient pas une prime de 12 %, prime qui ne serait d'ailleurs que la représentation de l'excédent de prix dont ses produits sont frappés... »

Au 16 novembre, il y avait environ un an que M. Pierre-Constant Buquet, ancien desservant du diocèse d'Evreux, était retiré rue du Glayeul à Elbeuf. Une enquête fut ouverte sur sa conduite et ses moyens d'existence.

Par délibération du conseil municipal, en date du 4 décembre, les cours du soir à l'école laïque de M. Fririon furent supprimés, mais on maintint ceux de l'école des Frères.

Ce même jour, on décida d'ouvrir la Bibliothèque au public à partir du 1er janvier 1851. On vota la création d'un dispensaire à l'hospice.

M. Buée demanda le remplacement de MM. Henri Sevaistre, Leblanc et Véret, conseillers municipaux, qui avaient manqué à plus de trois séances du Conseil. L'Assemblée municipale approuva.

Le Conseil donna, le même jour, son approbation pour le prolongement de la rue de Seine, et celui de la rue Robert jusqu'à son point de rencontre avec la rue Bourdon prolongée alors projetée.

Le 4 également, on installa dans ses fonctions M. Laporte, nommé préposé en chef de l'octroi d'Elbeuf.

M. A. Morin fut nommé bibliothécaire de la bibliothèque municipale, aux appointements de 300 fr. par an, le 14 décembre, et M. Laurent Patallier reçut le titre de bibliothécaire honoraire.

Dans la séance municipale du 18, le maire exposa qu'il était question de remettre en évidence l'ancien projet de chemin de fer de Cherbourg à Paris, avec embranchement sur Rouen passant par Elbeuf, et donna la parole à M. Tabouelle.

Celui-ci dit que, s'étant trouvé à Paris, il

avait été invité à se rendre auprès de M. Lefebvre Duruflé, pour conférer sur ce projet A la suite de cette entrevue, un rendez-vous avait été pris au domicile de M. Letellier, auteur du projet.

Là s'étaient trouvés réunis MM. Bourdon, Lefebvre-Duruflé, M. Quesné et lui-même. M. Letellier avait montré le plan de la ligne par Elbeuf, et il avait été décidé que chacun s'employerait pour le succès du projet, dans le cas où M. Letellier réussirait à réunir les capitaux nécessaires à cette entreprise.

Le conseil municipal nomma immédiatement une commission dite du chemin de fer, composée de MM. Tabouelle, Lefort-Henry et Th. Chennevière.

Dans la soirée du 29 décembre, le vapeur l'*Elbeuvien*, qui revenait de Rouen, aborda, en face de Bédane, l'*Amiral Duperré*, remorqueur de la Compagnie parisienne. Les deux vapeurs éprouvèrent de très graves avaries.

Les séances du conseil de discipline de la garde nationale se tenaient très régulièrement et il en fut de même jusqu'à la guerre de 1870. De nombreuses et sévères condamnations étaient prononcées. Nous citerons à titre d'exemple, qu'en l'année 1850, 139 hommes du 1er bataillon et 172 hommes du 2e furent condamnés à des peines d'emprisonnement variant de 4 heures à 72 heures ; les plus nombreuses étaient à 24 et 48 heures Un garde fut même condamné à 120 heures, pour refus successifs de service ; cette affaire fut portée jusque devant la Cour de cassation, ainsi que d'autres du même genre.

Le bureau de l'état-civil enregistra en 1850 : 621 naissances, 157 mariages et 450 décès.

CHAPITRE XIII
(janvier-octobre 1851)

La fraction républicaine du conseil municipal est remplacée. — Mort de M. Henri Sevaistre ; ses libéralités. — La ville vote 100.000 francs pour le chemin de fer de Serquigny. — Recensement. — Vote de 280.000 francs pour une caserne. — — Un miracle. — Erection du calvaire Saint-Auct. — L'affaire de la Caisse d'épargne. — Un homme enterré vivant. — Incendie Victor Grandin ; trois millions de pertes. — Fin de la garde a cheval. — M. Lefebvre Duruflé.

Un arrêté préfectoral, daté du 23 janvier 1851, déclara M. Leblanc démissionnaire du conseil municipal, et convoqua les électeurs des sections B, C et E (Hôtel de Ville, Est et Ouest) pour le 9 février suivant, afin de lui donner un remplaçant et remplacer aussi MM. Henri Sevaistre, Aroux, Dautresme, Elie, Lenormand, Decamps et Véret, tous démisssionnaires.

MM. Antoine Vallon, Juste-Pierre Flahaut et Jean-Baptiste Rollet, détenus politiques sortis de la prison de Belle-Isle-en-Mer, arrivèrent à Elbeuf vers le 11 février, après leur libération. Inutile d'ajouter que la police les surveilla.

Le 18 février, M. Pierre-Alexandre Grandin de l'Eprevier donna au Bureau de bienfaisance une grande maison sise rue Saint-Jean, pour servir à l'établissement d'une demeure fixe pour les vieillards indigents.

Vers ce même temps, les héritiers de M. Hyppolite Dézaubris, pour se conformer aux dernières volontés du défunt, remirent à la mairie une somme de 40.000 fr. destinée, par quarts, à l'Hospice, à la Bienfaisance, à la Maternité et à la Providence.

Le 24, l'anniversaire de la révolution de 1848 fut célébré par un service funèbre en mémoire des victimes et par un *Te Deum*, auxquels assistèrent les autorités de la ville.

Une élection municipale complémentaire fit entrer au Conseil MM. Aug. Delarue, Louis Delaunay, Victor Papavoine, Joseph Colvée, Pierre Hervé, Alphonse Martel, C. Grandin et Edouard Turgis, élus sans concurrents, qui furent installés dans la séance du 25 février. M. Edouard Delarue, également élu, n'accepta pas les fonctions que les électeurs voulaient lui confier.

Le même jour, le Conseil engagea le maire à demander que notre ville ne fût plus comprise dans un privilège théâtral. Les membres du Conseil avaient été portés à agir ainsi à cause de l'abandon du théâtre par M. Lambert, alors directeur privilégié. Pendant cet abandon, la célèbre Déjazet et le comique Ravel vinrent donner sur notre scène des représentations qui firent sensation.

Le 26 février, notre population fut vivement émue en apprenant que l'on avait retiré de la Seine, en face la rue Victor-Grandin, vers huit heures du matin, le corps de M. Pierre-Henri Sevaistre, ancien maire d'Elbeuf et ancien député de la Seine Inférieure. Le défunt n'était âgé que de 50 ans. Il était frère de M. François-Mathieu Sevaistre, maire de Bec-Thomas et colonel de la garde nationale d'Elbéuf, et de M. Louis-Paul Sevaistre représentant du peuple à l'Assemblée législative pour le département de l'Eure, tous deux demeurant à Elbeuf.

Par son testament, M. Pierre-Henri Sevaistre avait légué, tous frais de mutation payés : 1.500 fr. de rente à l'hospice de notre ville, 1.500 fr. de rente au Bureau de bienfaisance, 1,500 fr. de rente à l'Asile des jeunes enfants, 1.500 fr. de rente à la Providence et 1.500 fr. de rente pour la création d'une Crèche, soit, au total, 7.500 fr. de rente à ces divers établissements de bienfaisance. La libéralité de M. Henri Sevaistre est la plus belle de toutes celles que les annales de notre ville enregistrèrent. En souvenir, quand la Crèche fut créée, on la plaça sous l'invocation de saint Henri, patron de son fondateur.

Outre ces donations, M. Henri Sevaistre légua 150.000 fr. aux pauvres du département de l'Eure, et 10.000 fr. à ceux de la ville de Bernay.

Au 21 mars 1851, le Tribunal de commerce était composé de MM. Ch.-H. Lizé, président ; I. Lecerf, V. Barbier, Jean-Louis Lemaître, Philippe Aubé, juges ; Hyacinthe Martin, Lescouvé, Morel Beer, Charles Houllier fils, suppléants ; tous furent installés ce même jour.

A cette occasion, M. Lizé prononça un discours, dont voici quelques extraits :

« Messieurs ; la session qui finit a été ce qu'elle présageait devoir être, venant après celle de 1848 ; le calme succède toujours à l'orage. Mais souhaitons que le souverain dispensateur de toutes choses n'ait pas voulu ménager nos forces pour d'autres épreuves ; souhaitons que la session que nous ouvrons aujourd'hui, et qui doit voir naître 1852, n'ait point à enregistrer le dernier mot d'un temps mauvais, quoique heureusement traversé jusqu'alors, et, si Dieu nous exauce, nous lui devrons une grâce de plus.

« Le seul fait saillant qui marqua cette session fut la retraite prématurée de notre dernier président, retraite déplorable dans sa cause, suivie d'effets plus déplorables encore ».

Ce discours, très long, rempli d'excellents conseils, fut commenté par différentes personnes, plusieurs années après, à propos d'une importante affaire particulière, dont tous les vieux Elbeuviens se souviennent.

Le Conseil municipal décida, le lendemain 22, d'acheter pour le prix de 1.200 fr. une collection du *Moniteur officiel* relié.

Dans la même séance, le Conseil, considérant que la loi du 21 juin 1846 avait prescrit l'établissement d'un chemin de fer de Paris à Cherbourg, par Evreux et Caen avec embranchement sur Rouen, décida de réclamer auprès du Gouvernement et des pouvoirs l'exécution de ce projet.

Quelques jours après, la ville de Rouen vota une somme de 400.000 fr. à la compagnie qui entreprendrait cette ligne.

La commission municipale du chemin de

fer chargea M. Tabouelle de faire un rapport sur le projet de la ligne de Rouen à Serquigny; ce rapport fut lu au Conseil le 14 avril.

Après avoir rappelé la subvention votée par la ville de Rouen, le rapporteur se demanda n'y avait pas lieu, pour la ville d'Elbeuf, de suivre cet exemple :

« La ville d'Elbeuf doit-elle, par un vote de fonds, témoigner de sa préférence en faveur du chemin de fer direct de Paris à Cherbourg, avec embranchement de Serquigny à Rouen ?

« ... La compagnie qui se présentait en 1846, pour faire le chemin de Cherbourg et notre embranchement, s'est trouvée dissoute par la crise financière de 1847 et les événements de 1848 ; le projet a donc forcément sommeillé... »

Le rapport concluait à voter une subvention de 100.000 fr. en faveur de la compagnie, mais particulièrement applicable à l'embranchement de Serquigny à Rouen.

Un membre observa que cette subvention ne serait versée qu'autant qu'une station serait établie sur le territoire d'Elbeuf.

M. Tabouelle, rapporteur, répondit que l'affirmative ne pouvait être l'objet d'un doute ; que cela résultait évidemment des tracés et du calque adressé par le préfet — Les conclusions du rapport furent votées à l'unanimité.

Le 1er mai, on termina les opérations du recensement de la population ; en voici les résultats :

4.306 garçons, 3.675 hommes mariés, 294 veufs ; 4 660 filles, 3.714 femmes mariées, 885 veuves, soit au total 17.534 habitants, sur lesquels 244 habitaient les trois hameaux et 67 l'hospice ou la maison de vieillards.

Etaient compris dans ce recensement 123 étrangers, dont 43 Belges, 28 Allemands, 27 Suisses, 8 Prussiens, 5 Anglais, 4 Italiens, 3 Espagnols, 2 Autrichiens, 1 Portugais, 1 Hollandais et 1 Hongrois.

On compta seulement 32 protestants et 27 israélites.

La population de la paroisse Saint-Jean était de 11.652 habitants et celle de Saint-Etienne de 5.882.

Il y avait 7 aveugles, 9 borgnes, 1 sourd-muet, 6 sourds, 21 paralytiques, 3 épileptiques, 3 aliénés à domicile, 8 idiots et 69 autres infirmes.

Aucun homme n'était âgé de plus de 79 ans ; il y avait 8 femmes nonagénaires dont deux de 96 ans. — L'âge qui comptait le plus d'habitants était 31 ans ; il y en avait 523.

Le 4 mai, on fêta le deuxième anniversaire de la fondation de la République ; le programme était celui de l'année précédente.

La Chambre consultative désigna, le 23, MM. Zacharie Deboos, ouvrier de fabrique, comme délégué à la grande exposition de Londres.

Un certain nombre de manufacturiers de notre cité avaient envoyé divers produits à cette exposition, mais leur nombre n'était pas en rapport avec l'importance industrielle de notre ville, et dans l'ensemble, Elbeuf ne fut que médiocrement représenté.

M. Ch. Lizé, président du Tribunal de commerce, proposa à ses collègues, le 18, d'adopter une pétition à l'Assemblée législative, conçue en ces termes :

« Arrivés au terme où la Constitution peut légalement être revisée, nous venons nous joindre à ceux qui, justement effrayés de la crise qui pèse sur les affaires commerciales, vous adjurent de ne plus attendre pour y mettre un terme ; car le chômage engendre la misère, et la misère le désordre.

« Permettez donc, Messieurs, que le Tribunal de commerce d'Elbeuf, confiant dans votre patriotisme et vos lumières, vous supplie de décider que la Constitution sera revisée ».

Deux membres du Tribunal s'abstinrent, les autres apposèrent leur signature au bas de cette pétition.

Le même jour, le conseil municipal vota 280.000 fr. pour la construction d'une caserne rue Tournante, près de l'Ecole primaire et de l'Asile, et un emprunt de pareille somme pour faire face à la dépense. Dans la pensée du Conseil, cette caserne devait être en façade sur la rue dite de grande jonction, depuis longtemps projetée entre les rues de l'Hospice et du Neubourg.

Sur la demande de la société des Anciens militaires, le Conseil vota une concession gratuite dans le cimetière Saint-Jean, pour y déposer les restes de M. Cauchois, ancien chef d'escadron.

Vers le commencement de juin, la Chambre consultative adressa cette pétition à l'Assemblée législative:

« Messieurs ; les agitations politiques, même passagères, furent toujours nuisibles à l'industrie. La Constitution qui nous régit tend à les rendre permanentes, et, de là, manque de confiance, tarissement des sources du travail, misère pour la population.

« Une telle situation conduit à de graves désordres. Il dépend de vous, Messieurs, d'y porter obstacle. Justement alarmée de leurs conséquences, la Chambre consultative des arts et manufactures du canton d'Elbeuf vous demande respectueusement de décider que la Constitution soit revisée ».

Le mardi 3 juin, notre ville fut mise en émoi par un miracle.

Un nommé Charles-Julien Capron, âgé de 22 ans, demeurant rue St-Jean, venait d'être guéri d'une paralysie qui l'empêchait de marcher depuis deux ans ; ce miracle était dû à l'efficacité merveilleuse de la fontaine Sainte-Clotilde de Pasquier.

Capron racontait à ceux qui l'avaient attendu à la porte de l'église Saint-Jean, où il était entré faire sa prière, qu'après être sorti de la fontaine, il s'était senti guéri, et qu'aux cris de joie qu'il avait poussés, plus de huit cents personnes qui se trouvaient dans les environs étaient accourues et avaient formé un immense cortège pour le conduire à l'église Saint-Germain de-Pasquier, où le curé, après avoir chanté un *Te Deum*, avait constaté dans un procès-verbal ce qui venait de se passer.

Cependant, le lendemain mercredi, il fut obligé de garder le lit, se plaignant de faiblesses ; mais il les attribuait à sa fatigue de la veille. Trois semaines après, il mourut des suites de son bain froid.

A cette époque, les amateurs de drames, comédies, vaudevilles et opéras-comiques étaient comblés d'aise ; on jouait, en effet, au théâtre municipal, au cirque de la rue Lefort et au théâtre des Folies-Dramatiques, établissement monté depuis l'année précédente.

Le calvaire de la côte Saint-Auct fut érigé un dimanche, par un temps pluvieux, sous la

INAUGURATION DU CALVAIRE SAINT-AUCT
(Reproduction d'une lithographie de l'époque)

présidence de l'archevêque de Rouen et avec le concours du clergé des deux paroisses d'Elbeuf, de Saint-Aubin, de Caudebec et d'Orival.

A midi et demie, le cortège partit de l'église Saint-Etienne ; on avait formé quatre sections d'ouvriers pour porter le Christ, en fonte, qui pèse 350 kilog. Deux compagnies de garde nationale et la musique assistaient également à cette cérémonie. Sur le parcours, plusieurs arcs de triomphe avaient été construits. La foule qui formait la haie ou s'était rendue sur la côte était innombrable.

Une inscription placée sur le côté du piédestal tourné vers la forêt est ainsi conçue : « Ce calvaire a été érigé par M. Blanquart de Bailleul, archevêque de Rouen, le 20 juillet 1851, en mémoire de la chapelle de Saint-Auct et Saint-Félix, et par les pieuses libéralités des fidèles ».

Vers la fin du mois, on plaça dans le salon de réception de l'Hôtel de Ville, le *Bonaparte* en pied peint par M. Amable Delaunay.

Depuis quelque temps, notre ville était sous l'impression d'un déficit considérable causé à la Caisse d'épargne par un caissier infidèle. Dans la séance du 22 août, il fut lu un rapport donnant des explications sur les moyens et manœuvres frauduleuses employés par cet individu pour tromper la confiance des directeurs.

Après discussion, le Conseil déclara le déficit de cette caisse réputée communale ; il s'élevait à 48.626 fr.; mais les fonds du compte de dotation et ceux du compte de réserve réduisirent à 40.766 fr. la somme que la ville aurait à rembourser.

L'auteur de ces malversations n'était autre

que le sieur Victor Ménage. On réorganisa la Caisse et l'administration prit des mesures pour que pareil fait ne se renouvelât pas par la suite des temps.

Le lundi 1er septembre, vers une heure de l'après-midi, un ouvrier maçon, nommé Lambert, demeurant à Orival, fut enterré vivant à quinze mètres de profondeur, dans un puits auquel il travaillait, hameau de la Haline à Caudebec.

Quand son frère, qui lui-même s'apprêtait à descendre dans ce puits, s'aperçut de l'accident, il courut chercher des secours, mais presque tous les habitants du village étaient partis à la foire Saint-Gilles, et il s'écoula un temps très long avant qu'on put commencer des travaux de sauvetage.

On travailla toute la nuit; soixante ouvriers courageux se relayaient d'heure en heure ; mais ce ne fut que le soir du mardi, vers cinq h.ures, que l'on retrouva le cadavre du malheureux Lambert, sans toutefois pouvoir le remonter. Il resta donc au fonds du puits, d'où le génie militaire ne parvint à le retirer qu'onze jours après.

Cet événement impressionna vivement la population de Caudebec, d'Elbeuf, d'Orival et des environs et jeta la tristesse sur les deux premiers jours de la foire, qui fut marquée par une seconde catastrophe.

Le 5, vers sept heures du soir, le bruit se répandit en ville qu'un violent incendie venait d'éclater dans le grand établissement Victor Grandin, rue Notre-Dame. En effet, une colonne de fumée et bientôt des flammes que la baisse du jour rendait plus apparentes, étaient **aperçues** d'une grande distance.

L'intensité du feu devint telle que de gros morceaux de bois enflammés retombaient au loin ; des flammèches voltigeaient sur toute la ville et jusque dans le Champ-de-foire; un grand nombre de personnes étaient montées sur les toits de leurs habitations pour les éteindre.

Pendant ce temps, l'incendie gagnait de proche en proche, détruisant la majeure partie de l'établissement Grandin, la fabrique de M. Bréard, une maison appartenant à la ville et déjà entamait l'autre côté de la rue Notre-Dame.

Ce ne fut que vers six heures du matin que l'on se rendit maître du feu ; mais les dégâts s'élevaient à la somme de trois millions de francs environ. L'établissement Grandin était assuré pour 1.495.000 fr.; l'usine Bréard, exploitée également par M. Grandin, pour 40.000 francs et la maison de la ville pour 30.000 fr.

M. Buée, maire d'Elbeuf, fut blessé au bras par la chute d'une poutrelle ; M. Lescouvé, adjoint, reçut une blessure au pied droit ; M. Laurents, lieutenant-colonel de la garde nationale, tomba dans une cave ; enfin un ouvrier fut également blessé pendant le travail d'extinction. Parmi ceux qui se distinguèrent le plus durant ce sinistre, on cita le citoyen Leprêtre, socialiste, demeurant à Caudebec. M. Sarachaga, réfugié espagnol, ancien lieutenant-colonel dans l'armée de don Carlos, et l'abbé Bonté, vicaire de Caudebec.

Inutile de dire que les pompiers des communes voisines apportèrent leur concours pour combattre cet immense incendie ; ceux de Rouen même arrivèrent, mais le matin seulement, sur les lieux du sinistre qui venait de détruire un établissement qui passait pour être sans rival en France, et laissait sans travail 1.500 ouvriers.

Le 7, le maire d'Elbeuf adressa une proclamation à ses concitoyens, signée de M. Lefort-Henry, secrétaire d'un comité de secours qui s'était immédiatement formé.

La société chorale la *Renaissance*, de Rouen, organisa un concert au bénéfice des victimes de cet affreux désastre ; les théâtres de Rouen en firent autant Louis Bonaparte, président de la République, envoya 500 fr., M. Charvet 200 fr., M. Lambert père 500 fr., M. Biennaimé 100 fr., M. Mathieu Bourdon 300 fr , les ouvriers de M. Duchesne Fournet, à Lisieux, 146 fr.; la société d'ouvriers la *Fraternelle*, d'Orléans, 226 fr.; les patrons et ouvriers de l'usine Scrive frères, de Quevilly, 647 fr.

La ville de Rouen, désirant donner une preuve de sa vive sympathie pour sa voisine affligée, vota une somme de 3.000 fr.; M. Brière, directeur du *Journal de Rouen* envoya 2.200 fr., produit d'une souscription recueillie par ses soins; des habitants de Blosseville-Bonsecours adressèrent 121 fr.; la ville de Fécamp 300 fr.; le département 3.000 fr.

Bref, notre municipalité eut bientôt à sa disposition une somme relativement importante qui lui permit de secourir les ouvriers restés sans travail.

On discuta au Conseil, le 8 septembre, sur le maintien de la cavalerie de la garde nationale, dont la suppression était demandée par le colonel Sevaistre.

M. Lefort-Henry exposa que le garde à cheval n'avait jamais été un corps sérieusement organisé à Elbeuf ; que sur 30 au 40 inscrits au contrôle, une dizaine à peine possédaient un cheval en propre ; que dans les dernières années cette cavalerie n'avait qu'une organisation factice, puisqu'elle ne se maintenait que par les sacrifices pécuniaires de M. Sallambier.

M. Papavoine fit ressortir combien les scandaleux exemples d'indiscipline et d'inexactitude dans le service de la garde à cheval pourraient avoir de résultats fâcheux pour la légion entière, si cette cavalerie était tolérée plus longtemps.

Bref, la garde à cheval fut condamnée à disparaître par 13 voix contre 2.

L'incendie de l'établissement Victor Grandin devait avoir un écho au conseil municipal, qui vota une somme de 5 000 fr. pour augmentation et réparations de seaux, de boyaux, haches, crocs, échelles, cordages, etc. — On décida en outre d'attendre la fin de la souscription publique pour voter une somme destinée à donner des secours aux ouvriers sans travail des établissements Grandin et Bréard.

Le 10, il fut procédé à l'élection des membres de la Chambre consultative. MM. Isidore Sèbe, Isidore Lecerf fils, Laurent Collas et Léon Chauvreulx furent élus pour la période finissant en 1852 ; M. Augustin Delarue, Ch. Fouré, Th. Chennevière et Aug. Lefort pour la période finissant en 1854. — M. Chauvreulx n'accepta pas le mandat qui lui était donné. — MM. Alexandre Poussin, Ch. Flavigny, Achille Suchetet et Edouard Turgis furent maintenus pour une durée d'un an.

Un de nos concitoyens attirait alors particulièrement l'attention par l'importance qu'il avait prise auprès du président de la République. Nous voulons parler de M. Lefebvre-Duruflé. Voici la notice que le Grand Dictionnaire lui a consacrée :

« Noël-Jacques Lefebvre-Duruflé, manufacturier et homme d'Etat français, né à Rouen, en 1792. Il suivait, en 1811, les cours de l'Ecole de droit, à Paris, quand il publia une *Lettre de Nicolas Boileau à M. Etienne*, dont l'auteur des *Deux gendres* le remercia en le faisant entrer au ministère d Etat.

« Ayant perdu cet emploi sous la Restauration, M. Lefebvre se jeta dans les rangs de l'opposition, et concourut à la fondation du *Nain jaune* et de la *Minerve*. En 1822, le journaliste, devenu le gendre et l'associé de M. Duruflé, riche manufacturier d'Elbeuf, renonça momentanément à la politique pour se livrer entièrement à l'industrie.

« Sous le règne de Louis-Philippe, il se présenta à diverses reprises, mais sans succès, comme candidat de l'opposition dans l'Eure. Après la Révolution de 1848, il ne fut point élu à l'Assemblée constituante ; mais, en 1849, les électeurs de l'Eure l'envoyèrent à la Législative, où il vota avec la majorité réactionnaire et appuya la politique de l'Elysée.

« Appelé, le 23 novembre 1851, au ministère du Commerce, il prit en janvier suivant, le portefeuille des Travaux publics, qu'il résigna six mois plus tard, pour entrer au Sénat, et il fut nommé, en 1862, grand officier de la Légion d'honneur.

« Rendu à la vie privée par la Révolution du 4 septembre 1870, M. Lefebvre-Duruflé se lança de nouveau dans les affaires, et devint, en 1872, président du conseil d'administration de la Société industrielle ; mais dès le commencement de l'année 1873, cette société tomba en déconfiture. Arrêté au mois de février, M. Lefebvre-Duruflé fut mis en liberté provisoire sous caution, en attendant que l'affaire fût portée devant les tribunaux. Le 2 décembre suivant, il fut condamné à 10.000 francs d'amende. Le tribunal de commerce de Paris le condamna, en outre, avec ses coaccusés, à payer au syndic de la faillite de la Société une somme de 250.000 fr. Enfin, il fut exclu de l'ordre de la Légion d'honneur. Il mourut à Pont-Authou, le 3 novembre 1877.

« M. Lefebvre-Duruflé a laissé divers écrits: *Tableau historique de la Russie* (1812); l'*Almanach des Modes* (1814-1817); *Zirphile et Fleur de Myrthe* (1817), opéra-comique en deux actes; l'*Hermite en province* (1824 1827); *Ports et côtes de France de Dunkerque au Havre* (1831, in-4º); *Considérations sur la nécessité de donner en France un nouvel essor au commerce* (1843); des traductions de romans anglais: le *Colon de Van Diemen* (1818, 3 vol. in-12), et la *Bourse de Londres* (1854, in-18) etc. ». — Citons, en outre: *Eaux et Rivières et Navigation de la Seine* (1849), et *Une nuit de Gustave Wasa ou le Butelier suédois* (1827) opéra-comique en deux actes.

CHAPITRE XIV
(NOVEMBRE DÉCEMBRE 1851)

Elbeuf a l'Exposition de Londres. — Découverte de poudre et de balles ; arrestation. — Le coup d'Etat du 2 Décembre ; Elbeuf est mis en état de siège ; craintes de la municipalité ; demande de troupes ; nouvelles arrestations ; adresse a Louis Bonaparte. — Félicitation a la garde nationale. — Le plébiscite. — Statistique.

Pendant la session de novembre, M. Lefort-Henry pria l'administration de faire placer six passerelles sur le ruisseau de la rue St-Jean, afin de faciliter la traversée de cette rue.

Après un exposé de M. Tabouelle, qui craignait le retour d'une insurrection locale, à cause de la présence d'étrangers dont plusieurs « cherchaient à travailler la population et à exciter l'animadversion des habitants les uns contre les autres », décida qu'une démarche serait faite aux ministères de la Guerre et de l'Intérieur, à l'effet d'obtenir une garnison de deux ou trois compagnies de ligne.

Le Conseil adressa des remerciements et des

félicitations à M. Aubert, artiste peintre, qui venait d'offrir à la ville son tableau *Une arène*.

M. Lefebvre, curé de Saint Etienne, avant de quitter notre localité, fit remise à la ville de l'Ecole des Frères, fondée par lui impasse Chefdrue, au moyen d'une souscription dans sa paroisse. Il émit le vœu que les classes de cette école fussent toujours dirigées par des Frères de la doctrine chrétienne.

Un temple protestant clandestin existait alors dans notre ville. Le préfet pria le maire, par lettre du 12 novembre, d'inviter le pasteur à lui adresser une demande tendant à obtenir l'autorisation de réunir ses coreligionnaires dans le lieu choisi par lui.

Le 25, le président de la République distribua les récompenses aux exposants français à Londres. Dans cette cérémonie, MM. Th. Chennevière et C. Randoing, manufacturiers de notre ville, furent promus au grade d'officier de la Légion d'honneur.

La maison Parnuit et Dautresme, fabricants à Elbeuf, figurait sur la liste des récompenses.

Toute la police d'Elbeuf et de Caudebec fut sur pied le 23 novembre, qui était un dimanche. Un cultivateur de Caudebec, en se promenant dans son champ, s'aperçut que la terre avait été remuée sur un espace de deux mètres. Croyant qu'un cadavre avait été enterré là, il alla trouver M. Henri, commissaire de police de cette commune, qui se rendit sur le lieu avec un ouvrier muni d'une bêche.

Mais au lieu d'un corps humain, on trouva dans ce champ 48 bouteilles remplies de poudre. Aussitôt, on prévint M. Zouin, maire, le commissaire de police d'Elbeuf, la gendarmerie et le parquet.

Le procureur de la République et le juge d'instruction n'arrivèrent que le soir ; mais en attendant leur présence, on avait continué les recherches et trouvé, à 200 mètres des bouteilles, un long tuyau de poêle dans lequel étaient entassés des paquets de poudre, de cartouches et des balles.

A son arrivée, le parquet fit augmenter le poste de garde nationale de l'Hôtel de Ville et prit des dispositions pour procéder à des perquisitions tant à Elbeuf qu'à Caudebec. Toute la population était sur pied et commentait vivement et avec une certaine inquiétude les découvertes qui venaient d'être faites.

Dans deux maisons, on saisit des fusils et des pistolets, des balles et du plomb. Le lendemain matin, on perquisitionna chez M. Rennesson fils, à Caudebec, chez lequel on trouva 1º du papier semblable à celui qui avait servi à confectionner les cartouches ; 2º un tuyau de poêle s'adaptant parfaitement à celui trouvé dans les champs ; 3º une toile semblable à celle dont on s'était servi pour boucher les extrémités de ce tuyau ; 4º une paire de pistolets. M. Rennesson fut arrêté, ainsi que MM. Gautier fils et Modeste Touzé, de Caudebec.

Dans la nuit du lendemain mardi, le tocsin jeta l'épouvante dans de nombreux esprits, qui songeaient encore à l'affaire de Caudebec. La cause de l'alarme était un incendie qui avait éclaté chez M. Louis Martin, rue du Marché, à Elbeuf. Les pertes s'élevèrent à environ 90.000 francs.

Le coup d'Etat du mardi 2 décembre fut connu à Elbeuf à deux heures de l'après-midi, par un télégramme annonçant la dissolution de l'Assemblée nationale.

En l'absence du maire, qui n'était pas encore revenu de Paris, où il s'était rendu la veille, pour affaires relatives aux intérêts de la ville, MM. Lescouvé et Rocheux, adjoints, donnèrent des ordres et prirent des dispositions pour que la tranquillité ne fut pas troublée. La dépêche suivante fut affichée :

« Le repos de la France était menacé par l'Assemblée ; elle a été dissoute. Le président fait un appel à la Nation ; il maintient la République et remet loyalement au Pays le droit de décider de son sort.

« La population de Paris a accueilli avec enthousiasme cet événement devenu indispensable ».

Dans la soirée, un des substituts du procureur de la République arriva à Elbeuf et s'établit en permanence à l'Hôtel de Ville.

M. Hochon, capitaine de gendarmerie, prit le commandement de notre ville, mise en état de siège.

Quand arriva la voiture du dernier train de chemin de fer, un nombre considérable de personnes remplissaient la rue de la Barrière. On fit lecture du supplément du journal *la Patrie;* cette lecture fut suivie des cris de : « Vive la République ! » Un seul auditeur cria : « A bas Napoléon ! »; on le mit aussitôt en état d'arrestation.

Cette autre dépêche fut affichée :

« Le président de la République vient de passer en revue divers régiments qui se trouvent échelonnés depuis l'Elysée jusqu'aux Tuileries. Partout sur son passage, le prince a été accueilli par les cris de : « Vive Napoléon ! Vive le président ! Vive la République ! Vive le suffrage universel ! »

« Le plus grand ordre règne partout ».

A minuit et demie, aucune nouvelle n'arrivant plus, les rassemblements se dispersèrent. Le lendemain, on afficha le décret annonçant que l'Assemblée nationale était dissoute, que le peuple français était convoqué dans ses comices du 14 au 21 décembre, que l'état de siège était décrété dans toute la première division militaire et que le Conseil d'Etat était dissous.

On apprit également que deux cents représentants du peuple étaient arrêtés, notamment les généraux Lamoricière, Cavaignac, Changarnier, Charras, Bedeau et autres, et que des barricades se formaient à Paris. On annonçait encore que quatre des députés de la Seine-Inférieure étaient emprisonnés au Mont-Valérien : MM. Germonière, Vitet, Martin de Villers et Adolphe Thiers.

Le *Journal de Rouen* protesta contre le coup d'Etat, mais le *Journal d'Elbeuf*, qui jusque-là avait mené une campagne contre le président Louis-Napoléon, au profit d'une restauration royaliste, se fit bonapartiste.

Le général Gudin commandant la subdivision de Rouen, prit un arrêté, le 4, interdisant toutes réunions politiques, publiques ou privées.

Ce même jour, de nouvelles barricades s'élevèrent à Paris et le sang coula.

On afficha un nouveau décret du président convoquant les électeurs à un plébiscite pour se prononcer sur ce point :

« Le peuple français veut le maintien de l'autorité de Louis-Napoléon Bonaparte et lui délègue les pouvoirs nécessaires pour établir une Constitution ».

Le vote devait avoir lieu par *oui* ou par *non*, dans les journées des 20 et 21 décembre.

Le 5, M. Buée, maire, écrivit au préfet :

« La ville est toujours tranquille ; cependant on s'aperçoit qu'un mot d'ordre a dû être donné par les émissaires du parti démagogique, car l'esprit n'est plus le même dans la classe ouvrière. Elle avait d'abord accueilli favorablement les mesures prises par M. le Président de la République, tandis que maintenant elle manifeste de la défiance pour le mode de votation. Elle trouve qu'il ne lui laisse pas son indépendance. — On reconnaît là la funeste influence des hommes de désordre. J'ai fait répandre votre dernière dépêche. Du reste, on est au courant de ce qui se passe à Paris, et bien que les ouvriers soient assez disposés à l'exagération, les fausses nouvelles ne se propagent pas toujours à Elbeuf avec succès ».

Ce même jour, à 11 heures du soir, le maire adressa cette seconde lettre au préfet :

« D'après les avis qui m'étaient parvenus de tentatives d'invasion, je m'étais mis en demeure de les réprimer ; mais voici qu'une communication vient de m'être adressée par le commissaire de police de la Londe, qui m'annonce qu'une insurrection va éclater et qu'elle doit commencer par l'incendie...

« Je viens de donner des ordres pour réunir la garde nationale, nous sommes disposés à agir rigoureusement, mais je crains que nos forces ne soient pas assez considérables. Veuillez aviser, je vous prie, Monsieur le préfet, de nous venir en aide sans aucun retard ».

Par le même courrier, le maire envoya une lettre, à peu près identique à celle que l'on vient de lire, au général commandant la subdivision militaire, qui, le lendemain 6, fit partir pour Elbeuf une des compagnies du 2ᵉ régiment de ligne en garnison au Havre, et deux autres compagnies de la garnison d'Evreux.

M. Turgis rapporte qu'après le coup d'Etat, les esprits étaient en fermentation à Elbeuf. Des rassemblements se formaient chaque jour et l'on risquait quelques cris : « Vive la République démocratique et sociale ». Un piquet de garde nationale était en permanence à l'Hôtel de Ville, et de nombreuses patrouilles se succédaient dans la ville.

Le calme semblait se rétablir quand, le 6 décembre, au soir, le colonel Sevaistre reçut des rapports de gardes forestiers l'informant que les émeutiers avaient pris le parti de mettre le feu à la ville. Le signal devait être quelques bottes de paille qu'on allumerait, au moment d'agir, au pied du calvaire de la côte Saint-Auct.

Le colonel réunit 1.800 hommes de garde nationale devant l'Hôtel de Ville, des patrouilles circulèrent durant toute la nuit, dans tous les quartiers, et les projets des émeutiers furent déjoués.

Voici plus amplement et dans quels termes le *Journal d'Elbeuf* rapporta ces événements dans son numéro du dimanche 7 :

« Même calme dans la cité, et mêmes dispositions dans les esprits pour maintenir l'ordre.

« Il est vrai que des incidents sérieux se sont produits depuis avant-hier ; mais, tout en excitant la curiosité, ils n'ont fait que confirmer, dans toutes les classes de la population, la résolution de respecter et de faire respecter les lois, qui sont la sauvegarde de la Société contre l'anarchie.

« Voici ce qui s'est passé :

« Dans la soirée de vendredi, par suite des arrestations qui avaient été faites à Rouen et des révélations fournies par les papiers qu'on avait saisis, l'autorité supérieure envoya l'ordre à M. le commandant de place et à M. le maire d'Elbeuf de faire arrêter certains individus qu'on savait prêts à lever le drapeau rouge et à essayer une sédition.

« Presqu'à la même heure où cet ordre arrivait de Rouen, M. le commandant de place et M. le maire d'Elbeuf recevaient une lettre de M. le maire de la Londe, qui avertissait que les gens malintentionnés, dans cette partie du canton, avaient tenu, pendant la journée, des conciliabules. Là, on avait donné le mot d'ordre pour descendre à Elbeuf et coopérer à l'insurrection dont on attendait le signal, signal qui devait être donné, pendant la nuit, par l'invasion de l'Hôtel de Ville et par l'incendie allumé à la fois sur plusieurs points.

« Immédiatement, M. le commandant de place convoqua toutes les autorités afin qu'elles s'établissent en permanence. Il était environ minuit. En moins d'une demi-heure, les gardes nationaux qu'on avait réveillés de leur premier sommeil, arrivèrent de tous les quartiers de la ville, avec une promptitude et une ardeur admirables ; les pompiers accoururent à leur poste ; en un mot, par l'effet magique de cette forte et dévouée discipline dont M. le colonel Sevaistre a, depuis quatre ans, pénétré nos soldats-citoyens, personne, sauf les malades, ne manqua à l'appel, et toute la légion fut sur pied.

« Des patrouilles furent aussitôt dirigées dans toutes les directions. Pendant que les unes parcouraient les rues d'Elbeuf, d'autres étaient conduites dans la commune de Caudebec. En même temps, des gendarmes et des gardes nationaux accompagnaient MM. les commissaires de police, qui se rendaient au domicile des individus qu'on avait ordre d'arrêter. Les uns furent pris dans les rues au moment où, avec un mot d'ordre : *Frère de la Fraternité, lève toi pour ton bonheur*, ils frappaient doucement aux portes de leurs complices et les convoquaient à petit bruit. Les autres furent trouvés dans leur demeure, veillant et vêtus comme des hommes qui attendent, pour sortir, que l'heure convenue ait sonné.

« Parmi les personnes qui ont été mises en état d'arrestation, se trouvent les sieurs Leprêtre, Bréant, Boutillier, Aubé et Gautier, maître d'armes Le fils de ce dernier a été arrêté, il y a quinze jours, pour l'affaire des poudres clandestines. Les autres sont connus par leur exaltation démagogique, et par le rôle qu'ils ont joué dans les événements d'avril 1848. A sept heures du matin, tous ont été conduits au bateau à vapeur pour être transportés à Rouen.

« Vers sept heures et demie, toutes ces mesures de sûreté publique avaient été accomplies sans coup férir, et l'on avait certitude d'avoir, par l'arrestation des principaux instigateurs de l'anarchie, réduit la démagogie à l'impuissance et assuré l'entière conservation de l'ordre dans Elbeuf et dans Caudebec. Alors on disposa des forces militaires pour faire occuper la Londe au lever du jour.

« Pendant que deux compagnies de la garde nationale, commandées par M. le chef de bataillon Papavoine, et précédées de la gendarmerie et du commissaire de police Bénard, se dirigeaient sur cette commune, 40 hommes de cavalerie en garnison à Rouen, étaient venus, sur l'ordre émané de M. le général Gudin qui avait été averti de l'expédition, prendre position au Grand-Couronne. Dans l'après-midi, les individus arrêtés à la Londe ont été conduits jusqu'à cet endroit, où, remis entre les mains de l'officier commandant le détachement, ils ont été dirigés sur Rouen.

« A six heures, les gardes nationaux sont rentrés à Elbeuf, au milieu d'un très grand concours de curieux, qui stationnaient dans les rues Saint-Etienne, de la République et sur la place du Coq. Déçus dans leur espoir de voir passer les personnes dont on avait opéré l'arrestation, ils se sont dispersés dans l'espace de quelques minutes, sans qu'on ait entendu sortir de la foule aucun cri témoignant la moindre sympathie pour les individus que leurs complots coupables viennent de placer sous la main de la justice.

« A neuf heures, M. le commandant de place avait reçu de tous les points du canton, l'assurance que la tranquillité était complète.

« Ce matin, toutes les nouvelles sur la situation de la ville et des communes rurales continuent d'être parfaitement rassurantes, et, de toutes parts, l'opinion publique rend hommage à la vigilance de l'autorité, à l'infatigable dévouement des gardes nationaux et de leurs chefs, et à l'énergie spontanée avec laquelle tous les honnêtes gens sont unanimes pour applaudir aux mesures par lesquelles seront, nous l'espérons bien, déjoués et détruits les horribles projets conçus par des hommes que nul parti voulant l'ordre ne peut avouer ».

Au nombre des citoyens arrêtés se trouvait un excellent homme et laborieux ouvrier, M. Pierre Delalande, tisserand à Saint-Pierre, qualifié de « rouge » par la police et, pour cela, amené à la prison d'Elbeuf par des gendarmes, qui étaient allés l'arracher à sa femme et à ses enfants. — Trente ans après, le même Pierre Delalande comparut devant... la Société Industrielle d'Elbeuf, qui, avec félicitations, lui décerna le prix Poussin, pour avoir le mieux élevé sa nombreuse famille.

Un autre, parmi les républicains arrêtés, était M. Boissel, ancien maire de la Londe, que l'on transporta, à fond de cale, en Afrique. Son patrimoine fut vendu à vil prix ; sa femme et ses enfants, qui le rejoignirent, moururent là-bas. Boissel était un homme très estimable et estimé. Il devint collecteur du marché arabe à Oran et ne rentra jamais en France.

Le lundi 8 décembre, M. Buée fit afficher un arrêté du général A. Gudin, défendant de vendre, colporter ou crier des journaux ou écrits politiques, sans en avoir l'autorisation.

Les deux compagnies d'Evreux n'arrivèrent à Elbeuf que ce jour. Un détachement de la garde nationale, musique en tête, se rendit à la limite du département pour les recevoir. Ces compagnies furent installées rue de Seine, dans les bâtiments précédemment occupés par la Providence.

Le surlendemain mercredi 10, on fit une pareille réception à la compagnie venue du Havre, qui fut casernée dans une maison de la rue de la République, appartenant à M. V. Quesné.

Par suite de l'arrivée de cette garnison, le chef de bataillon Broussenard fut investi du commandement de notre place, toujours en état de siège.

Ce même jour, M. Buée écrivit au colonel Sevaistre aîné :

« Les événements qui se passent et à l'occasion desquels les agitateurs poussant les populations au désordre, n'ont malheureusement que trop réussi dans quelques localités, ont trouvé notre légion prête à réprimer toute intention coupable. Son service actif et vigilant a rassuré la ville, et lorsqu'au milieu de la nuit du 5 au 6 courant, une tentative détestable s'annonçait par le sinistre mot d'ordre qui courait les rues, votre appel s'est fait entendre, la légion s'est levée comme un seul homme, et sa résolution, son aspect imposant ont arrêté les fauteurs, qui n'ont même plus osé reparaître. Depuis, sa marche à travers une des communes les plus turbulentes de la banlieue, le service extraordinaire dont elle a continué à s'acquitter exactement pendant quelques jours encore, ont achevé de rétablir l'ordre dans la cité et ses alentours.

« Grâces soient rendues à la légion. Recevez, je vous prie, pour elle, les sentiments que je me plais à vous adresser au nom de la ville qui, sauvegardée par ses soldats-citoyens, est fière en même temps de la belle et ferme attitude qu'ils ont tenue dans cette circonstance ».

Cette lettre fut portée à l'ordre du jour de la garde nationale.

A la séance du conseil municipal, qui se tint le 13 du même mois, M. Tabouelle proposa de voter une adresse au président de la République, « pour lui exprimer la reconnaissance du Conseil et son adhésion à l'acte du 2 décembre ».

Un membre observa que la loi interdisait de délibérer sur des questions politiques.

Le Conseil, « sans s'arrêter à cette observation, dit le procès-verbal, quelque juste qu'elle puisse être, parce que dans les circonstances exceptionnelles qui viennent de se produire, le chef de l'Etat, par un acte dont l'appréciation appartiendra à l'histoire, ayant assuré le salut du pays, il n'y avait pas lieu à hésitation ».

En conséquence, à l'unanimité moins trois membres qui s'abstinrent, le Conseil adopta la proposition de M. Tabouelle et rédigea séance tenante cette adresse à Louis Bonaparte :

« Le corps municipal de la ville d'Elbeuf, convaincu que l'acte énergique du 2 décembre a préservé la France des plus horribles calamités, déclare adhérer aux mesures prises par Monsieur le Président de la République, et lui exprime sa profonde reconnaissance et ses vives sympathies ».

Après quoi, plusieurs membres se levèrent pour faire l'éloge de M. le colonel Sevaistre et de la garde nationale, « en raison du dévouement dont ils avaient donné un nouveau gage dans les événements qui venaient de s'accomplir ».

Le Conseil prit cette délibération :

« Considérant que la sécurité publique a été menacée dans la ville et les environs par de sourdes agitations à la suite de la nouvelle de l'acte du 2 décembre.

« Que dans la nuit du 5 au 6, l'avis des projets les plus sinistres était parvenu à l'autorité municipale.

« Considérant que le colonel, par son séjour presque permanent à l'Hôtel de Ville, et que la légion, par l'assiduité de son service, comme par la spontanéité de son concours au milieu de la nuit du 5 au 6, ont préservé la ville et les environs des malheurs dont ils étaient menacés.

« A l'unanimité délibère :

« Des remerciements seront adressés à M. le colonel Sevaistre et à la légion d'Elbeuf, pour les services qu'ils ont rendus à la ville et aux communes environnantes.

« M. le maire est invité de se rendre l'interprète des sentiments du corps municipal ».

Suivent les signatures de MM. Buée, Laurents, Tabouelle, Sèbe, Ch. Flavigny, Lefort Henry, Delarue, Masselin, Malteau, Constant Grandin, Delaunay, Martel, L. Patallier fils, Th. Chennevière, Alexandre Poussin et Victor Papavoine. MM Lescouvé, Colvée et Edouard Turgis, également présents à cette séance, n'en signèrent pas le procès-verbal, sans doute parce qu'ils ne parurent pas à la séance suivante, sauf M. Colvée toutefois.

En réponse à une lettre du maire d'Elbeuf, datée du 16 décembre, lui annonçant que notre ville continuait à jouir de la tranquillité la plus parfaite, le capitaine des grenadiers de Rouen lui écrivit le 18 :

« ... Vous avez bien jugé l'énergique dévouement que j'aurais apporté dans l'accomplissement de ma mission si les circonstances l'eussent exigé.

« L'organisation forte et l'excellente discipline de votre garde nationale, son attitude imposante, en faisant avorter les sinistres projets de cette poignée de misérables, pour lesquels tous moyens sont bons pour arriver à leurs fins (en définitive le pillage) ont préservé votre ville des malheurs dont elle a été un instant menacée.

« En arrivant à Rouen, M. le général commandant l'état de siège a été informé par moi du concours énergique que j'avais rencontré dans la garde nationale d'Elbeuf, pour me seconder dans l'accomplissement de ma mission et combien ce concours l'a rendue facile... »

Le jeudi 18, M. Boivin, qui avait été appelé à la cure de Saint-Aubin, fut installé à celle de Saint-Etienne de notre ville.

Vers cette époque, le bruit se répandit que M. Félix Aroux, ancien manufacturier à Elbeuf et propriétaire à Montaure, qui, depuis le coup d'Etat du 2 décembre, était parvenu à échapper aux recherches de la police, venait d'être arrêté à Paris et incarcéré à Vincennes « en attendant, dit le *Journal d'Elbeuf*, qu'il soit traduit devant la juridiction compétente chargée de prononcer sur le sort des individus qui se sont compromis par la participation qu'ils ont prise aux complots démagogiques ».

Et ce journal ajouta : « Les individus qui, pour la même cause, ont été, il y a quinze jours arrêtés à Elbeuf, à Caudebec et à la Londe, viennent d'être transférés de Rouen à Paris, pour comparaître devant le conseil de guerre ».

En ce qui concernait M. Aroux, on apprit, quelques jours plus tard, qu'il était à Londres, et que le parquet de Louviers avait la certitude que rien ne motivait la continuation des poursuites commencées contre lui.

M. Jules Dupuy, ancien rédacteur du *Progrès,* d'Elbeuf, puis agréé au Tribunal de Tribunal de commerce de notre ville, fut aussi en butte aux poursuites de la police, sans succès d'ailleurs. Il était très lié avec les frères Limet et M. Alcan, dont nous avons eu l'occasion de parler. — M. Dupuy devint conseiller à la Cour d'appel de Paris, et mourut à Maisons-Laffitte, dans les premiers jours de 1892, à l'âge de 77 ans.

Les samedi 20 et dimanche 21 décembre, les électeurs furent appelés à se prononcer sur ce plébiscite : « Le peuple français veut le maintien de l'autorité de Louis-Napoléon Bonaparte et lui délègue les pouvoirs nécessaires pour établir une Constitution sur les bases proposées dans la proclamation du 2 décembre ». Les électeurs d'Elbeuf furent divisés en trois sections, qui votèrent : dans la salle d'asile de la rue Tournante (deux sections) et dans l'école primaire de la même rue.

Les résultats publiés furent les suivants dans le canton d'Elbeuf et ses voisins :

Communes	Inscrits	Votants	Oui	Non
Elbeuf	4.878	4.352	3.574	750
Caudebec	2.249	1.829	1.550	273
Cléon	158	142	142	»»
Orival	473	366	313	47
La Londe	488	410	400	8
Saint-Pierre	61	61	59	2
Saint-Aubin	411	377	368	8
Sottevillle	107	83	77	3
Tourville	263	208	205	2
Freneuse	176	154	143	11
TOTAUX	9.264	7.982	6.831	1.112
Cantons				
Amfreville	3.351	3.100	2.909	138
Pont-de-l'Arche	3.615	3.182	3.057	105
Le Neubourg	3.779	3.284	2.866	368
Bourgtheroulde	—	2.585	2.473	64

Le 23, le général Gudin adressa une lettre de félicitations à la garde nationale d'Elbeuf, à l'occasion de son attitude après le coup d'Etat.

Une société coopérative de consommation, fondée en 1848, au milieu de grandes difficultés, avait cependant réussi à parfaitement fonctionner, au point que le chiffre de ses affaires pour la première année s'était élevé à 50.000 fr. et qu'elle avait pu distribuer 16 % à ses actionnaires ; mais comme elle était administrée par des républicains et que sa raison sociale était « Association fraternelle », elle fut dissoute par l'autorité à la suite du coup d'Etat. A la liquidation, le bénéfice distribué fut de 29 % du montant des actions.

Le 26 décembre, mourut M Hippolyte-Lambert Join-Lambert, âgé de 71 ans. Il avait été adjoint au maire et commandant de la garde nationale. L'inhumation eut lieu le lendemain. L'office religieux fut célébré par M. l'abbé Join-Lambert, fils du défunt.

Vers ce temps, M. Jean, commissaire de police à Sotteville, fut nommé à Elbeuf, en remplacement de M. Benoist, promu à Rouen.

Le 29, le général Gudin supprima les gardes nationales rurales de la Seine-Inférieure et ordonna leur désarmement ; les seuls légions ou bataillons conservés furent ceux de Rouen, Elbeuf, Dieppe, le Havre, Neufchâtel et Yvetot.

Le 31, on proclama le résultat du plébiscite. Suivant le recensement opéré à Paris, il y avait eu, dans toute la France, 7.439.216 *oui* et 640.737 *non*.

Un travail de M. Lefort-Henry nous fournit les renseignements suivants sur le mouvement général des transports en 1851 :

Laines descendant par la voie de Paris, 6.000 tonnes ;

Draps expédiés par la voie de Paris, 1.800 tonnes ;

Voyageurs d'Elbeuf à Paris, aller et retour en moyenne 50 par jour, soit pour l'année entière, 18.000 ; voyageurs d'Elbeuf à Rouen, aller et retour, 385.450, chiffre exact ;

Blés transportés d'Elbeuf à Rouen, 4.160 tonnes ;

Marchandises rapportées de ou transportées à Rouen par les deux services de bateaux à vapeur 12.775 tonnes ;

Autres marchandises allant sur ou venant de Rouen, transportées par grands bateaux, 23 065 tonnes.

Une note mentionne qu'Elbeuf avait consommé pendant l'année 1851, une quantité de 1.126.722 huîtres.

On avait compté dans notre ville, pendant le courant de l'année, 632 naissances, 158 mariages et 513 décès.

CHAPITRE XV.
(janvier juillet 1852)

Suppression de l'Arbre de la Liberté. — la caserne du Vallot. — Nouvelles arrestations politiques. — Les élections législatives ; quatre candidats ; M. Henri Quesné est élu. — Questions de chemins de fer ; pourparlers avec Louviers. — Déportation de républicains. — L'embranchement de Serquigny. — Prestations de serment. — Réorganisation de la garde nationale.

Le 1er janvier 1852, la compagnie Lenormand et Baudu commença un nouveau service entre Elbeuf et Rouen, avec un seul vapeur, qui partait une fois de chaque ville par jour.

En récompense des services qu'ils avaient rendus au parti bonapartiste et à « la cause de l'ordre », M. Buée, maire d'Elbeuf, fut nommé chevalier de la Légion d'honneur et le général de brigade Gudin promu général de division. Enfin, M. Hochon, capitaine de gendarmerie, fut aussi nommé chevalier de la

Légion d'honneur à l'occasion des événements d'Elbeuf.

Un arrêté du préfet E. Leroy, ordonna d'effacer les mots : Liberté, Egalité, Fraternité, partout où cette inscription existait, et de rendre aux rues, places et monuments leurs anciennes dénominations. Le préfet ordonna également l'enlèvement des arbres de Liberté et la distribution de leur bois aux pauvres.

M. David Dautresme, ayant appris cette décision, écrivit à M. Buée, le 9 janvier :

« Monsieur le maire d'Elbeuf,

« M. le préfet vous ayant écrit, comme à tous les maires du département, qu'il importe de faire disparaître de la voie publique les arbres dits de Liberté et d'en distribuer le bois aux indigents, je prends la liberté de vous rappeler que c'est moi qui, en 1848, sur la demande de l'administration de cette époque, ai donné à la ville d'Elbeuf l'arbre placé en ce moment devant l'Hôtel de Ville.

« Ne serait-il donc pas juste, Monsieur le Maire, de me permettre de reprendre cet arbre, acceptant d'ailleurs la condition de procéder moi-même à son enlèvement ?

« J'ajoute que, pour me conformer à l'idée bienfaisante de M. le préfet envers les indigents, je prends l'engagement de verser en argent, à la caisse municipale, aussitôt que j'aurai fait opérer l'enlèvement de l'arbre dit de Liberté, le double de la valeur du bois qu'il produirait aux malheureux... D. DAUTRESME ».

Le 10, commencèrent les fêtes à l'occasion de la proclamation du président de la République et de la célébration du vote du peuple français.

Le lendemain dimanche 11, on chanta un

Te Deum à Saint-Jean, où assistèrent les autorités et la garde nationale. Le soir on illumina.

Par suite d'un décret du même jour, la garde nationale cessa son service à dater du 14 du même mois. Le poste de l'Hôtel de Ville fut remis au détachement du 2e régiment de ligne, en garnison à Elbeuf.

Le 14 également, M. Buée, maire, passa un bail avec M. Messier-Adam, pour la location d'un immeuble situé entre les rues de la Justice et du Vallot, destiné au casernement de la garnison. Le prix fut fixé à 3.000 fr. par an.

Un autre bail fut contracté avec M. J.-B. Suchetet pour la location d'une propriété, contiguë à la précédente et également destinée à la garnison, pour le prix de 1.600 fr. chaque année.

La Ville fit, en outre, pour environ 6.720 fr. de constructions et de réparations pour ces deux propriétés

La garde nationale d'Elbeuf ayant été rétablie, il fut procédé à sa réorganisation le 26.

Les dénonciations et les arrestations de ré publicains continuaient. Vers ce temps, on emprisonna MM. Pelfrêne et Wermuth, débitants ; Heullant, cordonnier, et Grimout, peintre, « connus par leurs opinions démagogiques ». Il paraît, suivant le *Journal d'Elbeuf*, que ces arrestations eurent « une influence salutaire sur l'esprit de la population », et que « la surveillance et la répression énergique dont le parti du désordre avait été l'objet, depuis deux mois, avaient amené sa complète désorganisation tant à Elbeuf que dans les environs ».

On apprit à Elbeuf, le 28, que M. Lefebvre-

Duruflé était nommé ministre des Travaux publics, en remplacement de M. Magne, démissionnaire.

M. Revelle, médecin de l'hospice, fut nommé chevalier de la Légion d'honneur, vers le commencement de février. M. Revelle avait fait les campagnes de 1813-1814, comme chirurgien au 152e de ligne.

Le 3 février l'affaire des poudres de Caudebec fut appelée devant le tribunal correctionnel de Rouen. A côté de MM. Renesson fils et Gautier étaient assis MM. Billon, Panarion, Perrier et Touzé. Ces deux derniers furent renvoyés des fins de la plainte, ainsi que M. Gautier. Mais Renesson fut condamné à quinze mois de prison — la Cour d'appel confirma et ajouta 3.000 fr. d'amende à ce jugement — Panarion à un mois de prison et 16 fr d'amende, et Touzé à six jours de prison. Quelques jours après, M. Renesson père fut condamné à quinze jours de prison et 5 fr. d'amende.

Dans le courant de février, le conseil municipal avait adopté les nouveaux statuts de la Caisse d'épargne.

A la séance suivante, il affecta une partie du cimetière Saint-Jean à la sépulture des protestants ; cette partie fut entourée de haies vives.

Un décret modifia, en vue des prochaines élections législatives, la circonscription électorale d'Elbeuf, que l'on forma des cantons d'Elbeuf, Duclair, Grand-Couronne, Pavilly, Maromme et Caudebec-en-Caux. Le département de la Seine-Inférieure nommerait six députés et celui de l'Eure trois. Il devait y avoir 261 députés pour toute la France.

Malgré le dévouement de M. Mathieu Bourdon à la « cause de l'ordre » ; malgré ses travaux à la Chambre, dont le *Journal d'Elbeuf* publia le relevé, le gouvernement le lâcha et patronna M. Henri Quesné fils, en faveur duquel on répandit le bruit, dans les campagnes, que si un autre candidat que lui était élu, l'élection serait nulle, parce que M. Quesné était le seul candidat officiel.

Deux nouvelles candidatures surgirent : celles de MM. Théodore Chennevière et Yves-Louis Randoing, ce dernier candidat des libéraux et des républicains. La lutte fut assez chaude.

Dans notre canton, le dépouillement du scrutin donna les résultats suivants :

Communes	Votants	Quesné	Bourdon	Chenne-vière	Ran-doing
Elbeuf....	3.273	586	506	524	1.640
Caudebec.	1.151	397	73	75	601
Orival....	280	34	15	38	200
St-Pierre..	40	14	8	5	13
St-Aubin.	284	146	47	45	36
Cléon.....	82	74	»»	4	4
Tourville.	175	164	1	8	1
La Londe..	256	97	26	46	87
Freneuse..	86	15	5	33	33
Sotteville.	53	24	17	3	9
Totaux..	5.687	1.551	698	781	2.663

M. Chanu, se disant « l'Avocat du Peuple » réunit trois voix.

Mais le pays de Caux se porta en masse sur le nom de M. Quesné, qui obtint une énorme majorité, soit 11.756 voix, contre 1.524 à M. Bourdon, député sortant ; 2.593 à M. Chennevière et 4.075 à M. Randoing.

Les autres candidats officiels, dans la Seine-Inférieure, furent également élus : M. Levasseur, par 12.791 voix ; M. Desjobert, 20.241 ; M. Lédier, 15.376 ; M. de Mortemart, 20.232 ; M. Ancel, 14.540.

Le 3 mars, une délégation du conseil municipal de Louviers vint à Elbeuf, afin d'engager notre administration à joindre ses efforts à ceux de la ville voisine pour appuyer un nouveau projet de chemin de fer.

Ce projet, qui, pour le moment, paraissait être celui adopté par la compagnie de Rouen, consistait à faire aboutir la ligne de Cherbourg à Saint-Pierre du-Vauvray, après avoir passé par Saint-Pierre-de-Lierroult. Du territoire de cette commune, un embranchement devait se diriger sur Oissel, après avoir desservi Elbeuf par une gare située dans la partie sud de notre ville et passé sous un tunnel les côtes d'Orival. Ainsi, on se serait rendu à Rouen par Oissel, à Paris par Saint-Pierre-du-Vauvray et en basse Normandie par Saint-Pierre-de-Lierroult.

Plusieurs membres de notre conseil municipal s'opposèrent d'abord à cette combinaison ; mais, après une longue discussion, le lendemain 4, l'assemblée vota unanimement que la commission municipale du chemin de fer se réunirait aux délégués de Louviers, pour se rendre, dès le lendemain 5, à Paris.

Après avoir vu, avec les Lovériens, le conseil d'administration de la ligne de Rouen et avoir acquis, dans cette conférence, la preuve des difficultés que soulevait l'embranchement de Saint-Pierre-de-Lierroult, les délégués d'Elbeuf se présentèrent chez le ministre des Travaux publics, avec l'intention d'appuyer la proposition du projet qui devait desservir Elbeuf et Louviers, mais le ministre démontra à nos concitoyens l'impossibilité de cette direction, puis établit dans quelle condition la ligne de Cherbourg pourrait avoir chance de succès. Cette ligne, par Evreux, Lisieux et Caen, pouvait être établie en trois années, après lesquelles serait commencé l'embranchement Serquigny, Brionne, Tourville, dont la construction exigerait deux autres années.

Après avoir pris congé du ministre, les Elbeuviens allèrent retrouver les délégués de Louviers, auxquels ils exposèrent avec sincérité ce qu'ils venaient d'apprendre. Les deux commissions, réunies, retournèrent vers le ministre, qui leur confirma ce qu'il avait précédemment dit.

Là devait cesser la communauté des instances, puisque la ville d'Elbeuf se trouverait desservie, tandis que celle de Louviers resterait isolée de la ligne. La commission elbeuvienne reporta donc ses instances sur l'embranchement de Serquigny et pria le ministre de faire tous ses efforts pour que la construction s'en fît simultanément avec celle de la ligne principale, et que cela fût imposé à la compagnie concessionnaire de la ligne sur Cherbourg.

Les délégués elbeuviens rendirent compte de leur voyage au conseil municipal, le lendemain 6, et, séance tenante, l'assemblée prit une délibération pour appuyer les dernières démarches faites par sa commission auprès du ministre, notamment en ce qui concernait l'exécution simultanée des deux lignes.

Le lundi 8, d'après des ordres reçus du gouvernement, on expédia de Rouen, pour subir la peine d'internement en Algérie, les républicains dont les noms suivent :

Charles Leballeur-Villiers, Salva; Leprêtre, de Caudebec-lès-Elbeuf ; Dallène, Fouque ; Bréant, d'Elbeuf ; Noiret, Remont et Boissel, celui-ci ancien maire et ancien commandant de la garde nationale de la Londe.

Dans la seconde semaine de mars, moururent M. J.-B. Guérot-Eloy, ancien directeur de la Société de bienfaisance pour l'emploi des déchets de fabrique, ancien membre du Bureau de bienfaisance, âgé de 66 ans, et M. Alphonse Godet, ancien capitaine de la garde nationale et ancien administrateur du Bureau de bienfaisance, âgé de 47 ans.

Le samedi 20, une péniche chargée de charbon fit naufrage près de l'île Le Comte.

A cette époque florissaient les trop célèbres « commissions mixtes ». Celles de l'Eure expulsèrent du département M. Félix Aroux, ancien fabricant à Elbeuf, demeurant à Montaure, et lui assignèrent pour résidence la ville de Lorient. Parmi les autres victimes des commissions mixtes de l'Eure, nous citerons MM. Ernest Papon, qui devint député ; le docteur Grosfillay, l'avocat Avignon de Morlac, l'instituteur Hubert, le libraire Asselineau, etc.

Le 23 mars, la Chambre consultative adressa une supplique au prince président de la République afin d'obtenir un embranchement, passant par Elbeuf, reliant la ligne projetée de Paris à Cherbourg à celle de Paris au Havre.

Quelques jours après, on apprit que l'embranchement de Serquigny devait être disjoint de la grande ligne. La commission municipale du chemin de fer conféra avec les autorités de la ville de Rouen, et, avec elles, se rendit de nouveau à Paris, afin de faire de nouvelles instances auprès des ministres des Finances et des Travaux publics et les engager à s'opposer à la disjonction.

Ces démarches parurent influer sur les ministres, mais comme l'embranchement de Serquigny ne pouvait être entrepris sans une subvention du gouvernement, il fut décidé que les villes de Rouen et d'Elbeuf feraient des offres pour compenser partiellement les sacrifices de l'Etat.

Dans la séance du 26 mars, le maire exposa qu'il y aurait chance de succès si l'on pouvait réunir 3.000 000 fr. pour venir en aide au gouvernement ; que cette somme pourrait être réalisée au moyen des 1.800.000 fr. votés par le Conseil général de la Seine-Inférieure, les 500.000 fr. votés par le conseil municipal de Rouen, 200 000 fr. par la ville d'Elbeuf et 500.000 fr. déja votés par le Conseil général de l'Eure.

« Le moment est décisif, dit M. Buée ; il y a longtemps que le besoin de cette ligne a été apprécié ; manquer l'occasion, ce serait s'exposer à une perte peut-être irréparable pour les intérêts de notre ville. C'est pourquoi, d'accord avec votre commission, je vous propose de voter une nouvelle somme de 100 000 fr., à ajouter à pareille somme déjà votée le 14 avril 1851 ».

Après une discussion, l'assemblée donna un avis favorable, mais à condition qu'il était bien entendu que la subvention ne serait accordée que si la ligne de Serquigny-Tourville passait *dans* Elbeuf. Une délibération motivée fut prise en ce sens et adressée au ministre.

M. Hardy, l'un des principaux fabricants

de notre ville, fut tué, le 11 avril, à Caudebec, par accident de cheval.

Le 21 avril, M. Jean Renaudeau, conseiller à la Cour d'appel de Rouen, vint à Elbeuf, afin de recevoir le serment des membres du Tribunal de commerce. M. Renaudeau s'adressa en ces termes à la compagnie :

« Magistrats, vous jurez obéissance à la Constitution et fidélité au président. Vous jurez et promettez de bien et fidèlement remplir vos fonctions, de garder religieusement le secret des délibérations et de vous conduire en tout comme de dignes et loyaux magistrats ».

Chacun des membres du Tribunal, debout, découvert et la main droite levée répondit : « Je le jure ».

En vertu de l'article 14 de la Constitution, les membres du conseil municipal furent également convoqués, le 23, pour prêter serment d'obéissance à cette Constitution et « fidélité au président ».

Furent présents : MM. Buée, maire ; Lescouvé et Rocheux, adjoints ; Louis Masselin, Patallier, Laurents, Bourdon, J.-J. Marais, Poussin, Ch. Flavigny, Tabouelle, Alphonse Martel, Malteau, Papavoine, Joseph Colvée, Pierre-Nicolas-Désiré Lefort-Henry, Constant Grandin, Edouard Turgis, Pierre Hervé, Aug. Delarue, Sèbe et Th. Chennevière.

Par suite de vacances, le Conseil ne comptait que vingt-quatre membres. MM. Dagomet et Delaunay, absents, furent invités à produire leur serment par écrit.

A la session de mai, le conseil municipal prit une délibération pour faciliter l'entrée gratuite à l'Ecole polytechnique de M. Gustave-Louis Demeule, orphelin sans fortune, qui présentait les plus heureuses dispositions pour suivre efficacement les cours de cette Ecole.

Les délégués de Louviers revinrent à Elbeuf, où ils exposèrent à notre commission du chemin de fer que, par suite des charges qui incomberaient à l'Etat si l'on persistait à vouloir embrancher la ligne de Cherbourg à Rosny, il ne serait pas surprenant que le Conseil d'Etat refusât son consentement à la subvention et à la garantie d'intérêt pour cette ligne, et que l'on en revint au projet de 1845, consistant à faire passer la ligne de basse Normandie par Saint Pierre de-Lierroult et Louviers, et sur Rouen par Elbeuf.

En conséquence, les deux commissions se concertèrent pour opérer en commun. Elles envoyèrent au Conseil d'Etat des documents puisés dans l'enquête de 1845, dont elles espéraient un puissant effet.

Le 18 mai, au Conseil municipal, MM. Rocheux, Charles Flavigny, Bourdon et Patallier exprimèrent le désir d'introduire des sœurs de charité au Bureau de bienfaisance, pour assurer la régularité dans la répartition des secours.

Ce même jour, M. Buée, après avoir rappelé l'état de la question du chemin de fer, exposa que le projet de Caen à Rosny avait été envoyé au Conseil d'Etat et retiré ensuite, suivant qu'il résultait d'une note insérée au *Moniteur*. D'après la même note, une somme de trois millions était mise à la disposition du gouvernement pour commencer les travaux du chemin de fer de Cherbourg et de celui de Cette.

Malgré qu'il fût difficile d'expliquer la raison de cette double mesure, la commission municipale du chemin de fer en avait supposé que la question du tracé n'était pas définitivement arrêtée et qu'il y avait lieu de s'en préoccuper dans l'intérêt de la ville d'Elbeuf.

Effectivement, les délégués de Louviers étaient venus avertir, dans l'après-midi du 13, que le lendemain matin à dix heures, le président de la République devait accorder une audience aux commissions des villes d'Elbeuf et de Louviers, pour entendre leurs observations relativement au projet de Caen à Saint-Pierre-de-Lierroult, avec double embranchement sur Elbeuf pour aller à Rouen, et sur Louviers, pour aller à Paris.

La commission ayant jugé que le retrait du projet sur Rosny pouvait entraîner des chances défavorables et motiver un parcours éloigné de la ville d'Elbeuf, avait cru qu'il était urgent de se réunir aux délégués de Louviers pour assister à l'audience présidentielle.

Dans cette audience, le projet de Cherbourg par Saint-Pierre-de-Lierroult, tel qu'il avait été étudié en 1845, avait été soumis au président de la République et expliqué dans toutes ses conditions par MM C. Laffitte et de Montreuil. Les renseignements produits avaient paru faire impression sur l'esprit du président, qui, en résumé, avait promis de faire étudier ce projet par son gouvernement, et, dans les paroles qu'il avait prononcées, la commission elbeuvienne avait cru apercevoir qu'il s'intéressait particulièrement à la ville d'Elbeuf.

Après cet exposé, M. Buée exprima la nécessité d'une commission de permanence à Paris, commission qui se trouvait composée des délégués d'Elbeuf et de Louviers, auxquels devaient s'adjoindre MM. Laffitte et de Montreuil, pour assurer le succès de ce projet.

Le Conseil entra dans cette vue et augmenta même la commission de deux membres, MM. Isidore Sèbe et Charles Flavigny ; il décida en outre que la commission aurait tout pouvoir pour opérer au nom de notre ville.

Le 19, les membres de la Chambre consultative prêtèrent serment d'obéissance à la nouvelle Constitution et de fidélité au président de la République.

Une mauvaise nouvelle pour notre ligne de chemin de fer arriva à Elbeuf, le 21 juin : le gouvernement venait d'apporter des modifications à l'ensemble du projet sur Cherbourg et ajournait la construction de l'embranchement de Serquigny.

Immédiatement, le maire réunit le conseil municipal, auquel il lut un paragraphe du projet de loi inséré au *Moniteur* ainsi conçu : « L'embranchement de Serquigny sur Rouen passera à *ou près* Elbeuf, et se rattachera, à Tourville, au chemin de fer de Paris à Rouen ».

De plus, l'article 6 du même projet était ainsi libellé : « L'embranchement de Serquigny sur Rouen, classé par l'article 1er, sera l'objet d'une concession ultérieure. Les subventions, s'élevant à trois millions, offertes par les localités intéressées pour l'exécution de cet embranchement, sont acceptées au nom de l'Etat, avec attribution spéciale à cette exécution ».

M. Buée observa au Conseil que le vote de 200.000 fr. destiné à l'embranchement devant desservir Elbeuf, n'avait été émis qu'à condition que le chemin de fer passerait par Elbeuf et non près Elbeuf ; qu'il y avait une différence immense entre une station dans Elbeuf et une station sur le territoire d'une commune voisine ; que le déplacement des intérêts pouvait avoir les conséquences les plus fâcheuses pour notre ville, déjà grevée de lourdes charges et qui n'avait consenti à s'imposer un sacrifice aussi grand qu'en vue des avantages directs qu'elle devait en recueillir ; qu'il y avait lieu de prendre une délibération aux fins d'obtenir que la condition d'une station *dans* Elbeuf serait imposée à la compagnie concessionnaire, faute de quoi la commune serait dégagée de sa subvention, ce qui résultait, du reste, des délibérations des 14 avril 1851 et 23 mai 1852.

A l'unanimité, le Conseil prit une délibération en ce sens, qui fut adressée aux ministres des Travaux publics, de l'Intérieur et des Finances, ainsi qu'à la commission du Corps législatif. — Quelques jours après, un ministre demanda des explications sur cette délibération, qui lui furent données.

En ce même temps, les habitants du quartier du Calvaire demandèrent l'établissement d'un poste militaire vers la place de ce nom.

L'administration décida de faire déplacer le monument Grandin, pour le poser en avant de l'arcade du milieu du Tribunal de commerce, en face de la porte de l'Hôtel de Ville.

Le 22 juin, tous les fonctionnaires publics prêtèrent serment d'obéissance à la Constitution et de fidélité au président de la République.

M. Rozier fut installé le 30, comme préposé en chef de l'octroi.

La recrudescence des vols de fabrique, fit prendre, le 10 juillet, de nouvelles mesures à la Chambre consultative.

Un décret du 12 juillet désigna les officiers de la garde nationale d'Elbeuf, réorganisée. Furent nommés, MM. :

Victor Papavoine, chef de bataillon.

Balthazar Pourtet, adjudant-major.

Louis Lebreton, capitaine d'armement.

Alfred Cordier, capitaine rapporteur près le conseil de discipline.

Louis Duval, lieutenant-secrétaire près le conseil de discipline.

Hippolyte Rivière, capitaine rapporteur près le jury de revision.

Florentin Lanne, lieutenant secrétaire près le même jury.

Louis Pellier, porte-drapeau.

Hippolyte Justin, chirurgien aide-major.

1re compagnie. — Aug. Lefort, capitaine ; Félix Vauquelin, lieutenant ; Alexandre Rivière, sous-lieutenant ;

2e compagnie — Edmond Join-Lambert, capitaine ; Louis Charpentier, lieutenant ; Fr. Flambart, sous-lieutenant.

3e compagnie. — Ch. Flamant, capitaine ; Achille Cavrel, lieutenant ; Amédée Masson, sous-lieutenant ;

4e compagnie. — Louis Aublé, capitaine ; Pierre-Placide Caron, lieutenant ; Louis Bouché, sous-lieutenant ;

5e compagnie — Jacques Lécallier, capitaine ; Tranquille Duhamel, lieutenant ; Antoine Dubosc, sous-lieutenant ;

6e compagnie. — Jacques Boisguillaume, capitaine ; François Menuguié, lieutenant ; Louis Fouard, sous-lieutenant ;

7e compagnie. — Isidore Debroche, capitaine ; Alfred Barbe, lieutenant ; Hector Suchetet, sous-lieutenant ;

8e compagnie. — Henri Lecoq, capitaine ; Louis Picard, lieutenant ; Jean Lafon, sous-lieutenant ;

Sapeurs-Pompiers. — Léon Pion, capitaine ; Victor Castel, lieutenant ; Léopold Gruyer, sous lieutenant ; Alfred Vy, chirurgien sous-aide-major.

Quelque temps après, le chef de bataillon nomma aux emplois de sous-officiers, les personnes suivantes :

Petit État-Major. — Félix Lefebvre, adjudant ; Alexandre Porquet, sous-chef de musique ;

Sapeurs-Pompiers. — Onésime Lesage, sergent major ; Alfred Lechêne, sergent-fourrier ; Napoléon Bastin, François Rouzier, Hippolyte Michel, Clovis Lécallier, sergents ;

1re compagnie — Prudent Maubec, sergent-major ; Alfred Devisuzanne, sergent-fourrier ; Barthélemy Renault, Alfred Aonfray, Michel Viard, Villiam Leprevost, sergents ;

2e compagnie. — Edouard Turgis, sergent-major ; Michel Legrix, sergent-fourrier ; Henri Mazurier, Alexandre Poteau, Félix Lesterlin, Parfait Bouillette, sergents ;

3e compagnie. — Gustave Bioche, sergent-major ; Adrien Lavoisey, sergent-fourrier ; Honoré Hue, Ancelin Choquet, Antoine Mabire, Léonard Langlois, sergents ;

4e compagnie. — L. Kurzer, sergent-major ; Honoré Argenton, sergent-fourrier ; Claude Mignard, Ambroise Mauré, Ferdinand Vaysse, Simon Levasseur, sergents ;

5e compagnie. — Joseph Bouché, sergent-major ; J. B. Letellier, sergent-fourrier ; Amable Groult, Ernest Heutte, Alexandre Adam, Alexis Dufossé, sergents ;

6ᵉ compagnie — Gustave Cotelle, sergent-major ; Albert Vinet, sergent-fourrier ; Albert Mazurier, Charles Fromont, Delphin Chauvin, Antoine Godard, sergents ;

7ᵉ compagnie. — Louis Carabin, sergent-major, Louis Vernier, sergent-fourrier ; Doctrové Lemaître, Delphin Picard, Alfred Langevin, Louis Thaurin, sergents ;

8ᵉ compagnie. — Hippolyte Delarue, sergent-major ; Jules Lanseigne, sergent-fourrier ; Henri Lecoq, Eugène Sevaistre, Henri Hervé, Alexandre Picard, sergents.

Une ordonnance du président de la République, datée du 24 juillet, nomma M. Buée maire d'Elbeuf et MM. Lescouvé et Rocheux adjoints.

A la cérémonie d'installation, M. Buée prononça cette allocution devant le conseil municipal :

« Messieurs ; appelé de nouveau à la tête de l'administration municipale, permettez moi de saisir cette occasion pour vous remercier avec effusion, en mon nom et en celui de mes collègues, du concours loyal et bienveillant que vous n'avez cessé de nous prêter.

« Vous avez pourvu avec un louable empressement à tous les services, et nous conserverons un souvenir bien précieux de votre utile coopération dans les affaires communales.

« Nous sommes heureux de proclamer ici que, dans la période que nous avons traversée ensemble, nous avons pu apprécier votre zèle et votre sollicitude pour les intérêts communaux ; c'est ainsi qu'à l'aide de vos conseils et de votre expérience éprouvée, l'administration a pu accomplir la tâche qui lui était confiée.

« Nous n'hésitons pas à le dire, Messieurs,

vous vous êtes acquis des droits à la reconnaissance de la cité; car, à travers de toutes les difficultés nées des événements politiques et des circonstances imprévues, nous pouvons constater que notre situation financière s'est considérablement améliorée, puisque la dette communale qui s'élevait à un chiffre de près de 700.000 fr. se trouve maintenant réduite à 381.750 fr seulement, ce qui vous permettra de vous livrer sous peu à l'étude d'importantes améliorations, qui sont généralement réclamées.

« De notre côté, Messieurs, veuillez croire que tous nos efforts tendront toujours à justifier la confiance que vous avez bien voulu nous témoigner ».

Le dimanche 25 juillet, vers onze heures et demie du soir, un nommé Emile Lanne fut assassiné rue du Pré-Bazile. Cet événement impressionna beaucoup la population.

Un arrêté du préfet, daté du 28, divisa l'assemblée des électeurs communaux de la ville d'Elbeuf en cinq sections, dites du Centre, du Nord, de l'Hôtel de Ville, de l'Est et de l'Ouest; les deux premières nommant chacune six conseillers municipaux, les trois autres cinq seulement, soit vingt sept au total.

CHAPITRE XVI
(AOUT-DÉCEMBRE 1852)

Élections au conseil général, au conseil d'arrondissement, au conseil municipal. — Refus de prestation de serment. — Inauguration du monument V. Grandin. — Violent orage. — Le complot de Marseille; adresse a Louis-Napoléon. — L'école congréganiste de la rue de Paris. — Pétition de 272 gardes nationaux. — Nouveau plébiscite. — Napoléon III empereur; proclamation et fêtes a Elbeuf.

Les électeurs furent appelés les samedi 31 juillet et dimanche 1er août à nommer un conseiller général et un conseiller d'arrondissement. Le gouvernement suscita, en la personne de M. Charles Flavigny, un concurrent à M. Frédéric Deschamps, conseiller général sortant. Au conseil d'arrondissement, MM. Constant Grandin et Yves-Louis Randoing se présentèrent aux suffrages des électeurs ; celui-ci était le candidat des républicains.

Le *Journal d'Elbeuf* patronnait MM. Flavigny et Grandin, candidats des « partisans de l'ordre ». MM. Deschamps et Randoing étaient qualifiés d'« adversaires de l'ordre ».

Ce double scrutin ne donna que des résultats négatifs, ainsi que l'on en jugera par les tableaux suivants :

ÉLECTION AU CONSEIL GÉNÉRAL

Communes	Inscrits	Votants	Ch. Fla-vigny	Des-champs
Elbeuf.........	5.620	1.858	964	871
Saint-Aubin....	405	188	173	11
Caudebec......	2.357	577	276	295
Cléon..........	157	65	62	1
Freneuse.......	178	38	27	9
La Londe......	483	165	112	51
Orival.........	457	269	109	150
Saint-Pierre....	61	41	39	2
Sotteville......	98	12	4	8
Tourville......	267	77	77	»
Totaux.....	10.083	3.290	1.843	1.398

ÉLECTION AU CONSEIL D'ARRONDISSEMENT

Communes	Inscrits	Votants	C. Gran-din	Ran-doing
Elbeuf.........	5.620	1.858	943	891
Saint-Aubin....	405	188	175	11
Caudebec......	2.357	577	280	292
Cléon..........	157	64	60	1
Freneuse.......	178	38	27	11
La Londe.......	483	164	104	56
Orival.........	457	269	108	156
Saint-Pierre....	61	41	39	2
Sotteville......	98	12	4	8
Tourville......	267	77	77	»
Totaux.....	10.083	3.288	1.817	1.428

Aucun candidat n'ayant obtenu une majorité comprenant le quart des électeurs inscrits, un double scrutin de ballottage fut fixé aux 7 et 8 août. Entre les deux scrutins, le parti républicain fit une active propagande, qui eut pour résultat l'élection de ses deux candidats. Voici les tableaux des scrutins, dressés le 9 août, à la mairie d'Elbeuf :

ÉLECTION AU CONSEIL GÉNÉRAL

Communes	Inscrits	Votants	Ch. Flavigny	Deschamps
Elbeuf.........	5.620	2.480	1.031	1.429
Saint-Aubin....	405	202	183	15
Caudebec	2.357	881	349	554
Cléon..........	157	40	28	9
Freneuse.......	178	56	30	25
La Londe.......	483	210	109	99
Orival	457	279	64	206
Saint Pierre....	61	32	26	6
Sotteville	98	23	6	17
Tourville	267	79	65	14
Totaux.....	10.083	4.282	1.861	2.374

ÉLECTION AU CONSEIL D'ARRONDISSEMENT

Communes	Inscrits	Votants	C. Grandin	Randoing
Elbeuf.........	5.620	2.480	993	1.470
Saint-Aubin....	405	202	186	14
Caudebec	2.357	881	310	563
Cléon..........	157	40	24	14
Freneuse.......	178	56	32	24
La Londe.......	483	210	102	106
Orival	457	278	60	214
Saint-Pierre....	61	32	26	6
Sotteville	98	23	8	15
Tourville	267	79	67	12
Totaux.....	10.083	4.281	1.808	2.438

M. Randoing n'accepta pas de faire partie du Conseil d'arrondissement.

Dans le canton de Bourgtheroulde, M. Lefebvre-Duruflé, ancien ministre, fut élu membre du Conseil général de l'Eure, par 1.088 voix, sur 1.148 votants.

Pendant l'été, on fit de nouvelles réparations à la tour de l'église Saint-Jean. Elles s'élevèrent à 2.000 fr.

La première fête publique de Louis-Napoléon Bonaparte date de 1852. Elle commença le 14 août. Le lendemain, on chanta un *Te Deum*; on pavoisa et illumina l'Hôtel de Ville. Dans le jour, la foule s'amassa dans le Champ-de-foire pour assister à l'ascension d'un mât de Cocagne par des amateurs.

Par suite de l'abaissement de la limite d'âge le nombre des compagnies de la garde nationale fut réduit de douze à huit, à partir du 16 août.

Ce même jour, M. Papavoine, chef de bataillon, rédigea un nouveau réglement pour la garde nationale, auquel le maire donna son adhésion le 23 du même mois.

Le vendredi 20 août, il fut procédé à l'installation des membres du Tribunal de commerce, nommés par décret du 24 juillet précédent, qui instituait M. Charles Lizé président du tribunal; MM. Philippe Aubé, Adrien Lescouvé, Lemaître-Dévé et Jacques Boisguillaume, juges; MM. Alph. Touzé, Casimir Carré, Achille Suchetet et Achille Cavrel, juges suppléants.

Dans son discours, M. Lizé exposa qu'il y avait eu 572 affaires pendant les derniers dix-sept mois d'exercice. Cet accroissement, dit-il, était la conséquence naturelle d'un plus grand nombre de transactions et témoignait de la prospérité dont jouissait le commerce du canton. Il termina ainsi:

« Lors de la dernière installation, l'horizon politique était gros d'orages. Précédé de la menace, mai nous apparaissait comme une époque fatale.

« Justement alarmé de ces présages sinistres, je vous disais que tout faisait craindre que les événements, qui étaient venus se dénouer par des catastrophes devant les tribunaux consulaires, ne nous avaient pas dit leur dernier mot, et, avec tous ceux qui aiment véritablement leur pays, je demandais à la Providence de nous épargner. Elle a exaucé nos prières.

« Un de ces hommes qu'elle tient en réserve pour sauver les Etats et les peuples nous a préservés de l'anarchie, et, par suite, des malheurs qui lui font toujours cortège.

« Qu'ici donc, où justice est faite à tous, grâces soient rendues au prince libérateur qui, parmi nous, a remené l'ordre, le travail et le règne de la loi ! »

Les samedi et dimanche 21 et 22 août, on procéda à des élections municipales. Le « parti de l'ordre » proposa les candidats suivants, soutenus par le *Journal d'Elbeuf* :

Section A. — MM. A. Poussin, Ch. Flavigny, Tabouelle, Fillolet, Talon-Sebin et Courel. — Ces deux derniers furent remplacés par MM. Hébert et Roques.

Section B. — MM. A. Lescouvé, Rocheux, Malteau, Augustin Delarue, Th. Chennevière.

Section C. — MM. Ambroise Delaunay, A. Martel, V. Papavoine, Colvée, Dagomet.

Section D. — MM. Buée, Patallier, Laurents, Bourdon, Lefort-Henry.

Section E. — MM. Masselin, C. Grandin, E. Turgis, Hervé, Revel.

Il y eut ballottage dans plusieurs sections. Les candidats de l'opposition obtinrent un plein succès dans deux, de sorte que dix conseillers républicains furent élus ; les dix-sept autres appartenaient au parti anti-républicain.

Le 26, la Chambre consultative adressa au ministre un rapport sur la prime d'exportation accordée aux fils de laine, et proposa une classification. A une question du ministre, la Chambre répondit : « Il ne se vend pas de fil sur notre marché ; le fabricant achète les laines en nature, les fait filer chez lui et les emploie pour sa fabrication ».

L'inauguration du monument élevé à la mémoire de M. Victor Grandin date du 19 septembre 1852.

Ce monument était l'œuvre du baron Henri de Triqueti, né à Conflans (Loiret) en 1802, mort en 1874. Il avait débuté au Salon de 1831, par un groupe : la *Mort de Charles le Téméraire,* qui lui avait valu une deuxième médaille.

Le buste de M. Victor Grandin, maintenant dans le jardin du nouvel Hôtel de Ville, est en bronze ; il est posé sur un socle de marbre blanc portant quatre génies aux angles et des inscriptions sur les faces. Ce socle est posé sur un autre de marbre jaune de plus grande dimensions, présentant sur sa principale face cette inscription : MICHEL-PIERRE-VICTOR GRANDIN, NÉ A ELBEUF, LE XXI DÉCEMBRE MDCCXCVII, MORT A PARIS LE XXVI AOUT MDCCCXLIX.

Il avait été acquis au moyen de souscriptions, notamment une de 600 fr. de la ville et une de 500 fr. des ouvriers de M. Grandin.

L'inauguration fut précédée d'une revue de la garde nationale, dont M. Grandin avait été le commandant, par le secrétaire général de la préfecture, et M. Petit, inspecteur du ministère de la police générale, accompagnés du maire d'Elbeuf et de ses adjoints.

Une estrade pour les autorités avait été établie à gauche du monument ; de chaque côté étaient des sièges, élevés sur une charpente, que l'on avait réservés pour les dames. M. Daviel, procureur général, présida la cérémonie, à laquelle assistaient MM. Lefebvre-Duruflé, sénateur ; Henri Quesné, député ; le clergé d'Elbeuf ; MM. Deschamps et Darcel, membres du conseil général ; M. Bourdon, ancien député ; la famille de M. Victor Grandin, les autorités, etc.

Un banquet de 80 couverts réunit le soir les invités. De nouveaux discours furent prononcés par MM. Buée, Lefebvre-Duruflé, Tabouelle et Papavoine. L'Hôtel de Ville était illuminé.

Après les élections municipales, le Conseil se trouva composé de MM. Buée, Adrien Lescouvé et Auguste-Démosthène Rocheux, maire et adjoints, et de MM. Louis Masselin, Jacques-Eléonor Piéton, Emile Delaunay, Ambroise Alavoine, Pascal Edeline, Charles Jolly, J.-B. Dagomet, Claude Chabert, Lefort-Henry, Jean-Jacques Marais jeune, Mathieu Bourdon, Laurents, Alex. Poussin, Ch. Flavigny, Th. Chennevière, Augustin Delarue, Auguste Hébert, Charles-Auguste Rocques, Benjamin Fillolet, Henri Tabouelle, André Martin et Lainé.

Lors de son installation, le 27 septembre, il fut déclaré que M. Martin n'acceptait point et donné lecture d'une lettre de M. Frédéric Lainé, déclarant qu'il refusait de faire partie du Conseil, à cause du serment imposé aux conseillers.

M. Poussin, qui, jusque-là, avait toujours été élu secrétaire du Conseil à l'unanimité des voix, moins la sienne, n'obtint que 12 suffrages sur 23 votants.

Le maire proposa de voter 200 fr. pour l'érection d'une statue de l'empereur Napoléon dans la cour du palais de Fontainebleau ; 15 membres se prononcèrent pour, 5 contre et 3 s'abstinrent

Le général Gudin, qui était venu visiter le casernement de la rue de la Justice, ayant réclamé un supplément de construction, le conseil municipal fit droit à sa demande.

Le 29, la Chambre consultative rédigea une adresse au président de la République relative au traité de commerce avec la Belgique.

Le 6 octobre, tous les fabricants du canton furent convoqués à la mairie d'Elbeuf, pour recevoir communication de ce traité, et prendre connaissance de l'adresse, dont le texte fut approuvé par l'assemblée. Dans cette même séance, on vota un fonds de souscription pour la défense du travail national.

Dans la nuit du 4 au 5 octobre, un orage très violent s'était abattu sur notre région. En quelques instants le ravin des Ecameaux avait déversé dans les rues de l'Hospice, Royale et Saint-Jean un torrent impétueux. Vers deux heures et demie du matin, l'eau avait atteint, rue de l'Hospice, une hauteur de près d'un mètre ; on prétendit qu'un cadavre humain avait été roulé par les eaux. La circulation fut interrompue pendant plusieurs jours, à cause des vases et cailloux que la ravine avait amassés sur différents points.

A la suite du complot de Marseille, le maire convoqua le Conseil qui accepta, par 16 voix contre 5 et deux abstentions, l'adresse suivante, qui fut envoyée à Louis-Napoléon Bonaparte :

« Prince ; Dieu, qui protège la France, l'a préservée des suites fatales d'un odieux complot. Ses indignes auteurs voulaient détruire en vous le principe vivant de l'ordre ; ils n'ont fait que resserrer davantage les liens sacrés qui vous unissent au pays.

« Les acclamations qui, chaque jour, s'accroissent sur vos pas, Monseigneur, nous en fournissent la preuve, et ces acclamations, répétées par la France entière, portent avec elles leur énergique signification.

« En vous saluant du plus beau titre que puisse vous décerner sa reconnaissance, la Nation manifeste le besoin de stabilité, sa répulsion d'un régime imposé par la violence ; elle proscrit un système ravivant sans relâche l'espérance des anarchistes.

« Ecoutez, prince, la voix d'un peuple qui exprime si vivement son désir et ses besoins ; la Providence vous a évidemment choisi pour rétablir le principe monarchique, passé dans nos mœurs et resté, malgré les événements, profondément gravé dans les cœurs. Acceptez cette grande et noble mission.

« Tel est le vœu qu'adresse à Votre Altesse impériale le corps municipal de la ville d'Elbeuf ».

M. Charles Flavigny, après cette lecture, s'exprima ainsi :

« Messieurs ; j'appuie le projet d'une adresse au prince Louis-Napoléon. Avant la découverte du complot de Marseille, elle me semblait indispensable : aujourd'hui, j'ajoute que si cette adresse était déjà envoyée, une seconde serait à faire, pour féliciter le prince d'être évidemment sous la protection de Dieu, dont la volonté, en faisant échouer le complot, s'est manifestée plus éclatante encore.

« Ce fut, en effet, Messieurs, un événement providentiel que l'acte du 2 décembre ; on ne peut trop le reconnaître.

« Le conseil municipal d'Elbeuf a été des premiers à y adhérer ; son vote à cette époque a été et devait être le prélude du vote d'aujourd'hui.

« Il signifiait alors que, fatigués d'une épreuve nouvelle, épreuve aussi stérile dans ses résultats que désastreuse dans ses moyens, vous reconnaissiez qu'il n'y avait pour le pays qu'une issue pour sortir d'un dédale inextricable ; que cette issue était le retour au principe monarchique avec l'application d'un régime connu, dont la direction, puissante par son unité, avait déjà sauvé la France, arrêtée ainsi sur le bord de l'abîme.

« L'adhésion donnée aux actes du prince Louis-Napoléon ne pouvait avoir une signification autre que celle-ci. Pour moi, Messieurs, c'est ainsi que je l'ai compris, et j'ai la conviction que vous étiez dans les mêmes sentiments.

« Restait à savoir par quel moyen la France rentrerait dans la forme monarchique.

« Ici encore, Messieurs, les traditions antérieures étaient pour nous une indication suffisante ; fidèlement suivies depuis plusieurs mois, elles le sont encore en ce moment : le prince attend les vœux qui se manifestent chaque jour.

« Il y a une différence, je le sais, entre l'assentiment donné à un fait accompli et l'encouragement à accomplir ce fait, mais le but devient le même quand on veut soutenir le gouvernement.

« Aujourd'hui, Messieurs, il s'agit de traités de commerce qui, s'ils avaient lieu, porteraient un coup terrible à tous ceux que notre industrie alimente ; demain, ce sera la question depuis si longtemps pendante d'un chemin de fer passant par Elbeuf ; plus tard, viendront d'autres questions, capitales pour une ville manufacturière.

« Seraient-ils bien venus à faire entendre leurs réclamations, ceux qui auraient systématiquement fait acte d'opposition ?

« Il n'est que trop réel et malheureux à dire que dans notre ville, plus qu'en beaucoup d'autres, des doctrines séduisantes, mais perverses, ont égaré une partie de la population ; que la conséquence de ce fait pourrait devenir fatale à tous et plus encore à ceux qui ont été égarés.

« C'est à nous, qui sommes les mandataires de la ville d'Elbeuf, de nous faire écouter, si nous voulons être soutenus dans nos demandes.

« Si le régime impérial peut sauver la France, disons nettement que nous votons l'empire !

« Je le répète, j'appuie le projet d'adresse ».

Un membre ayant demandé que l'avis motivé de M. Ch. Flavigny fut inséré sur le registre des délibérations, la majorité accepta cette proposition.

Le même jour, en réponse à une lettre de l'inspecteur primaire de l'arrondissement, demandant si la ville d'Elbeuf préférait une congréganiste à une laïque, pour diriger l'école de filles de la rue de Paris, le Conseil se prononça en faveur de la sœur Saint-Théodose, par 18 voix contre 5 abstentions

Le service dans la garde nationale plaisait à quelques officiers, heureux de parader en uniforme, et à quelques employés qui y trouvaient profit ; mais la plus grande partie des assujettis pensaient qu'ils pourraient mieux utiliser leurs loisirs qu'à jouer au soldat On tint conseil, et il en résulta la pétition suivante, signée de 272 notables habitants d'Elbeuf :

« A Son Altesse Monseigneur le Prince Président :

« Monseigneur,

« L'énergie et la sagesse de votre gouvernement ont rendu au pays sa tranquillité, sa prospérité.

« La garde nationale d'Elbeuf, dont vous venez d'accorder la réorganisation, se compose aujourd'hui presque exclusivement de manufacturiers, chefs d'ateliers, négociants, employés et marchands.

« Le temps consacré au service, aux exercices et aux revues est un impôt bien lourd pour des commerçants dont la surveillance de tous les instants est si nécessaire à leurs établissements.

« La garde de la ville est confiée à une brave garnison ; sa présence seule suffit pour y assurer le calme.

« Par ces motifs, les soussignés gardes-nationaux viennent vous demander l'ajournement d'un service préjudiciable à leurs intérêts.

« Si, ce qu'à Dieu ne plaise, des événements imprévus venaient encore troubler le pays, les antécédents de la garde nationale d'Elbeuf vous sont un sûr garant qu'elle serait prête au premier appel à concourir à la défense de la société et de votre gouvernement.

« Confiants dans leur demande, les gardes nationaux d'Elbeuf ont l'honneur d'être, avec un profond respect, Monseigneur,

« De Votre Altesse, les très humbles et dévoués serviteurs ». — Suivent 272 signatures.

Le 10, les électeurs du canton furent encore une fois convoqués. Il s'agissait de nommer un membre du Conseil d'arrondissement, pour remplacer M. Randoing, élu, mais qui avait refusé de prêter le serment politique obligatoire. Le corps électoral, fatigué des multiples élections de cette année, se montra indifférent et il ne se présenta que peu de citoyens au scrutin, ainsi que le montre le tableau qui suit. Les candidats étaient MM. Constant Grandin et Emile Delaunay.

Communes	Inscrits	Votants	Grandin	Delaunay
Elbeuf............	5.620	913	597	299
Saint-Aubin......	404	79	76	»»
Caudebec........	2.480	137	101	28
Cléon............	156	26	11	»»
Freneuse.........	176	39	27	12
La Londe	483	76	60	15
Orival...........	457	64	31	28
Saint-Pierre.....	61	14	14	»»
Sotteville........	99	22	7	14
Tourville	267	42	42	»»
Totaux......	10.202	1.412	966	396

Un scrutin de ballottage fut donc nécessaire. Il eut lieu le 17 du même mois. Il donna ce résultat :

Année 1852

Communes	Inscrits	Votants	Grandin	Delaunay
Elbeuf............	5.620	925	562	257
Saint-Aubin......	404	83	80	3
Caudebec........	2.480	173	124	44
Cléon............	156	25	9	15
Freneuse........	176	33	25	7
La Londe.........	483	88	68	19
Orival...........	457	70	32	37
Saint-Pierre......	61	15	15	»
Sotteville........	99	17	5	12
Tourville........	266	22	22	»
Totaux......	10.203	1.451	943	494

Quatre compagnies du 29ᵉ de ligne vinrent prendre garnison à Elbeuf, le 23 octobre.

Un nouveau plébiscite eut lieu, chacun le sait, les 21 et 22 novembre 1852, sur le point suivant : « Le peuple français veut-il le rétablissement de la dignité impériale dans la personne de Louis-Napoléon Bonaparte, avec hérédité dans sa descendance directe, légitime ou adoptive, et lui donne t-il le droit de régler l'ordre de succession au trône dans la famille Bonaparte ? » — Les électeurs devaient répondre par *oui* ou *non*.

Les électeurs d'Elbeuf furent divisés en trois sections.

La première, de A à D, se réunit à la salle d'asile, salle Nord, sous la présidence de M. Buée, assisté de MM. Ambroise Alavoine, Claude Chabert, Emile Delaunay et Pierre-Augustin Laurents. M. P. Delanos en était le secrétaire. Elle donna 1.073 *oui*, 255 *non* et 11 bulletins nuls.

La deuxième section, de E à L, vota aussi à la salle d'asile, salle Nord Est, sous la présidence de M. Adrien Lescouvé, adjoint, ussisté de MM. J.-B. Dagomet, Mathieu Bourdon, Charles Joly et Jean-Jacques Marais. M. A. Fririon remplit les fonctions de secrétaire. On trouva dans l'urne 1.006 *oui*, 250 *non* et 15 bulletins nuls.

Enfin, la troisième section, de M à Z, se réunit à l'école primaire, sous la présidence de M. Auguste Rocheux, deuxième adjoint, assisté de MM. Pascal Edeline, Louis Masselin, Laurent Patallier et Jacques Piéton. Le commissaire de police Libre-Brutus Michel en était le secrétaire. Cette section donna 985 *oui*, 202 *non* et 18 bulletins nuls.

Les résultats des dix communes du canton furent les suivants :

Communes	Inscrits	Votants	Oui	Non
Elbeuf............	5.774	3.815	3.064	707
Caudebec........	2.467	1.780	1.528	245
Cléon............	157	146	145	»
Freneuse.........	183	164	148	13
La Londe	473	385	352	30
Orival...........	451	376	305	64
Saint-Aubin......	410	367	342	23
Saint-Pierre......	63	58	55	2
Sotteville........	100	66	62	4
Tourville	253	169	160	8
Totaux......	10.331	7.326	6.151	1.096

Sans doute pour réchauffer le zèle des électeurs, le télégramme suivant avait été affiché dès le matin du second jour de vote :

« Paris, 21 novembre, 9 heures soir.

« Le gouvernement reçoit de toutes parts les meilleures nouvelles de l'empire. A Bordeaux, Strasbourg, Lyon, Metz, Lille, Dijon, Saint-Etienne, Besançon, partout l'empressement à voter est remarquable.

« Dans la plupart des villes, les populations des faubourgs vont au scrutin bannière en tête, aux cris de : « Vive l'Empereur ! » A Paris, l'empressement à voter n'est pas moins remarquable ; les quartiers populeux manifestent hautement leur adhésion ».

Dans le département de la Seine Inférieure, il y eut 160.186 *oui* et 8.490 *non*. — L'Eure accusa 99.883 *oui* et 6 051 *non*.

Le canton de Pont-de-l'Arche donna 2.805 *oui* et 108 *non* ; celui d'Amfreville 2.710 *oui* et 193 *non*, et celui de Bourgtheroulde 2.457 *oui* et 41 *non*.

Le 2 décembre, le maire d'Elbeuf adressa cette proclamation à ses concitoyens :

« Dimanche prochain, aura lieu la proclamation de l'Empire, dans toutes les communes de France.

« 8.000.000 de suffrages ont appelé au trône impérial le prince qui a providentiellement sauvé la France. Ce prince, libérateur de la patrie, apparaît sous la glorieuse auréole qui entoure le grand nom de Napoléon.

« L'ère nouvelle va s'inaugurer au milieu du calme et de la stabilité si nécessaires au développement de toutes les forces vitales d'une grande nation.

« N'est ce pas, en effet, à l'élu du pays que nous devons le raffermissement de la confiance qui a ranimé le travail dans nos ateliers et imprimé une si grande activité à notre industrie ?

« Vous saluerez donc avec empressement de vos acclamations l'empereur Napoléon III, l'héritier et le successeur de l'empereur Napoléon Ier, dont le souvenir si glorieux fait toujours tressaillir les cœurs vraiment français.

« La cité elbeuvienne, qui a recueilli précieusement, comme des titres de noblesse, les paroles prononcées à une autre époque par le premier consul sur son avenir industriel, voudra témoigner de la reconnaissance qui l'anime envers le nouvel empereur, en s'associant aux réjouissances d'un jour aussi mémorable, qui fixe les destinées du pays et lui promet des temps plus heureux et plus prospères.

« Vive l'empereur Napoléon III !

« Elbeuf, en l'Hôtel de Ville, le 2 décembre 1852, le maire : Buée ».

Le programme de la fête se composait de sonneries de cloches, de déploiements de drapeaux, de la lecture faite à midi, sur la place du Coq, de la proclamation impériale ; d'un mât de cocagne sur la place Lécallier et de danses publiques sur la même place.

Des maisons particulières arborèrent également le drapeau tricolore et s'illuminèrent le soir. Sur la façade de la mairie, on lisait en grandes lettres de feu, obtenues au moyen d'un bâtis en bois et de lampions, ces mots : « Vive l'empereur ! » Des ifs lumineux étaient placés de l'autre côté de la rue, et la place Lécallier était éclairée également par seize ifs.

M. Albert Ménage, filateur, rue du Pré-Basile, se proposait d'établir dans sa cour une petite usine à gaz pour l'usage de ses ateliers ; mais ses voisins firent opposition au projet, les 10 et 12 décembre. Néanmoins, M. Ménage reçut l'autorisation qu'il sollicitait le 21 janjanvier suivant, et bientôt un gazomètre s'éleva du côté ouest de la place Bonaparte.

Durant l'année 1852, on avait compté, à Elbeuf, 602 naissances, 151 mariages et 569 décès.

CHAPITRE XVII
(1853)

Mariage de l'empereur ; adresse. — Les sœurs du Bureau de bienfaisance. — Serments politiques. — Lettre au ministre ; la ligne d'Oissel a Serquigny au Conseil municipal et a la Chambre consultative. — Le peintre J. Aubert ; le « Mariage de Tobie ». — Elbeuf a l'Exposition de Londres. — Statistique industrielle et commerciale.

Les prévisions budgétaires, en dépenses, furent pour l'exercice 1853 : de 280.534 fr. pour la ville, de 38.297 fr. pour l'hospice, et de 38.800 fr. pour le Bureau de bienfaisance.

Le 4 janvier, on installa M. Samuel Levy comme préposé en chef de l'octroi.

Une nouvelle adresse fut votée par le conseil municipal, le 14 février, à Louis-Napoléon, empereur, à l'occasion de son mariage. En voici le texte :

« Sire ; Par la mesure énergique du 2 décembre, vous avez ramené l'ordre et comprimé l'anarchie. En montant sur le trône, par la volonté nationale, vous avez fondé la stabilité dont la France éprouvait l'impérieux besoin. En contractant un mariage, hautement réclamé par l'intérêt général, vous venez d'enchaîner l'avenir par l'espoir d'un héritage direct de la couronne.

« Grâces vous soient rendues, Sire, pour avoir si bien compris ce que la Nation attendait de vous pour compléter l'œuvre de consolidation qui vous avez si habilement dirigée.

« En accomplissant ce grand acte, Votre Majesté avait en vue une épouse aimée et respectée, qui pût faire le charme de sa vie intérieure et rappeler aux Français leur bienfaisante et gracieuse Joséphine.

« Vous avez été bien inspiré, Sire, en reportant vos affections vers notre jeune et vertueuse Impératrice. Vos vœux seront accomplis ; elle fera votre bonheur, sera votre bonne étoile, et, comme votre illustre aïeule, elle saura bientôt aussi se faire chérir de tous.

« Le corps municipal d'Elbeuf est heureux, dans cette circonstance, d'avoir à adresser à Votre Majesté ses respectueuses félicitations ».

Suivent les signatures de MM. Edeline, Alavoine, Rocheux, Lefort-Henry, L. Patallier, Piéton, Delarue, Ch. Flavigny, Marais jeune, L. Masselin, Malteau, Tabouelle, Laurents, Chabert, Alex. Poussin et Buée ; au total seize.

Le même jour, le Conseil approuva définitivement l'introduction de quatre sœurs de Saint-Vincent-de-Paul au Bureau de bienfaisance, et leur vota une somme de 4.100 fr. pour frais de premier établissement.

Il vota également un crédit de 3.420 fr. pour fournir des tuniques et vestes à la compagnie de pompiers.

Pendant la même session, on vota 16 mille 182 fr. pour grosses réparations à l'église Saint-Jean ; la fabrique paroissiale fournit le quart de cette somme.

Une circulaire préfectorale appela les fonctionnaires publics à prêter un nouveau serment politique, ainsi conçu : « Je jure obéissance à la Constitution et fidélité à l'empereur ». En conséquence, les membres du conseil municipal se réunirent, le 23 du même mois, pour remplir cette formalité ; le maire et les adjoints avaient déjà envoyé à la préfecture leur serment écrit, conformément à l'une des dispositions de cette circulaire.

Le serment fut donc successivement prêté par MM. Louis Masselin, Jacques Piéton, Ambroise Alavoine, Pascal Edeline, Pierre Lefort-Henry, Pierre Bourdon, Pierre Laurents, Laurent Patallier, Alexandre Poussin, Charles Flavigny, Th. Chennevière, Augustin Delarue, A. Hébert, Rocques, Fillolet et Tabouelle.

Le Conseil se trouvait réduit à 21 membres, par suite de démissions. Cinq absents, MM. Charles Jolly, Jean-Baptiste Dagomet, Claude Chabert, Jean Marais et Auguste Malteau, furent invités à produire leur serment, par écrit, dans un court délai.

Le conseil municipal décida, ce même jour 23 février, d'adresser la lettre qui suit au ministre des Travaux publics :

« Monsieur le ministre ; Depuis plus de seize ans, nous nous consumons en démarches chaque jour renouvelées, pour obtenir que notre ville, l'un des plus grands centres d'industrie, se trouve enfin reliée aux voies ferrées, comme l'exige son importance ; jusqu'à présent nos efforts sont restés infructueux.

« La précipitation apportée en 1836 dans le vote du chemin de fer de Paris à Rouen, vote enlevé à la hâte et sans études suffisamment approfondies, a fait commettre l'énorme faute d'adopter un projet jetant inutilement deux ponts sur la Seine pour allonger le parcours, lorsqu'il était si facile et si rationnel de conduire une ligne beaucoup plus directe, en traversant les deux villes manufacturières de Louviers et d'Elbeuf.

« La réparation de cette déplorable erreur nous a toujours été annoncée comme prochaine, et toujours de nouveaux incidents sont venus retarder l'exécution de promesses solennelles.

« Il vous appartient, M. le ministre, de mettre fin à ces éternels ajournements ; aussi est-ce avec une entière confiance que nous recourons à votre justice et réclamons votre protection.

« La loi de 1852 a déterminé l'embranchement de Serquigny à Rouen à titre d'annexe indispensable au chemin de fer de Paris à Cherbourg, et arrêté qu'à la session première, celle qui vient de s'ouvrir, le tracé définitif serait soumis au Corps législatif.

« Pour satisfaire à cette prescription, vous avez, M. le ministre, chargé M. Méry, ingénieur en chef du département de l'Eure, de se livrer aux études demandées.

« M. Méry avait, en 1846, présenté un projet soumis aux enquêtes à cette époque et accepté à l'unanimité par les divers comités ; ce projet comprenait l'embranchement de Serquigny à Rouen.

« Nous venons vous déclarer, M. le ministre, que, d'accord avec le conseil municipal de

Rouen, nous adoptons de nouveau le tracé de Serquigny à Rouen, tel qu'il a été produit en 1846. Ainsi tout est préparé à l'avance pour soumettre le projet aux Chambres puisque les intéressés l'acceptent.

« Veuillez donc être assez bon, M. le ministre, pour le présenter immédiatement ; vous fixerez par là le terme de nos trop longues anxiétés et vous acquerrez des droits à la profonde reconnaissance d'une ville qui mérite à tous égards la faveur du Gouvernement ».

Le Conseil municipal décida, le même jour encore, de transférer les poudres destinées à la garde nationale et à la troupe de ligne, de l'Hôtel de Ville à la caserne, où un bâtiment spécial serait construit pour les recevoir. On estima la dépense à 1.155 fr. Les travaux furent adjugés à M. Colvée, le 12 mai suivant.

Les fonctionnaires prêtèrent serment d'obéissance à la Constitution et fidélité à l'empereur. Le 2 mars. M. Jolly, conseiller municipal, se démit de ces fonctions pour ne pas se soumettre à cette formalité, qui répugnait à sa conscience.

On procéda, le 23 avril, à l'installation des membres de la Chambre consultative, élus le 1er mars précédent dans l'ordre suivant : MM. Laurent Collas, Alexandre Poussin, Charles Flavigny, Mathieu Bourdon, Edouard Turgis, Philippe Aubé, Charles Fouré, Isidore Lecerf, Théodore Chennevière, Charles Lizé, Edmond Join-Lambert, Augustin Delarue.

M. Bourdon fut élu président, M. Chennevière vice-président et M. Poussin, secrétaire. — Dans la séance suivante, la Chambre vota des remerciements à M. I. Sèbe, son ancien président.

Le 30, la Chambre consultative décida qu'il n'y avait pas lieu de changer son titre en celui de Chambre de commerce. Dans cette même séance, elle nomma une commission ayant mission d'arrêter définitivement la formule du livret d'ouvrier tisserand.

Le 14 mai, le conseil municipal vota 21.000 francs pour la construction d'un dispensaire à l'hospice.

On discuta, dans la même séance, le projet de transfert à la Ville de l'immeuble affecté à l'école des Frères, rue de la Justice.

Un amendement de M. Laurents, stipulant que la maison et ses dépendances seraient affectées à perpétuité à une école gratuite tenue par des Frères, fut repoussé par 9 voix contre 6, et le projet de cession moyennant la somme de 13.500 fr. payés à l'Institut des Frères, par la ville, fut adopté par 8 voix, contre 5 et 2 abstentions.

A cette époque et depuis des années, on parlait en ville, et au conseil municipal à chaque session, du droit d'octroi sur les houilles et du transfèrement de l'abreuvoir qui se trouvait alors en face la rue de Seine.

Le 11 juin, le Conseil municipal écrivit à l'empereur une longue lettre très documentée, pour obtenir le maintien du droit sur les charbons de terre, pendant qu'une commission s'occupait sérieusement de l'abreuvoir, qui fut transféré en face la place du Champ-de-foire ; la dépense s'éleva à près de 14.000 francs.

Le 14, mourut M. Joseph Colvée, entrepreneur de bâtiments, ancien adjoint au maire ; il était âgé de 65 ans.

A la suite de nombreux abus, la Chambre

consultative écrivit, le 15 juin, au maire qu'il lui paraissait juste que chaque fabricant fût obligé de se renfermer, en ce qui concernait les ouvrières épinceteuses, dans la limite de la journée de travail ; que le séjour prolongé, après la journée, pour attendre « le charrieur » du foulonnier, privait l'ouvrière du temps qui lui appartenait pour ses besoins personnels ; que les établissements exposés à charger tardivement pouvaient suppléer, après le départ des épinceteuses, au moyen des hommes de corvée.

Ce même jour, la Chambre arrêta que le tableau de la Bourse de Paris serait affiché chaque jour à la porte de l'Hôtel de Ville. Puis M. Flavigny donna lecture du rapport de la commission des livrets de tisserand, dont les conclusions furent adoptées.

Il fut procédé le vendredi 16 juin, à l'installation de MM. Alphonse Touzé et Achille Cavrel, nommés juges au Tribunal de commerce par décret du 11 mai précédent ; et à celles de M. Pierre Pelletier fils, en remplacement de M. Suchetet, décédé ; et de MM. Pierre-Albert Hébert et Adolphe Mary, nommés tous trois juges suppléants.

Le 26 juin, le feu prit à la Sécherie elbeuvienne, rue du Cours. Les pertes s'élevèrent à une somme considérable.

Notons, en passant, une des curiosités de l'état-civil de notre ville. Le 29, M. Adrien-Benoit Lefebvre, employé de commerce, rue Poulain, déclara à la mairie trois garçons qui lui étaient nés le matin.

Un tir à la cible, pour les soldats de la garnison, fut ouvert, le 12 juillet, sur un terrain dépendant d'Orival, longeant la forêt et faisant suite à la rue des Rouvalets.

Le conseil municipal vota, ce même jour, une somme de 500 fr. pour contribuer à l'érection de la statue de Napoléon Ier à Rouen,

M. Pierre-Albert Hébert, nommé adjoint par décret impérial du 30 juin précédent, en remplacement de M. Lescouvé, fut installé le 13 août.

Le 24, le maire, sur une demande de l'intéressé, proposa et le conseil municipal vota, en faveur de M. Joseph Aubert, artiste peintre d'Elbeuf, une somme de 1.600 fr. pour l'exécution d'un tableau le *Mariage de Tobie*, qu'il se proposait de faire figurer à l'Exposition universelle de 1855 et ensuite de donner à la ville d'Elbeuf ; plus une autre somme de 600 francs pour lui permettre de continuer ses études artistiques. — Le tableau dont il s'agit est placé dans la salle des mariages à l'Hôtel de Ville ; l'artiste s'y est représenté par les traits qu'il a donnés à l'un des personnages.

La question de l'embranchement de Serquigny revient, ce même jour, devant le Conseil, avec des plans d'enquête.

Il y avait deux tracés : un bleu par la vallée de la Risle et le Roumois, et un rouge par la plaine du Neubourg.

Après une longue discussion, M. Tabouellé proposa l'adoption du tracé bleu, sous la condition que la station serait placée dans une île sur le territoire d'Elbeuf, au point le plus rapproché de l'extrémité du pont suspendu établi sur le bras principal de la Seine, en face la rue Saint-Jean, à la charge par la compagnie concessionnaire : 1º De racheter le droit de péage du pont, de sorte que le public fut affranchi de ce droit pour se rendre à la gare ; 2º **De consolider ce pont.**

LE MARIAGE DE TOBIE (*Tableau de M. J. Aubert*)

Mais le maire mit d'abord aux voix le tracé rouge que soutenait M. Lefort-Henry, et comportant une variante plaçant la gare près le Champ-de-foire. 13 membres se levèrent pour le tracé rouge et 6 contre.

On mit ensuite aux voix ce même tracé rouge primitif, qui traversait la rue de la Barrière pour aller gagner la gare, placée vers le bas de la rue Robert ; 9 membres votèrent pour, 6 contre, 5 s'abstinrent.

En conséquence la ligne par le plateau du Neubourg et traversant la rue de la Barrière à Elbeuf, avec gare entre l'extrémité nord de la rue Robert et la Seine fut adoptée

Ce vote causa une division entre plusieurs membres du Conseil, au point que, dans la séance suivante, la question du chemin de fer étant revenue, M. Patallier proposa de s'en rapporter à la sagesse du gouvernement, pour ne pas réveiller les dissentiments qui avaient agité l'assemblée municipale.

La Chambre consultative, réunie le 6 septembre, fut saisie à son tour, de la question d'embranchement de Serquigny à Tourville. Le préfet l'invitait à donner son avis.

M. Bourdon dit que s'il s'agissait d'une ligne rectificative entre Saint-Pierre du Vauvray et Oissel, traversant les villes de Louviers et d'Elbeuf, il ne pourrait y avoir qu'une voix pour acclamer un pareil projet, car ce serait à l'avantage de tous les intérêts et le redressement d'une grande erreur ; mais, ajouta-t-il, les deux projets soumis à l'examen de la Chambre ont leurs avantages et leurs inconvénients; cependant, je donne la préférence au tracé bleu.

L'orateur signala les dangers des pentes du

tracé rouge et par dessus tout la perturbation que causerait son embarcadère, s'il était placé à 250 mètres du pont suspendu, avec sa traversée au milieu des principales rues de la ville ; ce serait la séparation d'Elbeuf en deux villes, dont les conséquences seraient la ruine de la partie Ouest. Il déclara voter pour la ligne bleue, à condition que le bras de Seine où les pontons et les bateaux trouvaient alors un abri pendant la période des glaces ne serait pas comblé, et que le pont suspendu serait parfaitement consolidé et exempt de droits de péage.

M. Th. Chennevière se déclara partisan du tracé rouge. L'avenir, dit-il, est sauvegardé par cette ligne et tout espoir de réparer l'erreur dont parle M. Bourdon est perdu par le tracé bleu. Le gouvernement peut, dans la concession de l'embranchement de Serquigny et dans son assentiment à la fusion des compagnies, imposer la condition d'un embranchement sur Louviers et sur Saint-Pierre-du-Vauvray, même sur Evreux. L'orateur parla aussi des obstacles que présenterait le pont biais nécessité par la ligne bleue pour arriver à l'embarcadère Il pensait que la navigation ferait une opposition légitime et insurmontable à l'établissement d'un pont construit dans ces conditions et que le gouvernement ne pourrait qu'accueillir ses réclamations. Il s'en suivrait qu'on serait peut-être obligé de construire ce pont d'équerre et de reporter l'embarcadère dans la plaine de Saint-Aubin.

Ce résultat, dit-il en terminant, n'a pas besoin de commentaires pour envisager tout ce qu'il aura de désastreux pour Elbeuf. Je pense aussi que la traversée au milieu de la ville offrirait les plus graves inconvénients ; mais j'espère qu'il sera facile, en adoptant le tracé rouge, de placer l'embarcadère suivant les indications de la variante, et d'adopter une direction qui n'amènera pas une semblable perturbation. Je voterai pour le tracé rouge.

Le président fit voter sur le tracé rouge, en expliquant d'abord qu'il s'agissait de la ligne devant suivre la vallée de l'Oison et traverser la plaine du Neubourg.

Cinq mains se levèrent en faveur de ce tracé et quatre contre.

Au moment de voter sur l'emplacement de la gare, il fut fait une proposition en ces termes : « La Chambre consultative rejette d'une manière absolue le projet d'embarcadère à 250 mètres du pont suspendu, ayant pour conséquence la traversée par le centre d'Elbeuf ».

Sept membres se prononcèrent en faveur, un contre et le neuvième s'abstint.

La variante comportant la gare à 500 mètres de pont suspendu, dans la direction de Caudebec, fut adoptée à l'unanimité.

Il fut fait une dernière proposition : « Subsidiairement, dans le cas où, contre toute attente, le tracé bleu viendrait à être préféré au tracé rouge par l'autorité compétente, la Chambre consultative demande qu'il soit fait toutes réserves utiles pour que le bras de Seine qui sert d'abri aux pontons des teintures et aux bateaux pendant la saison des glaces ne soit pas comblé, et que le pont suspendu soit consolidé et exempt de tous droits de péage ». — L'assemblée adopta cette motion à l'unanimité.

Le 9 novembre, M. Laurents, directeur de

Compagnies d'assurances contre l'incendie, exposa à la Chambre consultative que les compagnies, alarmées des sinistres fréquents dans les carderies et filatures de laine, avaient remarqué que les huiles employées à l'ensimage, lorsqu'elles étaient modifiées par des mélanges, donnaient lieu à une fermentation qui devenait une cause d'incendie. Il demanda de faire des essais comparatifs de ces mélanges avec de l'huile d'olive pure. La Chambre adopta sa proposition.

Ce même jour, la Chambre prit connaissance d'un rapport anglais sur l'Exposition de Londres. Ce travail faisait l'historique de l'industrie lainière en Angleterre et passait en revue les produits exposés par les nationaux et les étrangers. Voici le passage concernant la France :

« Les principaux lieux de production sont Sedan et Elbeuf. Les draps de Sedan sont des noirs, étroits et grande largeur. Sedan a exposé un grand et beau choix de ces articles teints en pièce, mais admirables dans leur genre. Elbeuf a exposé une magnifique variété de draps de caprice, peau de daim et draps surfoulés d'un goût très délicat, Abbeville, Louviers et Vire figurent pour nombre d'articles d'un mérite notoire ».

Sur la liste des lauréats, auxquels on décerna un prix médaille, on lisait :

« *Sedan*. — A MM. Paul Bacot et fils, pour d'excellents produits en noir et satins nouveautés, peau de daim, pour des draps noirs légers et fins d'une bonne teinte et d'un grand fini. — A MM. Berlèche Chesnon et Cie, pour d'excellents produits et de beaux dessins en nouveautés, peau de daim.

« *Elbeuf.* — A M. Théodore Chennevière, pour un très grand mérite de fabrication et de dessins de nouveautés très variés. — A MM. veuve Parnuit, Dautresme et Cie, pour des produits excellents, d'un bon dessin et à bon marché.

« *Beauvais.* — A M. Fortin-Bouteiller, pour de beaux produits de draps feutrés.

« *Vire.* — A M. Michel Desmares, pour des produits excellents, utiles et à bon marché. — A M. A. Lenormand, même mention ».

Dans sa séance suivante, la Chambre établit les comptes de la souscription ouverte en faveur de la défense du travail national. Il avait été encaissé, à Elbeuf, une somme de 5.126 fr. et dépensé seulement 1.464 fr.

Ce même jour, la Chambre signala au ministre les inquiétudes qui s'étaient manifestées au sujet d'une réduction éventuelle des droits d'entrée sur les laines, en le priant de rassurer l'industrie. Par une autre pétition, elle demanda au ministre de faire participer les manufactures de notre ville aux fournitures de draps militaires.

Le 17 novembre, mourut M. Jean-François-Laurent Patallier, à l'âge de 80 ans.

Le 21 du même mois, le conseil municipal décida qu'il serait créé, par adjonction au service des bureaux de la mairie, un service spécial au classement des archives municipales, et affecta au traitement d'un secrétaire-archiviste la somme de 1.000 fr.

Il accepta ensuite une demande de M. Cousin-Corblin, tendant à ouvrir, dans sa propriété, deux rues portant les noms de Cousin-Corblin et Saint-Joseph. Le propriétaire s'engea à verser 1.000 fr. à l'Hospice et 500 fr. au

Bureau de bienfaisance, aussitôt que ces rues auraient été ordonnancées par décret impérial.

Un décret, daté du 27 novembre, nomma juges au Tribunal de commerce M. Pierre-Isidore Lecerf fils, en remplacement de M. Cavrel, démissionnaire MM. Alphonse Touzé, réélu, et M. Pierre Pelletier fils, en remplacement de M. Boisguillaume. Ce même décret nomma juges suppléants M. Louis-Prosper Mouchet, en remplacement de M. Carré, démissionnaire, M. A. Mary, réélu, et M. Jules May, en remplacement de M. P. Pelletier. — L'installation des nouveaux membres eut lieu le 16 décembre suivant.

M. Salles prêta serment, comme commissaire de police, le 31 décembre. Il succédait à M. Jean.

Cette année-là, on dépensa 16.000 fr. en travaux de réparation à l'église Saint-Jean, exécutés par M. Isidore Olivier, sans adjudication.

Il résulte d'un travail dressé en 1853, par la Chambre consultative, qu'il y avait à cette époque, à Elbeuf, 183 manufactures de draps

La fabrication en draps lisses était, par année, suivant la moyenne donnée par les années 1851, 1852 et 1853, de 36.100 draps. On employait, pour confectionner 1.000 pièces, 162 ouvriers, soit pour les 36.100 draps, 5.248 ouvriers.

La fabrication des draps-nouveautés produisait annuellement 46.700 draps, ce qui, à raison de 245 ouvriers pour 1 000 pièces, donnait 11.441 ouvriers.

Les usines intérieures nécessaires à la fabrication se subdivisaient ainsi :

15 teintureries, employant 554 ouvriers ;

14 filatures de laine qui, pour 63 assortiments, employaient 651 ouvriers ; une filature de lisières, avec 40 ouvriers ; six lamiers, comptant 101 ouvriers ; quatre colleurs, avec 8 ouvriers ; cinq fouleries, comprenant 22 piles et 22 dégraisseuses, employant 48 ouvriers; deux sécheries chaudes, avec 35 ouvriers ; une fabrique de cardes, 12 ouvriers ; une fabrique de savon, 6 ouvriers ; un établissement de bienfaisance pour l'emploi de déchets de fabriques, occupant 46 ouvriers ; 22 ateliers particuliers manipulant les déchets, occupant 82 ouvriers; 14 batteurs de laine, avec 55 ouvriers ; neuf ateliers de retordage employant 150 ouvriers ; 16 presseurs-décatisseurs, comptant 162 ouvriers.

Outre ce personnel, travaillant directement pour la fabrique, l'industrie lainière elbeuvienne occupait 50 menuisiers, 20 maçons, 16 ferblantiers avec 80 ouvriers ; 26 serruriers-mécaniciens, occupant 105 ouvriers ; deux fondeurs, comptant 14 ouvriers ; 30 ouvriers étaient occupés au déchargement des charbons.

En outre, la fabrique d'Elbeuf alimentait à l'extérieur :

237 assortiments de cardes, occupant 2.382 ouvriers ; 29 fouleries faisant mouvoir 217 piles et occupant 53 ouvriers ; 8 assortiments pour filature de lisières, employant 80 ouvriers ; deux teintureries, comptant 108 ouvriers ; 60 ouvriers étaient occupés au transport des laines, fils et draps, pour le service de ces établissements extérieurs.

En résumé, le nombre des ouvriers attachés directement à la fabrique d'Elbeuf et travaillant exclusivement pour elle à l'intérieur de la ville était de 13.548 ; celui des ouvriers attachés aux usines extérieures travaillant aussi exclusivement pour notre fabrique était de 2.682, soit, au total, 22.230 ouvriers, dont 10.896 au-dessus de quinze ans, 8.556 ouvrières au-dessus de quinze ans et 2.778 enfants des deux sexes.

Les achats de laine, année commune, étaient évalués à 28 millions de francs, dont 15 millions de laines étrangères et 12.200.000 fr. de laines françaises.

Le bureau de l'état-civil avait enregistré, dans le courant de l'année, 637 naissances, 152 mariages et 509 déces.

CHAPITRE XVIII
(1854)

Une crise. — La guerre d'Orient. — Les draps de troupe ; nouvelle adresse a l'Empereur. — Les draps velours ; procès. — Suppression des ravines ; construction d'aqueducs. — La chambre consultative et les draps de Montagnac. — Régates. — Au bureau de bienfaisance. — Incidents au conseil municipal. — Un emprunt. — La télégraphie. — Les heures de repas. — Les pontons.

Le 9 janvier 1854, mourut Mme Petitgrand, à l'âge de 80 ans. Fille du citoyen Mathieu Quesné, chef de la musique d'Elbeuf, pendant la Révolution, la citoyenne Eulalie Quesné, avait participé à plusieurs fêtes patriotiques ou révolutionnaires, comme directrice des chœurs composés en grande partie par le citoyen Mauduit, ancien instituteur à Elbeuf, organiste du temple de l'Etre suprême, et chantés par les filles des bourgeois elbeuviens.

La nouvelle caisse d'épargne fonctionna à partir du dimanche 15 janvier.

Un état de l'imprimerie et de la librairie à Elbeuf au 25 du même mois, est ainsi conçu :

« *Imprimeurs*. — Jean-Simon Levasseur, Louis-Paul Levasseur, Joseph Barbé, lithographes et typographes ». — Cet état présentait les trois susnommés comme exploitant trois imprimeries distinctes, alors qu'elles n'en faisaient qu'une seule, située rue Saint-Jean.

« *Libraires*. — Hyppolite Lequart, successeur d'Alexis Devisuzanne, son beau-père, maison située rue de la Barrière, place du Coq. — Veuve Renard, rue du Glayeul ». — MM. Levasseur et Barbé étaient pourvus chacun d'un brevet de libraire, qu'ils n'exploitaient pas.

Quelque temps après, Mme Auvray obtint un brevet de libraire qu'elle exploita rue Louvet. Elle succédait à Mme Duclet, qui avait remplacé Mlle Thibault, femme Lacour.

Le 22 février, mourut dans l'ancien château ducal de la rue Saint-Etienne, qu'il avait acheté, M. Pierre Turgis, chevalier de la Légion d'honneur, ancien commandant de la garde nationale d'Elbeuf et ancien maire d'Oissel. Il était né à Rouen en 1777 et était le beau-père de M. Parfait Maille, qui écrivit sur lui une notice biographique.

Le 1er mars, M. Louis-Alexis-Philadelphe Pasquier, né le 8 novembre 1817, avocat, fut admis provisoirement comme agréé au Tribunal de commerce, pour succéder à M. Cordier, démissionnaire en sa faveur. Son admission fut rendue définitive le 17 du même mois.

Notre ville traversait alors une double crise, portant sur la cherté des vivres et la diminution du travail dans les ateliers.

La Chambre consultative des Arts et Manufactures avait déjà demandé au ministère une portion de la fourniture des draps de troupe ; le Conseil municipal, dans la session de février, s'occupa aussi de la malheureuse situation dans laquelle se trouvait notre ville, et prit la délibération suivante :

« M. le maire est invité à supplier M. le ministre de l'Intérieur d'employer toute son influence auprès de son collègue M. le ministre de la Guerre, pour qu'il soit accordé aux fabriques d'Elbeuf des fournitures de drap propres à l'habillement des troupes.

« Pour avoir droit à une subvention de 20.000 fr. sur le crédit de 4.000.000 fr. ouvert par le Gouvernement aux communes qui établiront des ateliers de travail pour l'occupation des classes laborieuses et indigentes, la ville d'Elbeuf demande à être autorisée à percevoir, pendant une année, un décime additionnel pour être affecté aux dépenses d'ateliers de travail sur le chemin de Saint-Cyr et latéralement au perré joignant la Seine ».

Le 11 mars, M. Charles Lizé proposa à ses collègues de la Chambre consultative de nommer une députation qui aurait pour mission de se rendre auprès des ministres, et si besoin était auprès de l'empereur, afin d'exposer la situation critique des ouvriers d'Elbeuf et des fabricants, et de réclamer, comme remède aux difficultés du moment, une part dans les fournitures de draps de troupe.

L'assemblée, huit jours après, adopta cette proposition, et, séance tenante, désigna le maire de la ville, MM. Th Chennevière, Ch. Flavigny et Join-Lambert, auxquels devaient être adjoints trois membres du conseil municipal. Finalement, la délégation se trouva composée de MM. Buée, Lizé, Chennevière, Aubé et Join-Lambert, et de M. Quesné, député.

Les délégués se rendirent d'abord au ministère de la Guerre, où des objections leur furent présentées. La délégation résolut alors de s'adresser à l'empereur, pour lequel elle rédigea ce mémoire :

« Sire ; Vous avez décidé, dans votre sagesse, de faire étudier la demande que nous tenions à honneur de vous exposer ; qu'il nous soit donc permis de vous dire, tout d'abord, qu'elle ne nous touche qu'indirectement, tandis qu'elle intéresse au plus haut point ceux dont Votre Majesté est la providence, des ouvriers sans travail et réduits à ne manger que le pain de l'aumône.

« Les appréhensions de la guerre et la crise alimentaire ont eu des conséquences funestes pour notre industrie. Elles ont amené un encombrement qui chaque jour augmente et qui menace nos ateliers de se fermer bientôt.

« Vous seul, Sire, pouvez détourner un aussi grand malheur, en faisant participer, momentanément, notre fabrique à l'habillement des troupes, comme cela s'est pratiqué en 1831 et 1841.

« Votre miséricorde égale votre puissance, et nous ne l'aurons pas vainement implorée pour des ouvriers que la charité, épuisée, ne saurait plus secourir efficacement, outre qu'elle a ses dangers que nous conjurons Votre Majesté de vous épargner. En effet, jamais nos ouvriers n'ont été distraits du travail qui leur est familier sans préjudice pour notre industrie, sans trouble pour l'ordre public. Sire, faites qu'ils soient laissés aux occupations auxquelles ils sont façonnés et que nous ne soyons pas réduits à utiliser leurs bras dans des travaux inutiles, travaux qui nous apporteraient un reflet des mauvais jours que vous avez effacés et que votre règne ne doit pas nous rappeler.

« Maintenant que nous avons fait connaître à Votre Majesté les besoins de notre population ouvrière, qu'Elle nous permette de lui dire que l'intérêt de son gouvernement veut aussi que notre fabrique soit appelée, parfois, à l'habillement des troupes, puisque c'est à sa présence dans la dernière adjudication qu'est due l'économie de plus de six millions dont a profité le Trésor.

« Sire, depuis longtemps, nos ouvriers attendent une amélioration de leur position, et cependant nous serions encore à la solliciter de Votre Majesté, si les 1.600.000 mètres qui viennent d'être accordés à MM les fabricants titulaires n'avaient pas effacé, de leur premier traité, les réserves qui s'opposaient à l'acceptation de notre demande, qui est loin d'atteindre des proportions aussi grandes, car si vous daignez nous accorder seulement 500.000 mèt., nous trouverons dans ce secours, non seulement le moyen d'attendre un temps meilleur, mais encore celui de faire la part de Sedan et Louviers, si pressés par les mêmes nécessités. Ces deux villes viennent aussi implorer votre miséricorde... »

La délégation se présenta ensuite au ministère du Commerce. Le mémoire que l'on vient de lire fut approuvé par le ministre, qui promit de le remettre à l'empereur et de s'en faire l'avocat en conseil de cabinet.

Enfin, la commission fit aussi une démarche auprès du ministre de l'Intérieur, qui promit également d'appuyer la demande. Après quoi, les délégués prièrent M. Henri Quesné de suivre les phases de cette affaire et de tenir au courant la Chambre consultative. Ils revinrent à Elbeuf.

Quelques jours après, une lettre de M. Henri Quesné énuméra les difficultés que rencontrait la demande dans les bureaux du ministre de la Guerre. La commission se réunit de nouveau et rédigea deux mémoires, l'un pour le ministre de la Guerre, l'autre pour ceux de l'Intérieur et du Commerce.

Un peu plus tard, le ministre du Commerce fit savoir qu'il y avait impossibilité, pour le moment, à faire participer la fabrique d'Elbeuf aux fournitures de draps militaires.

Un procès, qui alors était pendant devant les tribunaux, défrayait les conversations, par l'intérêt que la question présentait pour toute la fabrique de notre ville.

Dans la séance du 30 mars, tenue à la Chambre consultative, il fut donné lecture d'une lettre de MM. Démar et Cie, manufacturiers à Elbeuf, par laquelle ces industriels invitaient les membres de la Chambre, comme défenseurs naturels de l'industrie elbeuvienne, à vouloir bien dire s'il y avait invention, soit dans les moyens employés, soit dans les produits vendus par M. de Montagnac, et si la Chambre consultative devait s'abstenir, comme elle l'avait fait, le même jour, sur une demande de M. Aug. Malteau à propos des locations de force motrice.

Cette opinion fut combattue. A la suite de la discussion, M. Mathieu Bourdon, président, déclara prendre l'initiative de la proposition, cette question intéressant, dit-il, au plus haut degré l'industrie elbeuvienne, et proposa la nomination d'une commission pour examiner et apprécier s'il y avait droit à un privilège au sujet des draps vendus par M. Montagnac. Cette proposition fut adoptée à l'unanimité, et l'assemblée désigna MM. Join-Lambert, Ch. Lizé, Auguste Delarue, Ph. Aubé et I. Lecerf pour composer la commission.

Les conseillers présents à la séance municipale du 8 avril, firent une mauvaise plaisanterie, dont trois de leurs collègues furent les victimes. M. Poussin, secrétaire, étant absent, le Conseil nomma successivement pour le remplacer MM. Alavoine, Chabert et Masselin, qui durent déclarer ne pas avoir les connaissances nécessaires pour l'emploi. Après cette déclaration, on désigna M. Ch. Flavigny. Quand cet incident fut connu en ville, on en blâma généralement les auteurs, peu charitables envers leurs collègues ouvriers.

Le 10, on mit à l'enquête le prolongement de la rue Henry, depuis la rue de Seine jusqu'à celle Saint-Jean.

Le 15, la ville prit à loyer, de Mlle Céleste Louvet, un immeuble situé rue de Seine, sur l'emplacement de l'ancienne Providence, pour être converti en caserne supplémentaire, nécessitée par la guerre d'Orient. Le prix du bail fut fixé à 1.200 fr. par an. L'administration de la guerre envoya 144 lits et les fournitures nécessaires pour cette seconde caserne, dont la location fut continuée jusqu'en 1858.

Le 9 mai 1854, la Chambre consultative invita les fabricants, teinturiers et filateurs de Caudebec et d'Elbeuf, à s'imposer volontairement, pendant trois années consécutives, à raison de 10 pour 100 sur le montant de leur patente, à l'effet de fournir les fonds nécessaires à la continuation de la police secrète, pour la répression des vols de fabrique.

La réponse du ministre au sujet de la fourniture de draps de troupe ne déconcerta pas la Chambre consultative. Dans sa séance du 15 mai, M. Bourdon ayant rappelé à ses collègues que le préfet avait donné l'assurance qu'une commande serait accordée à la fabrique d'Elbeuf, l'assemblée pria M. Buée, maire, d'écrire à ce sujet au préfet, en lui exposant la situation. MM. Lizé et Jules May se chargèrent de porter la lettre à son adresse.

Il faut croire que cette démarche fut bien accueillie, car dix jours après, M. Buée reçut une dépêche l'informant que le ministre de la Guerre avait accordé à la fabrique d'Elbeuf une fourniture de 25.000 mètres de drap pour l'habillement de la garde impériale. Sedan avait aussi un ordre de 25.000 mètres et Louviers un autre de 15.000.

Quand la Chambre consultative eut connaissance de cette décision, elle chargea M. Buée de remontrer au préfet et au ministre l'inégalité de la répartition des 65.000 mètres nécessaires, la fabrique d'Elbeuf étant, à elle seule, beaucoup plus considérable que celles de Sedan et Louviers réunies.

Le ministre laissait au maire et à la Chambre de commerce le soin de faire la répartition de la commande. Les prix fixés étaient ceux de la fourniture des draps de l'année de 1850 augmentés de 10 pour 100, que les fabricants de Sedan avaient acceptés. Il ajoutait :

« Il s'agit bien moins en cette circonstance, dit le ministre, d'assurer un bénéfice aux patrons que de témoigner la bienveillance du gouvernement en faveur des ouvriers qu'ils emploient ; c'est d'ailleurs le sentiment exprimé dans les demandes qui m'ont été transmises de la part de la fabrique d'Elbeuf. Si mon espoir était déçu à cet égard, je me verrais obligé d'attribuer la totalité de la fourniture à la fabrique de Sedan.

« Je me plais à penser que les fabricants tiendront à justifier l'exception toute favorable dont ils ont été l'objet de la part de l'empereur, et qu'ils auront surtout à cœur d'éviter le renouvellement des plaintes que leurs produits ont soulevé de la part des corps en 1840. Je vous charge de les prévenir que j'appellerai la sévère attention des commissions de vérification pour la réception de leurs tissus... »

Le conseil municipal fut convoqué le 26 ; on lui donna connaissance de cette dépêche, « qui comportait plusieurs passages dont le Conseil fut péniblement affecté ».

Il fut dit par M. Bourdon, président de la Chambre consultative, que tous les fabricants d'Elbeuf et de Caudebec, au nombre de 230, avaient été convoqués pour prendre connaissance du modèle d'engagement et des échantillons déposés à l'Hôtel de Ville et que, le lendemain, ils devraient déposer leurs soumissions.

« La Chambre consultative, ajouta M. Bourdon, a fait tout ce qui lui était possible pour répondre à la bienveillance de Sa Majesté. Elle a cru devoir imposer plusieurs conditions pour assurer la parfaite réussite de la fourniture, entre autres, celle d'un examen préalable qui aura lieu avant l'expédition des produits, par une commission de trois experts qu'elle désignera ».

M. Charles Flavigny demanda à faire une proposition qu'il motiva en ces termes :

« Dans votre session de février, vous avez manifesté vos inquiétudes sur le sort des ouvriers de fabrique à Elbeuf. Vous vous êtes émus, avec raison, en voyant depuis plusieurs mois une diminution progressive dans les travaux de notre manufacture.

« Lorsque la guerre d'Orient éclata, des délégués de la ville d'Elbeuf se rendirent à Paris, pour y exposer les besoins de notre cité et réclamer une part dans la fourniture des draps de troupe, que l'administration de la Guerre se trouvait forcée de demander d'urgence ; ils avaient espéré porter jusqu'à l'Empereur l'expression de leurs doléances. Cet espoir ne put se réaliser : M. le ministre de la Guerre avait la faculté de passer d'urgence des marchés supplémentaires avec les fournisseurs ; il usa de cette faculté, et notre ville dut se résigner à attendre l'effet d'une promesse ministérielle à l'égard de l'habillement de la garde impériale, qu'il était alors question d'organiser ».

Après avoir rappelé la fourniture demandée à Elbeuf, Sedan et Louviers, M. Flavigny continua ainsi :

« L'Empereur a voulu, dit M. le ministre, venir en aide aux ouvriers d'Elbeuf. Il serait superflu, Messieurs, de faire ressortir devant vous l'inégalité choquante que présentent les chiffres de répartition appliqués par M. le ministre de la Guerre.

« La production manufacturière d'Elbeuf est, vous le savez, trois fois plus grande que celle de Sedan et cinq fois plus grande que celle de Louviers ; ces différences ont été plus d'une fois constatées.

« Cette production, à Elbeuf, représente pour une année, ou trois cents jours de travail, la valeur de 60.000.000 fr. Nous pensons que ce chiffre a dû être dépassé en 1853, mais quand même il n'eût été que de 50 à 54 millions la production de chaque jour représenterait encore 180.000 fr.

« Dans cette somme, la main d'œuvre générale versée à la classe ouvrière entre pour environ 50.000 fr. pour un jour. Or, le chiffre de la fourniture accordée à la ville d'Elbeuf étant de 25.000 mètres, à 10 fr. 50 le mètre en moyenne, donne comme produit 262.500 fr , et pour main-d'œuvre générale à verser à la classe ouvrière environ 80.000 fr , ce qui n'équivaut pas à deux journées de travail ordinaire.

« Quelque minime que soit ce chiffre, acceptons-le et remercions l'Empereur ; mais en même temps appelons-en à l'Empereur mieux informé.

« C'est à M. le maire que M. le ministre de la Guerre a écrit ; que M. le maire écrive à M. le préfet. Déjà ce magistrat plein, de sollicitude pour la ville d'Elbeuf, a fait plusieurs fois entendre sa voix en notre faveur.

« Qu'il lui fasse un exposé vrai de la situation de notre industrie, en réfutant énergiquement tous les arguments qui, s'ils restaient sans réponse, pourraient compromettre, dans le présent comme dans l'avenir, les intérêts de notre cité, et qu'il le fasse suivre de la prière instante de faire arriver promptement cet exposé sous les yeux de l'Empereur »

M. Laurents observa, à propos des passages de la dépêche ministérielle qui avaient blessé le Conseil et se rapportant à la fourniture de draps faite par Elbeuf en 1840, que la demande de 450.000 mètres s'était produite dans les circonstances les plus défavorables pour notre ville. Déjà le gouvernement avait arrêté avec ses fournisseurs ordinaires toutes les quantités dont ces derniers avaient pu se charger. On ne s'était adressé à Elbeuf qu'à cause de l'urgence, mais les laines propres à cette production avaient été accaparées ; les indigos étaient frappés d'une forte augmentation à cause des bruits de guerre. A ces difficultés, était venu se joindre celle de se procurer des ouvriers pour une production supplémentaire aussi considérable et pour laquelle le temps manquait. Deux commissaires, MM. Neyrat et Dupré, avaient été chargés par le gouvernement de s'entendre avec la ville d'Elbeuf, partagée entre le désir de donner ce surcroit de travail à ses ouvriers et les conditions onéreuses que lui faisaient les circonstances ; néanmoins, les produits furent reçus par la commission préposée aux magasins de la Guerre.

Pour se résumer, M. Laurents s'étonna des plaintes exprimées dans la dépêche du 24 mai, sans qu'il y ait été tenu compte des conditions dans lesquelles la fourniture de 1840 avait été faite.

La proposition de M. Ch. Flavigny fut adoptée à l'unanimité.

Les soumissionnaires de la fourniture de drap, pour chacun 2 500 mètres, furent MM. Th. Chennevière, Ph. Decaux, Ch. Flavigny, B. Javal et Neymark, Edmond Join-Lambert, I. Lecerf, Lemonnier-Chennevière, Lesage-Maille, S.-J. et S. Simon, Vergne et Lejard.

La suppression des ravines avait été, nos

lecteurs le savent, l'objet de la préoccupation des municipalités qui se succédèrent, mais toujours on avait reculé devant la dépense.

Le 7 juin, le conseil municipal adopta un projet d'écoulement souterrain, au moyen d'aqueducs, par les rues de l'Hospice, Royale et Saint-Jean. Le devis des travaux s'élevait à 218.000 fr. Dans cette somme, on espérait que le Département s'inscrirait pour 63 333 fr.

La question des draps velours passionna trop les fabricants et même une grande partie de la population, pour que nous ne reproduisions pas le rapport de M. Lecerf, membre de la commission nommée par la Chambre consultative pour examiner les draps brevetés de M. de Montagnac, de Sedan ; ce rapport fut présenté le 17 juin :

« ... Le premier moyen indiqué par M. de Montagnac pour donner aux étoffes foulées cet apprêt qui, suivant son expression, leur donne l'aspect et le toucher du velours, consiste à redresser la laine en battant avec des baguettes l'étoffe encore mouillée, après avoir amené la laine à la surface par l'opération connue sous le nom de lainage ou chardonnage ; il faut beaucoup de soins pour éviter les irrégularités de ce battage.

« M. de Montagnac décrit ce premier moyen et le signale comme celui qui lui a paru le meilleur pour arriver à son but ; mais il n'ignore pas, dit-il, que l'on peut, par d'autres moyens analogues, parvenir au même résultat. Tous ces moyens se résument en ceci : lainer les étoffes de laine dans tous les sens, puis leur imprimer des secousses ou vibrations soit à sec, soit à un degré d'humidité convenable, pour amener le poil debout ; enfin, les tondre légèrement et avec précaution sur les tondeuses ordinaires.

« Notre examen a dû porter d'abord sur ces moyens décrits et employés pour produire l'apprêt dit velours ou velouté.

« Le premier procédé, le battage des draps à la baguette, a été employé dans un temps, à un certain degré de lainage, pour en faire sortir les matières étrangères, dégager les poils de la laine et aussi pour leur donner plus de souplesse ; mais nous reconnaissons que le but de cette opération n'était pas alors d'obtenir une étoffe à poil debout ; cet état n'était qu'imparfait et momentané ; il disparaissait bientôt par suite des apprêts pour finir le drap.

« Le deuxième procédé indiqué, celui de lainer les étoffes dans tous les sens, a été pratiqué depuis longtemps. Dès le siècle dernier, en 1765, Duhamel-Dumonceau, dans son traité de l'*Art de la Draperie*, parle de traits de chardon donnés à poil et à contre-poil, par suite desquels la laine, n'étant pas entièrement couchée, le drap en est plus velouté.

« Anciennement, à Elbeuf, quand le lainage se faisait à la main, on donnait à la première eau des traits de chardon en travers ; de là vient le mot « traversage », encore usité pour désigner un drap en première eau.

« En Angleterre, certaines étoffes sont lainées, depuis longtemps, dans tous les sens : à poil, à contre-poil et en travers. Ce dernier travail se fait en plaçant les draps sur un appareil à ce destiné.

« Depuis 1830, les étoffes façonnées ont pris un développement considérable ; il a été fabriqué bien des genres de tissus apprêtés de différentes manières ; plusieurs articles ont été tirés à poil debout ou couché et laissés sans être tondus ou l'étant légèrement. On a donné à ces articles différents noms, suivant la fantaisie du fabricant ou de l'acheteur ; ainsi, la ratine, qui se fait depuis un temps illimité dans plusieurs localités, qui souvent est frisée et quelquefois non frisée, a été généralement travaillée en lainant à poil et à contre-poil, humide ou à sec. Quand cette étoffe, ainsi préparée, reste non frisée, le poil est debout et dans une position analogue à celle de la laine des étoffes apprêtées en velours par M. de Montagnac ; la principale différence est dans la matière commune employée ordinairement dans la fabrication de la ratine.

« Nous citerons encore, entre autres noms, la « peau de taupe », étoffe moelleuse et d'un apprêt qui donnait peu de sens au poil ; la « peau de mouton », la « peau d'ours », puis la « peau d'agneau ». Ces trois derniers articles, dont l'apprêt variait légèrement, avaient tous pour principe le lainage à poil debout, mouillé ou à sec, et se fabriquaient, vers 1842, par MM. Chauvreulx, Chefdrue et fils, d'Elbeuf. Plus tard, vers 1851, ces mêmes industriels apportaient une modification à ces étoffes, et donnaient le nom de « peau et soie d'Astrakan » à un produit analogue à celui dont M. de Montagnac revendique la propriété dans son mémoire descriptif annexé au certificat pris le 13 novembre 1852, comme addition à son brevet du 24 mars même année.

« Outre les différents genres de draperie sus-nommés, nous avons vu encore chez les mêmes fabricants, sur des livres d'échantillons des étoffes façonnées à poil droit, datant de 1841, à un degré plus ou moins approché du tondage. Ces étoffes avaient beaucoup de rapport avec celles actuellement qualifiées de velours, surtout en faisant la part des douze années au moins pendant lesquelles ces échantillons sont restés pressés dans les livres de collection.

« Un ancien document nous est fourni : c'est un échantillon d'un tissu croisé casimir un peu gros. Il présente un apprêt à poil debout, du même genre que celui des velours dont il est question aujourd'hui. M. Charles Louvet, ancien fabricant d'Elbeuf, nous affirme qu'il provient de la fabrique de son beau-frère, M. Maille-Louvet, de notre ville, bien connu, vers 1820, pour travailler toutes sortes de nouveautés ; il avait, dit-on, des articles qu'il qualifiait de « velours de laine » ; d'ailleurs, cet échantillon porte avec lui son cachet de vétusté : son origine semble donc ne pas devoir être contestée.

« Enfin, MM. Démar et Cie, invités par la commission à vouloir bien fournir des renseignements, nous ont soumis une coupe de quadrillé blanc et noir, semblable au coupon qui leur a été saisi. Sur cette coupe, ils ont fait plusieurs passes à titre d'expérience. D'abord, l'étoffe est brute, telle qu'elle arrive du foulon, et seulement séchée ; à la deuxième passe, cette même étoffe est apprêtée à poil couché par les procédés ordinaires ; à la troisième passe, le poil est debout, mais non tondu ; enfin, ce poil debout a été légèrement tondu et a formé l'apprêt qualifié de velours ou velouté.

« L'étoffe soumise était en laine très fine, la première passe brute, bien qu'elle n'ait reçu aucun apprêt, a déjà une certaine apparence des velours de M. de Montagnac quand ils ont été portés pendant un mois environ. La partie apprêtée à poil couché ordinaire, mais un peu long, a du moelleux, beaucoup de douceur : nous pensons qu'après avoir été portée quelque temps, la laine étant relevée, elle offrirait peu de différence avec le velours en question, qui se frise à l'usage. La partie mise à poil debout sans être tondue a déjà l'apprêt velouté. Enfin, la quatrième partie, faite dans l'apprêt dit velours par des moyens particuliers usités chez MM. Démar et Cie, lesquels moyens varient encore chez d'autres fabricants, cette quatrième partie, disons-nous, paraît semblable au produit breveté.

« Nous pensons avoir démontré que les moyens employés pour obtenir l'apprêt velouté sont depuis longtemps dans le domaine public. Ce premier point établi, il nous reste à apprécier si le produit obtenu à l'aide de ces moyens est nouveau et susceptible de mériter à son auteur un privilège ou brevet.

« L'examen des différentes passes de la coupe vue chez MM. Démar et Cie nous a confirmé dans l'opinion que nous nous étions formée précédemment en observant diverses qualités d'étoffes apprêtées à poil debout : c'est que l'aspect velouté n'est guère sensible que sur une étoffe de laine extra-fine ; il disparaît graduellement à mesure que la finesse de la matière première diminue, et quand on arrive à une qualité un peu au-dessous de l'intermédiaire, il ne reste presque plus de velours que le nom. On en doit donc tirer cette conséquence que l'apparence du velours est due particulièrement à la finesse de la laine.

« Nous avons cité des étoffes façonnées à poil debout, plus ou moins tondu, que fabriquaient vers 1841 MM. Chauvreulx, Chefdrue et fils ; ces façonnés sont en dehors de leurs autres articles à poil debout fabriqués depuis 1842 et dont nous avons rappelé les noms de leur choix ; elles ont encore l'apparence de l'apprêt aujourd'hui qualifié de velours, malgré leur séjour prolongé dans les livres de collection tenus avec le plus grand soin et avec le numéro indicatif des pièces à chaque échantillon ; c'est un spécimen de toute une fabrication depuis son origine jusqu'à ce jour, et il nous a été très utile dans nos recherches.

« M. de Montagnac, dans le certificat additionnel à son brevet, va jusqu'à revendiquer la propriété exclusive de l'apprêt à poil debout non tondu, à l'aide duquel il prétend imiter la peau de certains animaux ; il cite la peau d'agneau, le poil d'Astrakan. Outre que cet apprêt a été donné, vers 1843, par les fabricants que nous venons de citer, à un produit qui semble être le même que celui indiqué dans le brevet additionnel. L'article du poil d'Astrakan leur appartient également.

« Enfin, l'échantillon venant de la fabrique de M. Maille-Louvet, vers 1820, nous a paru d'un apprêt analogue à celui du velours en question.

« Nous terminerons cette série de renseignements en mentionnant que l'apprêt à poil debout n'a pas été pratiqué seulement sur nos étoffes de laine. Depuis longtemps, la peluche de soie est connue : cette espèce de velours, qui est un tissu uni, s'obtient par le chardonnage à poil et à contre poil, ainsi que par le battage, qui s'opère à la main ou mécaniquement.

« De tout cela, nous concluons que M. de

Montagnac est un fabricant habile ; sur ce premier point, nous lui rendons pleine justice. Il a su tirer part du lainage à poil debout, en l'appliquant à des étoffes fabriquées en laines très fines ; il a donné au produit un nom, peut être nouveau, qui a su fixer l'attention de la mode. Mais dans les résultats obtenus qu'y a-t-il qui diffère de ce qui a été fait précédemment ? Est-ce une différence dans le poil de la laine, un peu plus ou moins relevée ? Dans un tondage un peu plus ou moins approché ? Nous n'y voyons guère que la matière extra-fine, substituée à la laine de qualité inférieure et travaillée avec discernement par des procédés déjà usités ; ces procédés ont déjà produit des résultats d'une analogie sensible avec l'apprêt velouté.

« La loi a voulu avec raison protéger l'inventeur, mais l'invention doit être caractérisée. Nous ne saurions le reconnaître dans les améliorations journellement apportées dans l'industrie. Nous y trouvons la marche naturelle du progrès, qui serait entravée si ces améliorations, peu sensibles mais fréquentes, amenant la perfection qui devient l'œuvre de tous, pouvaient donner lieu à un droit exclusif au profit d'un seul. Comment, au milieu de ces nuances infinies de perfectionnement journalier, le juge pourrait il discerner la différence entre l'invention et le progrès ? Pour qu'il y ait invention, il faut donc qu'elle puisse être nettement appréciée ».

Le rapport conclut donc que les moyens employés par M. de Montagnac n'étaient pas nouveaux et que son produit n'était pas brevetable. Ce qui ne l'empêcha pas de gagner son procès, au grand dam de MM. Demar et Cie et autres manufacturiers d'Elbeuf, dont les draps avaient été également saisis.

On reçut avis, le 10 juillet, que la ville d'Elbeuf était appelée à faire une nouvelle fourniture de 15.000 mètres de drap bleu, pour l'habillement de la garde impériale.

Vers ce même temps, le ministre du Commerce fit envoyer à Elbeuf quatre échantillons de laines du Cap de Bonne Espérance.

Un emprunt de 25.000 fr., pour donner du travail aux ouvriers en chômage, fut voté par le conseil municipal, le 21 juillet.

Un rapport adressé par le maire au préfet, à l'occasion de la fête de l'empereur, se termine par ces mots :

« En résumé, la fête a été très belle. La population tout entière s'y est associée, manifestant par là son attachement à la personne auguste du souverain que la France s'est choisi. La classe ouvrière, si nombreuse dans notre ville, s'est particulièrement fait remarquer par son empressement à prendre part à cette fête si éminemment nationale. J'ajouterai en terminant, que tout s'est passé dans le plus grand ordre ».

Le préfet autorisa, le 31 août, M. Louis Delandes à mettre en loterie « un objet d'art représentant l'église Saint-Etienne ».

M. Sainte-Marie Renoult, âgé de 55 ans, qui avait rempli les fonctions de secrétaire de la mairie, fut obligé de les résigner, à cause du mauvais état de sa santé. Le Conseil lui vota une pension annuelle de 1.500 fr.

Le surlendemain 2 septembre, le Conseil adopta un projet d'agrandissement et de restauration du théâtre, et vota, à cet effet, un crédit de 37.500 fr.

Ce fut le dimanche 3 septembre 1854 que des régates eurent pour la première fois lieu à Elbeuf. La Ville avait voté 500 fr. pour cette fête nautique. Sur le quai, on établit des tribunes pour les autorités et le public payant ou invité.

Le 13, on ouvrit une enquête sur le projet d'établissement d'un dispensaire rue du Thuit-Anger.

Le 30, M. Alph. Martel entra à la Chambre consultative, en remplacement de M. Fouré.

Le 2 octobre, M. Lizé donna lecture d'une adresse au ministre de la Guerre, dans le but d'obtenir de nouvelles fournitures de drap de troupe. Le texte en fut approuvé par la Chambre consultative, qui chargea MM. Lizé et Chennevière de la porter au ministre.

Le détachement du 29e de ligne en garnison à Elbeuf fut remplacé, le 6 octobre, par un du 51e de ligne.

A la suite d'un incident au Conseil, le 14 octobre, à propos de la fixation de l'ordre du jour, M. Laurents se retira et déclara donner sa démission de conseiller municipal.

Après son départ, M. Mathieu Bourdon exprima le regret de la déviation prise par le débat. Le Conseil émit, à l'unanimité, le vœu qu'il vînt reprendre sa place dans l'assemblée, en chargeant M. Buée de faire des démarches en ce sens. — M. Laurents se rendit au désir de ses collègues.

A la séance du 20 du même mois, le maire mit sous les yeux du Conseil une demande de subvention de 15.000 fr. pour le Bureau de bienfaisance, comme secours exceptionnel. M. Lefort-Henry demanda la parole et s'exprima ainsi :

« Messieurs ; en présence de la progression effrayante des dépenses du Bureau de bienfaisance, il y a nécessité de prendre des mesures énergiques pour arrêter un mal qui conduirait promptement à la ruine de la commune.

« Loin d'accuser de ce désordre les honorables membres du Bureau, je rendrai toute justice à leur zèle, et j'ajouterai que, s'ils ont été entraînés au-delà des bornes d'une sage administration, c'est malgré eux et faute de règlements fixes pour déterminer leur action.

« Il appartient, en effet, au conseil municipal, dispensateur des fonds communaux, de déclarer à quelles conditions on serait admis à participer aux secours publics. En face de ces conditions nettement tracées, les membres du Bureau de bienfaisance auraient une arme contre les exigences ; mais on les a laissés sans guide et ils ont dû céder à la bonté de leur cœur, et surtout aux circonstances, qui les ont maîtrisés, au nombre desquelles figure la Rélution de 1848.

« Au moment de cette Révolution, on a provoqué les demandes de secours et donné à une foule d'individus qui n'y auraient jamais songé, l'idée de s'adresser au Bureau de bienfaisance, débordé à cette époque. La facilité d'obtenir a fait contracter l'habitude de demander ; de là provient cette affluence de solliciteurs, contre laquelle ne peut efficacement résister le Bureau de bienfaisance, et qui l'entraîne au moindre ralentissement des affaires commerciales, faute de digue à opposer.

« A cette première cause de désordre, s'en est jointe une autre peut-être plus grave encore : c'est l'irruption des indigents de toutes les communes, venus de dix lieues à la ronde.

« On savait que les secours étaient largement distribués à Elbeuf et facilement accordés : les ouvriers étrangers travaillant dans la ville se sont hâtés de faire venir, des pays les plus éloignés, leurs parents âgés ou infirmes, et tous les pauvres des communes voisines se sont hâtés d'accourir.

« Un court aperçu va démontrer les conséquences de cette double cause de mal :

« La population intérieure de la ville était aussi considérable en 1845 qu'aujourd'hui, et peut-être même supérieure à raison des grands ateliers de tissage en partie supprimés en 1849. Jusqu'à cette époque, les distributions en pain par le Bureau de bienfaisance variaient par année de 40 à 45.000 kilog.; l'année 1846 seule avait élevé la dépense à 53.725 kil.; mais la crise commerciale, devenue si forte en 1847, avait déjà commencé à se faire sentir.

« Depuis 1848 et 1849, après être rentrée dans l'état normal de 1845 et années antérieures, la distribution a atteint en 1850 le chiffre de 89.108 kilog., en 1851 celui de 97.872 kilog., en 1852 celui de 83.774 kilog., en 1853 celui de 73.909 kilog. En 1854, d'après la demande de crédits jusqu'à concurrence de 59.000 fr., le chiffre serait de 129.671 kilog.

« ... Il faut sortir de cette position à toute force, si l'on veut sauver la commune, et pour cela il importe d'avoir dès aujourd'hui le courage d'appliquer un remède énergique, sans toutefois aller jusqu'à une désorganisation...

« Je demanderais, en ce qui concerne les indigents étrangers, l'application rigoureuse de la loi, qui admet, il est vrai, le droit aux secours après un an de résidence, mais en tant toutefois que l'on aura fait à la commune la déclaration de domicile nouveau, et je supprimerais toute distribution à ceux qui n'ont pas rempli cette formalité.

« Je demanderais, en outre, en ce qui concerne les indigents nés ou domiciliés depuis de longues années dans la ville, la suppression provisoire de tout secours, à moins d'infirmités constatées pour ceux qui n'ont pas atteint l'âge de 50 ans...

« Je demanderais enfin que, dans le règlement à intervenir, soit rappelée la disposition de la loi qui dit que, pour avoir droit de domicile dans une commune et par suite part aux secours en cas de besoin, il faut justifier, au moment de la déclaration, posséder des moyens d'existence.

« Le règlement à intervenir devrait encore, comme celui d'Evreux, déterminer à l'avance la quotité des secours à accorder selon la position connue des indigents et les saisons, et proscrire comme lui les individus qui se livrent à l'ivrognerie, à la paresse habituelle ou vivant en concubinage.

« Les mesures que j'ai l'honneur de proposer sont sévères, sans doute, mais elles sont malheureusement justifiées par le désordre introduit dans les distributions du Bureau de bienfaisance, désarmé en face des exigences qui le pressent de toutes parts et par la pénurie de nos finances

« J'ajouterai, pour terminer, qu'il ne faut pas craindre le reproche d'être inexorable envers les indigents étrangers, notre plus grande plaie sociale, lorsque l'on voit le Bureau de bienfaisance de Rouen, débordé comme nous, exiger trois années de résidence avant le droit aux secours, et celui d'Evreux dix ans ».

Plusieurs autres membres parlèrent en ce sens Le crédit de 15.000 fr. fut voté, mais l'assemblée décida qu'un nouveau règlement, établi sur des bases plus sévères, serait soumis au Conseil pour être exécuté à partir de 1855.

Ce même jour, le Conseil vota un crédit de 190.000 fr. pour construire des abattoirs rue de Rouen, et adopta le tarif des droits d'abattage.

Trois jours après, le Conseil adopta en principe une demande de l'Hospice, tendant à être compris pour 30.000 fr. dans un emprunt alors en projet, à l'effet de construire une annexe à l'Asile des vieillards.

Un incident se produisit. M. Patallier, dans cette demande, avait glissé la phrase suivante : « De belles fortunes se réalisent de nos jours, sans que leurs heureux artisans tournent assez leur pensée et leurs regards vers la maison hospitalière. C'est donc à la commune qu'il appartient de réparer cet oubli ».

M. Lefort-Henry y vit une allusion blessante pour certaines personnes.

M. Patallier lui répondit qu'il ne fallait pas considérer la forme de cette rédaction comme un blâme, mais plutôt comme un stimulant pour réveiller les sentiments de charité dans les cœurs où ils pourraient exister à l'état de léthargie. Il ajouta :

« Il ne faut pas oublier que le travail des fabriques use vite les ouvriers ; que leur nombre, depuis trente ans, a triplé, quadruplé : à ces vieillards précoces il faut un asile. Leur travail a puissamment aidé à la prospérité de la ville en général, c'est vrai ; mais il n'a pas moins contribué au développement, à la consolidation des grandes fortunes particulières. Offrir à celles-ci l'occasion de prouver leur reconnaissance, par une grande et belle œuvre de charité, c'est leur donner une impérissable consécration ».

Il rappela une proposition qu'il avait faite, à l'Hospice, deux ans auparavant, d'organiser une grande souscription pour obtenir une somme de 50.000 fr. destinée au soulagement de la vieillesse par la construction d'un asile. Quand il l'avait conçue, il avait foi dans le concours de ses concitoyens millionnaires. Et l'orateur ajouta :

« Des objections graves, des réflexions sérieuses, ont ébranlé ma confiance, et je n'ai pas osé formuler devant vous une proposition à ce sujet ; mais je me reproche souvent mon manque de courage et le doute que j'ai partagé sur la générosité de mes concitoyens ».

Le 25 de ce même mois d'octobre, la Chambre consultative protesta contre divers passages, spéciaux à la ville d'Elbeuf, de l'ouvrage de M. Audigranne, sur « les populations ouvrières et les industries de la France dans le mouvement social du XIXe siècle ».

Le Conseil municipal vota, le 23 novembre, un emprunt de 530 000 fr. Cet emprunt devait être appliqué : pour 68.657 fr. au prolongement de la rue Henry ; pour 17.010 fr. à la construction d'un nouvel abreuvoir et d'une cale devant le Champ de-foire ; à la restauration du théâtre ; à la construction d'abattoirs et fondoirs publics ; à la construction d'aqueducs ; à la construction d'une annexe à l'hospice des vieillards, et enfin pour 25.000 fr. de travaux de charité. Le total de ces travaux s'élevait à 569.575 fr. L'emprunt devait être assis sur 20 centimes additionnels pendant onze années.

Dans cette même séance, il fut parlé officiellement, pour la première fois, de l'établissement d'un poste télégraphique à Elbeuf. Le maire annonça au Conseil qu'il avait demandé quelques renseignements sur les frais d'installation au directeur général de la télégraphie.

Un membre ayant réclamé le renvoi de cette question à une commission, M. Chennevière combattit cette proposition, « en se fondant sur cette raison qu'on pourrait avoir, dans une année, le service d'un chemin de fer qui suppléerait ». Le Conseil se décida pour un ajournement.

Une plainte adressée à la préfecture et transmise à la Chambre consultative pour avis, fut l'objet d'un rapport, dont voici quelques passages :

« La règle générale dans nos fabriques est celle-ci : Pendant à peu près cinq mois de l'année, depuis le 1er avril jusqu'au 1er septembre, le travail commence à cinq heures et demie du matin et finit à sept heures et demie le soir. Il est accordé deux heures pour les repas et le repos. Le déjeuner a lieu de neuf à dix heures et le dîner de deux à trois heures ; les douze heures de travail sont donc divisées en trois parties à peu près égales ; c'est la condition la plus convenable pour le maître et l'ouvrier.

« Pendant les sept autres mois, on ne rencontre pas la même uniformité. Les veillées commencent ordinairement au mois de septembre et finissent vers la fin de mars Pendant ce laps de temps, beaucoup de fabricants et d'apprêteurs publics se règlent sur le jour et les nécessités de leur industrie pour fixer l'ouverture des ateliers; certains qui vont jusqu'à huit heures le soir, n'ouvrent leur établissement qu'à six heures du matin. Il en est de même pour la période où le travail commence soit à six heures et demie, soit à sept heures; l'atelier ferme soit à huit heures et demie soit à neuf heures.

« Quant à la plainte qui se produit, il est vrai que le filateur désigné n'accorde que trois quarts d'heure par repas; certains établissements n'arrêtent même qu'une demi-heure, mais le travail cesse plus tôt le soir La cause de cette infraction à l'usage est une économie d'éclairage. Mais la commission estime qu'une heure doit être accordée pour chaque repas ».

Un arrêté préfectoral daté du 15 décembre nomma M. Fauquet, receveur municipal spécial d'Elbeuf (création), en remplacement de M. Barbe, décédé, lequel, joignit à ses fonctions de percepteur celle de receveur municipal.

Le 22, le conseil municipal rendit hommage à la mémoire de M. Barbe, qui avait rempli ses fonctions pendant une longue suite d'années à la satisfaction générale.

Le 27, on procéda à l'enquête sur un projet d'agrandissement du cimetière Saint-Jean.

Ce même jour on apprit que la ville d'Elbeuf était comprise, pour 55.000 mètres de drap, dans une nouvelle fourniture à faire pour l'habillement de la garde impériale.

On imprima, cette année là, chez M. Levasseur, une *Méthode* pour les exercices de manœuvre des pompes à incendie montées sur quatre roues, par M. L. Pion. Elle est accompagnée de plusieurs planches.

A cette époque il existait vingt-six pontons

sur la rive gauche de la Seine, devant Elbeuf, pour le lavage des laines. Quatre appartenaient à M. Fromont, deux à M. Emile Martin, quatre à MM. Dehan et Cie, trois à M. Delarue, quatre à M. Constant Grandin, quatre à MM. Jules May et Cie, deux à M. J.-A. Cavelier, (propriétaire, non teinturier), un à M. Goudet, un à MM. Vernon et Gilles (ces deux derniers pour le lavage des déchets).

Ces lavoirs étaient tous en aval d'Elbeuf, vers Orival. Il en avait existé un autre près de l'île de l'Epinette, appartenant à M. Chennevière fils, mais l'autorité l'avait fait supprimer en 1852

Le nombre des naissances, en 1854, avait été de 683, celui des mariages de 126, et celui des décès de 499.

CHAPITRE XIX
(1855)

Encore les draps de troupe ; commande a l'étranger ; réclamation des fabricants elbeuviens. — La crise commerciale et alimentaire continue — Condamnation du ministre protestant. — Elections municipales ; rapport policier ; dissolution du Conseil ; commission municipale. Elbeuf a l'Exposition de 1855. — La guerre de Crimée (suite).

Le 5 janvier 1855, on procéda à l'installation de nouveaux membres du Tribunal de commerce, nommés par décret impérial du 20 décembre précédent. M. Philippe Aubé était président ; MM. Pierre-Isidore Lecerf et Pierre Hébert étaient juges, et MM. Louis-Prosper Mouchet, Paul Vaysse étaient juges suppléants.

M. Lizé, dans son discours, établit que les affaires restant à juger au 20 janvier 1852 étaient au nombre de 41 ; celles introduites jusqu'au 31 décembre suivant au nombre de 149 ; celles de l'année 1853 au nombre de 390 et enfin celles de l'exercice 1854 au nombre de 512. Les faillites déclarées pendant la session se chiffraient par 29

Le président sortant ajouta, à propos des élections qui avaient eu lieu :

« Pour la première fois, le Tribunal a fait connaître ceux dont il sollicitait le concours ; mais dans cette indication, que chacun a comprise et suivie, MM. les notables n'ont vu qu'une simple manifestation qui ne liait personne, et qui d'ailleurs se pratique dans beaucoup de tribunaux... »

Les soumissionnaires pour les 55.000 mètres de drap destinés à l'habillement de la garde impériale, signèrent leur soumission le 6 janvier 1855 Voici leurs noms :

Bellest, Th. Chennevière, Normant frères, Ch. Flavigny, Morel-Beer, Lesage-Maille, Javal et Neymark, Ph. Decaux, Cosse et Imhaus, F. Delaporte, Camille Randoing et Traber, Isidore Aroux, Lemonnier-Chennevière, Tronel, E. Foliot, Augustin Delarue frères, Isidore Lecerf, V. Bénard et Chevalier, Florentin Lanne, F. Lefebvre fils. M. Legrix et Bruyant, S. Lemor, D Chauvin, Boujiard et Deboos, Frédéric Vimont, Charles Bazin, Edmond Join-Lambert.

La fourniture consistait en 41.500 m. de bleu foncé, à 10 fr 52 le mètre ; 5.000 m. garance, à 10 fr. 18 ; 1.500 m. vert foncé, à 10 fr. 38 ; 1.500 m. gris de fer. à 9 fr. 70 ; 1.000 m blanc blanchi, à 8 fr. 40 ; 3.000 m écarlate, à 10 fr. 18 ; 1.500 m jonquille, à 9 fr. 18 le mètre.

Le 9. M. Duval Dantan, ancien adjoint au maire, fut nommé bibliothécaire de la ville, aux appointements de 400 fr. par an, en remplacement de M. A. Morin, démissionnaire.

En cette année, les anciennes baraques de la place Lemercier furent enlevées et remplacées par de nouvelles.

Au 17 janvier, un détachement du 48e de ligne était en garnison à Elbeuf. On y fit une levée pour compléter les effectifs de l'armée d'Orient.

Le 20, un comité se constitua pour l'organisation d'une souscription ayant pour objet l'envoi, à l'armée d'Orient, de divers objets en nature.

Vers ce temps, il fut procédé à la réorganisation des délégations cantonales pour l'instruction primaire. Les délégués du canton furent MM. de Boissieu, de Saint-Aubin ; Bovin, curé de Saint-Etienne ; Chottin, pasteur protestant ; Mollet jeune, négociant ; Patallier, d'Elbeuf ; Pelletier fils, de Caudebec, et Aug. Poussin, d'Elbeuf.

Le Conseil des Prud'hommes avait fonctionné assez irrégulièrement depuis 1848 ; le 18 février, M. Charles Bazin en devint le vice-président. — Le 8 juin suivant, M. Augustin Delarue fut nommé président.

Le 19, la Chambre consultative sollicita du ministre des Travaux publics l'agrandissement des quais d'Elbeuf, depuis longtemps insuffisants en raison de l'importance du trafic et du nombre des bateaux qui y accostaient.

En février, une émotion, facile à comprendre, s'empara de tous nos manufacturiers et de la population en général, à la nouvelle, annoncée par les journaux, que l'Etat venait de commander 700.000 mètres de drap de troupe aux fabriques d'Angleterre et de Belgique.

La Chambre consultative fut convoquée d'office, par son président, le 27, et décida qu'il y avait lieu « de faire de respectueuses réclamations au gouvernement en une pareille circonstance, lorsque les souffrances de la classe ouvrière et la difficulté de l'occuper la rendent encore plus intéressante ».

On calcula que ces 700.000 mètres, à raison de 50 mètres par pièce, représentaient 14.000 pièces, et que chaque pièce réclamait :

40 kilog. de laine à 5 fr., soit..	200	2.800.000 fr.
Pour teinture................	100	1.409.000 —
Pour huile...................	11 20	156.800 —
Pour main-d'œuvre, etc......	137 30	1.922.000 —
50 m. à 8 fr. 97.............	448 50	6.279.000 fr.

« On prétend, dit le président, que l'Etat a obtenu une différence de 0 fr. 30 par mètre et que, payant 8 fr. 67 au lieu de 8 fr. 97, il réalisera un bénéfice de 210.000 fr., soit. Mais on reconnaît en même temps que la commande dont il s'agit, si les fabriques de France avaient été seules à la remplir, auraient procuré au Trésor une prime de 22 pour 100 sur les laines qu'elles auraient été obligées de faire venir de l'étranger, soit 504.000 fr. Qu'outre ce manquant de recettes pour le Trésor, il y en aurait un autre tant à l'égard des matières tinctoriales et des huiles que des charbons nécessaires pour cette fabrication, toutes choses qui peuvent porter la perte du Trésor à 700.000 fr. »

M. Lizé dit que, le 16 février, étant à Paris, il avait remis au préfet de police une protestation contre cette fourniture.

L'assemblée décida d'envoyer une nouvelle adresse à l'empereur, et que copies en seraient remises au préfet de police et au ministre de la Guerre. MM. Flavigny, Lizé et Aubé furent chargés de la rédaction de cette pièce dont voici la teneur :

« Sire,

« Les ouvriers d'Elbeuf, que le 1er Consul a si fortement attachés à sa famille en leur rendant une justice qui est aujourd'hui leur gloire, ont été profondément affectés des commandes que votre ministre de la Guerre vient de porter à l'étranger.

« Permettez donc à la Chambre consultative, leur organe naturel, de déposer aux pieds de Votre Majesté leurs regrets et leurs espérances.

« Ils nous ont demandé, sans que nous ayons pu leur donner satisfaction, quelles raisons assez impérieuses avaient pu motiver des commandes qui, en portant atteinte à la loi qui sauvegarde le travail national, les privent de concourir à une fourniture que la rigueur de la saison et le chômage leur rendaient si nécessaire, car ils vivent de privations. Nous n'avons pu que leur répondre, Sire, qu'ils devaient avoir confiance dans votre haute sagesse et dans votre profonde sollicitude pour tout ce qui les intéresse, n'ayant trouvé, ni dans la situation présente, ni dans l'économie qui doit présider à tout, des raisons plausibles à leur donner.

« En effet, Sire, dès le commencement de la guerre, Elbeuf a mis à la disposition de l'Etat tous ses moyens d'exécution, capables de décupler et au-delà ceux dont disposent ses fournisseurs titulaires ; outre qu'en mars dernier, il a demandé au ministre 500.000 mètres qui ne lui ont point été accordés ; puis ce ne peut être à ses machines, mues par la vapeur, que s'adressent les motifs donnés par le *Moniteur,* car, sur elles, la température est sans influence. Ensuite, si la précipitation avec laquelle les étoffes ont été préparées a eu pour conséquence des rejets inévitables, ces rejets n'ont point atteint, du moins d'une manière sensible, les draps fabriqués pour votre garde impériale, les seuls dont puisse répondre la Chambre consultative, puisqu'ils sont les seuls à la fabrication desquels elle ait présidé.

« Quant à la différence qui existe entre les prix de France et ceux de l'étranger, permettez, Sire, qu'il vous soit démontré qu'au lieu d'apporter une économie au Trésor, elle lui impose une perte... »

Suit le résumé du tableau publié ci dessus, et l'observation que les ouvriers français perdaient pour deux millions de main d'œuvre. La remontrance se continuait ainsi :

« Sire, si les commandes que nous déplorons sont aujourd'hui réalisées, votre bonté réparatrice peut rendre à nos ouvriers ce qu'elles leur ont enlevé, et nous venons l'implorer.

« Si, dans la grave question qui nous préoccupe, nous avions à parler à Votre Majesté des intérêts de notre fabrique, qui du reste sont encore ceux de l'ouvrier, nous leur dirions que la France, en s'adressant à l'étranger pour ses propres besoins, a porté un coup mortel à notre industrie, et qu'en proclamant à la face du monde notre impuissance et l'imperfection de nos produits, elle a enseigné aux républiques de l'Amérique du Sud, qui depuis longtemps nous confient l'habillement de leurs troupes, le chemin de l'Angleterre et de la la Belgique... »

Suivent les signatures de MM. Th. Chennevière, Ch. Lizé, Ch. Flavigny, I. Lecerf, Augustin Delarue, L. Collas, Ph. Aubé. Alex. Poussin, Math. Bourdon et A. Martel.

La création d'une Crèche, rue Tournante, fut votée le 26 février 1855. Les frais de premier établissement devaient se monter à la somme de 9.740 fr., dans laquelle entreraient 8.000 fr. de souscriptions recueillies par la Commission des crèches. Et pour rendre hommage à la mémoire de M. Henri Sevaistre, qui avait si puissamment contribué à cette œuvre de bienfaisance, le conseil municipal décida que l'établissement porterait le nom de Crèche Saint-Henri.

Le lendemain 27, M. Mathieu Bourdon s'adressa en ces termes à ses collègues de la Chambre consultative :

« En présence de la cherté des objets de consommation et de l'élévation croissante du prix de la viande, je crois devoir vous proposer de faire appel aux sentiments d'humanité qui distinguent l'industrie de cette ville et d'inviter toutes les personnes qui s'intéressent à l'amélioration du sort des classes souffrantes, à imiter l'exemple donné à Rouen et à Darnétal et dans toutes les vallées manufacturières de l'arrondissement, et à faire venir de l'étranger pour l'alimentation de leurs ouvriers des viandes salées de bœuf et de porc... »

Le prix était, pour la première de ces viandes, de 60 centimes le kilog, et pour la seconde de 1 fr. 10.

L'assemblée s'associa aux pensées qui venaient d'être exprimées, et nomma MM. Lizé et Martel pour se joindre à une commission du conseil municipal ayant pour mission le même objet. M. Lizé proposa de faire venir, par le concours de son correspondant de Buenos-Ayres, des viandes salées que l'on pourrait obtenir à bon marché.

Le 9 mars, le conseil municipal adopta un projet de traité avec une compagnie, pour fournir la ville d'eau de Seine filtrée, au moyen de canalisations et de bornes-fontaines.

Le 18, on ouvrit une enquête sur le projet d'ouverture des rues Cousin-Corblin et Saint-Joseph.

La protestation de la Chambre consultative avait porté son fruit, car, le 3 avril, la fabrique d'Elbeuf fut informée que l'Etat lui faisait une commande de 73.000 mètres de draps de troupes, de quatorze qualités ou couleurs différentes et variant de 7 fr. 02 à 10 fr. 52 le mètre.

Le 19, un détachement du 22e de ligne partit d'Evreux pour venir prendre garnison dans notre ville. Deux compagnies de garde nationale allèrent au-devant des soldats jusqu'à Saint-Pierre-de-Lierroult. — Ce détachement ne resta qu'une quinzaine de jours à Elbeuf, de sorte que la garde nationale dut reprendre le service du poste à l'Hôtel de Ville.

Un concert au profit du Bureau de bienfaisance, donné le 29, produisit net la somme de 2.920 fr.

A la suite de l'attentat dirigé contre l'empereur le 28 avril, un *Te Deum* fut chanté dans les églises d'Elbeuf « pour remercier le Très-Haut d'avoir protégé les jours de Sa Majesté ». — Pianori, l'auteur de cet attentat, fut condamné à mort.

Il était question, à cette époque, de revenir au tracé primitif du chemin de fer de Paris à Rouen, c'est-à-dire de rétablir la ligne par Louviers et Elbeuf. Déjà, dans une réunion des commissions spéciales d'Elbeuf et de Louviers, il avait été entendu que l'on conférerait de la question avec M. Thorel, membre du Conseil général de la Seine-Inférieure, qui s'y intéressait beaucoup.

A la séance municipale du 10 mai, M. Buée fut invité à faire tous ses efforts pour la réussite de ce projet. De son côté, la Chambre consultative nomma une commission dans le même but.

Le produit d'une souscription, s'élevant à 2.294 fr. 20 faite dans notre ville en faveur de l'armée d'Orient, fut envoyé à Rouen le 11 juin. Cette même année, plusieurs dames d'Elbeuf envoyèrent une caisse de charpie.

Dans sa séance du 12 juin, sur une proposition de M. Bourdon, le conseil municipal vota des félicitations à M. Houzeau, d'Elbeuf, ancien élève de notre Ecole primaire supérieure, qui avait poursuivi ses études ensuite auprès de M Girardin à Rouen et les avait achevées au Conservatoire des Arts et Métiers à Paris Ces félicitations étaient motivées par une découverte chimique très intéressante, mais que le procès-verbal de la séance n'indique pas.

Ce même jour, il vota 1 000 fr. pour envoyer des ouvriers à l'Exposition Universelle de Paris.

Vers cette époque, l'Hospice entra en possession d'une somme de 13.558 fr. provenant de la vente de biens sis en Sologne, que Mme veuve Petou avait donnés par testament à cet établissement de bienfaisance.

Le 14 juin, un décret impérial nomma maire M. Buée, dont le mandat était expiré, et adjoints MM. Pierre Albert Hébert et Auguste Demosthène Rocheux ; mais par lettre du mois suivant, ce dernier refusa d'accepter les

M. LOUIS BUÉE

fonctions auxquelles on l'appelait, sous prétexte du mauvais état de sa santé, et ajoutant, en outre, qu'il quitterait prochainement notre ville, où il n'avait plus d'intérêts.

M. Maloisel, lieutenant au 18e de ligne, originaire d'Elbeuf, fut décoré de la Légion d'honneur devant Sébastopol, à la suite du combat de la nuit du 17 au 18 juin.

On procéda à l'adjudication des travaux de contruction d'une Crèche, rue Tournante, le 14 juillet.

M. Varambaut entra en fonctions comme commissaire de police de la 2e division, le 16. Il succédait à M. Salles, nommé au Havre.

M. Nicolas-Félix Chottin, pasteur de l'Eglise protestante d'Elbeuf, fut condamné, le 25 juillet, à six mois d'emprisonnement et 2.000 fr d'amende pour outrage à la religion catholique par voie de la presse.

Le commissaire de police Varambaut (qui fut juge de paix d'Amfreville par la suite) écrivit au préfet que M. Chottin outrageait aussi la religion catholique dans son temple, où il tournait en dérision les actes de l'église romaine ; que le dimanche du Saint-Sacrement, il avait critiqué les habitants d'Elbeuf parce qu'ils escortaient la procession et se prosternaient devant un peu de plâtre ; qu'il avait dit que le prêtre catholique prétendait manger dans l'Eucharistie Jésus-Christ tout entier, avec ses cheveux, sa barbe, etc., sans pour cela avoir mal au cœur ; que M. Chottin était un propagateur ardent et très redoutable des idées démagogiques ; que ses conférences, son école éaient de véritables clubs, où l'on prêchait bien plus le socialisme que l'Evangile ; que l'opinion de personnes très honorables était que M. Chottin avait fait plus de mal parmi la population ouvrière d'Elbeuf que n'en avait fait la Révolution de 1848 ; qu'il insinuait aux ouvriers des sentiments de haine tellement implacables que rien ne saurait l'apaiser ; que sa présence à Elbeuf serait toujours une calamité, etc.

Le rapport du commissaire était empreint de méchanceté. Le tort de M. Chottin, aux yeux de la police, était de ne pas cacher sa foi républicaine. Il était très estimé de ses paroissiens et des personnes qui le fréquentaient ; certains même lui témoignèrent leur sympathie par de véritables actes de dévouement.

M. Paumier remplaça M. Chottin, qui subit sa peine à Sainte-Pélagie, avec Blanqui.

Les élections municipales, commencées les 28-29 juillet, se terminèrent les 4-5 août, par un scrutin de ballottage qui donna les résultats suivants. Nous groupons les candidats par sections :

Elus	voix	Non élus	voix
MM.		MM.	
Poussin.........	160	Turgis..........	90
Laurents........	160	Bachelot........	71
Marais..........	160	Cauchois........	62
Bourdon	155	Lepage..........	62
Buée............	152	Fromont........	71
Patallier........	139	Joannès Moreau.	56
Florentin Lanne.	193	Hennebert	63
Elie Berthelot...	111	Anth. Ternisien.	58
Horcholle.......	101	Alphonse Martel.	57
Valois, serrurier.	98	Achille Cavrel...	46
Honoré Laudou..	84	Aug. Delarue....	45
		Gustave Assire..	30
		Mouchet fils.....	24
		Godquin........	21

Année 1855

Elus	voix	Non élus	voix
MM		MM.	
Edouard Turgis.	85	Bourbonnel	69
Const. Grandin..	77	Dagomet	68
Masselin	77	Vasseur	68
Rocques	73	Louis Crétin	65
Alphonse Touzé.	73	Legrix-Maille	51
		Lesage fils	20
Piéton	90	Auguste Malteau.	55
Leroy	88	Fr. Delaporte	53
Picard-Edeline..	88	Achille Cavrel	53
Piquot	87	Amable Beaudoin	55
Martin	87	Alex. Adam	50
Ch. Flavigny	209	Auguste Lefort..	109
Hébert	204	Martin-Bénard	43
Th. Chennevière.	202	Casimir Carré	50
Tabouelle	188	Randoing	57
Charles Lizé	151	Beaumier	50
Fillolet	125	Moignon	45
		Deville	43

M. Narcisse Picard-Edeline n'accepta pas les fonctions que les électeurs de sa section voulaient lui confier.

M. Bénard, commissaire de police, crut devoir faire une enquête sur plusieurs des nouveaux élus et donner les résultats de ses recherches à M. Buée, qui ne les lui avait pas demandés. Voici un extrait de son rapport, aussi ridicule que méchant :

« Leroy, tourneur en bois, est un misérable homme, très exalté en 1848, et ayant reçu chez lui, depuis, tous les adhérents au républicanisme les plus acharnés contre le gouvernement de Napoléon ; il est toujours dans les mêmes sentiments. Il me suffit, Monsieur le maire, pour sa moralité, de vous dire qu'il a abdiqué la religion de son père : il s'est mis protestant. Des perquisitions ont été faites chez lui plusieurs fois pour découvrir des écrits qui se distribuaient contre le gouvernement et auxquels Leroy n'était pas étranger.

« Piquot est aussi du même caractère. On lisait tous les jours dans sa boutique de cordonnier, ornée de sa femme et de ses quatre malheureux enfants, les journaux contraires au gouvernement de Napoléon. Depuis que ces journaux ont été supprimés, tous les démagogues ne s'en réunissent pas moins chez lui ; c'est là où ils font des plans qui se perdent dans la nuit des temps. Voici ce qu'il disait hier à une mère qui a perdu son fils en Crimée « C'est de votre faute ; vous avez nommé « l'empereur, eh bien ! il en fera périr bien « d'autres ». Il est dans la position la plus précaire, etc.

« Martin, ouvrier tailleur, républicain rouge foncé, a bien du mal à vivre avec sa femme et son enfant. Des rassemblements ont eu lieu chez lui. Il faisait partie des réunions qui ont eu lieu au Vallot en 1852. Un mandat d'amener a été décerné contre lui et j'ai fait plusieurs fois des perquisitions à son domicile, qui était alors à Caudebec. Il se cachait chez une sœur qui doit être à Louviers...

« Je pense, Monsieur le maire, devoir m'abstenir de vous en dire plus long sur le compte d'individus d'une pareille trempe... »

Le matin du jour du scrutin de ballottage, vers trois heures et demie, le feu s'était déclaré dans l'établissement de M. Théodore Chennevière, dans un bâtiment neuf, à trois étages, long de 100 mètres et large de 16, à usage de foulerie et de filature de laine et de soie, qui fut entièrement détruit. On évalua les pertes matérielles à 350.000 fr. Trois personnes furent blessées par la chûte d'un mur.

On parla, pour la première fois, de la création à Elbeuf d'une Société industrielle, à l'instar de celle de Mulhouse, dans la séance du 9 août tenue par la Chambre consultative. MM. Mathieu Bourdon, Ch. Flavigny, Philippe Aubé et Alexandre Poussin composèrent une commission chargée d'étudier ce projet.

Ce même jour, la Chambre fut informée que l'Etat confiait à la fabrique d'Elbeuf une fourniture de 110 000 mètres de drap de troupe et 34.000 mètres de drap pour sous-officiers.

A cette même époque, la Chambre consultative reçut le produit d'une souscription s'élevant à 4.283 fr., destinée à protéger la fabrique contre les vols de laines, fils et déchets.

Une somme de 2.000 fr. avait été votée au budget pour fêtes publiques : le Conseil municipal décida de prélever 1.000 fr. sur ce crédit pour être mise à la disposition du gouvernement, à l'effet de distribuer des secours aux familles des soldats morts en Orient.

Par arrêté du 25 août, le préfet nomma membres du comité de patronage de la salle d'asile, MM^{mes} veuve Prieur, Mallet, Chauvreulx, Grivaz, Lenoble, Mary, Lanseigne, Delhomel, Papavoine, Javal, Morel-Beer, Guérot, Andrieux, Cavrel, Lecoupeur fils, Tronel et Assire. — Le curé de Saint Jean faisait également partie de ce comité, dont le maire était le président.

Les industriels elbeuviens figurant au Catalogue officiel de l'Exposition Universelle de 1855 furent MM. :

Victor Barbier. — Draperie ; méd. bronze 1834, méd. argent 1839, 1844, 1849.

Adolphe Beer. — Draps lisses, satins noirs, castors, ouatines, draps pour paletots.

Morel Beer. — Draps noirs et de couleurs, cuirs de laine, draps façonnés pour paletots et pantalons ; méd. bronze 1839.

Edouard Bellest. — Draps noirs et de couleurs, draps teints en garance, en bleu et en vert pour uniformes.

Berrier frères. — Draps unis et façonnés.

Boujiard et Deboos. — Tissus de laine pure, tissus laine et soie pour pantalons et paletots.

Bruyant-Desplanques. — Draps façonnés, draps pour billards.

Chary et Lafendel. — Draps fins, noirs et de couleurs, en laines d'Allemagne.

Th. Chennevière. — Draps unis et façonnés pour pantalons, paletots, gilets et robes ; tissus pure laine, laine et soie, laine et bourre de soie ; châles, plaids, cache-nez, moires, popelines, valencias, bengales, etc.; méd. argent 1834, méd. or 1839, 1844, 1849 ; médaille de prix à Londres, 1851.

Cosse et Imhaus. — Draps, tissus de laine, twines, tissus pour paletots.

Philippe Decaux. — Draps pour vêtements, draps de troupe ; méd. de bronze 1844.

Augustin Delarue. — Draps lisses, castors, twines, draps de billard ; méd. arg. 1834, 1849, 1844.

Alexandre Duboc. — Draps de laine pure.

Dumor-Masson. — Draps fins ; méd. argent 1839, méd. or 1844, 1849.

Dusseaux et Drouet. — Draps lisses, castors, cuirs laine, satins.

Flamant et Lavoisey. — Draps lisses, cuirs-laine, satins ; méd. argent 1844, 1849.

Charles Flavigny. — Tissus de laine pure,

tissus laine et soie, pour pantalons et paletots, manteaux de femme.

Gasse frères. — Draps façonnés, draps pour paletots.

Javal et Neymark. — Draps de toutes couleurs, draps façonnés pour pantalons et paletots, draps fins, draps de troupe, draps pour l'exportation en Orient ; méd. bronze 1834, 1839, 1844.

Edmond Join-Lambert. — Draps façonnés pour pantalons et paletots d'hiver et d'été.

Laurent Démar et Cie. — Tissus façonnés pour pantalons et paletots, draps dits « peaux de taupe »; tissus fabriqués avec de la laine d'Allemagne et le byssus de pinne-marine mélangés

Lefebvre-Gariel. — Tissus de laine, feutres pour tentes.

Lefebvre-Gariel. — Feutre fabriqué avec des fils de laine et des fils de lin, propre à remplacer le cuir pour le boutage des cardes.

Lefort et Vauquelin. — Draps façonnés pour pantalons.

Legrix et Bruyant. — Draps façonnés.

Lemonnier-Chennevière. — Draps façonnés pour pantalons, draps pour vêtements militaires, draps pour voitures ; méd. arg. 1849.

Lesage-Maille. — Draps façonnés, d'été et d'hiver, draps pour paletots, castors.

Mélion et Cie — Tissus de laine façonnés pour pantalons et paletots.

Mignard et Cie. — Draps lisses, cuirs-laine, satins, tissus de laine pure pour paletots.

Osmont et Leroux — Draps façonnés, draps pour paletots dits « édredons ».

Plantefol-Gariel. — Fils pour lisières de draps ; draps façonnés.

Alexandre Rivière. — Draps façonnés.

Roulé fils aîné. — Tissus de laine et de soie pour pantalons, gilets et paletots; tissus à relief velouté.

Simon. — Tissus façonnés, en laine et soie, pour pantalons et paletots.

Anthime Ternisien. — Draps, draps façonnés en laine pure.

Alphonse Touzé. — Draps lisses, draps pour officiers, castors, satins, édredons; méd. argent 1844, 1849.

Vergne et Lejard. — Draps façonnés.

L. Brié. — Cardes pour laine, coton, soie et cachemire.

J.-A. Chatel. — Chasse pour métier à tisser.

Beck-Déparrois. — Lainerie continue, machine à friser.

H. Desplas. — Machine à fouler les draps, les tartans, les flanelles, etc.; machine pour la fabrication du cachemire; médaille bronze 1849.

Ch.-Ach. Drevet fils. — Modèle de machine à crocheter la laine; machine pour le chinage des fils de laine.

L -V. Gruyer. — Tondeuse transversale pour tissus.

Auguste Malteau. — Machine à fouler les draps, tartans, flanelles, mérinos, etc.; méd. bronze 1844, 1849.

Merma. — Chaussure contre l'humidité.

M. Théodore Chennevière, d'abord désigné comme membre adjoint du jury, devint juré titulaire.

Une somme de 1.000 francs fut votée par le conseil municipal pour l'envoi d'ouvriers à l'Exposition.

Dans la liste des récompenses, la Fabrique

d'Elbeuf, représentée par la Chambre consultative, figura pour une *grande médaille d'honneur*.

Les exposants favorisés d'une récompense furent les suivants :

Médaille d'honneur : M. Dumor-Masson.

Médailles de 1re classe : MM. Adolphe Beer, Edouard Bellest, Chary et Lafendel, Cosse et Imhaus, Flamant et Lavoisey, Ch. Flavigny, Join-Lambert, Démar et Cie, Lefort et Vauquelin, Legrix et Bruyant, Morel Beer.

Médailles de 2e classe : MM. Victor Barbier, Bruyant-Desplanques, Philippe Decaux, Dusseaux et Drouet, Javal et Neymark, Lefebvre-Gariel, Lemonnier-Chennevière, Mignard et Cie, Lesage-Maille, Plantefol-Gariel, Alphonse Touzé, Desplas, Maubec, Beck-Desparrois.

Mentions honorables : Augustin Delarue, Alex. Duboc, Gasse frères, Mélion et Cie, Osmont et Leroux, Rivière, Roulé, Simon, Ternisien, Malteau, Brié, L. Dumontier, Lefebvre-Gariel.

Dans la section de l'Economie domestique, MM. Lesage-Maille, Maubec et Ternisien figuraient pour une *médaille de 2e classe*.

Un certain nombre de contremaîtres et d'ouvriers furent également l'objet de récompenses. Voici leurs noms :

Médaille de 1re classe : MM. Moïse Berment, H. Leclerc, Elie Marchand.

Médailles de 2e classe : Mme Deboos, MM. Ambroise Alavoine, Louis Boquillon, Boucher, Gustave Bréard, Dequatremare, François Desmares, Léon Dubois, Mme Lemaire, MM. G. Duval, Jean-Pierre Godet, Louis-Apollonius Hareng, Toussaint Hazet, Jacques-Baptiste Lefebvre, Guillaume Lemonnier, J.-B. Lucas,

Prévôt dit Paul, Adolphe Provost, MM^mes Letourneur, veuve Allant.

Mentions honorables : MM. Louis Béranger, Isidore Briste, Auguste Bulté, Thomas Duval, Paul-Georges Gadabot, Goupil, Pierre Lebret, Victor Leroy, Poutrel, Norbert Lefrançois, L.-P. E. Levasseur, Benjamin Trônel, J.-B. Verson, MM^mes Pellier, veuve Laurent, veuve Lecoq.

Un arrêté du préfet, en date du 5 septembre, suspendit pour deux mois les membres du conseil municipal d'Elbeuf, et un second du même jour institua une commission municipale composée de MM. Buée, Hébert, Bourdon, Chennevière, Delarue, Fillolet, Grandin, Laurents. Lanne, Marais, Malteau, Martel, Poussin, Papavoine, Rocques, Tabouelle, Turgis, Ternisien, Flavigny, Lizé et Patallier ; c'est à-dire que l'on expulsa du conseil tous les républicains et même d'autres qui n'étaient que soupçonnés d'indépendance. Les exclus furent donc MM. Elie Berthelot, Horcholle, Valois, Laudou, Masselin, Alph. Touzé, Piéton, Leroy, Picard-Édeline, Piquot et Martin. On fit entrer dans la commission municipale des candidats battus aux élections du 4 août, savoir MM. Anth. Ternisien, Malteau, Martel et Aug. Delarue, plus M. Victor Papavoine, qui n'avait pas été candidat.

La prestation de serment et l'installation des membres de cette commission municipale eurent lieu le 8 septembre.

Le conseil municipal d'Orival avait été également suspendu le 5 septembre et remplacé par une commission municipale.

Des régates attirèrent le public, le dimanche 9 septembre, entre le pont et l'île de l'Epinette. Le soir, on tira un feu d'artifice sur la Seine.

La nouvelle de la prise de la tour de Malakoff parvint à Elbeuf le lendemain 10. Des drapeaux furent placés aux fenêtres de presque toutes les maisons de la ville, et le lendemain on illumina. Le dimanche suivant, on chanta un *Te Deum* à Saint-Jean, en présence des autorités, et le soir on illumina de nouveau la façade de l'Hôtel de Ville.

Le 17 septembre mourut M. Mathieu-Isidore Lecerf, notaire honoraire, adjoint au maire de 1835 à 1840, ancien membre du conseil d'arrondissement. Il était âgé de 72 ans.

A la séance municipale du 20 septembre, M. Tabouelle prit la parole en ces termes :

« La guerre de Crimée et la prise de Sébastopol auront dans l'histoire un immense retentissement.

« Pour chaque Français, ce sera à jamais un titre à la reconnaissance du Pays que d'avoir pris part à cette guerre et à ce siège mémorable.

« Il n'est pas une commune de France qui n'ait eu là quelques enfants.

« A chacune d'elles le devoir, pour l'honneur des familles, de conserver leurs noms à la postérité et de les offrir en exemple aux générations à venir.

« C'est dans cette pensée que je propose à la commission municipale de nommer une commission, qui aura pour objet de rechercher et constater les noms des enfants d'Elbeuf :

« 1° Qui ont péri dans la campagne de Crimée 1854-1855, ou sous les murs de Sébastopol, soit par suite des blessures reçues à l'ennemi, soit par les fatigues de la guerre ou par maladie.

« 2° Qui ont été blessés ;

« 3° Qui ont fait la campagne et assisté au siège sans avoir été atteints d'aucunes blessures ».

M. Bourdon exprima le désir que l'inscription des noms s'étendît à tous les militaires du canton d'Elbeuf, et notamment au colonel Landry de Saint-Aubin.

Ces deux propositions furent acceptées.

Le prix des subsistances, toujours très élevé, causait une gêne énorme dans de nombreuses familles ouvrières. A la suite d'une demande de notre municipalité, le préfet envoya une somme de 6.000 francs pour l'assistance des indigents. — Peu de temps après, la municipalité organisa une souscription parmi les industriels, dans le but de secourir les familles nécessiteuses. Enfin la commission municipale augmenta le crédit de la bienfaisance de 15.000 francs et vota 20 centimes additionnels pour l'exercice 1856, afin de continuer, sous toutes ses formes, l'œuvre d'assistance publique.

La commission municipale fut informée, le 20 du même mois, que le ministre de l'Instruction publique avait refusé d'autoriser la cession à la ville de la maison des Frères, rue de la Justice.

Le 21 octobre, les voltigeurs, grenadiers et une compagnie du centre du 29ᵉ de ligne vinrent prendre garnison à Elbeuf.

Le 23, pendant la nuit, quatre des baraques installées sur la place Lemercier furent détruites par le feu; on ouvrit une souscription pour secourir les victimes.

Le docteur Nicole, chirurgien de l'hospice, qui avait obtenu plusieurs médailles dont une d'or pour des appareils de son invention destinés à soulager les malades et blessés, reçut des félicitations du Conseil municipal, votées dans la séance du 3 novembre.

A cette époque, le pain valait 30 c. la livre et les autres objets d'alimentation étaient également très chers, aussi la misère était-elle grande dans une partie de notre population.

La création d'une salle d'asile pour les enfants du quartier Saint-Etienne fut décidée le 24 novembre.

Ce même jour, la commission municipale vota 4.200 francs pour des travaux à l'église Saint-Etienne.

Le Cercle des commerçants nouvellement bâti dans le passage Dubuc fut inauguré, le 1er décembre, par un bal magnifique, auquel le comte de Germiny, receveur général, et le baron Leroy, préfet, assistèrent. Une quête faite au profit des pauvres produisit environ 1.530 fr.; le préfet y ajouta 1.000 fr. au nom du ministre et le produit d'une loterie organisée à l'occasion de cette fête s'éleva à la somme de 3.000 francs.

Le 6 décembre, la commission municipale déclara d'utilité publique l'ouverture de la rue Petou.

Le 18, mourut M. Louis-Edmond Join-Lambert, manufacturier, membre de la Chambre consultative, capitaine de la garde nationale et juge suppléant au tribunal de commerce. Il n'était âgé que de 37 ans.

Les vols de fabrique étaient plus fréquents que jamais. Il existait bien une police secrète pour découvrir les voleurs, mais elle ne donnait que de médiocres résultats. De 1853 à 1855, il y eut cependant 35 arrestations pour des faits de ce genre, suivies de 28 condamnations. Une note de cette époque, constate qu'avant l'administration de M. Buée, en dix-huit mois, on avait procédé à 76 arrestations suivies de 72 condamnations ; les sommes dépensées pour arriver à ce dernier résultat s'étaient élevées à 3.000 fr. environ, et la fabrique était rentrée en possession d'environ 10.000 fr. de marchandises. Ce rapport constate également que c'était le grand nombre de marchands de déchets qui encourageait ces vols et que le concours de la fabrique de Louviers avait été demandé, pour les réprimer, mais sans succès.

En 1855, on compta, à Elbeuf, 578 naissances, 164 mariages et 542 décès.

CHAPITRE XX
(1856)

Le bureau télégraphique. — Naissance du prince impérial ; adresse a l'empereur. — Projet de suppression des droits de douane ; nouvelle adresse. — Voirie et travaux publics. — Ecroulement du pont de Pont-de l'Arche. — La garde nationale reçoit un nouveau drapeau. — Projet de construction d'une troisième église. — A la Chambre consultative. — La ligne de Serquigny ; encore une adresse a l'empereur.

Pendant les premiers jours de l'année 1856, on s'entretint beaucoup d'un vol de 72.000 fr. commis dans la matinée du 30 décembre précédent, pendant le trajet d'Elbeuf à Pont-de-l'Arche, dans une voiture de MM. Lequeux. Cette somme avait été adressée de Paris, en or et billets de banque placés dans un sac, à M. Charles Lizé. L'auteur de ce vol important était un nommé Louis Dubos, charretier de l'entreprise Lequeux frères, dont le signalement fut inséré au *Moniteur* et adressé à toutes les gendarmeries. Le voleur ne fut arrêté qu'au mois de juillet suivant, à Versailles, où il avait été reconnu par un garçon de restaurant. Dubos avec le produit de son vol, avait monté au Point-du-Jour, près Paris, une importante entreprise.

La première toison de laine d'Australie que l'on vit à Elbeuf fut offerte en janvier 1856 à notre ville par M. Hippolyte Nouflard, agent à Sydney de MM. Lafosse frères. Les villes de Louviers, Reims et Sedan en reçurent chacune une aussi.

C'est de cette époque également que date l'enquête sur l'ouverture de la rue Petou.

On mit en adjudication, le 17, des travaux de réparation à l'église Saint-Étienne, s'élevant à environ 4.200 fr. Deux ans auparavant, il avait été dépensé 4.500 fr. au soubassement du même édifice.

Tous les soumissionnaires à la fourniture des 144.000 mètres de drap ne furent pas compris dans la répartition, qui, le 22 janvier, se fit ainsi : MM. Margana, 4.000 m.; Vergne et Lejard, 10.000 ; Ph. Decaux, 20.000 ; Javal et Neymark, 30.000 ; Lesage-Maille, 20.000 ; Ch. Métot, 4.000 ; Foliot et Aubrée, 10.000 ; S.-J. et S. Simon, 10.000 ; Th. Chennevière, 13.000 ; Delarue, 6.000 ; Drouin, 4.000 ; Delalande, 3.000.

Le 21, une veuve Bourdet, âgée de 66 ans, mourut assassinée dans sa demeure, aux Ecameaux ; on ne découvrit jamais le meurtrier ; on parla très longtemps de ce crime à Elbeuf.

Le 24 janvier. M. Rennesson entra en fonction comme maître de poste aux chevaux à Elbeuf, sur la route de Louviers à Honfleur, en remplacement de Mme Ribot.

Notre cité arbora ses drapeaux le samedi 9 février à l'occasion d'une fête industrielle. Le préfet vint, dans l'après-midi, pour remettre à la ville d'Elbeuf la grande médaille d'honneur qui lui avait été décernée à la suite de l'Exposition Universelle de 1855, et pour distribuer aux exposants et aux ouvriers les médailles qui leur avaient été attribuées. Cette distribution fut précédée d'une revue de la garde nationale, rangée sur la place du Coq et jusqu'à la rue Robert. Le soir, la ville fut illuminée.

Dans la séance municipale du 13, M. Buée revint sur l'établissement d'un bureau télégraphique à Elbeuf. Cette fois, l'étude de la question fut envoyée à une commission.

Les matériaux employés en 1847, par les ateliers de charité, dans la construction d'un talus sur le quai, étaient de si mauvaise qualité que, trois ans après, on avait songé à sa reconstruction.

Le 16 février, la commission municipale vota une somme de 73.628 fr. pour contribuer aux dépenses d'amélioration et de prolongement du port de déchargement et des quais, en y comprenant les dépenses de construction du nouvel abreuvoir, depuis longtemps projeté et d'une rampe de tirage pour les bois de charpente.

M. Bourdon proposa et l'assemblée adopta un vote de félicitations à l'ingénieur de la navigation, M. Emery, qui avait fait les plans de ce travail.

« Ces plans, dit-il, devront avoir pour effet de changer dans leur prochaine exécution l'aspect de la ville vers le fleuve, de la doter d'une promenade qui lui manque et d'attirer sur

sur une rive abandonnée, comme sur tous les points qui y rayonnent ou tendent à y rayonner, des maisons d'habitation et des établissements que l'absence des conditions destinées à les rendre habitables en avait jusqu'à présent éloignés.

« C'est ainsi que la ville, au lieu de s'étendre démesurément dans tous les sens, hors de toute proportion avec ses limites naturelles, peut être sensiblement ramenée dans les lieux où elle a plutôt besoin d'être concentrée, pour que le mouvement et la vie puissent facilement circuler et se communiquer du centre aux extrémités ».

Sur une proposition du maire, Mme Leblanc, directrice de l'asile Saint-Jean, fut remerciée de ses services et remplacée par des sœurs de Saint-Vincent-de Paul, au profit desquelles on ouvrit un crédit de 3.000 fr. pour frais de premier établissement.

Mme Leblanc, qui dirigeait depuis une vingtaine d'années cet asile, à la satisfaction générale, reçut une allocation annuelle de 400 fr., pour reconnaître ses bons et loyaux services.

Ce même jour, la commission municipale discuta sur une pétition des prud'hommes ouvriers, demandant une indemnité pour la perte de leur temps. Nous avons relevé une partie de la discussion :

M. Delarue exposa que le nombre des affaires portées devant les prud'hommes augmentait considérablement, et que c'était justice d'accorder une indemnité aux membres ouvriers.

M. Laurents se demanda si cet accroissement n'était pas causés par la croyance que les ouvriers devaient trouver auprès des prud'-

hommes ouvriers une propension à appuyer leurs prétentions. Il aurait voulu que tous ceux qui, sans motif sérieux, portaient une affaire aux prud'hommes, fussent punis d'une amende.

M. Tabouelle demanda la création de jetons de présence pour tous ; les patrons restant libres d'attribuer les leurs aux ouvriers.

M Chennevière s'y opposa. Ces jetons devant être convertis en argent, on pourrait s'exposer, dit-il, à ce que l'intrigue vînt briguer les fonctions de prud'homme. Il ne s'opposait pas cependant à une indemnité, si l'on trouvait le moyen d'y faire participer la partie perdante. M. Patallier fut d'avis qu'une indemnité porterait la déconsidération sur les prud'hommes.

A la majorité de 8 voix contre 5, la pétition des ouvriers prud'hommes fut repoussée.

Le 13 mars, la commission municipale provisoire adopta en principe la création de cours de musique vocale, pour les enfants et les adultes, dans l'établissement des Frères, rue de la Justice, et vota à cet effet une somme annuelle de 800 fr

Le jeudi 20, la ville fut pavoisée à l'occasion de la naissance du prince impérial, et l'on mit les cloches des églises en branle, pendant qu'une salve de 101 coups de canon était tirée, du haut de la côte de la Justice, par les artilleurs de la société des Anciens militaires.

La commission municipale vota l'adresse suivante à l'empereur:

« Sire ; le corps municipal de la ville d'Elbeuf, interprète fidèle de la population de cette laborieuse cité, dépose aux pieds du trône l'hommage de ses vives félicitations, pour l'heureux événement qui remplit de joie la France entière.

« Sire, vous êtes réellement béni de Dieu. C'est dans les circonstances les plus solennelles, au milieu des plus grands événements que l'histoire ait jamais enregistrés, que la Providence vous donne un fils. En perpétuant votre dynastie, ce fils assure le développement de l'ère de grandeur et de prospérité que vous doit le Pays.

« Que la divine Providence couvre de son égide le Prince Impérial qu'elle nous a donné. Enfant de la France, elle aura pour lui l'amour que vous lui portez, Sire, et son auguste Mère.

« Tels sont nos vœux, tels sont les sentiments qui débordent de nos cœurs.

« Daignez, Sire, en agréer la faible et sincère expression ».

Le Tribunal de commerce rédigea aussi une adresse, dont voici les termes :

« Sire ; Repos, gloire, prospérité, la France doit tout à votre main puissante. Pour être grand, vous l'avez faite grande. Que lui manque-t-il encore ? Sécurité pour l'avenir.

« Permettez-nous, Sire, de venir respectueusement nous réjouir avec vous de l'événement providentiel qui nous donne cette sécurité et assure l'entier accomplissement de votre œuvre immense.

« Que Dieu accorde de longs jours à Votre Majesté et veille sur l'auguste enfant qui, pour le bonheur de la France, doit continuer votre glorieuse dynastie.

« Nous avons l'honneur d'être, Sire, avec les sentiments du plus profond dévouement, vos très humbles et très obéissants serviteurs et sujets... »

Le corps des officiers de la garde nationale envoya également une adresse à l'empereur ; et, le dimanche 23 mars, jour de Pâques, un *Te Deum* solennel fut chanté à Saint-Jean.

M. Mathieu Bourdon, directeur de la Compagnie du gaz, reçut, le 20 mars, l'autorisation d'établir dans son usine un troisième gazomètre. — Quatre ans après, le 18 mai 1860, on l'autorisa à en construire un quatrième.

Le 27 mars, on eut l'assurance qu'une ligne télégraphique serait installée d'Elbeuf à Rouen, le commerce et l'industrie de notre ville ayant assuré une recette minimum de 4.000 francs par an.

Le dimanche 30, les Elbeuviens sortirent de nouveau leurs drapeaux ; cette fois à l'occasion de la signature de la paix avec la Russie. Le soir, les édifices publics et une certaine quantité de maisons particulières furent illuminées.

M. Anthime Ternisien fut installé comme juge suppléant au Tribunal de commerce, le 18 avril, en remplacement de M. Ed. Join-Lambert, décédé.

Une loi promulguée le 26 avril, autorisa la ville d'Elbeuf à s'imposer extraordinairement de 20 centimes additionnels, devant produire 53.000 fr., pour venir au secours des indigents.

Un décret du 30, nomma adjoint au maire M. Pierre-Florentin Lanne.

Par décision impériale, M. Pascal Bréant, dont la famille habitait Elbeuf et qui avait été condamné à la déportation en 1852, par une commission mixte, reçut sa grâce le 30 avril, De retour à Elbeuf, il fut employé au théâtre.

La clôture du cimetière protestant ne fut

définitivement adoptée qu'en mai 1856. M. Paumier était alors ministre du Culte réformé.

Cette année également, on entoura de murs la partie du cimetière nouvellement acquise par la Ville. Ils coûtèrent 13.000 fr. Le bloc et le silex nécessaires à leur construction furent extraits de la carrière Fleury, près de la sente du Bosquier Chandelier.

M. Joseph-Côme Désiré Dupray, ancien clerc d'avoué à Evreux, fut admis, le 16 mai, comme greffier du Tribunal de commerce, en remplacement de M. Plagelat, qui lui avait cédé sa charge. — Le nouveau greffier ne prêta serment que plus tard.

Le même jour, le Tribunal arrêta qu'aucun candidat comme agréé ne serait admis qu'après avoir porté la parole deux fois devant chacune des sections du Tribunal, et qu'avant l'admission de son successeur, l'agréé démissionnaire déposerait entre les mains du président une somme de 1 000 fr., laquelle ne serait rendue au déposant qu'après l'apurement de tous ses comptes de gestion dans les faillites ; cette somme de 1.000 fr. pourrait être augmentée si le Tribunal la jugeait insuffisante.

M. Lequart, libraire, ayant demandé un brevet de lithographe, MM. Levasseur et Barcé, détenteurs de tous les brevets d'imprimeurs à Elbeuf, mais n'en exploitant qu'un, s'y étaient opposés. Le 16 mai, M. Lequart présenta une pétition signée de 88 des principaux manufacturiers et négociants de notre ville, mais sans succès. Par contre, on délivra un brevet de libraire à M. Levasseur, le 29 du même mois, et, le même jour, des brevets d'imprimeur typographe et lithographe à M. Guibert, associé de M. Simon Levasseur, en remplacement de M. Paul Levasseur. Au mois de décembre, les brevets de lithographe et de libraire de M. Barbé furent transmis à M. Aloye, ouvrier de M. Levasseur.

A cette époque, l'imprimerie locale n'occupait que cinq ou six ouvriers. Elle s'est considérablement développée depuis, car elle emploie actuellement plus de cent personnes, et tend encore à augmenter.

Une société d'Elbeuviens composée de MM. Démare, Cauchois, Revert, Nouvelle, Rousselin, Darras, Crestey, Lefebvre, Rogister et Gatinot se forma en mai 1856, pour donner des représentations théâtrales de famille.

Une autre société d'Elbeuviens, sous la direction de M. Duruflé, donnait des représentations chez les Frères des écoles chrétiennes. Cette société donna aussi plusieurs représentations de famille, en 1856, rue de la Rochelle, dans la maison de M. Laurent, occupée précédemment par M. Le Page, chef d'institution.

Une habitante d'Elbeuf, Mme veuve Saint-Amand, née Marie-Madeleine-Thérèse Gouel, devint centenaire le 22 mai, étant née à pareille date en 1756. Mme Saint-Amand jouissait de toutes ses facultés, marchait facilement et lisait encore sans lunettes.

La création d'un bureau télégraphique électrique à Elbeuf fut votée le 31 mai. On décida également d'établir le bureau à l'Hôtel de Ville, dans le logement occupé par le greffier du Tribunal de commerce, donnant sur la rue de la Bague.

Le même jour, on procéda à l'installation de MM. Pelletier fils aîné et Edouard Bellest, élus membres de la Chambre consultative, en remplacement de MM. Edmond Join-Lambert, décédé, et Laurent Collas, démissionnaire. — Le même jour encore, la commission municipale augmenta de 24.131 fr. le crédit ouvert pour la construction des aqueducs.

Le maire donna connaissance à l'assemblée d'une lettre de M. l'abbé Poulain, curé de Saint-Jean, lui annonçant qu'il avait fait don à la ville d'un terrain, situé rues du Neubourg et Pavée, pour l'érection d'une église.

Des inondations terribles avaient ravagé plusieurs départements du midi de la France et notamment de grands quartiers de Lyon. Le 5 juin, le maire d'Elbeuf fit un chaleureux appel à la population de notre ville pour venir en aide aux sinistrés.

Le 12, sur une pétition de cinquante-six fabricants, la Chambre consultative réclama du gouvernement la prorogation, du 21 juillet au 31 octobre, de la prime de 9 pour 100 à la sortie des fils et tissus de laine par extension au décret du 21 janvier précédent. — Cette demande ne fut pas agréée par le ministre.

Un projet de loi, portant la suppression de la prohibition de marchandises étrangères fut l'objet de l'adresse suivante à l'empereur, rédigée le 14 de ce même mois :

« Sire,

« La Chambre consultative des Arts et Manufactures de la ville d'Elbeuf répond au cri spontané des populations ouvrières qui l'entourent, lorsqu'elle informe Votre Majesté de l'émotion profonde qu'a fait naître autour d'elle la présentation, au Corps législatif, d'un projet de loi dont l'effet va modifier, sinon compromettre, les conditions du travail de l'industrie qu'elle représente.

« Cette industrie s'est développée à l'abri du

régime prohibitif ; elle a prouvé au grand jour de l'Exposition Universelle que, loin d'en avoir abusé, elle avait au contraire augmenté ses moyens de production et satisfait aux exigences multiples de la consommation, sans avoir besoin d'un autre stimulant pour perfectionner ses produits et les mettre à la portée de toutes les classes, même les plus nécessiteuses.

« Assurément, les intentions si droites et si pures de Votre Majesté, qui couvre de son auguste sollicitude la grande famille des travailleurs, les droits protecteurs qui doivent remplacer le régime qu'on lui a peut-être à tort dépeint comme ayant fait son temps, sont uniquement destinés à accroître la richesse et la prospérité publiques ; le moindre doute à cet égard serait la méconnaissance impossible des nobles sentiments qui débordent dans le cœur de Votre Majesté, et la confiance qu'ils inspirent à la Chambre, comme aux intérêts dont elle est l'organe, est et sera toujours illimitée.

« Cependant, daignez pardonner à la Chambre, Sire, d'être vivement impressionnée des craintes qui se manifestent de toutes parts sous ses yeux ; elle en aperçoit elle-même d'immenses dans la combinaison et dans l'enchaînement des droits qu'il s'agit d'établir. C'est une œuvre ardue qui repousse toute perturbation et qui réclame, en vue d'éviter de grandes perturbations, des garanties de précision et d'unité, qu'une longue et minutieuse enquête pourrait à peine concilier.

« Après trois récoltes insuffisantes, Sire, au moment où la paix, que les armes et le génie de Votre Majesté ont si glorieusement conquise, semble nous assurer le calme qui fait grandir tous les travaux industriels, nous ne pouvons pas désirer d'autre et de plus puissante impulsion, et nous croyons remplir un sérieux devoir en suppliant Votre Majesté d'éloigner toute innovation, qui pourrait trahir son amour constant et si légitime pour le bien-être de nos nombreux ouvriers... »

Le 18, M. Th. Chennevière établit devant la Chambre consultative, par un rapport dont il avait été chargé, que tous les articles draperie d'Elbeuf, à l'exception de trois ou quatre, restaient au dessous de la protection de 30 pour 100 garantie par le projet de loi portant suppression de la prohibition, et que quelques-uns même, les plus chers, descendaient à 16, 14 et même 12 pour 100 seulement.

En face d'une contradiction aussi flagrante avec les promesses du gouvernement, M. Ph. Aubé demanda s'il ne serait pas possible de classer dans une catégorie spéciale les étoffes fines, légères, dont la protection serait insuffisante. Ce point fut renvoyé à l'examen d'une commission nommée par la Chambre.

Le même jour, cette compagnie arrêta le texte d'une adresse au ministre du Commerce relative au retrait des lois prohibitives et à leur remplacement par des droits d'entrée.

Huit jours après, la Chambre délégua MM. Th. Chennevière, Ch. Flavigny, Lizé, Lecerf et Bellest, auprès de la commission du Corps législatif pour la renseigner sur la question et lui exposer le précis des faits découlants du projet de loi.

Le dimanche 15 juin, on célébra le baptême du prince impérial par une fête officielle. Un feu d'artifice, tiré dans le Champ-de-foire, porta sur cette place une grande partie de la

ÉCROULEMENT DE L'ANCIEN PONT DE PONT-DE-L'ARCHE

population d'Elbeuf et des communes voisines, mais il n'y eut en ville que quelques illuminations particulières.

Le 1er juillet, M. Blanquart de Bailleul, archevêque de Rouen, bénit la Crèche de la rue Tournante, nouvellement construite et en grande partie au moyen de souscriptions particulières recueillies par M. Ch. Bazin.

Le 2, on soumit à l'enquête le projet de prolongement de la rue Bourdon jusqu'à la rue de Paris (rue Thiers actuelle).

Pendant les semaines qui venaient de s'écouler, une pluie continuelle avait fait déborder toutes les rivières de France et, comme nous l'avons déjà dit, causé d'immenses désastres. Cependant, la Seine n'avait guère dépassé ses bornes, et rien ne faisait prévoir un événement considérable qui eut lieu à Pont-de-l'Arche. Le samedi 12 juillet, vers une heure du soir, un bloc de maçonnerie se détacha de l'avant-bec de la dixième pile du pont de cette ville ; puis des fissures s'ouvrirent dans les voutes et plusieurs piles tombèrent.

La nouvelle s'en répandit promptement à Elbeuf. Le lendemain dimanche, une multitude de curieux se rendirent à Pont-de-l'Arche, pour assister à la ruine totale du pont, qui était imminente.

Le lundi 14, à sept heures du soir, deux autres arches se lézardèrent, et la plus grande partie du travail de Charles-le-Chauve s'abîma bientôt dans le fleuve, avec les moulins qu'il portait.

Le premier concours agricole de l'arrondissement tenu à Elbeuf, date du dimanche 13 juillet 1856. L'exposition des animaux, instruments et produits agricoles se fit dans le Champ-de-foire, où l'on éleva une estrade pour les autorités et les invités. Deux orchestres furent entourés de danseurs, le soir. Un grand feu d'artifice termina la fête.

Par testament du 14 juillet, M. Thomas-Emmanuel D⁄larue donna 5.000 fr. « au dépôt de mendicité de la ville d'Elbeuf ou tout autre établissement à peu près de ce genre ». Cette somme fut appliquée au Bureau de bienfaisance.

Le 15, on ouvrit une salle d'asile, pour les enfants de la paroisse Saint-Etienne, dans la rue de ce nom.

L'ouverture de la rue Henry sur la rue Saint-Jean, devant entraîner la démolition d'un magasin pour le matériel de l'église, la commission municipale vota, le 31 juillet, un crédit de 5.900 fr. pour en construire un nouveau.

Au commencement d'août, la garde nationale reçut un drapeau, sur lequel on lisait d'un côté : *L'empereur Napoléon III au bataillon de la garde nationale d'Elbeuf*, et de l'autre : *Département de la Seine-Inférieure*. Les armes de la ville d'Elbeuf et le chiffre de l'empereur, surmonté de la couronne impériale, étaient brodés sur la cravate placée vers le haut de la hampe.

Le 15, quelques instants après le feu d'artifice tiré sur le Champ-de-foire, à l'occasion de la fête de l'empereur, le feu éclata à l'angle de la place Saint-Louis et de la rue du Marché. Les pertes s'élevèrent à environ 30.000 fr. Un militaire en congé à Elbeuf, nommé Truffault, fut grièvement blessé par la chûte d'une poutre. — Une souscription publique fut ouverte au profit des victimes ; en outre, M. Grandin de l'Eprevier donna dans son château de Martot, une fête, dont on versa le produit à la souscription.

Le jeudi 21, dans le temple protestant de la rue Constantine, on procéda à la consécration et à l'ordination d'un pasteur. Le soir, M. E. de Pressensé, de Paris, prononça un sermon.

A la réunion municipale du 19, M. Mathieu Bourdon donna lecture, au nom de la commission municipale, de la proposition suivante :

« Messieurs : s'il est un fait présentement démontré jusqu'à l'évidence, c'est celui du rapide accroissement qu'a pris, depuis 1830, la ville d'Elbeuf. Protégée dans son industrie manufacturière par un régime qui, loin de comprimer son élan, lui a donné au contraire l'impulsion désirable, elle a multiplié les alvéoles de sa ruche, et l'espace étroit qu'elle occupait autrefois a bien vite été franchi.

« Dans ce mouvement d'expansion, au lieu de s'arrêter autour de son berceau, où elle aurait été comprimée entre le fleuve et la montagne, la ville n'a pu que graduellement s'agrandir vers l'Orient. Elle ne rencontrait dans cette direction aucun obstacle à ses développements ; mais comme l'abus est inévitable en toutes choses, tandis qu'il eût été préférable qu'elle se concentrât et se massât en grandissant, elle s'est peut-être allongée sans mesure, et de telle sorte qu'il est indispensable aujourd'hui de chercher, par tous les moyens dont peut disposer une bonne administration, à la faire converger par voie d'agglomération vers son centre naturel.

« Parmi les moyens qui peuvent le mieux

fournir cette tendance et corriger l'effet d'une décentralisation qu'il convient d'arrêter dans ses progrès, il en est un, que d'autres raisons recommandent plus fortement encore au point de vue religieux. Je veux parler de celui qui rassemblera, autour d'un nouveau lieu saint, tous les membres épars d'une même religion, que l'écartement des maisons nouvelles a nécessairement distancés des deux édifices primitivement consacrés à l'exercice du culte catholique.

« De cet éparpillement continu des habitations et des fabriques, à partir du jour où l'industrie, pour agir plus librement, s'échappait de son enceinte originaire, il est résulté que, sur les deux églises que possède la ville d'Elbeuf, l'une d'elles, celle de Saint-Etienne, est devenue trop spacieuse pour le nombre des fidèles qui la fréquentent, et que, corrélativement, celle de Saint-Jean révèle une complète insuffisance pour les besoins du culte dans sa circonscription, qui va toujours en augmentant, et qu'elle a pour conséquence très malheureuse de priver de l'alimentation spirituelle une portion notable de cette même circonscription, plus particulièrement habitée par des familles ouvrières, sur lesquelles la parole évangélique n'a plus ainsi son influence salutaire.

« En présence de ces deux résultats, si diamétralement opposés l'un à l'autre, le devoir de l'administration est de ranimer la vie où elle s'éteint, et de ne rien épargner dans la limite du possible pour l'y rappeler dans les conditions les plus propres à satisfaire des intérêts d'autant plus légitimes qu'ils ont été la première source de la prospérité communale.

Mais il ne faut pas cependant que le soin de remplir ce devoir sérieux jette comme un voile impénétrable sur la nécessité qui commande d'obvier à l'insuffisance notoire de l'église Saint-Jean.

« Le vénérable pasteur de cette église n'a pas attendu que ce sentiment fit explosion pour prouver, par un acte de désintéressement au-dessus de tout éloge, qu'il était plus pénétré de sa mission évangélique que de la conservation de son temporel. Il a compris que, malgré l'ardeur de son zèle, il était à bout de ressources pour répondre au but qu'il s'était proposé en se dévouant à son troupeau ; et une fois que cette pensée si pure et si touchante a pris place plutôt encore dans son cœur que dans son esprit, il n'a pas eu un seul instant de repos qu'il ne soit parvenu à lui donner un commencement d'exécution.

« C'est ainsi, Messieurs, qu'après avoir recueilli un certain nombre de souscriptions dans le rayon, il n'a pas balancé à détacher un partie de son domaine spirituel. Il y a joint une partie de son patrimoine pour y acquérir l'emplacement d'une nouvelle église, et il vous en a fait l'offre gratuite, que vous avez acceptée dans l'une de vos dernières séances.

« Ici se présente, naturellement, la question de savoir comment ce premier point une fois posé, il pourra être donné, je ne dirai pas une suite utile, mais une suite indispensable à la pensée de l'honorable doyen du canton. Il semble pourtant que la question devrait être résolue par la question elle-même ; en effet, dès lors que la commune est donataire du terrain qui lui a été abandonné et qu'elle l'a accepté par acte public, c'est elle seule qui a le droit d'en disposer et d'y établir les construction nécessaires... »

M. Bourdon parla pendant une demi-heure encore et termina en proposant l'organisation d'une grande loterie devant produire quatre cent mille francs, pour aider à la construction de l'église projetée. La proposition fut renvoyée à une commission.

Ce même jour, l'assemblée municipale émit un vœu en faveur du maintien de la protection nationale, dans le régime des douanes.

Quatre sociétés de secours mutuels existaient alors à Elbeuf ; elles étaient connues sous les désignations de Saint-Roch, Saint-Maurice, des Fileurs, et des Garçons de magasins.

Le dimanche 7 septembre, eut lieu la première assemblée générale des membres de la « Société de Secours mutuels des ouvriers de la fabrique d'Elbeuf ». Cette réunion avait pour objet la prestation de serment et l'installation de M. Henri Quesné, député, nommé président de la Société par décret du 13 août précédent. Un grand nombre de notabilités assistèrent à cette cérémonie, que présida M. Buée.

Les opérations du dénombrement se terminèrent vers ce temps. Elbeuf comptait 18.821 habitants, dont 4.407 garçons, 4.031 hommes mariés, 372 veufs, 4.969 filles, 4.091 femmes mariées et 953 veuves. — Ce résultat accusait une augmentation de 1.598 habitants sur 1851.

Le 11 septembre, la Chambre consultative prit cette décision :

« Des jetons de présence, en argent et de forme ronde, seront délivrés à tous les membres qui se trouveront réunis dans la salle des délibérations à l'heure indiquée sur les lettres de convocations. L'appel nominal aura lieu immédiatement et sera suivi de la distribution des jetons en argent.

« L'appel nominal terminé, s'il arrive de nouveaux membres, ils n'auront droit qu'à des jetons en bronze, quel que soit le moment de leur arrivée, pourvu qu'ils soient présents avant la levée de la séance.

« La légende des jetons sera, d'un côté : VILLE D'ELBEUF et la forme d'une ruche ; de l'autre côté : CHAMBRE CONSULTATIVE DES ARTS ET MANUFACTURES.

« Chacun des membres prend l'engagement de verser une somme de 100 fr. pour servir de premier fonds, et chaque année, s'il est besoin, chacun s'imposera le versement d'une somme égale, à moins qu'il ne lui convienne de faire entrer en compensation les jetons obtenus dans le cours de l'année précédente ».

La question des jetons de présence revint devant la Chambre, le 25. Sur l'avis de M. Hamel, graveur à Rouen, qui devait les fournir, on décida d'entourer la ruche de cette légende : LA VILLE D'ELBEUF EST UNE RUCHE, TOUT LE MONDE Y TRAVAILLE.

M. Hamel avait aussi établi ce décompte, qui fut accepté :

Dessin des jetons................... fr.	25
Fourniture d'acier, de collier et dépôt à la Monnaie........................	50
Médailles d'argent de 5 fr., environ 120.	600
Gravure, de 450 à 475 fr., selon grandeur.	475
100 jetons en cuivre.................	50
TOTAL........ fr.	1.200

On arrêta que l'heure serait prise sur le cadran de l'église Saint-Jean, et que les séances ouvriraient exactement à l'heure indiquée par les billets de convocation.

Le 9 octobre, sur l'invitation de la Chambre consultative, environ 120 fabricants et négociants se réunirent dans la grande salle de l'Hôtel de Ville, à l'effet de désigner deux industriels pour composer, avec la commission nommée par la Chambre, un Comité local de Défense du Travail national. MM. Augustin Poussin et Constant Grandin furent nommés par acclamation.

L'ouverture du bureau télégraphique date du 25 octobre 1856. Il était ouvert de 7 heures en été et de 8 heures en hiver, jusqu'à 9 heures du soir. Ce bureau était au fond de la cour, à droite, enclave de l'Hôtel de Ville. Les cours de la Bourse furent, à partir de ce jour, affichés à la mairie.

M. Rennesson fils demanda l'autorisation d'établir un service d'omnibus parcourant les rues de Rouen, Saint-Etienne, Impériale, de la Barrière, de Caudebec et de Louviers ; à Caudebec : le carrefour à Veaux, la Villette, Griolet, le Puits-Mérot et le Tilleul. Ce service commença le 25 novembre.

Ce même jour, M. Mathieu Bourdon proposa une nouvelle modification, qui fut acceptée, aux jetons de la Chambre consultative.

Elle consistait à donner, dit-il, « pour revers à la Ruche, qui représente les nouvelles armes de la ville, son ancien blason. Ce blason était : *D'or, à une vigne de sinople terrassée de même, partie de pourpre, et soutenue par une croix Lorraine de gueules.* Le support de ces armes était une écharpe banderolle en draperie d'argent, laquelle était attachée par ses deux extrémités aux bouts d'un thyrse de sinople passé en fasce au-dessous de l'écu, terminé par deux pommes de pin aussi de sinople ; le tout était surmonté d'une couronne ducale, et, entre deux petites croix de Lorraine, se trouvait la date de 1588, surmontée de cette inscription : *Tali fulcimine crescet.*

« De cette manière, on concilierait les deux époques significatives pour la ville d'Elbeuf : d'un côté la Ruche de 1802 ; de l'autre l'ancien blason ». — Nous n'avons nul besoin de rappeler à nos lecteurs que la ville d'Elbeuf n'avait pas eu d'armoiries sous l'ancien régime. La croix de Lorraine faisait seulement partie du blason de ses ducs.

Vers cette époque, M. Pierre Noury, professeur de dessin et naturaliste, vint se fixer à Elbeuf, où il acquit bientôt une grande popularité.

Le 3 décembre, le Tribunal admit provisoirement comme agréé M. Jean-Michel-Alphonse Closset, avocat à Paris, pour succéder à M. Tabouelle, démissionnaire en sa faveur. Trois semaines après, M. Closset fut définitivement admis.

La compagnie de l'Ouest s'occupant alors d'un projet, que l'on considérait comme sérieux, de raccordement des deux grandes lignes de Normandie par une autre de Serquigny à Rouen, la commission municipale se réunit le 20 décembre, et prit une longue délibération, dont voici les principales dispositions :

« Considérant que lorsque la ville d'Elbeuf a été appelée à opter entre les tracés, soit par la plaine du Neubourg, soit par les cantons de Bourgtheroulde et Montfort, ce dernier tracé ne pénétrait pas, comme celui qui lui était opposé, dans son territoire, sur la rive gauche de la Seine, avec l'avantage incontestable d'un débarcadère intérieur ; tandis que rien ne semble devoir empêcher aujourd'hui les deux tracés d'être placés, à cet égard, dans des conditions parfaitement identiques, au moyen d'une variante qui consisterait à diriger le tracé par les cantons de Bourgtheroulde et Montfort, à son point de départ de la ligne de Paris à Rouen, par Sotteville-sous-le-Val et Criquebeuf, vers la plaine de la rive gauche de la Seine, pour la ramener, par une courbe, sur le versant des montagnes qui dominent Caudebec et Elbeuf, et de là jusqu'à la rencontre du tracé dont il s'agit à la Londe.

« Considérant qu'étant ainsi modifié, ce tracé échappe radicalement à toute objection locale, comme si les opinions contradictoires qui ont été formulées, à travers la division des esprits, avec des expressions plus ou moins vives et passionnées, au registre d'enquête, en étaient pour ainsi dire effacées et biffées d'un seul trait, puisqu'il les confond désormais étroitement dans une unique aspiration, ralliant, conciliant et résumant en elle les vœux unanimes de la population elbeuvienne...

« Par ces motifs, la commission municipale est d'avis :

« 1° D'inviter avec les plus vives instances la compagnie des chemins de fer de l'Ouest à proposer au gouvernement de Sa Majesté le projet d'embranchement de Tourville à Serquigny, par les cantons de Bourgtheroulde et de Montfort, aux parcours direct et débarcadère intérieur dans la ville d'Elbeuf, suivant la variante indiquée au plan joint à la présente délibération.

« 2° De supplier S. E M le ministre de l'Agriculture, du Commerce et des Travaux publics d'obtenir, dans le plus bref délai possible, la sanction du gouvernement pour ledit projet d'embranchement dans les termes qui précèdent ».

L'assemblée vota ensuite un projet d'adresse à l'empereur, proposé par M. Ch. Flavigny et ainsi conçu :

« Sire ; Votre Majesté a manifesté sa surprise en apprenant que la ville d'Elbeuf n'avait pas été primitivement placée sur le parcours direct du chemin de fer de Paris à Rouen.

« Les paroles qu'Elle prononça dans cette circonstance mémorable ont été soigneusement recueillies par les délégués d'Elbeuf assez heureux pour les entendre.

« Aujourd'hui, Sire, le préjudice causé à la nombreuse population dont nous sommes les organes s'aggraverait bien plus encore si, dans l'exécution d'un tracé, non encore arrêté, le territoire d'Elbeuf se trouvait exclu du bénéfice d'une station dans son enceinte, tandis qu'il en serait accordé à des localités d'une minime importance.

« Notre ville est en progrès ; si, par quelque cause, elle est comprimée dans son essor industriel, toutes ses forces vives, qui concourent au bien général du pays, en seront affectées.

« Demander au contraire, comme nous le faisons devant Votre Majesté, Sire, que nos moyens d'action soient augmentés, c'est, en réalité, demander le développement du travail national ; c'est chercher à augmenter les ressources principales de la France.

« Nous venons donc solliciter, avec les plus vives instances, l'appui de Votre Majesté au moment où commence la discussion du tracé définitif de l'embranchement de Tourville à Serquigny, destiné à relier la haute à la basse Normandie.

« La compagnie des chemins de fer de l'Ouest s'est obligée à construire cet embranchement dans un court délai.

« Aucun des deux tracés étudiés jusqu'en 1855 n'avait pu concilier les divers intérêts. Par une heureuse variante à l'un d'eux, il devient possible d'arriver à ce résultat, qui entre si bien dans les vues du gouvernement bienfaisant de Votre Majesté.

« Cette variante consiste à faire de la ligne principale à la ligne secondaire en amont du tunnel de Tourville vers Paris, de lui faire traverser la Seine à Criquebeuf, pour se jeter de suite sur la rive gauche, au lieu d'opérer ce passage au-dessous d'Elbeuf, et, de cette manière, faire pénétrer la ligne nouvelle au cœur même de notre cité, pour y placer l'embarcadère.

« L'annonce seule de l'espoir fondé sur cette variante a rallié les diverses opinions ; son succès, dû à l'auguste patronage de l'empereur, ferait éclater des sentiments unanimes de satisfaction et de reconnaissance ».

Cette adresse fut signée séance tenante.

La Chambre consultative, de son côté, envoya à l'empereur un autre adresse, dont copie est conservée sur son registre.

M. l'abbé Hippolyte Join-Lambert, ancien élève de l'Ecole polytechnique, fondateur, en 1843, de l'institution religieuse de Boisguillaume près Rouen, mourut dans le courant

Année 1856

de cette année; il était né en 1812. — Une statue lui fut élevé en juillet 1894, dans l'établissement qu'il avait fondé.

Dans le courant de l'année, le parti libéral républicain avait fait, sans bruit, une assez grande propagande dans la classe ouvrière et parmi le petit commerce. Il avait pour chefs de file des démocrates de 1848, la plupart ouvriers tisserands, les autres appartenant à diverses spécialités de la fabrique et quelques artisans : tailleurs, cordonniers, perruquiers, chez qui se tenaient de temps à autre de petites réunions, souvent connues de la police, mais contre lesquelles elle ne pouvait apparemment rien.

Le bureau de l'état-civil avait enregistré, dans le cours de l'année, 609 naissances, 180 mariages et 600 décès.

CHAPITRE XXI
(1857)

Toujours les draps de velours et M. de Montagnac. — Projet d'une Société industrielle. — Cavalcades. — Elbeuf a l'exposition de Rouen. — Elections législatives ; candidatures officielles ; M. Quesné est réélu. — Mort de M. Randoing. — Députation vers l'Empereur ; l'embranchement de Serquigny. — Ambassade persane a Elbeuf. — Agrandissement du Théatre. — Les travaux du quai. — Le legs de M. Charvet.

Au commencement de 1857, le pain valait encore 40 centimes le kilog.; il resta cher toute l'année. — La halle d'Elbeuf, cependant, ne recevait pas moins, chaque samedi, de 600 à 850 hectolitres de blé, qui, pour la plus grande partie, étaient transportés à Rouen. La compagnie Lenormand et Baudu fit même construire un bateau, la *Mélanie,* qu'elle affecta spécialement à ce service.

M. Jacques Roussel reçut une autorisation, le 7 janvier 1857, d'ouvrir une fabrique de savon, au Buquet.

Vers ce temps, le nombre des sœurs de Saint-Vincent-de-Paul desservant l'hospice fut porté de quatre à huit.

Le *Journal d'Elbeuf*, numéro du 8 janvier, eut un succès particulier, à cause d'une longue critique, en vers, du libre-échange, par M. Louis-Eugène Sevaistre, ancien manufacturier de notre ville, publiée d'abord par le *Moniteur industriel* et que notre journal local venait de reproduire. — Le mois suivant, le même auteur s'attaqua, toujours en vers, à l'économiste Michel Chevalier.

Le 9, on procéda à l'installation de M. Aug. Lefort, nommé président du Tribunal de commerce, par décret daté du 20 décembre précédent, en remplacement de M. Aubé ; à celle de MM. Hébert, Jules May et Auber, nommés juges ; et à celle de MM. Ternisien, Ed. Guérot, Charles Flamant et Laurent Démar, nommés juges suppléants.

Dans son discours, M. Philippe Aubé, président sortant, se plaignit de l'indifférence des notables commerçants pour les élections au Tribunal de commerce, et annonça que 495 affaires avaient été introduites en 1855 et 636 en 1856. Les faillites prononcées se chiffraient par 11 en 1855 et par 13 en 1856.

Le tribunal, le même jour, donna son adhésion, que la Chambre consultative avait sollicitée, à la fondation d'une Société industrielle à Elbeuf.

Dans la nuit du dimanche 25 au lundi 26, le feu se déclara dans l'établissement Bellest-Malfilâtre, rue du Cours. Les pertes furent estimées à environ 50.000 fr.

En ce même mois, la Chambre consultative adressa une lettre de félicitations à M. Paul de Champéron, directeur de la poste d'Elbeuf, à cause de son parfait service.

Le 7 février, mourut M. Alfred-Pantaléon Le Vaillant de Valcourt, pauvre ouvrier fileur, âgé de 29 ans. Il était fils de Charles Le Vaillant de Valcourt, rentier, et de Gorgonie de Caqueray, tous deux appartenant à d'anciennes familles de gentilshommes verriers normands. Le défunt laissait plusieurs enfants, et sa descendance habite encore notre région.

Le 14 février, le maire informa les intéressés que la commission municipale avait décidé qu'un tableau commémoratif des noms des militaires de la ville et du canton d'Elbeuf ayant pris part à la campagne de Crimée en 1854-1855 et à la prise de Sébastopol, serait érigé dans la grande salle de l'Hôtel de Ville.

Le jeudi 19 mars, jour de la Mi-Carême, une cavalcade, organisée par M. Courbe, propriétaire du magasin d'habillements *Au prince Eugène*, parcourut les rues de notre ville. La part des pauvres se chiffra par 646 fr.

En janvier, la Chambre consultative avait apporté une nouvelle modification au dessin de ses jetons de présence. On avait décidé de supprimer les mots « premier consul », de retrancher l'ancre et le caducée et demandé à M. Edouard Turgis son opinion sur les bras de la croix de Lorraine. — Le 25 mars, on réadopta l'ancre et le caducée.

Ce même jour, la Chambre ayant été avisée que M. de Montagnac, de Sedan, venait de faire saisir une machine à battre les étoffes à frais, dans les ateliers de MM. Carré et Béranger, chargea une commission de lui faire un rapport, dont voici les principaux passages :

« Si peu définis que soient les droits de M.

de Montagnac qui, dans son brevet, n'indique l'emploi d'aucun outil nouveau, ni aucune méthode particulière, il ne s'en croit pas moins autorisé à exercer, en vertu de ce brevet, des tracasseries d'une telle énormité qu'elles ont produit à Elbeuf, ainsi que dans toutes les villes industrielles du même genre, une émotion difficile à décrire...

« ... M. de Montagnac, armé de ce brevet, élève, comme vous le savez, la prétention d'interdire à nos manufacturiers, fabricants et apprêteurs publics, le droit de battre à frais, à quelque titre que ce soit et n'importe quelles étoffes ils entendent produire. bien que ce battage à frais soit dans le domaine public depuis un temps immémorial. Ainsi, il est de notoriété, à Elbeuf, que l'on bat à frais depuis plus de quarante ans, pour faire des castorines ou draps à poil, ou pour produire des étoffes ratinées.

« Ceux ci pour donner de la souplesse à leurs draps qui, sortant des foulons, présentent trop de raide ; ceux-là ont trouvé et trouvent dans ce procédé un moyen plus expéditif pour sécher leurs produits auxquels, en même temps, ils donnent ou entendent donner plus de souplesse ou de moelleux.

« C'est ainsi que, progressivement, certains industriels et apprêteurs publics sont arrivés, depuis plus de dix ans, à battre à frais des étoffes feutrées, pour imiter les peaux de daim et les peaux de taupe, destinées dans le principe à des maisons de commerce de Paris...

« Par ces motifs et en présence des prétentions nouvelles de M. de Montagnac, qui portent une perturbation considérable dans nos fabriques, et tendent à entraver le progrès et le développement de l'industrie drapière en général, votre commission vous propose de prendre une délibération qui constate que le brevet obtenu par M. de Montagnac, le 24 mars 1852, pour battage à frais, n'a pas de raison d'être... »

Ce rapport fut déposé pour délibérer ultérieurement. MM. Th. Chennevière et Lizé s'abstinrent de dire leur sentiment. — Le premier avait une licence de M. de Montagnac.

Peu de temps après, la Chambre consultative d'Elbeuf protesta contre une assertion contenue dans une publication faite par M. de Montagnac. — MM. Flavigny et Chennevière déclarèrent ne pas prendre part au vote.

Ce procès à propos des draps-velours, qui eut un grand retentissement dans l'industrie, ne fut pas sans influence sur la fondation de la Société industrielle ; et voici, à ce sujet, la conclusion d'un mémoire que publia, en mars 1857, M. Louis Auber, juge au Tribunal de commerce :

« A Elbeuf comme à Mulhouse, la fondation d'une Société industrielle établira de nouveaux liens d'estime et de bonne confraternité entre tous les hommes distingués qui sont appelés à en faire partie. Cette institution a conquis à Mulhouse le métier self-acting et un Conservatoire des Arts et Métiers, dont l'organisation ne cède en rien à celle du Conservatoire de Paris. Elle produira à Elbeuf, n'en doutons pas, des résultats qui ne seront ni moins utiles ni moins éclatants. Soyons donc unanimes à formuler le vœu qui devra nous l'obtenir ».

A la publication de ce mémoire, M. Bourdon rappela que la Chambre consultative, dont il était le président, avait déjà pris l'initiative du projet, dès 1855, et que MM. Ch. Flavigny, Philippe Aubé et Alexandre Poussin, nommés pour étudier la question, étudiaient les fondements de la Société projetée.

Des réclamations s'élevèrent à propos de cette observation, mais elles s'aplanirent le mois suivant, de sorte que le *Journal d'Elbeuf* put publier cette note :

« Nous sommes heureux de faire connaître que tout conflit a cessé entre la Chambre consultative, le Tribunal de commerce et le Comité provisoire des 82 membres qui ont adhéré à un projet de Société industrielle. Des explications loyales, échangées de part et d'autre, ont dissipé les motifs de susceptibilité en montrant sous leur véritable jour les intentions communes à tous ; elles ont eu pour résultat de les réunir en un seul corps pour concourir à la fondation. si utile à tous égards, d'une Société industrielle à Elbeuf ».

Au printemps, des mesures d'assainissement furent ordonnées à divers propriétaires, notamment dans les cours Harel, Poteau, Rousselin, Foucher, Patallier et Padelle, toutes sises rue Saint-Jean.

L'année 1857 fut désignée pendant assez longtemps sous le nom « d'année des cavalcades ». Il y en eut en effet deux, la seconde le dimanche 19 avril. Voici un extrait de son programme : Gendarmes, archer-estafette, maître des cérémonies, piqueurs, porte-bannière aux armes de la ville, tambours de gardes-françaises, peloton d'archers ; cavaliers, Roi et Dame de cœur et les quatre valets ; char de l'Industrie elbeuvienne ; Vaisseau de l'Exportation ; peloton de hallebardiers ; cavaliers ; le sire de Framboisy, sa femme et leurs deux pages ; Sir Ralph et son écuyer ; attelage à la Daumont ; cavaliers Louis XIII ; Char de l'Harmonie, avec Pierrots musiciens ; cavaliers Louis XV ; voiture attelée à grandes guides : M. le Soleil et Mme la Lune ; groupe de hussards Esterhazy ; Char du Printemps : caisse des pauvres ; cavaliers espagnols ; attelage à la Daumont avec jockeys, voitures de Singes et d'Ours ; groupe de cavaliers nationaux, Monténégrins, Ecossais, Hongrois, Bohémiens, Italiens, etc.; groupes grotesques, cavaliers incroyables, Turcs, hussards pippés, babies, etc.; voiture des illustres frères Cocambo, arrivant de Pékin ; gendarmes.

Une foule considérable vint de Rouen, de Louviers et des communes voisines. La quête faite au profit des pauvres produisit 3.587 fr.

Le 22 mai, la Chambre consultative fit la répartition à ses douze membres des jetons qu'elle venait de recevoir. En outre, elle en attribua un au préfet, un autre au maire d'Elbeuf, son président d'honneur, et un à M. Sèbe, ancien président de la Chambre.

Notre ville était sans garnison depuis quelque temps ; le 23 mai, quatre compagnies du 81e de ligne vinrent s'y établir ; elles furent renforcées de deux autres compagnies le mois suivant. Le poste de l'Hôtel de Ville, occupé par la garde nationale depuis le départ du 29e, fut rendu à l'autorité militaire.

Le 28, le tribunal correctionnel de Rouen rendit un nouveau jugement, très sévère, en faveur de M. de Montagnac, de Sedan, contre plusieurs autres fabricants et apprêteurs d'Elbeuf, malgré les conclusions contraires du ministère public. Ce jugement souleva de nombreuses et justes récriminations dans le corps de la fabrique, qui savait mieux que personne que M. de Montagnac n'avait rien inventé et que le procédé qu'il revendiquait était connu depuis longtemps. Appel de ce jugement fut porté, et la Cour le réforma en donnant gain de cause à nos concitoyens et en condamnant M. de Montagnac aux dépens. La Cour d'appel avait décidé « que le battage à frais ne pouvait constituer une contrefaçon qu'autant qu'il était suivi d'un séchage à poils redressés ; que dans l'espèce, les procès-verbaux de saisie ne constataient pas que le battage à frais avait été suivi de cette opération ».

Une loi en date du 1er juin autorisa la ville d'Elbeuf à emprunter 594.000 fr., remboursables en douze ans à partir de 1858, et à s'imposer extraordinairement de 20 centimes pendant ces douze années.

Une proposition de cession de terrain, pour l'élargissement de la place Saint-Louis, faite par M. Louis Bertrand, fut acceptée par la commission municipale le 3 juin.

Le 7, la plupart des industriels elbeuviens qui avaient pris part à une exposition à Rouen, organisée par la Société libre d'Emulation du Commerce et de l'Industrie de la Seine-Inférieure, reçurent des récompenses. Nous citerons :

MM. Paul Pion fils, Th. Chennevière, Legrix, L. Démar et Cie, Morel Beer, V. Barbier, Dusseaux et Drouet, A. Ternisien, Benoist-Richard, Lefebvre-Gariel, Desplas, Beck-Déparrois, Pinchon, Brié frères, Maubec, Aublé. — Deux ouvriers furent également récompensés, MM. E. Boucher et Emmanuel Duval.

Le 12, le Tribunal de commerce décida qu'il ne serait pas donné de successeur à M. Marescal, agréé, et que son cabinet serait fermé, mais le 19 du même mois, considérant que le nombre des agréés était insuffisant, il admit M. Moïse-Jésus-Mahomet Fleury, comme agréé.

Une loi du 19 juin modifia le canton d'Elbeuf. La commune de Saint-Pierre-de-Lierroult fut supprimée et remplacée par celle de Saint-Pierre lès-Elbeuf, comprenant notamment les hameaux de la Villette, la Gazouillère, la Haline, la Bretèque, etc. détachés de Caudebec.

Les électeurs furent convoqués en juin pour nommer des députés au Corps législatif. La candidature officielle de M. Henri Quesné fut reposée dans notre circonscription. A cette occasion, le maire d'Elbeuf adressa la proclamation suivante au corps électoral :

« Electeurs ; vous êtes appelés à nommer un député... Je ne puis trop vous engager à prendre part au scrutin qui va s'ouvrir.

« Je sais quels sont vos sentiments ; je connais votre patriotisme éclairé, votre amour de l'ordre, indispensable à la prospérité de notre cité industrielle, votre dévouement inébranlable au gouvernement que vous avez acclamé de vos suffrages.

« Votre vote sera, j'en suis convaincu, une nouvelle et éclatante manifestation de ces sentiments. — Buée ».

De son côté, M. Henri Quesné adressa cet appel aux électeurs :

« Messieurs et chers concitoyens,

« J'ai l'honneur aujourd'hui, ainsi que je l'eus en 1852, de vous être présenté, comme candidat pour la députation, par le gouvernement du Prince que nos acclamations unanimes ont appelé au trône.

« Pendant six années de législature, j'ai été

constamment dévoué à cette politique napoléonienne, qui a fait la France si calme, si forte et si glorieuse. J'ai pris une part spéciale et active à l'examen de la plupart des lois importantes qui concernaient l'agriculture et l'industrie.

« Sur une seule question, celle des prohibitions en matière de douane, j'ai cru devoir, en qualité de membre de la commission du Corps législatif, m'opposer à un projet de loi qui me paraissait menacer d'un grave danger le travail national.

« La ligne de conduite que j'ai suivie est celle que je suivrai encore, si je suis de nouveau assez heureux pour obtenir vos suffrages. J'ose vous le demander avec confiance, comme témoignage de votre affection pour le gouvernement qui m'honore de son patronage, comme marque de votre sympathie pour toute voix qui s'élève en faveur des populations ouvrières dont les intérêts préoccupent si vivement le cœur paternel de l'Empereur.

« Agréez, Messieurs et chers concitoyens, l'assurance de mon inaltérable dévouement.

« Henri Quesné, député sortant ».

Sur l'original, conservé aux archives municipales, se trouvent le visa de la préfecture et la signature du préfet.

Le 16 juin, le préfet Le Roy écrivit aux maires de la région :

« *Une candidature socialiste* vient de se produire dans votre circonscription.

« M. Leballeur-Villiers père, *maire provisoire à Rouen en 1848*, se présente comme concurrent de M. H. Quesné, *seul candidat* patronné par le gouvernement.

« Cette circonstance, je n'en doute pas, sera

pour vous, Monsieur le Maire, un motif de plus d'engager les électeurs de votre ville à prendre part au scrutin. Vous ferez appel à leur patriotisme, à leur esprit d'ordre et à leur dévouement au gouvernement de l'Empereur, etc. ».

M. Buée n'avait pas attendu cette lettre du préfet, dont il connaissait la teneur avant qu'elle lui parvînt, pour patronner M. Quesné.

Le 19, le préfet, qui n'était cependant pas sans inquiétude sur le résultat du scrutin, adressa cette seconde lettre aux maires de la circonscription :

« Je compte sur tout le zèle et tout le dévouement de votre concours. Votre commune voudra, une nouvelle fois, prouver la sagesse et l'énergie de ses sentiments en allant au scrutin et en votant pour le *seul candidat* patronné par le gouvernement de l'Empereur. Je vous serai personnellement reconnaissant de ce que vous ferez pour arriver au meilleur résultat possible. Dites à tous ceux qui vous secondent que je leur saurai le plus grand gré de leur zèle. Il s'agit pour nous tous de faire acte de raison et de patriotisme.

« Apportez, je vous prie, Monsieur le Maire, vos soins les plus vigilants à déconcerter les manœuvres de l'opposition. Il est dans les habitudes incorrigibles, vous le savez, des ennemis de la prospérité et du repos publics de ne reculer devant aucuns moyens pour atteindre leur but. Tenez vos administrés en garde contre les déclarations, les offres, les promesses mensongères des partis hostiles.

« Il n'existe *qu'un seul candidat* patronné par le Gouvernement ; ce candidat vous le connaissez en *M. Henri Quesné fils,* député sortant... Le préfet : LE ROY ».

Enfin, le préfet fit distribuer aux électeurs et afficher une proclamation signée de lui, recommandant la candidature de M. Quesné, en soulignant qu'elle était la seule recommandée par l'administration et par le gouvernement.

Le 21 au matin, le baron Le Roy télégraphia au maire d'Elbeuf :

« Excitez tous les hommes d'ordre à voter. Le parti socialiste s'agite et se rend partout au scrutin ».

L'élection eut lieu les 21 et 22 juin. Il se produisit un incident au dépouillement : une partie des bulletins fut attribuée à M. Leballeur-Villiers fils. Le nombre des inscrits à Elbeuf, était de 4.753, et celui des votants de 2.260. — Le résultat officiel du scrutin fut établi ainsi :

Communes	H. Quesné	Leballeur	Divers
Elbeuf	1.223	995	42
Caudebec	446	628	»»
Cléon	106	9	»»
Freneuse	62	37	»»
La Londe	168	206	»»
Orival	81	145	»»
Saint-Aubin	205	89	»»
St-Pierre (de Lierroult)	19	31	»»
Sotteville	37	11	»»
Tourville	104	4	»»
Totaux	2.451	2.155	Inconnu
Autres cantons :			
Duclair	2.255	112	»»
Grand-Couronne	2.185	1.335	»»
Maromme	1.810	1.757	»»
Pavilly	1.703	332	»»
Caudebec-en-Caux	1.673	2	»»
Total général	12.077	5.693	Inconnu

Dans les autres circonscriptions du département, tous les candidats officiels furent également élus :

M. Pouyer-Quertier, par 8.901 voix contre 5.081 à M. Lemasson et 2.308 à M. Levavasseur ;

M. Corneille, par 19.482 voix, sur 20.076 votants ;

M. Lédier, par 14.724 voix, sur 16.000 votants environ ;

M. Ancel, par 14.708 voix, sur 16.256 votants ;

M. de la Bédoyère, par 15.600 voix, sur 17.000 votants environ.

La magnifique comète de 1857 inspira M. T. Fréret, qui publia sur l'astre errant une pièce de vers, dans le *Journal d'Elbeuf* du 9 juillet.

A la foire aux laines du lendemain 10, on n'apporta pas une seule toison. Il en fut à peu près de même les années suivantes, de sorte que cette foire tomba.

Le 16 juillet, on procéda à l'adjudication d'une clôture en planches autour d'un terrain destiné à recevoir la nouvelle église projetée rue du Neubourg.

Le vendredi 17, vers deux heures du matin, le feu se déclara dans l'établissement de bienfaisance pour l'emploi des déchets de fabrique, derrière la ligne ouest des maisons de la rue du Glayeul. Les pertes furent estimées à la somme de 24.000 fr.

M. Camille Randoing, fabricant de draps, ancien membre de l'Assemblée constituante, mourut à Paris le 22 du même mois. Ses obsèques eurent lieu à Elbeuf, le surlendemain, M. Jean Randoing, député au Corps législatif, maire d'Abbeville, son frère, toutes les notabilités de notre région et une foule énorme assistèrent à la cérémonie funèbre. Le regretté défunt avait été adjoint au maire de 1833 à 1835, chef de bataillon de la garde nationale en 1837, et député en 1848. — Mme veuve Randoing fit remettre, le jour de l'inhumation, une somme de 5.500 fr. à M. Buée, pour être répartie aux établissements de bienfaisance de notre ville.

Le 4 août, on décida la suppression des étaux de la rue Saint-Jean, la création d'un marché au poisson et l'ouverture de la rue Berthelot. A cet effet, M. Elie Berthelot donna tout le terrain nécessaire pour la rue et la place, plus une somme de 1.000 fr.

Le même jour, sur la proposition de M. Tabouelle, la commission municipale accepta un projet de nouvelle adresse au sujet du chemin de fer de Serquigny.

Le lendemain 5, une députation, composée de MM. Buée, Th. Chennevière, Flavigny, Fillolet et Tabouelle fut reçue, à Rouen, par l'empereur et l'impératrice, qui se rendaient en Angleterre. Les délégués remirent à Napoléon III l'adresse suivante :

« Le corps municipal de la ville d'Elbeuf à Sa Majesté l'Empereur :

« Sire ; des améliorations marquent partout votre passage. Là où un intérêt public a longtemps souffert, on est assuré qu'il sera bientôt satisfait dès que Votre Majesté y porte ses pas.

« Permettez, Sire, à la ville d'Elbeuf d'attacher l'espoir d'un semblable bienfait à votre présence sur le sol normand.

« Il y a quelques années, Votre Majesté daignait exprimer à nos délégués son étonnement de ce que l'importante cité elbeuvienne fût déshéritée de toute communication par chemin de fer... Eh bien ! Sire, aujourd'hui encore elle en est privée, au grand détriment de son commerce, de son industrie et, par conséquent, de sa nombreuse population ouvrière !

« Une loi du 2 mai 1855 a bien imposé, à la compagnie des chemins de fer de l'Ouest, l'obligation d'établir, dans un délai de six ans, un embranchement de Serquigny à Rouen. Elbeuf se trouve, il est vrai, sur la route que cet embranchement devrait parcourir ; mais, si nos inquiétudes ne sont pas vaines, sous le prétexte des difficultés qu'offriraient topographiquement les abords d'Elbeuf et des dépenses qu'elles occasionneraient, notre ville serait menacée de n'être qu'incomplètement desservie par une station éloignée de son territoire et de son centre d'affaires.

« Ainsi, longue attente et déception, tel serait notre lot, si les projets dont nous nous inquiétons s'accomplissaient.

« Mais, Sire, un mot, un seul mot de Votre Majesté, et ce funeste danger s'évanouit.

« Il suffit que vous veuillez bien ordonner que, dans l'exécution de l'embranchement de Serquigny à Rouen, la ligne et la station d'Elbeuf soient établis sur son territoire, dans les conditions les plus favorables à ses intérêts, et suivant une variante indiquée par ses organes légaux et admise par ceux de la ville de Rouen.

« Devant votre décision suprême, Sire, toutes objections tomberaient. Il n'y a d'ailleurs pas d'obstacles naturels en fait de voie ferrée que l'art de l'ingénieur ne puisse surmonter.

« Par elle serait atténuée, autant qu'il est

possible, la faute commise lors de l'érection du chemin principal, et qui a fait à Elbeuf un si lourd grief en le laissant à une distance de dix kilomètres.

« Nos populations seront heureuses et profondément reconnaissantes de devoir à Votre Majesté cette sorte de réparation, attendue avec une impatience aussi légitime que justifiée.

« Nous avons l'honneur, etc. ».

La députation revint à Elbeuf « pénétrée de reconnaissance pour l'accueil que Sa Majesté avait daigné lui faire ».

A partir du 20 août, le maire reçut les déclarations des anciens militaires ayant servi de 1792 à 1815, afin d'obtenir la médaille dite de Sainte-Hélène.

La commission administrative de l'hospice accepta, le 27 août, une donation de 8.500 fr. pour la fondation d'un lit, faite par Mme veuve Randoing, M. Jean Randoing et Mme de Gérin-Roze, en exécution des volontés de feu M. Yves-Louis Randoing, leur mari et frère.

Le 4 septembre, une ambassade persane vint à Elbeuf. Elle était composée de l'émir Farrokh-Khan ; Mirza Resa, premier interprète ; Neriman Khan, général de l'armée persane ; Mirza-Ali-Nagui, deuxième secrétaire de l'ambassade ; Fochetti, professeur de chimie à Téhéran, et H.-C Debbeld, négociant à Paris. Cette ambassade fut reçue à l'Hôtel de Ville, où un banquet par souscription avait été préparé ; puis elle visita les principales manufactures et quelques magasins de notre ville. — L'émir apposa sa signature sur le registre de la Chambre consultative.

Le 23 septembre, le préfet autorisa M. Montchâtre, pasteur protestant, à mettre un tableau en loterie, dont le produit devait être employé à la construction d'une sacristie au temple de la rue Constantine.

Il fut décidé, le 29, qu'une marquise serait placée devant le théâtre et, pour éviter le bruit au parterre, que des places assises y seraient établies. A cet effet, on vota un supplément de 4.300 fr. au crédit déjà adopté.

Autorisation fut donnée, le 29, à M. Petit d'ouvrir une brasserie de bière, rue du Neubourg. Cet établissement disparut, après avoir été exploité par M. Bréant, lors de la création du chemin de fer d'Orléans à Rouen.

Le 7 octobre, la Chambre consultative décida de supprimer ses jetons de bronze et de les remplacer par un demi-jeton en argent : l'entier serait reçu après deux constatations de retard. Les jetons de bronze, devenus inutiles, furent répartis aux douze membres de la Chambre. Peu de temps après, elle fit frapper 180 nouveaux jetons en argent.

La salle du théâtre ayant été agrandie et restaurée, le maire avait pris, le 9 octobre, un arrêté pour le maintien de l'ordre et la sûreté des personnes dans cet établissement. — Le 17 novembre, jour de l'inauguration, on joua à cette occasion et pour la première fois *Elbeuf dans de beaux draps*, à-propos-vaudeville en un acte, par Gustave Hermant.

La commission municipale, réunie le 15, prit la délibération suivante :

« Art. 1er. — Sont approuvés les plans, devis et cahier de charges, dressés par M. Barthélemy, pour la construction d'une église rue du Neubourg, dont les travaux seront dirigés par cet architecte et dont la dépense est évaluée à 300.000 fr.

« Art. 2. — Est acceptée la proposition faite par 252 souscripteurs de donner à la Ville, selon les termes de leurs obligations respectives, une somme de 100.000 fr. payable en dix années, à partir de la mise à exécution des travaux ».

Pour compléter la somme de 300.000 fr., la commission demanda une surtaxe sur les alcools et une augmentation du droit sur les vins, pendant dix ans.

Dans cette même séance, M. Mathieu Bourdon exposa que les travaux du port se poursuivaient :

« Cette année, dit-il, le mur de quai qui fait face à la rue des Bains sera très avancé. Une partie du perré, celle où se trouve la plate-forme, avec une rampe de traction pour les bois de charpente et un accès au nouvel abreuvoir, paraît devoir être terminée. L'année prochaine, le perré sera probablement continué en aval jusqu'à la rue du Havre.

« Il ne restera donc à exécuter, pour l'année 1859, que la dernière partie du perré, jusqu'au mur de quai qui aboutit à la rue de Seine. Il est donc encore temps de faire observer à l'administration des Ponts et Chaussées que, dans la partie de travaux complémentaires dont il s'agit, un perré ne répondrait pas au but que l'on s'est proposé.

« De jour en jour les arrivages prennent de plus grandes proportions ; le mouvement du port se développe considérablement : il suffit d'en observer l'activité pour s'en convaincre.

« Le port d'Elbeuf ne sert pas seulement aux nécessités de toute nature d'une ville dont l'industrie et le commerce se multiplient à l'infini ; il est encore un lieu de débarquement et de travail pour le département de l'Eure, dont les riches plaines du Neubourg, du Roumois et autres ne communiquent pas autrement avec la navigation fluviale.

« On conçoit facilement, d'après ce simple exposé, que la substitution d'un mur de quai au perré projeté entre les rues de Seine et du Havre est devenue indispensable.

« Il n'y a plus aujourd'hui, pour les besoins du port, de quai suffisant depuis la rue des Bains jusqu'à la rue de Seine. Un mur de quai permet aux bateaux de toucher le port, et de procéder à l'embarquement et au débarquement des marchandises dans des conditions de commodité et de sûreté, tandis qu'un perré laisse un trop grand écartement entre les bateaux et la berge ; son inconvénient eu égard à l'inclinaison nécessaire pour qu'il soit solide, s'aggrave du peu de profondeur de l'eau ; il devient une entrave sérieuse, peut-être même un danger.

« Il convient, en conséquence, avant de laisser commencer les travaux, de déférer ces considérations à l'administration ».

M. Bourdon conclut à une demande au ministre de faire remplacer aux frais de l'Etat la partie de perré projetée, entre les rues de Seine et du Havre, par un mur de quai, ce que l'assemblée adopta.

M. Nicolas-Auguste Delarue, juge au Tribunal de commerce, membre, puis président du Conseil des prud'hommes, membre de la Chambre consultative, membre de la commission municipale après l'avoir été du Conseil municipal, mourut le 4 novembre, à l'âge de 62 ans.

Le 10, la Chambre consultative adressa au

ministre du Commerce un rapport de M. Ph. Aubé, sur la crise financière et l'exportation du numéraire, qui alors faisaient une situation fâcheuse à notre industrie. Voici la fin de ce document :

« ... En venant ainsi donner son avis sur les questions d'un si haut intérêt qui s'agitent en ce moment, la Chambre consultative est entraînée par le sentiment qui anime l'intéressante industrie de sa circonscription.

« Respirant à l'abri de l'ajournement des mesures douanières dont elle avait été menacée, pleine de confiance dans la sagesse du gouvernement, cette industrie a imprimé à ses affaires un très grand développement, et elle ne peut s'empêcher de remarquer que, si la prohibition n'existait plus, ce ne serait pas seulement des effets d'une crise monétaire qu'elle aurait à souffrir, mais d'une ruine complète, d'un désastre irrémédiable, sous une avalanche de produits étrangers qu'aucun droit protecteur ne pourrait arrêter. Cette crue porte donc avec elle plus d'un enseignement ».

Dans la séance du 11 novembre, la commission municipale eut connaissance d'un extrait du testament de feu M. Charvet, dont voici les principales dispositions :

« Je lègue à la ville d'Elbeuf que j'ai habitée pendant trente ans, et dont la classe ouvrière m'a été si utile dans les succès que j'ai obtenus, vingt actions nouvelles des chemins de fer d'Orléans, pour qu'elle en conserve la propriété et qu'elle en consacre le produit annuel au soulagement de la classe ouvrière, comme suit :

« Sur le revenu de chaque année, il sera prélevé la somme nécessaire pour la fondation et l'entretien d'un lit à l'hospice. Après ce prélèvement, la moitié de ce qui restera sera attribuée au Bureau de bienfaisance ; l'autre moitié sera divisée entre les différents établissements de bienfaisance qui existent à Elbeuf, tels que la Maison de retraite des vieillards, etc. Cette division sera faite par le conseil municipal, selon ce qu'il jugera nécessaire aux besoins de ces établissements ».

M. L. Martel, l'un des héritiers de M. Charvet, écrivit au maire :

« Le testament est muet sur les droits de mutation ; mais les enfants de M. Charvet ont résolu d'acquitter eux-mêmes ces droits. C'est un don qu'ils désirent ajouter à celui fait par leur père au profit de la ville d'Elbeuf ».

Voici un extrait de la délibération municipale prise à l'occasion de ce legs, qui ne fut pas le seul bienfait de l'honorable donateur :

« La commission municipale, considérant que le legs fait à la ville par M. Charvet, indépendamment d'autres dispositions testamentaires, conçues sous une inspiration non moins louable, en faveur d'anciens contre-maîtres et ouvriers, auxquels il a consacré un souvenir particulier, répond à une pensée sympathique aux classes laborieuses, qui honore la mémoire du testateur et qui se recommande utilement comme exemple au point de vue du meilleur esprit d'émulation ;

« Considérant que le paiement direct, par les héritiers de M. Charvet, des droits de mutation prouve, en épargnant une charge onéreuse à la Ville, que ses enfants ont voulu spontanément s'associer aux sentiments généreux dont il était animé, et que le legs et la donation devant être étroitement envisagés au même titre, comme ne faisant qu'un, l'expression de la reconnaissance communale qu'ils commandent envers M. Charvet et ses héritiers, mérite à tous égards d'être livré à la publicité ;

« Par ces motifs, est d'avis d'autoriser l'insertion, dans le *Journal d'Elbeuf,* de la délibération qu'elle vient de prendre ».

Le 7 décembre, M. Rouland, ministre de l'Instruction publique et des Cultes, visita l'emplacement où l'on devait bâtir la nouvelle église.

En 1857, M. Arsène Legrelle, avocat à Rouen, né à Elbeuf, le 21 novembre 1834, fut couronné par l'Académie de Bordeaux, pour l'éloge de Berquin, et obtint, en la même année, l'accessit, dans un concours ouvert par l'Institut, dont le sujet était : « Exposer et apprécier l'influence qu'a pu avoir en France, sur les mœurs, la littérature contemporaine, considérée surtout au théâtre et dans le roman ». Précédemment, il avait été couronné, par les académies de Rouen et d'Agen, pour les éloges de Turnèbe et de Bernard de Palissy, et par la société des Sciences morales de Seine-et-Oise pour l'éloge de Houdon. Il était, en outre, collaborateur de la *Revue contemporaine* et du *Journal de l'Instruction publique.*

Pendant l'année 1857, on enregistra à Elbeuf, 675 naissances, 146 mariages et 609 décès ; et à Caudebec, 276 naissances, 67 mariages et 186 décès.

CHAPITRE XXII
(1858)

L'attentat d'Orsini ; adresse a l'empereur. — Métiers mécaniques pour draps. — Les médaillés de Sainte-Hélène. — Les soldats de la guerre de Crimée. — Libraires et imprimeurs. — La rue Berthelot et la place de la Poissonnerie. — Election au Conseil d'arrondissement. — Mac-Mahon a Elbeuf. — Etat de la fabrique elbeuvienne. — Un commissariat central. — Mort de M. Th. Chennevière. — Les aqueducs. — Les draperies nouveautés.

L'année 1858 s'ouvrit avec des budgets en dépenses, pour la ville, s'élevant à 733.622 fr.; pour l'Hospice à 82.182 fr.; pour le Bureau de bienfaisance à 40.750 fr.

On procéda, le 8 janvier, à l'installation de MM. Jules May et Pierre-Isidore Lecerf, nommés juges au Tribunal de commerce, par décret de l'empereur, en date du 5 décembre précédent, et à celle de MM. Laurent Démar, Edouard Guérot, réélus, et Michel Legrix, ce dernier en remplacement de M. Flamant.

M. Constant Grandin, élu membre de la Chambre consultative en remplacement de M. Auguste Delarue, décédé, fut installé le 12 janvier. Le bureau de la Chambre conserva son ancienne composition : MM. Math. Bourdon, président ; Th. Ch. Chennevière, vice-président, et Poussin, secrétaire.

La fabrique de notre ville avait eu une satisfaction vers le commencement de ce mois. M. de Montagnac s'était désisté du pourvoi qu'il avait formé en cassation, pour faire annuler l'arrêt de la Cour impériale de Rouen, qui l'avait débouté de l'action intentée par lui à MM. Carré et Béranger dont nous avons parlé. La Chambre consultative, considérant que la prétention de M. de Montagnac soulevait une question de droit et d'intérêt de la plus haute gravité ; que MM. Carré et Béranger avaient concouru, en soutenant ce procès, à conserver à l'industrie un droit dont elle n'aurait pu librement user sans la persévérance qu'ils avaient apportée dans leur opposition, leur adressa une lettre de félicitation et approuva une proposition de M. Lizé tendant à organiser une souscription pour les indemniser des frais de procédure.

L'attentat d'Orsini, le 14 janvier, motiva une convocation extraordinaire de la commission municipale. Trois de ses membres, MM. Buée, Tabouelle et Bourdon, se présentèrent avec chacun un projet d'adresse à l'empereur. Après lecture des trois pièces, l'assemblée donna la préférence à celle de M. Bourdon, ainsi conçue :

« Sire ; en apprenant l'affreux attentat, dont la Providence, qui n'a jamais cessé de protéger la France, vient de préserver miraculeusement les jours de Votre Majesté et ceux de son auguste compagne, la commission municipale s'est spontanément réunie.

« Elle n'a pas assez d'indignation pour flétrir, stigmatiser et maudire les instigateurs et les auteurs d'un pareil forfait.

« Elle les voue à l'exécration de tous les peuples et fait les vœux les plus énergiques pour que désormais aucune terre ne puisse servir de refuge et d'abri à leurs détestables et criminelles machinations.

« La civilisation exige qu'ils soient mis au ban du monde entier, et c'est avec ces sentiments que les membres de la commission municipale se disent unanimement, Sire, de Votre Majesté les très humbles et très dévoués serviteurs ».

Le Conseil des Prud'hommes, la garde nationale, le juge de paix, les Anciens militaires, la Chambre consultative et le Tribunal de commerce adressèrent également des félicitations à l'empereur. Le dimanche suivant, un *Te Deum* fut chanté à Saint-Jean.

On sait qu'Orsini et Pieri, son complice, tous deux Italiens, furent exécutés. C'était pour se venger de Napoléon III, qu'il regardait comme la cause de tous les malheurs de son pays, qu'Orsini avait, paraît-il, formé le projet de le tuer.

Napoléon profita de l'émotion considérable causée par cet attentat pour frapper de nouveau le parti démocratique. Deux mille personnes suspectes de républicanisme furent jetées en prison, et peu après, en vertu d'une loi de sureté générale, que s'empressa de voter le Corps législatif, on transporta plus de 400 républicains en Afrique.

Dans la nuit du lundi 18 au mardi 19, le feu détruisit la fabrique de M. Dugard aîné, rue de l'Eglise à Caudebec. L'immeuble appartenait à M. Sanson Lepesqueur, d'Elbeuf. Les pertes furent évaluées à 335.000 fr. — Le citoyen Leprêtre, ancien déporté politique, resta presque toute la nuit plongé dans une mare, afin d'alimenter une chaîne ; il y contracta une maladie dont il mourut.

Le 2 février, les autorités militaires procédèrent à la visite et à la réception de la caserne nouvellement construite rue de la Justice. Par suite, la garnison quitta le bâtiment qu'elle occupait rue de Seine.

Le vendredi 5, à six heures du matin, le feu se déclara rue de Paris, chez M. J. Gosse, décatisseur. Les dégâts furent évalués à la somme de 124.000 fr.

Un des premiers métiers mécaniques à tisser les draps fonctionnait alors dans les ateliers de M. Legrix. Son inventeur était M. Alavoine, monteur-dessinateur dans cet établissement. La Chambre consultative ayant été invitée à visiter ce métier, avait nommé une commission et chargé M. Th. Chennevière de faire un rapport, qui fut lu le 3 février en réunion de la Chambre. Voici, succintement, les appréciations des délégués :

La commission avait fait fonctionner le métier Alavoine à plusieurs reprises, pour le tissage de diverses étoffes nouveautés ; le résultat en avait toujours été excellent. La châsse frappait deux coups avec un seul mouvement ; son casse-duite présentait de grands avantages sur ceux employés précédemment ; le mouvement du chasse-navette se faisait par le jeu de cartons du jacquard ; enfin, le régulateur permettait l'emploi de fils de qualité inférieure pour la chaîne.

La Chambre vota des félicitations à M. Alavoine et le recommanda au ministre du Commerce, en rappelant la médaille de 1re classe qu'il avait obtenue comme coopérateur à l'Exposition de 1855.

A quelque temps de là, la Chambre fut également appelée à visiter un métier de l'invention de M. Alphonse Delamare, ouvrier tisserand de Caudebec. M. Démar écrivit un rapport que la Chambre fit publier par le *Journal d'Elbeuf* et adressa ses éloges à M. Delamare, qui avait apporté de sérieuses améliorations aux métiers à tisser.

A la suite de ces inventions, M. Macferlan, habitant Elbeuf également, chercha à modifier, en le perfectionnant, le métier ordinaire à tisser. Il y réussit, et pendant un certain nombre d'années, les ouvriers employèrent son système, que notre gravure représente et que l'on peut considérer comme le type le plus perfectionné de l'ancien métier pour tissage des draps. — Quelques-uns de ces métiers sont encore utilisés aujourd'hui.

Le dimanche 14 février deux cérémonies eurent lieu dans la grande salle de l'Hôtel de Ville. La première consista en la remise des médailles de Sainte-Hélène aux anciens militaires de la République et de l'Empire. M. Buée, maire, la présida. Etaient également présentes toutes les notabilités civiles et militaires.

Quoique un peu longue, nous allons reproduire la liste complète des médaillés, le grade qu'ils avaient au service militaire, indiquer le corps auquel chacun appartenait et son âge.

LE MÉTIER A TISSER MAC-FERLAN

Année 1858

OFFICIERS DE L'EMPIRE

Delanos, chirurgien, 16e bat d'infanterie légère...........................	82 ans
Fillolet chirurgien aide-major, 9e tirailleurs de la garde..................	63 —
Godquin, chirurgien aide-major 34e div. d'inf, 11e corps de la Grande Armée.	65 —
Graindorge des Demaines, sous-lieutenant, 12e léger.....................	64 —
Lefrançois-Dumanoir, sous-lieutenant, 17e de ligne......................	65 —
Lesaas, chirurgien sous-aide, 34e div 11e corps de la Grande Armée.......	63 —
Revelle, chirurgien sous-aide, 152e de ligne...........................	63 —
Roland, sous-lieutenant 40e de ligne...	77 —

SOUS-OFFICIERS ET SOLDATS DE L'EMPIRE

Ansoult soldat aux 13e tirailleurs et 28e de ligne	63 ans
Aubert dragon au 22e..................	66 —
Aubin, soldat au 107e de ligne........	63 —
Barge, soldat aux 47e et 149e de ligne...	66 —
Bayeux, fusilier au 108e de ligne.......	67 —
Bazin, cavalier au 29e chasseurs.......	67 —
Berrier (S.), voltigeur au 17e de ligne..	64 —
Berrier (T.-A.) soldat au 1er léger	65 —
Bidault, soldat au 108e de ligne	66 —
Bisson, voltigeur au 108e de ligne......	68 —
Blanchard, caporal au 2e d'art. à pied..	72 —
Boucher, soldat au 24e chass. à cheval.	67 —
Bouju, soldat au 4e tirailleurs.........	70 —
Bourguignon, grenadier au 36e de ligne.	63 —
Boutry, soldat au 36e de ligne.........	65 —
Bréant soldat aux 4e gardes d'honneur et 2e lanciers.......................	60 —
Brismontier, sergent au 72e de ligne...	76 —
Brisson, soldat au 15e de marins à bord de la frégate *Hortense*...............	59 —
Bunel, soldat au 1er tirail. (jeune garde)	73 —
Chervel, sergent au 4e léger...........	65 —

Chevalier, soldat au 4e train d'artillerie.	65 ans
Chollois, soldat au 14e tirailleurs......	63 —
Colombel, fusilier au 82e de ligne......	70 —
Condor, soldat au 33e de ligne.........	75 —
Cousin, caporal au 54e de ligne........	79 —
Croisey, caporal au 8e jeune garde.....	65 —
Cudorge, carabinier, 3e bat. d'inf. légère de la 8e demi-brigade...............	82 —
Damois, carabinier au 9e léger.........	66 —
Darré, caporal aux tirailleurs de la garde impériale.......................	62 —
Delacour, pontonnier au 1er bataillon...	63 —
Delahaye, enfant de troupe, 2e génie...	54 —
Delaruelle, soldat au 8e léger..........	54 —
Delorme, soldat au 21e léger et 6e légion de gendarmerie à pied..............	75 —
Desson, commis aux expéditions, service des vivres, 2e corps.................	60 —
Dubuc, caporal aux 3e et 26e de ligne..	68 —
Duhamel, sergent-major, 8e tirailleurs garde impériale...................	66 —
Dumontier, sergent au 24e de ligne....	81 —
Dumor, fourrier au 57e devenu 53e de ligne.........................	67 —
Dupont, soldat à la compagnie de réserve de la Seine-Inférieure...............	64 —
Duprey, soldat au 93e de ligne.........	71 —
Dupuis, soldat au 72e de ligne.........	71 —
Duthuit, soldat au 100e de ligne.......	74 —
Duval, soldat au 9e léger..............	75 —
Duvalet, grenadier à cheval de la garde.	66 —
Eloy, maréchal-des-logis chef, 3e légion de gendarmerie de Saint-Domingue..	82 —
Fauquet, matelot à bord de la frégate *la Révolutionnaire*...................	83 —
Féret, soldat au 66e de ligne...........	68 —
Flambart (F.-A.), soldat au 8e léger....	67 —
Flambart (J.-D.) fusilier au 33e de ligne.	70 —
Fleury, soldat au 44e devenu 41e de ligne	63 —
Folie, caporal, 2e tiraill. et 17e de ligne.	66 —
Franché, soldat aux 58e de ligne et 9e chasseurs........................	65 —

Année 1858

Fremont, soldat au 10e tirailleurs......	62	ans
Gallopin, tambour au 3e de ligne......	58	—
Goupil, voltigeur aux 14e et 4e voltigeurs de la garde......................	62	—
Grenet, soldat au 46e de ligne.........	81	—
Grenier, soldat au 44e de ligne.........	64	—
Guibert, voltigeur à la 100e demi-brigade	75	—
Hemare, soldat au 17e de ligne.........	66	—
Jeuffroy, soldat au 3e chasseurs à pied de la garde......................	68	—
Labiche, soldat au 54e de ligne........	68	—
Langlois, grenadier, 3e compagnie de la Seine-Inférieure....................	62	—
Lebec, soldat 5e d'artillerie à pied......	62	—
Leblond, ouvrier de marine, 3e bataillon de l'Escaut.......................	63	—
Lecerf, soldat au 46e de ligne.........	64	—
Leclerc, brigadier, 5e chasseurs à cheval.	70	—
Lefebvre, fusilier au 51e de ligne......	63	—
Lefrançois, (F.-A.-T), grenadier au 57e.	77	—
Lefrançois (N.), fusilier au 33e de ligne.	65	—
Legrix, soldat au 5e chasseurs à pied de la jeune garde.....................	63	—
Lejeune, soldat au 29e de ligne.........	63	—
Lemercier, fusilier, compagnie de réserve de Seine-Inférieure............	75	—
Lefrançois (Ph.), soldat au 1er tirailleurs de la jeune garde..................	72	—
Lefrançois (Pierre), soldat au 2e artillerie légère de la jeune garde.............	62	—
Leroy (J.-N.), fusilier au 48e de ligne..	72	—
Leroy (C.-A.) soldat aux 28e et 19e léger	62	—
Leroy (P.-Alex.), sergent aux 5e, 34e et 8e léger.............................	67	—
Lesans, soldat au 36e de ligne.........	63	—
Letourneux, tambour au 72e de ligne...	76	—
Levieux, soldat au 13e léger..........	63	—
Longuemare, soldat au 13e léger.......	60	—
Lorette soldat au 4e léger.............	60	—
Loslier, fourrier aux 149e et 107e de ligne	61	—
Malteaux (Alex.), soldat au 2e de chevau-légers.........................	59	—

Malteau (Aug)., soldat aux Volontaires de Paris	59 ans
Marabot, soldat à la jeune garde impériale	71 —
Martin, voltigeur au 149ᵉ de ligne	65 —
Marvin, soldat au 106ᵉ de ligne	65 —
Mauger, soldat au 108ᵉ de ligne	66 —
Maurey, soldat aux tirailleurs de la garde	61 —
Ménard, 2ᵉ grenadiers à pied de la garde	69 —
Mesnil (P.-A.) soldat au 28ᵉ de ligne..	63 —
Mettais, soldat au 58ᵉ de ligne	69 —
Montions, fusilier au 15ᵉ de ligne	70 —
Motte, soldat à la 48ᵉ cohorte devenue 149ᵉ de ligne	65 —
Noiraud, aide-vétérinaire aux 11ᵉ et 28ᵉ chasseurs à cheval	67 —
Oursel, soldat au 10ᵉ régiment du train d'artillerie	64 —
Pannier, soldat au 7ᵉ dragons	66 —
Papavoine maréchal-des-logis artillerie à cheval de la garde	69 —
Paturel, soldat au 6ᵉ tirailleurs	64 —
Paulet, soldat à la 23ᵉ demi-brigade d'infanterie légère	83 —
Pitot, fourrier au 4ᵉ bataillon principal du train d'artillerie	61 —
Poulain, fusilier au 74ᵉ de ligne	67 —
Primois, grenadier au 9ᵉ régiment de la jeune garde	62 —
Renoult, brigadier, 3ᵉ légion de la gendarmerie d'Espagne	67 —
Roger, soldat au 27ᵉ léger	63 —
Rougeot de Briel, soldat au 6ᵉ cuirassiers	62 —
Ruel, voltigeur au 5ᵉ régiment	62 —
Saint-Amand, soldat 1ᵉʳ bataillon de la Seine-Inférieure et 2ᵉ tirailleurs de la jeune garde	70 —
Suzanne, voltigeur au 5ᵉ régiment	62 —
Talbot, 1ᵉʳ rég. à cheval du corps impérial d'artillerie	63 —
Thevenon, tambour, 4ᵉ tirailleurs	64 —
Thouet, chasseur au 2ᵉ léger	69 —

ANNÉE 1858

Torelle, grenadier au 64e de ligne......	65 ans
Tournache, tambour à la compagnie de réserve de la Seine Inférieure.......	61 —
Vallée, contre-maître charpentier de marine à Dieppe.....................	66 —
Vannier, soldat au 17e de ligne........	65 —
Tocque, brigadier au 5e dragons.......	70 —

Ce même jour, M. Buée, maire, en présence des membres de la commission municipale, des maires des autres communes du canton, des officiers de la garde nationale, des officiers du 3e bataillon du 81e de ligne en garnison à Elbeuf, des autorités municipales et autres, de la Société des Anciens militaires de l'empire, procéda à l'inauguration de trois tableaux, dressés conformément à une délibération municipale du 10 février 1857, approuvée par décret impérial, pour conserver les noms des militaires de la ville et du canton d'Elbeuf qui avaient pris part à la guerre de Crimée en 1854 et 1855, et au siège de Sébastopol.

Ces tableaux, en marbre noir, portent des inscriptions en lettres d'or. Leur prix s'éleva à 1.500 fr. environ. Lors de la construction du nouvel Hôtel de Ville, ils y furent transportés ; ils sont actuellement sous le péristyle de droite. Voici la liste des Elbeuviens qui y sont inscrits.

MORTS

Albret Aimable-Victor, fusilier, 9e de ligne.
Bénard Constant-Abraham, zouave, 1er régiment.
Bidault Louis-François, fusilier, 27e de ligne.
Bourgallé Félix-Adolphe, fusilier, 6e de ligne.
Cauchois Louis-Désiré, fusilier 10e de ligne.
Chauvin Edouard-Alfred, fusilier, 9e de ligne.
Darras Louis-Désiré, fusilier, 6e de ligne.
Desplas Louis-Alphonse, voltigeur, 49e de ligne.
Drancey Louis-Adolphe, sergent, 86e de ligne.

Dubos Marc-Ernest, grenadier, garde impériale.
Duhamel Amable-Antoine, fusilier 43° de ligne.
Enout Jacques-Ferdinand, chasseur. 7° bataillon
Goubert Eugène-Victor-Edmond, sergent, 98° de ligne.
Langeley Victor Alfred, fusilier, 19e de ligne.
Langlois Gustave-Emile, fusilier, 69° de ligne.
Langlois Pierre-Guillaume-Victor, caporal, 42° de ligne.
Lebrasseur Louis-Constant, fusilier, 27° de ligne.
Lefouard Alex.-Augustin, fusilier, 9e de ligne.
Lepage Félix-Eustache, caporal 28° de ligne.
Nos Gustave-Alphonse, chasseur 22° léger.
Osmont Désiré-Mathieu, sergent, 91e de ligne.

BLESSÉS

Buisson Laurent-Achille, brigadier, 1ᵉʳ chasseurs d'Afrique.
Cardon Pierre-Florentin, caporal, 91e de ligne.
Delacour Auguste-Childéric, caporal, 5° chasseurs à pied.
Delalonde Frédéric-Arsène grenadier, 86° de lig.
Delamare Alexandre fusilier, 8° de ligne.
Fauvel Alfred-Baptiste, clairon. 85° de ligne.
Guibert Eugène, grenadier, 61° de ligne.
Harel Louis-Désiré, caporal, 91° de ligne.
Jeuffroy Louis-Alfred, fusilier, 9° de ligne.
Langlois Modeste, grenadier, 57° de ligne.
Larible Auguste Léopold, caporal, 6° de ligne.
Leblond Sébastien, zouave 3ᵉ régiment.
Lecarpentier Amédée-Jean-Marin, sergent, 86° de ligne.
Lecointre Augustin-Cyrille, fusilier. 28e de ligne.
Lerat Alfred, chasseur à pied, 3e bataillon.
Maloizel Pierre-Just, chevalier de la Légion d'honneur. lieutenant, 18° de ligne.
Martin Isidore, caporal, 97° de ligne.
Mettais Julien, médaille militaire, 98° de ligne.

NON BLESSÉS

Ansoult Louis-Jules, fusilier, 9e de ligne.
Aubé Victor-Edouard, fusilier, 28° de ligne.

Année 1858

Barbedienne Jules-François, matelot, équipages de ligne
Bauër Jean-Thiebault, fusilier, 35° de ligne.
Bidault Fortuné-Paul, fusilier, 50° de ligne.
Bisson Joseph-Ferdinand, voltigeur, 9° de ligne.
Bunel Jean-Louis, dragon. 7° régiment.
Cardon Alphonse-David, fusilier, 97° de ligne.
Cavé Pierre-Désiré, voltigeur, 86° de ligne,
Chéron Paul-François, zouave, 3ª régiment.
Chouquet Stanislas-Pierre, fusilier, 51° de ligne.
Cléry Constant, fusilier, 6° de ligne.
Couture Ernest-Hippolyte, grenadier, 9° de ligne.
Crespin Edmond, canonnier, artillerie de marine.
Dehais Adolphe-Désiré, fusilier, 9° de ligne.
Dehors Victrice-Séverin fusilier, 97° de ligne.
Desormeaux François, grenadier, 6° de ligne.
Dugard Charles François, fusilier, 9° de ligne.
Dulondel Edouard-Auguste, zouave, 3° régiment.
Duval Emmanuel, soldat, train des équipages.
Dumort Louis-Joseph, infirmier, dépôt de Constantinople.
Flambart Louis Guillaume, chevalier de la Légion d'honneur, capitaine, gendarmerie de la Seine.
Forget Pierre-Eugène, caporal, 79° de ligne.
Fossard Louis-Edmond, sergent, 28° de ligne.
Froment Edouard Adrien, fusilier, 97° de ligne.
Froment Victor-Augustin, voltigeur, 6° de ligne.
Gamare Jean-Jules, sergent 89° de ligne.
Gefosse Florentin-Hildevert, sergent, 14° de ligne.
Grosvert Lucien-Armand, fusilier, 9° de ligne.
Gruel Pierre, grenadier, 50° de ligne
Guilbert Zacharie-Emmanuel, caporal 94° de lig.
Hébert Jean Baptiste-Philbert, fusilier 97° de lig.
Jefosse Aimé-Honoré, fusilier, 97° de ligne.
Lageix Léon Jacques, grenadier, 98° de ligne.
Lavenant Jean-Pierre-François, fusilier, 69° de ligne.
Leclerc Vincent, fusilier. 82° de ligne.
Lefrançois Jacques-Parfait, voltigeur, 9° de ligne.
Leseigneur Jules-Marin, sergent, 85° de ligne.
Levesque Alexandre, hussard, 2° régiment.

Lorrain Charles-Jean, fusilier, 6ᵉ de ligne.
Mettais Henri, chasseur à pied, 14ᵉ bataillon.
Montier Isidore, dragon, garde impériale.
Mulot Joseph, fusilier, 100ᵉ de ligne.
Ouin Charles-Eugène, fusilier, 97ᵉ de ligne.
Petel Louis-Constant, artilleur, 7ᵉ d'artillerie.
Petit Frédéric, chevalier de la Légion d'honneur, 2ᵉ de zouaves.
Peulevey Louis-Théophile, fusilier, 97ᵉ de ligne.
Pigerre Félix, caporal, 100ᵉ de ligne.
Plet Marin-Michel, fusilier, 28ᵉ de ligne.
Prestrel Gustave-Médéric, fusilier, 32ᵉ de ligne.
Primout Clément, zouave, 2ᵉ régiment.
Proficelle Onésime, voltigeur, 63ᵉ de ligne
Quesné Pierre-Charles-Ernest, grenadier, garde impériale.
Raymond Constant-Napoléon, voltigeur, 6ᵉ de lig.
Rocher Théodore, musicien, 44ᵉ de ligne.
Rocque Frédéric, sous-lieutenant, 50ᵉ de ligne.
Saint-Amand Jules-Emmanuel, fusilier, 96ᵉ de de ligne.
Sevestre Emmanuel-Dominique, artilleur, 4ᵉ d'artillerie à pied.
Taillefer Louis-Alphonse, voltigeur, 82ᵉ de ligne.

Suivent les noms appartenant aux autres communes du canton, parmi lesquels nous citerons celui de M. Charles Landry de Saint-Aubin, officier de la Légion d'honneur, lieutenant-colonel du 91ᵉ de ligne, mort en Crimée.

Ce fut fin février 1858 que l'on commença la construction du grand réseau d'aqueducs, par les rues Saint-Jean d'abord, Royale et de l'Hospice d'un côté ; de l'autre par les rues Henry, de Paris, de la Barrière, de Caudebec, Constantine et du Cours.

Le 10 mars, M. Gambette, de l'hôtel d'Elbeuf, rue Saint-Jean, fit enregistrer son brevet de maître de poste à Elbeuf, sur la route de Louviers à Honfleur.

Le 20, M. Charles Desmares, venant de Duclair, entra en fonctions comme commissaire de police de la deuxième division, en remplacement de M. Varambaut, qui lui succéda à Duclair.

La commission municipale refusa d'acheter, le 20 mars, le terrain situé à l'angle de la rue de Louviers et du Cours, sur lequel on bâtit depuis la pharmacie Horcholle.

M. Henne succéda à Mme Renard comme libraire à Elbeuf, et s'établit rue Saint Jean, en face l'église. A cette époque, une vive contestation était engagée entre MM. Guibert père et fils, au sujet de la possession des brevets d'imprimeur dont M. Guibert fils était titulaire et qu'il ne voulait point transmettre à son père, ni exploiter lui même.

En cette même année, le brevet de libraire de M. Lequart fit retour à son beau-père M. Devisuzanne, lequel s'en démit peu après en faveur de M. Millet père. — Cette même année encore, M. Saint-Supéry fut nommé libraire à Elbeuf ; son magasin était place du Coq entre l'Hôtel de Ville et la rue Poulain. M. Dequatremare lui succéda l'année suivante.

Il faudrait un volume pour raconter les discussions et les procès qui s'élevèrent alors à propos des brevets de libraires et d'imprimeurs à Elbeuf. — L'année suivante, M. Aloye fit cession de son brevet de libraire à M. Toutain, qui ouvrit un magasin rue Royale.

Le 24 mars, on commença une enquête sur le projet d'ouverture de la rue Berthelot et de la place de la Poissonnerie.

Vers ce temps, on autorisa M. Pierre-Eugène Moulin, ancien fabricant de draps, à ouvrir un bureau de placement pour les domestiques et les ouvriers de la manufacture d'Elbeuf, place du Calvaire, au tarif de 0.50 pour droit d'inscription et 1 fr. pour droit de placement.

Le 17 avril, un arrêté du préfet autorisa, dans la Seine-Inférieure, la pose de la ligne télégraphique entre Elbeuf et Louviers. — Le service commença au milieu de l'année.

Le 27, on inaugura les nouvelles orgues de Saint Jean, œuvre de la maison Cavaillé-Coll et Cie.

Le 11 mai, la commission municipale vota la conversion, en un mur de quai vertical, du perré qui devait être fait entre les rues du Havre et de Seine. Elle vota également le principe de la subvention de 40.757 fr. à payer par la ville d'Elbeuf à l'Etat, en raison de cette modification au projet primitif.

Le lundi 17, le feu anéantit l'établissement créé par M. Gibert, rue de Rouen, sur le bord de la Seine, pour l'extraction des corps gras dans les déchets et autres matières. Les pertes s'élevèrent de 75 à 80.000 fr.

Par acte du 4 juin, une somme de 6.500 fr. fut donnée à l'hospice par M. Louis-Pierre-Delarue, Mme Trinité-Olympe Delaunay, sa femme, et Mlle Augustine-Lucrèce Delaunay, pour satisfaire aux dernières volontés de feu M. Jean-Baptiste-Remy Delaunay, leur frère et beau-frère.

Les samedi 12 et dimanche 13 juin, les électeurs furent convoqués pour élire un membre du Conseil d'arrondissement, les pouvoirs de M. Constant Grandin étant expirés.

A cette occasion, le préfet envoya une lettre confidentielle aux maires des communes du canton, afin de les engager à faire voter pour le candidat sortant, patronné par le gouvernement et son administration. D'ailleurs, aucun compétiteur ne se présenta ; de sorte que la réélection de M. Constant Grandin était assurée, mais il fallut pour cela deux tours de scrutin, car au premier il ne réunit point un nombre de voix égal au quart des électeurs inscrits. Nous nous contenterons de donner le détail du scrutin de ballottage, qui eut lieu les 19 et 20 du même mois.

Communes	Inscrits	Votants	Grandin	Divers
Elbeuf	5.023	875	838	37
Saint-Aubin	395	153	145	8
Caudebec	1.684	175	166	9
Cléon	155	56	55	1
Freneuse	163	37	36	1
La Londe	458	144	441	3
Oriva¹	455	114	109	5
Saint-Pierre	791	265	261	4
Sotteville	96	43	43	»
Tourville	246	95	95	»
Totaux	9.476	1.957	1.889	68

Le mardi 15 juin, la voiture publique du Neubourg à Elbeuf versa rue du Neubourg, au-dessus de l'octroi. Le conducteur Garceau fut tué et huit voyageurs blessés, dont deux gravement. Cet événement causa une vive et douloureuse impression dans toute la contrée.

Le dimanche 27, la plus grande partie des Elbeuviens déserta la ville pour se rendre aux fêtes de Rouen, dont le principal attrait était une magnifique cavalcade représentant l'Entrée de Louis XIV. Les moyens ordinaires et extraordinaires de communication ne suffirent pas, et un nombre considérable de personnes firent le trajet à pied.

Le niveau de la Seine baissa tellement, en

juillet, que le mardi 20, le bateau à vapeur le *Neptune,* faisant le service entre Rouen et Elbeuf, ne put aborder notre quai et dut débarquer ses voyageurs à l'île Le Comte. — Un autre bateau à vapeur, le *Parisien n° 2,* parti également de Rouen, le même jour, s'échoua à Saint-Adrien, et l'on dut procéder en cet endroit au débarquement de ses 60 voyageurs.

Le général de division de Mac-Mahon, sénateur, alors inspecteur général de l'infanterie, vint à Elbeuf le mercredi 28 ; il inspecta le premier bataillon du 81e régiment de ligne, qui composait notre garnison, et retourna à Rouen le même jour. — Ce bataillon quitta notre ville peu de jours après, pour se rendre à Saint-Malo, à l'occasion du voyage de l'empereur à Cherbourg.

Le 28 également, M. Ph. Aubé donna lecture à la Chambre consultative d'un mémoire, répondant à des questions du ministre, concluant à la suppression du droit d'entrée sur les laines étrangères, tout en maintenant la prime d'exportation pour les tissus

Le 3 août, la commission municipale réclama la création d'un commissariat central, en s'appuyant sur la nécessité de réprimer les vols dont la fabrique d'Elbeuf était sans cesse la victime.

Elle prit également en considération une proposition de M. Bourdon, touchant la création d'une brigade de gendarmerie à pied.

Depuis quelque temps, il était question de la conversion, en Chambre de commerce, de la Chambre consultative d'Elbeuf. Le 4 de ce même mois d'août, M. Bourdon donna connaissance à cette Chambre de son travail sur le sujet ; il concluait à la conversion.

Année 1858

Les tableaux suivants furent dressés par M. Mathieu Bourdon à cette même date :

Nombre des patentés par communes

Industries et commerces du canton d'Elbeuf	Elbeuf	Caudebec	Saint-Pierre	Autres communes
Industrie des draps....	334	53	48	12
Indust. bâtiment et machines.............	177	50	20	25
Commerce en gros.....	139	7	1	3
Petit commerce 1re catégorie..............	265	53	27	65
Petit commerce 2e catégorie..............	432	96	25	50
Professions diverses...	88	9	4	10

Professions	Elbeuf	Caudebec	Saint-Pierre	Autres communes
Fabricants à métier....	214	30	36	2
Teinturiers	19	»	1	1
Filateurs de laine	9	1	1	»
— coton.....	»	»	»	2
Loueurs de force-motrice	7	»	»	»
Batteurs de laine......	4	»	»	»
Retorderies de laine...	13	1	»	»
Marchands de déchets.	7	18	»	»
Monteurs de métiers...	4	»	»	»
Fabricants de cardes ..	1	»	»	»
Colleurs de chaînes....	5	2	9	6
Lamiers-rôtiers........	8	»	1	»
Fabriques de savon....	1	1	»	1
Foulonniers..........	5	»	»	»
Séchages publics......	2	»	»	»
Apprêteurs	45	»	»	»
Totaux..........	344	53	48	12

Ce tableau est suivi des diverses observations que nous reproduisons :

Les 30 fabricants de Caudebec ont 222 métiers et les 36 de Saint-Pierre 278, ensemble 500 métiers, auxquels il y a lieu d'ajouter 10 métiers pour les deux autres fabricants de la banlieue. — Les deux filateurs de Caudebec et Saint-Pierre comptent 2.700 broches.

13 fabricants étrangers à la ville d'Elbeuf y ont leur dépôt.

Parmi les fabricants d'Elbeuf, il y en a 50 qui sont apprêteurs, 9 qui sont filateurs, et 5 qui sont foulonniers.

Outre les 214 fabricants, il y a 52 associés; outre les 19 teinturiers, 3 y sont associés, et il y a 2 associés aux 9 filateurs pour 17.800 broches; les 13 retordeurs pour 2.900 broches; les 5 foulonniers pour 16 fouleuses, et les 19 teinturiers pour 510 ouvriers.

Les cerfs-volants et écouffes étaient alors en faveur auprès des enfants; mais comme il arrivait parfois que ces aérostats s'attachaient aux fils télégraphiques, le maire les interdit dans leur voisinage et notamment dans les rues et places de la ville.

Le 22 août, on tenta un essai de navigation entre Elbeuf et Louviers, au moyen d'un bateau à vapeur de la compagnie des *Porteurs*. Le résultat paraissait satisfaisant et l'on espérait qu'il serait donné suite à cet essai.

Le 28, la commission municipale écrivit au préfet afin de lui demander la création d'une brigade de gendarmerie à pied, soit dans notre ville, soit à Caudebec.

Un décret du 31, autorisa la création à Elbeuf d'abattoirs et fondoirs publics.

M. le docteur Jean-Noël Revelle, médecin en chef de l'hospice, chevalier de la Légion d'honneur, médaillé de Saint-Hélène, mourut le 9 septembre, à l'âge de 64 ans. Il avait servi

BUSTE DE M. TH. CHENNEVIÈRE, par Dantan.

sous le premier empire comme chirurgien, et était venu se fixer à Elbeuf en 1818. Depuis 28 ans, il était attaché à l'hospice et avait été pendant longtemps aussi médecin du Bureau de bienfaisance. Il était décoré depuis 1852.

Le nommé Aubry, soldat au 81ᵉ de ligne, en garnison dans notre ville, fut condamné à mort, le 8 septembre, pour voies de fait envers un de ses supérieurs. Deux mois après, sa peine fut commuée en celle de six années de travaux publics.

Par décret impérial du 1ᵉʳ octobre, un commissariat central fut créé à Elbeuf, pour tout le canton et les communes de Crestot, Pasquier, Boscroger, Saint-Ouen-du-Tilleul, Saint-Didier, Surville, Quatremares, Tourville la-Campagne, Bec-Thomas, Fouqueville. Bosnormand, Thuit-Anger, Thuit-Signol et la Saussaye. — Le premier titulaire fut M. Antoine-Léon Briand, venant de Bolbec. — Le 6, M. Gibon entra en fonctions comme commissaire de la première division. M. Bénard fut envoyé comme commissaire de police au Havre.

Le vendredi 15 octobre, notre ville et notre industrie firent une très grande perte, en la personne de M. Th. Chennevière, décédé à la suite d'une longue maladie.

M. Philippe-Théodore Chennevière était né à Saint-Cyr-du-Vaudreuil, le 24 novembre 1800. Arrivé à Elbeuf en 1814, il était entré dans la maison Desfresches et fils, à laquelle il fut intéressé en 1820 et associé en 1824. En 1831, il fonda la grande manufacture qui fut pendant près d'un demi-siècle une des gloires de notre ville. Nommé cheva-valier de la Légion d'honneur, en 1842, il fut promu officier de l'ordre en 1851, après l'exposition de Londres.

Sa carrière industrielle fut marquée par un grand nombre d'innovations et de perfectionnements. Il prit des brevets pour : une machine à lainer et à lustrer les draps, l'obtention de fils chinés à la filature, l'obtention de plusieurs couleurs sur une même carde, le découpage mécanique de la chenille, le cardage et la filature du duvet, l'application du caoutchouc à l'industrie lainière.

L'établissement qu'il avait fondé occupait, en 1855, environ 750 ouvriers réunis dans ses ateliers et 1.250 autres ouvriers au dehors. La force motrice dont il disposait était de cent chevaux-vapeur et la valeur annuelle de ses produits se chiffrait par 3.500.000 fr.

Aux expositions où il avait pris part, il avait obtenu, entre autres récompenses, une médaille d'argent, 1834 ; une médaille d'or, 1839 ; une grande médaille à Londres, 1851. A l'exposition de Paris en 1855, M. Th. Chennevière avait fait partie du jury international.

A Elbeuf, le regretté défunt avait été membre du Conseil municipal, membre puis vice-président de la Chambre consultative, vice-président du Conseil des directeurs de la Caisse d'épargne, capitaine de la garde nationale, juge au Tribunal de commerce.

Pour donner suite à un désir exprimé par son mari, Mme Th. Chennevière versa une somme de 8.500 fr. destinée à la création d'un lit à l'hospice. En outre, une somme de 6.500 fr. fut répartie aux divers établissements de bienfaisance de notre ville.

Par délibération de la commission administrative de l'Hospice, datée du 21, M. Fillolet fut nommé médecin en chef de cet établissement ; M. Nicole, chirurgien ; M. Alfred Vy, médecin suppléant, et M. Aubé, chirurgien suppléant.

Le 3 novembre, M. Ch. Flavigny fut élu vice-président de la Chambre consultative, en remplacement de M. Th. Chennevière, décédé.

Ce même jour, on récapitula les fonds obtenus par la souscription dans le canton pour la défense du travail national, dont la Chambre avait pris l'initiative ; on trouva 6.999 fr. 70.

Mlle Louise-Céleste Louvet, directrice de la Providence depuis plus de vingt ans, mourut le 8 novembre, à Bosnormand. La commission municipale déclara qu'elle avait dignement continué l'œuvre de Mlle Bertaut et qu'elle s'était acquis des droits incontestables à la reconnaissance de la commune. Mlle Louvet était âgée de 71 ans.

Le 4 décembre, on procéda à la visite des aqueducs, dont la construction était à peu près terminée. Leur longueur totale était de 2 mille 761 mètres 50, plus 296 mètres 40 d'embranchements ; ils comportaient 41 bouches et 33 regards.

Nous extrayons d'un intéressant rapport de M. Mathieu Bourdon les passages suivants, relatifs aux articles nouveautés :

« C'est en 1830 qu'a cessé l'unité de la fabrication, et qu'au drap uni, qui en avait été longtemps l'unique expression, est venu s'adjoindre le drap façonné, sous la dénomination d'articles de nouveauté.

« Cependant, ce serait une erreur de croire que ces articles étaient de nouvelles créations, puisque la tradition avait transmis des témoignages irrécusables de ce qui avait été produit en ce genre, si varié qu'il soit, pendant la fin du siècle dernier, par l'ancienne fabrique ; mais la vérité est que si après 1830 les articles de goût dans lesquels le dessin et le façonnage jouent un si grand rôle étaient purement et simplement à leur Renaissance, on n'en doit pas moins considérer comme une sorte d'innovation très heureuse leur réveil à la suite d'un long repos ; ils ont été pour la fabrique moderne un mobile puissant, ils en ont assurément élevé le niveau.

« L'émulation dont ils ont été la cause a multiplié les efforts : chacun s'est ingénié à se frayer une route nouvelle ; l'art des armures y a trouvé l'occasion de s'exercer ; ils ont acclimaté à Elbeuf l'admirable métier inventé par le Lyonnais Jacquard. Il en est résulté l'absolue nécessité de poursuivre toutes les découvertes pour obéir aux surexcitations de la mode. Ils ont enfin donné un prodigieux essor à l'industrie d'Elbeuf... »

En 1858, Elbeuf produisait, chaque semaine, 630 pièces de drap uni, mesurant 55 mètres l'une et valant en moyenne 13 fr. le mètre, ce qui pour l'année entière donnait une production totale de 23.523.400 fr.

La production de Caudebec et de Saint-Pierre était estimée à 65 pièces par semaine ; leur longueur était aussi de 55 mètres, mais leur prix moyen n'était évalué qu'à 11 fr. le mètre, soit par an une production représentée par 2.044.900 fr.

La production en draps unis de fabrication du rayon elbeuvien était donc, au total, de 25.468.300 fr. par an.

En ce qui concerne les draperies nouveautés, façonnés, pointillés, édredons, etc., Elbeuf en produisait 1.320 pièces hebdomadairement ; chacune d'elles avait 67 mètres dont le prix moyen était de 12 fr. 50, ce qui donnait pour l'année entière 57.485.000 fr.

La banlieue produisait 75 pièces de ces mêmes articles par semaine, la longueur de chacune d'elles était la même qu'à Elbeuf, mais la valeur au mètre n'étant que de 8 fr. 50, la production annuelle ne s'élevait qu'à la somme de 2.221.024 fr.

En réunissant ces divers chiffres, on voit que la production du rayon elbeuvien, en étoffes de laine, était évaluée à 85.175.324 fr.

M. L. Petit, instituteur à Elbeuf, fit paraître en 1858, une *Histoire de la ville d'Elbeuf, de Caudebec, d'Orival, de Saint-Aubin et des autres communes du canton* (in 8º de 288 p.), et une *Histoire de la cathédrale de Rouen* (in-18 de 51 p.). L'année précédente, il avait publié un *Annuaire industriel et commercial de la ville et du canton d'Elbeuf*. Il est aussi l'auteur d'une *Géographie statistique de la France* et d'un *Traité de toisé et d'arpentage*.

Cette année-là, M. le docteur Alfred Vy, d'Elbeuf, obtint un prix de 1.500 fr. du ministre, pour ses travaux sur la vaccine, qui lui valurent également d'être nommé membre du Comité départemental de la vaccine.

Il y eut à Elbeuf, pendant l'année, 686 naissances, 168 mariages et 602 décès. — A Caudebec, on compta 215 naissances, 50 mariages et 174 décès.

L'octroi d'Elbeuf rapporta, pendant cette même année 1858, une somme de 210.290 fr ; c'était une augmentation de 12.178 fr. sur l'exercice précédent.

CHAPITRE XXIII
(1859)

Faits divers. — La guerre d'Italie ; proclamation au public ; adresse a l'empereur ; fêtes ; la paix. — L'incendie du 2 novembre. — Projet d'un hôtel de ville sur le lieu du sinistre. — La rue Sainte-Sophie. — Elbeuf a l'Exposition régionale de Rouen. — Une centenaire. — Les vols de fabrique. — Premiers cours et première assemblée de la Société Industrielle. — M. P. Maille et ses « Recherches sur Elbeuf ».

Le 7 janvier 1859, on procéda à l'installation de M. Pierre-Isidore Lecerf, nommé président du Tribunal de commerce, par décret daté du 15 décembre précédent ; à celle de MM. Achille Cavrel, Augustin Poussin, Laurent Demar et Michel Legrix, nommés juges, et à celle de MM. Joannès Moreau, Edouard Bellest et Jean-Louis Lemaître-Dévé, nommés suppléants.

Il avait mis au rôle, pendant l'année 1857, 747 affaires, et 732 en 1858. Il y avait eu 14 faillites en 1857 et 15 en 1858.

M. Lefort, président sortant, fit ressortir que la fin de l'année 1857 et le commencement de 1858 avaient été marqués par un crise commerciale, dont les funestes effets s'étaient fait sentir sur toutes les places commerciales. Elbeuf n'avait pas échappé au contre-coup des désastres qui avaient atteint tant de localités; mais, ajouta M. Lefort, « je dois dire à la plus grande gloire de notre cité industrielle, si la cherté des capitaux et la dépréciation des marchandises ont fait subir des pertes, au moins ces pertes n'ont amené aucune de ces grandes catastrophes dont le retentissement est venu jusqu'à nous ».

Le 12 du même mois, M. Laurent Demar fut installé comme membre de la Chambre consultative, en remplacement de M. Chennevière, décédé.

Ce même jour, la Chambre désigna M. Ch. Flavigny pour la représenter au Comité central de défense du travail national, également en remplacement de M. Chennevière.

Un décret impérial, daté du 15, nomma curé-doyen de Saint-Jean M. Buisson, alors curé de Caudebec-en-Caux. C t ecclésiastique avait été précédemment vicaire de St-Etienne, puis desservant de Saint-Aubin.

Vers ce temps, le préfet approuva le projet de construction d'un nouveau bâtiment à l'hospice. pour lequel on prévoyait une dépense de 70.000 fr , dont 30.000 fr. fournis par la Ville.

Le 24 janvier, on créa un emploi d'architecte-voyer à Elbeuf, dont le premier titulaire fut M. Constant Darré fils.

On fonda une école municipale de musique vocale le 25, administrée par un comité placé sous la présidence de M. A. Hébert. — Le

26 mai suivant, M. Auguste Gueroult, organiste à Saint-Jean, fut nommé professeur de chant à cette école, aux appointements de 600 fr. par an.

Le mardi 1er février, notre ville fut péniblement impressionnée en apprenant qu'un puisatier était enseveli vivant à Caudebec. Quand on le retira, le lendemain matin, d'une profondeur de neuf mètres, il était mort.

Mme Uranie Lequesne fut autorisée, le 5, à organiser une loterie dont le produit devait être affecté à l'achat d'un orgue pour le temple protestant.

Un décret, daté du 19, nomma M. Jules Leroyer, venant de Nancy, commissaire central à Elbeuf, en remplacement de M. Briand, démissionnaire.

Ce même jour, mourut M. Pierre-Théophile Lécallier, à l'âge de 64 ans.

La commission municipale, dans sa séance du 23 février, discuta sur les voies et moyens de payer la subvention de 200.000 fr. promise pour la construction de la ligne de Serquigny passant *par* Elbeuf.

Le 18 mars, M. Charles Bazin fut nommé président du Conseil des Prudhommes, fonctions qu'il devait conserver pendant 24 ans. Il eut pour premier vice-président M. Félix Lefebvre, nommé le même jour. Le secrétaire des Prud'hommes était alors M. Plagelat, en fonctions depuis 1857.

Par décret impérial daté du 23, MM. Alfred Grandin, Jules Lanseigne, Auguste Lefort et Michel Legrix furent nommés membres de la commission municipale, en remplacement de MM. Delarue et Chennevière, décédés, et de MM. Marais et Ternisien, démissionnaires. Ils prêtèrent serment et furent installés le 10 mai suivant.

Un arrêté préfectoral du même jour nomma membres de la Commission cantonale de salubrité, MM. Buée, les docteurs Nicolle, Fillolet, et Pivain (de Caudebec), Félizet, vétérinaire; Mathieu Bourdon, Charles Flavigny, Maubec, Darré, architecte, et H. Tabouelle, ancien agréé.

Une cavalcade de bienfaisance parcourut la ville le dimanche 3 avril; elle produisit 603 francs pour les pauvres.

M. A. Perré reçut l'autorisation, le 5, de transférer sa savonnerie de Caudebec à Elbeuf.

Le 13, la Chambre consultative rédigea une pétition au Sénat, afin d'obtenir l'ajournement à d'autres temps et sans date précise du projet de levée générale des prohibitions des marchandises étrangères, annoncé pour 1861. Cette pétition fut signée par la presque totalité des industriels de notre canton.

Les sept compagnies du 81e de ligne en garnison dans notre ville partirent en Afrique le 16 avril. Elbeuf resta quelque temps sans garnison. — Le 8 juillet suivant, notre ville reçut un détachement du 15e de ligne.

Le mardi 19 avril, une séchérie longue de 80 mètres, exploitée par M. Malteau et adossée à l'établissement Th. Chennevière, fut détruite par le feu; les pertes s'élevèrent à 70.000 fr.

Le 10 mai, la commission municipale vota 5.040 fr. pour l'établissement, rue St-Jacques, d'un magasin de réserve pour l'approvisionnement obligatoire de farines de boulangerie, prescrit par décret du 16 novembre précédent.

M. Pierre-Albert Hébert, banquier, adjoint au maire, mourut le 14. Il était né le 29 août

1807, et avait été membre du Tribunal de commerce.

Il fut voté, le 28 mai, une somme de 18 900 francs pour l'amélioration du marché de la place Saint-Louis.

On était alors en pleine guerre contre l'Autriche. — La nouvelle de la victoire de Magenta — qui avait suivi celles de Montebello et de Palestro — arriva à Elbeuf le dimanche 5 juin, à une heure de l'après-midi. En un instant, la ville fut pavoisée.

Le mercredi suivant, on apprit l'entrée des Français et des Italiens à Milan.

Le 10, à l'occasion de la victoire de Magenta, le maire d'Elbeuf adressa cette proclamation à ses concitoyens :

« Notre belle et héroïque armée, sous le commandement supérieur de S. M. l'Empereur, vient de se couvrir de gloire en Italie.

« Montebello, Palestro, ont dignement préludé à la victoire de Magenta, éclatant triomphe à la suite duquel la ville de Milan, délivrée du joug des Autrichiens, a ouvert ses portes aux armées alliées et accueilli avec enthousiasme le souverain de la France, le magnanime libérateur du peuple itali-n.

« La ville d'Elbeuf, comme la France tout entière, a ressenti une joie profonde et un légitime orgueil à la nouvelle de ces brillants succès de nos armes, auxquels, depuis, sont venus s'ajouter de nouveaux avantages...

« ... Un *Te Deum* solennel sera chanté dimanche prochain, à midi, en l'église Saint-Jean, en présence des autorités et des fonctionnaires de tout ordre. La garde nationale, la gendarmerie, seront représentées à cette cérémonie... ».

La ville fut illuminée le soir, comme elle l'avait été déjà à la première nouvelle de cette victoire.

La monnaie divisionnaire faisait défaut depuis assez longtemps, M. Bourdon en réclama au ministère des Finances, lequel lui fit savoir, vers le 15 juin, qu'il mettait, à la recette générale à Rouen, à la disposition de la ville d'Elbeuf, une somme de 50 000 fr en pièces d'argent de diverses valeurs. Un second envoi de même importance fut fait un mois après, et d'autres suivirent.

Vers ce même temps, M. Rouher, ministre du commerce, en réponse à la lettre que la Chambre consultative lui avait adressée, annonça que la guerre faisait forcément reporter à d'autres temps la question du retrait des lois de prohibition.

Il était toujours question de convertir la Chambre consultative en Chambre de commerce. Une brochure, qui fut répandue en ville à cette époque, critiqua et désapprouva ce projet.

Un nouvelle affaire Montagnac, à propos de draps velours, occupa l'attention des industriels elbeuviens. Cette fois, c'était M. Victor Barbier qui était poursuivi. Après des débats qui durèrent six jours, notre concitoyen fut condamné, par le Tribunal civil de Rouen, le 22 juin.

M. Alph. Martel, nommé adjoint au maire par décret impérial du 9 juin précédent, fut installé le 2 juillet, pour succéder à M. Hébert.

Ce même jour, on ouvrit une liste de souscription pour venir en aide aux familles des militaires et marins tués ou blessés à l'armée d'Italie.

Le lendemain 3 juillet, un nouveau *Te Deum* fut chanté à l'occasion de la victoire de Solférino ; le soir, on illumina les édifices publics.

Le mardi 12, vers trois heures de l'après-midi, nos concitoyens apprirent que la paix venait d'être signée. Tout de suite, chacun mit des drapeaux à ses fenêtres, et, une demi-heure après, la ville était complètement pavoisée. Le soir, on illumina de nouveau, et la foule parcourut les rues jusqu'à une heure avancée.

Aussitôt que la nouvelle du traité de Villafranca fut parvenue à Elbeuf, M. Buée convoqua la commission municipale, à laquelle il donna lecture de ce projet d'adresse à l'empereur :

« Sire ; vous aviez pris les armes pour une juste cause. La victoire s'est montrée fidèle au drapeau de la France, que vous tenez d'une main si ferme.

« Palestro, Magenta, Marignan, Solférino, titres à jamais glorieux, diront que, sous votre commandement, notre jeune armée d'Italie s'est montrée digne de son héroïque devancière.

« Dans ces brillants combats, vous avez constamment partagé les dangers de nos soldats, et, tout en frémissant des périls auxquels s'exposait Votre Majesté, le pays tout entier ne pouvait qu'admirer votre noble conduite.

« Grand dans la bataille, vous vous êtes montré, Sire, magnanime après la victoire. Vous avez généreusement offert à votre ennemi vaincu une paix honorable et qui, tout en donnant satisfaction, dans une juste mesure, à l'intérêt pour lequel vous aviez tiré l'épée de la France, atteste hautement votre modération et les sentiments d'équité qui président à vos résolutions.

« Permettez-nous, Sire, de vous adresser bien respectueusement nos félicitations, et pour la nouvelle gloire dont vous avez couvert à la fois la France et le nom napoléonien, et pour la conclusion aussi heureuse qu'inespérée d'une paix dont notre industrieuse cité apprécie vivement les bienfaits.

« Nous avons l'honneur d'être, Sire, de Votre Majesté, les très humbles et très obéissants serviteurs et sujets ».

La Chambre consultative, le Tribunal de commerce, le Conseil des prud'hommes et la Justice de paix rédigèrent également des adresses à l'empereur.

Le 19, la Société industrielle ouvrit ses premiers cours publics ; ils eurent lieu d'abord les mardi, mercredi, vendredi et samedi de chaque semaine, et portèrent sur la mécanique appliquée, le dessin linéaire, le chauffage et le dessin d'ornement. MM. Noury et Demeule furent les premiers professeurs.

Le 4 août, on devait procéder à l'adjudication des travaux de construction de l'église de l'Immaculée Conception, rues du Neubourg et Pavée, sur une mise à prix de 290.996 fr. ; mais cette adjudication fut remise au 5 janvier de l'année suivante.

La commission municipale vota, le 11 août, 6.558 fr. pour acquisition de terrains nécessaires à l'agrandissement des quais, entre la rue de Seine et le Champ-de-foire, et décida qu'une rangée de marronniers serait plantée sur le quai, pour se raccorder avec ceux entourant déjà le Champ-de-foire. En outre, elle se proposa d'étudier un projet de square dans la partie nord de cette place ou dans ses angles.

Le même jour, elle vota 15.500 fr. pour l'extension du réseau d'aqueducs.

Elle approuva une délibération de la commission administrative de l'hospice pour la confection de deux tableaux en marbre, sur lesquels seraient inscrits les noms des administrateurs et des bienfaiteurs de cet établissement hospitalier.

La fête de l'empereur fut célébrée avec un certain enthousiasme, causé surtout par la conclusion de la paix. Les autorités et les médaillés de Sainte-Hélène se rendirent à Saint-Jean, où l'on chanta un *Te Deum*. Il y eut des jeux sur le Champ de-foire, et le soir, un feu d'artifice et de nombreuses illuminations. On remarqua particulièrement sur la maison de M. Horcholle, pharmacien, place du Calvaire, qui venait d'être construite, un transparent représentant l'Aigle impérial avec cette inscription :

> Idole du pays, malgré les envieux,
> Napoléon poursuit son règne glorieux :
> Et froid comme son oncle, au milieu des mitrailles
> Sait ensemble gagner les cœurs et les batailles.

Le lendemain, on célébra un service funèbre à Saint-Jean, en mémoire des morts pendant la guerre d'Italie. A cet effet, un catafalque, entouré de trophées d'armes, de drapeaux et de couronnes d'immortelles, avait été élevé dans l'église.

Le préfet avait informé, le 15 août, le maire d'Elbeuf de l'arrivée probable et prochaine, dans notre ville, pour y tenir garnison, d'un détachement d'infanterie de ligne ayant fait campagne d'Italie, en invitant M. Buée à convoquer la commission municipale afin de prendre, de concert avec elle, des dispositions pour la réception aussi solennelle que possible de ces troupes.

Le préfet ajoutait que s'il entrait dans l'intention de la municipalité de consacrer quelques fonds à des banquets à offrir aux soldats, elle répondrait mieux aux vœux du Gouvernement, en remettant la somme affectée à cette destination aux chefs de corps, qui se chargeraient de l'employer à des distributions de rations extraordinaires.

Le maire réunit la commission le 19 et lui fit part de la lettre préfectorale. L'assemblée vota un crédit de 1.500 fr., puis décida d'offrir un banquet aux officiers, par souscription entre les membres de la commission municipale, du Tribunal de commerce, de la Chambre consultative, de la Justice de paix, du Conseil des prud'hommes et les officiers de la garde nationale.

Un des derniers loups dont le souvenir se soit conservé dans notre contrée, fut celui que l'on tua d'un coup de fusil dans le chœur de l'église de Bourgtheroulde, le 5 septembre.

La commission municipale appelée, le 24, à examiner le projet de chemin de fer de Rouen à Amiens, protesta contre le tracé de la compagnie du Nord et réclama le passage par Darnétal.

Elle vota 300 fr. pour des médailles destinées à être délivrées, au nom de la ville d'Elbeuf, aux léaurats de l'Exposition régionale qui avait lieu à Rouen. — Les médailles ne purent être décernées au nom d'Elbeuf ; les 300 fr. firent masse avec la somme dont disposait la ville de Rouen.

Une décision ministérielle du 26 septembre, nomma imprimeur typographe et lithographe à Elbeuf, M. Laurent Guibert père, ancien marchand de déchets.

Un terrible incendie se déclara le mercredi 2 novembre, à onze heures et demie du soir. Il prit naissance dans une écurie bâtie de constructions légères. Dix-huit maisons situées entre les rues de la Justice, du Marché, Hervieux et la place Saint-Louis devinrent la proie des flammes. Les pertes se chiffrèrent par 592.000 fr.

Le nombre des ménages sinistrés était de 102, la plupart d'ouvriers ou gens peu fortunés. Cinquante-sept, non assurés, furent secourus au moyen de souscriptions, qui produisirent environ 14.000 fr., dont partie provint d'une fête de bienfaisance organisée à Paris, à la salle Valentino, par le Comité normand, sous la présidence de M. Pouyer-Quertier, député, et le patronage de la princesse Mathilde.

Le dimanche suivant, le préfet et l'archevêque de Rouen, celui-ci venu à l'occasion de la confirmation, se rendirent sur les lieux du sinistre, où pendant longtemps encore des curieux ne cessèrent d'affluer.

Afin de faciliter aux vieillards admis à la maison de refuge annexe du Bureau de bienfaisance, qui ne pouvaient se rendre à l'église, l'assistance aux offices religieux, la commission municipale autorisa, le 19 novembre, l'ouverture d'une chapelle dans cet établissement.

Dans cette même séance, on adopta une demande de M. Laurent Patallier tendant à ouvrir dans sa propriété, une rue, qui prendrait le nom de Sainte-Sophie, entre la place Lemercier et la rue de Paris.

On vota également l'établissement d'un corps de garde dans les locaux dépendant du magasin de réserve de boulangerie, rue St-Jacques, et d'un hangar pour y placer une pompe d'incendie avec ses accessoires

Ce même jour, M. Buée s'adressa aux membres présents en ces termes :

« L'incendie considérable qui a éclaté dans la nuit du 2 au 3 novembre, a détruit presque en entier le quartier encadré par les rues du Marché, des Echelettes, Hervieux et de la Justice.

« Ne pourrait-on pas profiter de cette circonstance pour acquérir les terrains compris dans ce périmètre, et y édifier, dans des proportions en rapport avec l'importance toujours croissante de la cité, un hôtel de ville, qui pourrait être entouré d'une promenade plantée ?

« L'emplacement semble on ne peut plus convenable pour cette destination, et il est plus que douteux que l'on trouvât un terrain plus central et plus satisfaisant sous tous les rapports.

« Le terrain et les bâtiments de l'Hôtel de Ville actuel, devenu insuffisant, pourraient être aliénés. On en trouverait sans doute un bon prix, qui diminuerait d'autant la dépense d'exécution du projet.

« Si cette proposition était prise en considération, une commission pourrait être nommée pour l'étudier de concert avec l'administration et aviser aux voies et moyens.

« Subsidiairement, n'importe-t-il pas d'acquérir partie au moins du terrain sur lequel existaient les bâtiments incendiés, soit pour agrandir la place Saint-Louis, soit pour toute autre destination ?

« Enfin, le remplacement de l'Hôtel de Ville actuel paraissant chose indispensable, on pourrait donner à la commission mandat de rechercher un emplacement convenable, pour y édifier un nouvel Hôtel de Ville, si l'on ne s'arrêtait pas au projet de le construire sur le terrain des bâtiments incendiés ».

M. Bourdon proposa l'aliénation d'un terrain alors à usage de jardin pour le Bureau de bienfaisance.

Puis, examinant la proposition du maire, il émit l'avis qu'il n'y avait pas lieu de s'arrêter au projet d'érection d'un Hôtel de Ville sur l'emplacement signalé. « L'une des meilleures raisons à opposer à ce projet, dit-il, c'est le manque de ressources disponibles ; d'un autre côté, les ressources extraordinaires de la Ville sont engagées jusqu'en 1870 ». Il fut d'avis, néanmoins, qu'il y avait quelque chose à faire sur l'emplacement devenu libre par suite de l'incendie, et il demanda que la proposition de l'administration fut restreinte à l'examen d'un projet tendant à l'agrandissement pur et simple de la place Saint-Louis ; ce qui fut appuyé par M. Papavoine.

M. Tabouelle fit remarquer qu'il ne s'agissait, pour le moment, que de nommer une commission, qui aurait à examiner sur toutes ses faces la proposition du maire, qui comprenait d'ailleurs ce que demandait M. Bourdon : l'agrandissement de la place Saint-Louis.

M. Lizé exprima l'avis de l'édification d'une salle de spectacle sur cette place.

Une commission fut nommée au scrutin secret : furent élus au premier tour, MM. Flavigny, Lanseigne, Lizé et Tabouelle, et M. Bourdon au second.

Année 1859

A la grande exposition régionale de Rouen, la ville d'Elbeuf était largement représentée. La distribution des récompenses eut lieu le 20 novembre.

Quatre exposants étaient hors concours : MM. Dumor-Masson et fils, Mme veuve Th. Chennevière et fils, MM. Charles Flavigny et fils, et M. Alex. Poussin ; celui-ci fut décoré de la Légion d'honneur :

La *Médaille d'honneur* de l'empereur fut décernée à MM. Laurent Démar et Cie.

Médailles d'or de la ville de Rouen : MM. E. Bellest et Cie, draps unis, satins et draps de billard ; Chary et Lafendel, draps extra-fins ; Legrix, nouveautés pour pantalons, paletots et gilets ; Sevaistre aîné et Bruyant, nouveautés.

Médailles d'or de la Société régionale, MM. Adolphe Beer, draps divers. — Eugène Nicole, docteur-médecin, appareils pour opérations chirurgicales.

Médailles de vermeil, MM. Lucien Cosse, paletots, draps et nouveautés ; Morel Beer, draps unis, façonnés et nouveautés ; Charles Imhaus, draps et nouveautés ; Dusseaux et Drouet, draps noirs unis et façonnés ; Duclos et neveu, draps militaires et draps de billards ; Osmont et Lermuzeaux, articles de nouveauté ; Alphonse Touzé, draps lisses fins de nuances diverses, draps militaires. — Maubec, fabricant de savons.

Médaille d'argent de l'empereur : M. Léon Pion, draps lisses pour carrosserie

Médailles d'argent de la Société régionale, MM. Victor Barbier, étoffes pour vêtements d'hommes et de femmes ; Auguste-Clovis Hue, draps et nouveautés pour pantalons et paletots ; Gasse frères, nouveautés pour pantalons ; de Gérin Roze, Traber et Cie, articles pour pantalons et paletots ; Paul Desbois et Cie, draps noirs et de couleurs extra-fins ; Plantefol-Gariel, drap, nouveautés pour pantalons ; Bruyant-Desplanques, nouveautés pour paletots et pantalons, draps de billards ; Louis-Prosper Mouchet et Cie, draps lisses, noirs et de couleurs. — Mme veuve Beck et Léon Quidet, machine à friser et onduler ; Desplas, machine à laver la laine, fouleuse ; Narcisse Bazard, teinture garance sur laine et teintures diverses ; Lefebvre-Gariel, styboline pour la fabrication des cardes ; — Charles-Isidore Houllier fils, nouveautés pour pantalons ; Carré et Béranger, draps et nouveautés ; Charles et Etienne Métot frères, draps et nouveautés ; Lion et Cie, draps noirs ; Philippe Lecoupeur-Barette, satins noirs à bas prix. — Coopérateurs : Alavoine, monteur chez M. Legrix ; Bernard, directeur chez Mme Chennevière et fils ; Mme Marie Saint-Amand Aublé, maîtresse rentrayeuse, chez MM Ch. Flavigny et fils, MM. Dominique Béranger, tisseur, maison A. Poussin ; Etienne Lecoq, contre-maître, maison Lefebvre-Gariel ; Louis-Amand Maille, tisseur, maison Ch. Flavigny et fils.

Médailles de bronze, grand module, MM. Drouin, oursikoff et poil de chèvre pour manteaux de dames ; Delaquerrière, draps et nouveautés. — MM Gibert et Cie, dégraissage de laines. — *Coopérateurs*: MM. Fleury, maison Maubec ; Fréret, maison Flavigny et fils ; Lecoq, maison de Gérin-Roze, Traber et Cie ; M. Massieu fils, maison Flavigny et fils ; Taurin, maître laineur, maison Léon Pion.

Médailles de bronze du ministre du Commerce, M. Aublé, cache-époutil. — *Coopérateurs* : MM. Bouvet, fileur, et Duquesne, tisseur, maison de Gérin-Roze, Traber et Cie.

Médailles de bronze de la Société : MM. L. Dumoutier ; Rivette, métier à tisser.

Mentions honorables. — Lucien Dumoutier, appareil de secours en cas de léthargie. — *Coopérateur* : M. Labiffe, maison Ch. Imhaus.

Mme veuve Saint-Amand, née Marie-Madeleine-Thérèse Gouel, mourut le dimanche 27 novembre, à l'âge de 103 ans et 6 mois. Elle était née, en effet, le 22 mai 1756. Cette vénérable centenaire avait été vivement frappée par le spectacle de l'immense incendie du 2 novembre, qui avait détruit une partie de la rue Hervieux qu'elle habitait, et ce sinistre hâta probablement sa mort.

On jugera de l'important préjudice que causaient encore à cette époque les vols de fabrique par cette réponse de la Chambre consultative à une question du procureur impérial :

Après avoir exposé par combien de mains passaient les matières entrant dans la composition d'un drap, la Chambre estima que la valeur annuelle de ces matières pouvait être évaluée à 50 millions de francs, et que les soustractions s'élevaient à 1/4 pour cent, soit environ 1.000.000 fr.

« Les soustractions sont faites principalement par les tisserands de nouveautés, parce que non seulement ils tirent un profit en vendant les matières qui leur sont confiées, mais encore parce qu'ils en touchent le prix de façon, dont l'évaluation moyenne est de 1 fr. des 3.600 mètres de trame, quantité de fil connue sous la dénomination de « livre de compte » et pesant en moyenne 300 grammes.

« En juillet 1855, un travail a été fait au sein de la Chambre consultative, et, d'après ce travail, le chiffre des soustractions qui avaient lieu annuellement au préjudice des fabricants d'Elbeuf et de Caudebec était de un million à douze cent mille francs.

« La vente des matières volées se fait sur une vaste échelle ; il s'en consomme à Elbeuf et à Caudebec, et sans parler de la Belgique et du Midi de la France, il en est expédié de fortes quantités dans différents centres manufacturiers peu éloignés du nôtre, parmi lesquels on peut citer Lisieux en première ligne, puis Bernay, Orbec, Vire et Beauvais.

« L'emploi sur notre place et ailleurs de ces produits d'origine illicite cause un double préjudice aux fabricants honnêtes, qui souvent ne peuvent lutter contre une concurrence déloyale.

« On compte à Elbeuf 12 marchands de déchets et 18 à Caudebec, soit en tout 30 marchands notoirement connus ; mais ces marchands patentés ont une infinité d'intermédiaires qui circulent en ville et vont dans les campagnes visiter les tisserands ; ils sont à la piste de toutes les occasions et ne négligent rien pour exercer leur coupable industrie ; ce sont eux particulièrement qui alimentent les marchands patentés ; ce sont eux aussi qui, par l'appât du gain, entraînent le plus souvent les tisserands et autres ouvriers à commettre des détournements au préjudice des fabricants Si ces ouvriers ne rencontraient pas toutes ces occasions de séduction, ils ne sortiraient pas si souvent de la ligne du devoir. Il est donc du plus haut intérêt, pour la fabrique d'Elbeuf, qu'une surveillance des plus actives soit exercée sur les marchands de déchets et leurs agents ».

La première assemblée générale de la Société industrielle eut lieu le 21 décembre. Les membres avaient été divisés en deux sections.

Le résumé des travaux de la première section, comprenant l'industrie, les arts mécaniques et les beaux-arts, fut présenté par M. Augustin Poussin, son président. Les propositions de cette section étaient les suivantes :

Vulgariser à Elbeuf l'emploi des déchets et en régulariser la vente ;

Rechercher le meilleur métier à tisser mécaniquement, soit à une, soit à plusieurs navettes ;

Examiner s'il conviendrait que la Chambre consultative fût convertie en Chambre de commerce ;

Rechercher la cause des taches produites par la colle dans les draps et le moyen de les prévenir ;

Expérimenter un appareil Duméry, combusteur de fumée, et apprécier le mérite d'une modification apportée au métier Jacquard et une autre invention de M. Delamarre, tisserand à Caudebec ;

Jeter les bases d'un musée industriel ;

Etudier les moyens de prévenir les accidents de fabrique.

La deuxième section, présidée par M. Philippe Aubé, s'occupait plus spécialement du commerce et de l'économie sociale. Elle avait été appelée à étudier plusieurs questions avec la première section, et en outre les suivantes :

Recherche de tout ce qui pouvait aider à la lutte contre la doctrine du libre-échange ;

Etude des moyens les plus efficaces pour

empêcher l'abus toujours croissant des liqueurs alcooliques ;

Activer l'exécution des travaux du chemin du chemin de fer de Tourville à Serquigny ;

Obtenir la suppression des droits de douane sur les laines exotiques venant par navires français, avec maintien de la prime à l'exportation des tissus.

En outre, les présidents de section proposèrent vingt-et-une questions à mettre au concours ; l'examen en fut renvoyé à une commission.

M. Morel Beer proposa d'envoyer en Chine un délégué pour étudier cet empire au point de vue de la production des laines et de a consommation des tissus de cette matière. La proposition de M. Morel Beer fut prise en considération.

M. Parfait Maille, que nous avons eu bien des fois l'occasion de citer, publia, en 1859, ses *Recherches sur Elbeuf. Esquisses ou Silhouettes de ses seigneurs de la maison de Lorraine.* Il les fit suivre de deux autres volumes contenant de nouvelles, intéressantes et nombreuses notes historiques sur notre ville et ses environs. Le but de M. Maille était surtout de contredire l'ouvrage fantaisiste publié précédemment par M. Guilmeth, sous le nom d'*Histoire d'Elbeuf*. A titre de curiosité, nous reproduisons la préface du premier travail de M. Parfait Maille :

« Tout ce qu'on a imprimé sur Elbeuf n'est que fable, fiction, roman, imagination, supposition gratuite, pure invention.

« Y rencontre-t-on quelque rare vérité, le faux, où elle se trouve mêlée et confondue, la rend méconnaissable, outre que partout elle

M. PARFAIT VILLE

est altérée, travestie, défigurée, détorquée, dénaturée et jamais exprimée dans sa simplicité, naïveté, candeur, sincérité, fidélité.

« Or, qu'est-ce que l'histoire sans vérité, sinon de toutes les jongleries, mystifications, duperies, dérisions, déceptions, la plus indigne ?

« Se jouer de la bonne foi est, des abus, le plus coupable.

« Il faut qu'un auteur ait en tout de bons garants de ses assertions et puisse toujours justifier de ses autorités.

« Où il n'existe que le doute et le néant, la probité impose silence et défend d'y substituer des contes en l'air des visions cornues et des rêveries ».

Les recettes de l'octroi, pendant cette même année 1859, s'élevèrent à 254.551 fr. soit 44.261 fr. de plus qu'en 1858, dont 20.697 fr. provenant de nouveaux droits.

L'état-civil d'Elbeuf enregistra pendant l'année 680 naissances, 153 mariages et 579 décès.

CHAPITRE XXIV
(1860)

Les traités de commerce ; vaines réclamations de la fabrique d'Elbeuf. — Le chemin de fer de Serquigny ; nouveau déboire pour la ville. — Ouverture du musée. — Pose de la première pierre de la nouvelle église. — Projet de reconstruction de l'hôtel de ville place du Coq. — Grands projets de voirie et d'un emprunt de 1.200.000 fr. — Elections au Conseil municipal. — La rue Saint-Laurent. — Statistique commerciale. — Les laines. — Le pont fixe de la rue de Paris.

Le 5 janvier 1860, on adjugea les travaux de construction de la nouvelle église à M. Henri Duvallet, entrepreneur à Elbeuf.

On procéda, le 15, à l'installation de MM. Laurent Démar et Joannès Moreau, nommés juges au Tribunal de commerce, par décret du 23 décembre précédent, et à celle de MM. Jules Lanseigne, Charles Houllier et Léon Collas, nommés juges suppléants.

On s'entretenait alors beaucoup des clauses

du traité de commerce qui était à la veille d'être conclu avec l'Angleterre. Une adresse à l'empereur fut signée par un nombre considérable de manufacturiers d'Elbeuf, Lille, Roubaix, Amiens, Abbeville, Saint-Quentin, Sedan, Mulhouse, Rouen, etc. Cette pétition concluait ainsi :

« Les mesures que Votre Majesté se prépare à prendre ne sont rien moins qu'une révolution économique et sociale. Il nous paraît impossible qu'en touchant à tant de choses, sans consulter les représentants de nos cités manufacturières, l'administration ne commette pas de nombreuses et importantes erreurs.

« L'existence d'un nombre plus ou moins considérable de nos industries nationales se trouve donc compromise. Où sera le remède, si l'on est lié par un traité ? Il nous faudra, de deux choses l'une, ou en subir les désastreuses conséquences, ou bien recourir à la guerre pour le briser à coups de canon. Telle est la terrible alternative dans laquelle on va se placer... »

Le 21, les fabricants d'Elbeuf furent informés que l'empereur avait fermement résolu de supprimer la prohibition des tissus de laine et autres produits fabriqués à l'étranger. Déjà. le bureau de la Chambre consultative d'Elbeuf et M. Aubé, étaient allés en toute hâte à Paris, pour obtenir une audience du monarque, qui refusa de les recevoir.

Le ministre du Commerce, que nos concitoyens désiraient aussi entretenir, leur assigna une heure à laquelle il avait à recevoir 400 chefs d'établissement. Ils apprirent que le gouvernement était inébranlable dans ses intentions et qu'un traité avec l'Angleterre allait être conclu immédiatement ; une raison d'Etat voulait qu'il en fût ainsi.

En cette occurrence, nos concitoyens s'appliquèrent à faire reculer la date de la levée des prohibitions et à obtenir le maximum de droits protecteurs. Ils se rendirent au siège du Comité de défense du travail national, où il y avait déjà beaucoup de monde. On décida de tenter un suprême effort auprès de l'empereur en demandant une enquête ; une adresse fut rédigée dans ce sens.

Les représentants de l'industrie elbeuvienne songèrent à réaliser le seul avantage que notre ville pût retirer du projet gouvernemental : celui d'un chemin de fer avec gare dans Elbeuf. Les ministres auxquels ils s'adressèrent promirent d'appuyer cette demande d'une façon toute spéciale.

On sait que le traité de commerce avec l'Angleterre fut conclu le 23 du même mois et ratifié le 4 février suivant.

Le 8 février, la Chambre nomma une commission composée de MM. Mathieu Bourdon, Alex. Poussin, Ch. Flavigny, Constant Grandin, Ph. Aubé, Ch. Lizé, E. Bellest et Aug. Poussin pour s'occuper des réponses à faire à une enquête annoncée, relative à l'établissement des tarifs de douane, que la Chambre estimait d'ores et déjà devoir être de 30 % sur les draperies.

Le 14, le ministre du Commerce écrivit à notre Chambre consultative pour lui demander à quelle date il conviendrait de fixer l'affranchissement des laines étrangères. Sa lettre arriva le 15. M. Mathieu Bourdon lui répondit par télégramme que la plupart des membres de la Chambre étaient absents, par suite d'une

ANNÉE 1860

vente publique de laines à Rouen, et qu'ils ne seraient à Elbeuf que le 17.

Ce jour-là, la Chambre, après délibération, fut d'avis que les droits sur les laines devraient être maintenus jusqu'au 1er juillet, avec continuation de la prime à la sortie des tissus pendant neuf mois, à partir de la levée des droits.

M. Alexandre Poussin qui, depuis nombre d'années, était secrétaire du conseil municipal et de la commission qui l'avait remplacé, déclara à ses collègues qu'il lui était impossible de remplir plus longtemps ces fonctions. — Ce fut M. Victor Papavoine qui lui succéda.

On vota 17.498 fr. pour le transfert de la salle d'asile dans un immeuble des enfants Montfleury, rue Notre-Dame, que l'on devait acquérir par voie d'expropriation.

Voici le texte d'une pétition au ministre du Commerce, de l'Agriculture et des Travaux publics, que signèrent vers le 12 février, plus de 2.000 Elbeuviens, sur l'invitation de la Société industrielle :

« Monsieur le Ministre,

« La ville d'Elbeuf, extrêmement préoccupée en ce moment de la levée des prohibitions, se trouve en outre menacée de voir son marché de draperie enlevé, par l'établissement de la gare du chemin de fer sur un point en dehors de son territoire.

« Sa population industrielle tout entière vient faire appel à votre protection, au moment où, d'un trait de plume, vous pouvez la sauver ou l'anéantir.

« La compagnie de l'Ouest fait les dernières études du tracé qu'elle doit soumettre à votre approbation, c'est sur ce tracé que nous appelons votre bienveillante attention.

« Elbeuf, ville exclusivement manufacturière, se trouve dans une position exceptionnelle.

« Par suite de dix siècles *sic)* d'activité et de travail opiniâtre, ses habitants ont su conquérir le marché de la draperie.

« Presque toutes les villes manufacturières de France, en étoffes de laine, ont des dépôts de leurs produits à Elbeuf.

« C'est à Elbeuf que se rendent les acheteurs français et étrangers pour approvisionner leurs magasins ; il suffit de parcourir les rues de notre ville et de jeter un coup d'œil sur les enseignes qui tapissent tous ses murs pour reconnaître et constater ces vérités.

« Les acheteurs descendent au centre de la ville, aussi voyons-nous les environs des hôtels qu'ils fréquentent recherchés par tous les commerçants pour y établir leurs magasins.

« Voilà, Monsieur le Ministre, ce qui constitue le marché de la draperie à Elbeuf ; voilà ce qui assure sa vie et son avenir.

« Qu'arriverait-il si les acheteurs, au lieu de descendre dans la ville, mettaient le pied à terre sur le territoire d'une commune voisine, de l'autre côté du fleuve qui sépare cette commune d'Elbeuf ?

« Il arriverait infailliblement que Saint-Aubin, rive droite du fleuve, deviendrait tôt ou tard le marché de la draperie et que les habitants d'Elbeuf auraient perdu tout ce que ce marché porterait de valeur de l'autre côté du fleuve.

« Il arriverait, en un mot, qu'Elbeuf aurait travaillé pendant des siècles au profit de Saint-Aubin.

« C'est ce danger, Monsieur le Ministre, que

nous avons voulu vous signaler, quand il est encore temps de l'éviter.

« Ne devons-nous pas espérer que la compagnie de l'Ouest, éclairée par vous sur la position exceptionnelle de la ville manufacturière d'Elbeuf, étudiera et trouvera le moyen de sauvegarder ses intérêts les plus chers, c'est-à-dire de lui conserver son marché, sa vie, son avenir... »

Le 2 mars, M. Edouard Blay fut installé comme juge suppléant au Tribunal de commerce, en remplacement de M. Epiphane Delamare.

Le 13, la commission municipale régla l'ouverture des rues dans le périmètre du Champ-de-Foire, et leur donna les noms de Solférino, de Magenta et de Marignan.

Le 4 avril, MM. Ch. Flavigny et Augustin Poussin furent nommés délégués à la Chambre supérieure du commerce.

Vers cette époque parut un *Taité théorique et pratique de la fabrication des tissus,* dont l'auteur était M. F.-D. Baron, ouvrier de notre ville.

La première pierre de la nouvelle église fut posée solennellement le mardi 10 avril 1860, par M. de Bonnechose, archevêque de Rouen. Cette pierre forme la base du contrefort qui se trouve à l'angle droit du portail. Dans une cavité ménagée dans cette pierre, on plaça une boîte en plomb renfermant une plaque de cuivre sur laquelle est gravée, en latin, une inscription commémorative de la cérémonie, des monnaies d'or et d'argent ayant cours alors et deux médailles de la Vierge.

La Société industrielle rendit public, à partir du 15, le Musée qu'elle venait de former ;

il était composé en grande partie d'une belle collection d'oiseaux réunie par M Noury, professeur de dessin. Ce musée était situé rue Berthelot, dans le local de la Société.

Le 21, on soumit à l'enquête l'ouverture de la rue Sainte-Sophie, entre la place Lemercier et la rue de Paris.

Le 4 mai, M. Ernest Baroche, fils du président du Conseil d'Etat, vint à Elbeuf, pour prendre connaissance des détails de notre industrie lainière.

Ce même jour, mourut M. Pierre Duval-Dantan, ancien adjoint au maire, bibliothécaire de la ville ; il était âgé de 67 ans.

Par suite, M. Bénèche, professeur de belles-lettres à Elbeuf, entra en fonctions comme bibliothécaire municipal, le 24 du même mois.

Vers ce même temps, M Constant Darré fils fut nommé architecte de la ville, en remplacement de M. Darré père, démissionnaire.

On parlait plus que jamais en ville et dans les journaux de la région du projet de chemin de fer de Serquigny à Oissel ; la question revint devant la commission municipale le 31 mai ; le maire déposa sur le bureau le projet d'emplacement de la station d'Elbeuf, présenté par la compagnie de l'Ouest et soumis à l'enquête par arrêté du préfet en date du 19 du même mois.

L'assemblée discuta, puis prit une délibération, basée sur de nombreux et longs considérants, se terminant ainsi.

« La commission municipale d'Elbeuf déclare protester formellement contre l'établissement de la station sur le point du territoire de Saint-Aubin indiqué par une teinte rouge au projet présenté par la compagnie, projet dont elle sollicite énergiquement le rejet comme désastreux pour les intérêts d'Elbeuf.

« Elle demande expressément :

« 1° Que la station pour Elbeuf soit établie sur les parties des îles Saint-Gilles et Le Comte, situées à l'Est de la levée d'accès existant entre les deux ponts suspendus, et 2° que la compagnie concessionnaire soit tenue de racheter le pont suspendu tendant d'Elbeuf à cette station, et d'opérer au dit pont les travaux de consolidation ou de remplacement indispensables pour en assurer l'usage en toute sécurité.

« Elle décide que la présente délibération sera transmise avec les pièces de l'enquête à M. le sénateur préfet ».

L'enquête fut close le 2 juin. Plus de 800 protestations étaient inscrites ou annexées au registre des enquêteurs. Toutes demandaient le rejet du projet de la compagnie et l'exécution de l'avant-projet de 1853, suivant lequel la station devait être dans les îles.

De son côté, le conseil municipal d'Orival réclamait une station au lieu dit Grand-Pré.

En juin, M. Louis-Narcisse Molet jeune, d'Elbeuf, reçut sa nomination comme consul de Perse pour le département de la Seine-Inférieure. L'exequatur lui fut accordé le 5 du mois suivant.

A l'occasion de la cession de la Savoie et du comté de Nice à la France, on chanta un *Te Deum* à Saint-Jean, le dimanche 17 juin. Dans le cortège qui se rendit à l'église, figuraient la garde nationale, la garnison et les médaillés de Sainte-Hélène.

Le 3 juillet, la commission municipale accepta un projet de traité entre la Ville et la compagnie générale des Pompes funèbres, et donna un avis favorable sur des projets de traité entre cette compagnie et les deux églises.

M. Laurent Patallier ayant fait l'offre d'ouvrir une rue allant de la place Saint-Louis à la rue de la Justice, traversant la partie incendiée en novembre précédent, la commission municipale l'accepta, ainsi que le nom de Saint-Laurent que M. Patallier avait proposé.

La grosse affaire de cette séance fut la discussion d'un projet de reconstruction de l'Hôtel de Ville et de divers travaux nécessitant un emprunt de 1.200 000 fr.

M. Laurents, tout en reconnaissant l'utilité des projets, trouva le moment inopportun pour leur exécution. « A la veille d'une crise alimentaire, suivie très probablement d'une crise commerciale, dit-il, il serait imprudent d'engager toutes les ressources de la ville pour vingt ans. Que d'événements imprévus peuvent survenir qui en exigeraient un emploi, sinon meilleur, du moins plus pressant ! » Il conclut par une demande d'ajournement.

M. Tabouelle nia la crise; d'ailleurs, ajouta-t-il, toutes les ressources de la commune ne seront pas aliénées.

Après une discussion assez vive entre M. Tabouelle et M. Victor Papavoine, l'assemblée prit la délibération qui suit :

« Art. 1er. — Est résolue en principe la construction d'un nouvel Hôtel de Ville sur les terrains de celui actuel, auquel seront réunis ceux des propriétés voisines et contiguës de MM. Collas et Chouane.

« Art. 2. — A cet effet, l'expropriation de ces deux immeubles sera poursuivie pour cause d'utilité publique, à défaut de traités amiables avec les propriétaires.

« Art. 3. — Un somme de 3.000 fr. est inscrite au budget supplémentaire pour subvenir aux travaux d'étude... »

La commission prit cette seconde délibération :

« Art. 1er. — Sont déclarés d'utilité publique les travaux ci-après :

« L'ouverture du passage Padel.

« L'élargissement de la rue Saint Jean entre l'église et la rue Berthelot.

« L'élargissement de la rue aux Bœufs (M. Louis-Robert Flavigny contribuait pour 10.000 francs dans ce travail).

« L'ouverture d'une rue sur la limite de Caudebec, entre les routes départementales nos 7 et 36.

« L'élargissement du port, de la première section de la rue Deshayes, de la rue Constantine, de la rue du Moulin, de la rue du Marché, de la rue des Echelettes.

« L'élargissement de la rue des Trois Cornets, entre la rue du Neubourg et la sente du Bosquet-Chandelier ;

« L'exhaussement du sol de la rue de Seine au niveau de celui de la rue Henry ;

« L'achèvement ou établissement de trottoirs rues de Caudebec, Saint-Louis, Henry et du Cours depuis la rue Deshayes jusqu'à la place du Calvaire ;

« Les travaux supplémentaires à l'Abattoir ;

« Les aqueducs rue Lafayette et de la Bague ;

« La plantation et cailloutis sur les quais et la création d'un square ;

« Le pavage des rues du Glayeul, de la Bague, des Trois Cornets et Henry.

« Art. 2. — Il sera pourvu aux dépenses relatives à l'Hôtel de Ville et à celles de l'article précédent au moyen d'un emprunt de 1.200.000 fr. »

Dans la première quinzaine de juillet, des industriels d'Elbeuf furent appelés devant le Conseil supérieur du commerce et de l'industrie, présidé par M. Rouher, ministre, ayant pour secrétaire M. E. Baroche, et déposèrent dans l'enquête sur les tissus.

Furent ainsi entendus : MM. Blay frères, pour le lavage et la teinture des laines ; MM. Joannès Moreau et J. May, comme filateurs; MM. Flavigny, Alex. Poussin, Ed. Bellest, Mme veuve Th. Chennevière et M. Delandemare, fabricants

Le 10, on célébra, à Saint-Jean, un service funèbre à l'occasion de la mort du prince Jérôme Napoléon. Les autorités y assistèrent, ainsi que la musique et trois compagnies de garde nationale.

Le samedi 21, Elbeuf reçut la visite de M. Faye, membre de l'Institut, inspecteur général de l'instruction publique ; de M. Magnin, membre de l'Académie de Paris, et de M. Didier, proviseur du Lycée de Rouen. Ils se rendirent à la Société industrielle, rue Berthelot, puis dans l'établissement Chennevière.

Le premier Elbeuvien qui reçut le titre d'officier d'Académie fut M. Houzeau, alors professeur de chimie à l'Ecole de Rouen, dont la nomination porte la date du 25 juillet 1860.

Vers la fin du mois, M. Leroyer fut nommé commissaire à Rouen, et remplacé, à Elbeuf, par M. Jules Astier, venant de Provins.

Il fut procédé, le 14 août, à l'installation de M. Buée, qu'un décret impérial du 14 juillet précédent avait renommé maire, et de M. Martel, adjoint.

A cette occasion, le maire prononça un discours, dont voici quelques extraits :

« Messieurs ; au moment où vous entriez en fonctions, le pays subissait une crise alimentaire. Pour remédier autant que possible à la cherté du pain, pour soulager les souffrances qui en résultaient, vous votiez, le 2 octobre 1855, un impôt extraordinaire qui fut sanctionné par le Corps législatif...

« Le conseil municipal qui nous a précédé vous avait légué un projet d'emprunt. L'emprunt a été réalisé avec la plus grande facilité. Alors ont pu s'accomplir :

« Les travaux de construction des aqueducs, qui ont transformé nos principales rues ; l'ouverture du prolongement de la rue Henry, qui a créé un nouveau quartier où se sont aussitôt élevées de magnifiques constructions ;

« La restauration de la salle de spectacle ;

« Les travaux des abattoirs et fondoirs publics.

« L'agrandissement de notre bel établissement hospitalier.

« Le projet de création d'un abreuvoir, avec cale de débarquement, s'est confondu dans un autre beaucoup plus important : le prolongement et l'amélioration de nos quais ».

M. Buée rappela les autres travaux secondaires ; il montra ce qu'il restait à faire pour l'embellissement de la ville et l'utilité de ses habitants et termina ainsi :

« La commission municipale, qui siège depuis 1855 et dont les pouvoirs vont cesser, peut se dire qu'elle a fait d'utiles et excellentes choses. Ses actes sont là pour faire son éloge ».

Ce fut la dernière séance de la commission municipale.

A la fête de l'empereur, le 15 août, les médaillés de Sainte-Hélène inaugurèrent leur drapeau. Il portait les inscriptions suivantes : APRÈS DIEU — TÊTE... ARMÉE — VIVE L'EMPEREUR ! — « Après Dieu » laissait entendre que c'était Napoléon que les médaillés vénéraient le plus ensuite. « Tête... Armée » étaient les dernières paroles de l'empereur mourant.

Les électeurs furent convoqués pour les samedi 18 et dimanche 19 août, à l'effet de nommer les membres du conseil municipal devant succéder à la commission qui avait administré la ville pendant les cinq dernières années.

Pour la première fois, l'élection se fit au scrutin de liste, chaque bulletin devant porter vingt-sept noms. Les électeurs, divisés en trois sections, mais par ordre alphabétique et non par quartiers, votèrent tous à l'Hôtel de Ville, dans la grande salle, dans celle des audiences du Tribunal de commerce et à la Justice de paix.

Les inscrits étaient au nombre de 5.414 ; il ne se présenta devant l'urne que 1.102 votants : Il fut procédé les 25 et 26 du même mois à un scrutin de ballottage qui donna les résultats suivants :

ÉLUS		NON ÉLUS	
MM.	voix	MM.	voix
Edouard Turgis	1.232	Patallier	594
Auguste Lefort	1.220	Gasse	587
Léon Pion	1.195	Olivier	583
Math Bourdon	1.190	Legrix	576
Buée	1.153	F. Delaporte	538
Charles Lizé	1.142	Morel-Beer	518
Joannès Moreau	1.135	Guérot	518
Const. Grandin	1.119	Courel	518
Alf. Grandin	1.103	Duvallet aîné	262

Année 1860

ÉLUS	voix	NON ÉLUS	voix
MM.		MM.	
Dr Fillolet	1.092	Elie-Berthelot	115
V. Papavoine	1.091	Ph. Decaux	90
Alex. Poussin	1.073	Hipp. Delarue	84
Alph. Martel	1.073	Piéton père	77
J. Lanseigne	1.067	A. Chennevière	72
H. Tabouelle	1.055	A. Lechandelier	68
Ach. Cavrel	969	H. Gérin-Roze	64
H. Rivière	896	Lemaître-Dévé	57
L. Chennevière	730		
Casimir Carré	724		
Philippe Aubé	714		
Isidore Lecerf	710		
Fl. Lanne	688		
P. Sevaistre	676		
C. Houllier fils	643		
A. Osmont	636		
Martin-Bénard	618		

Commencé à sept heures du soir, le dépouillement des 1.270 bulletins de vote ne finit que le lendemain matin à quatre heures

Le préfet avait autorisé la distribution de la liste officielle des candidats; mais, au second tour, il s'était opposé à la mise en circulation d'une autre liste, imprimée, portant les noms de MM. Buée, Martel, Ph Aubé, Math. Bourdon ; Bouillon, fabricant ; Bouju, peintre ; Casimir Carré ; Chennevière fils, marchand de bois ; Chabert, tisserand ; Courel aîné ; Dorival, épicier ; Dagommet père, Descoubet père, apprêteur ; Eug. Elie Berthelot, propriétaire ; Tannery, menuisier ; Edouard Guérot ; Horcholle, pharmacien ; Ch. Houllier fils, Honoré Laudou, Laurents, Lefort-Henry ; Masselin, ferblantier; Aug. Malteau ; Piéton, marchand sabotier ; Aug. Rivière, fabricant, et Edouard Turgis.

L'installation du conseil municipal eut lieu le 15 septembre.

Un décret impérial, daté de Saint-Cloud, 26 septembre, nomma M Hippolyte-Louis-Jérôme Rivière, agréé, aux fonctions d'adjoint, en remplacement de M. Lanne, démissionnaire.

Vers ce temps, la Chambre consultative donna un avis favorable à l'établissement d'un service de touage entre Conflans et la mer, comme avantageux au commerce de notre ville.

En septembre étaient décédés, le 2, M. Ch.-Auguste Rocques, âgé de 57 ans, et, le 28, M. Léonidas-Supersticide Murizon, fils de l'ancien révolutionnaire et de Marie-Louise Capplet ; il était âgé de 66 ans.

On soumit à l'enquête, à partir du 5 octobre, le projet d'ouverture d'une nouvelle rue, entre la place Saint-Louis et la rue de la Justice, sur les terrains occupés par les bâtiments incendiés le 2 novembre précédent, à laquelle on donna, plus tard, le nom de Saint-Laurent.

L'enquête sur le projet d'établissement d'un barrage éclusé sur la Seine, à Martot, fut ouverte le 26 octobre. La commission était présidée par M. Henri Quesné, député.

Il avait été question de supprimer le bras de Seine dit de Freneuse, où chaque hiver les teinturiers remisaient leurs pontons lavoirs, afin de les soustraire à l'action des glaces. Le bureau de la Chambre consultative eut une entrevue, à ce sujet, avec les ingénieurs, lesquels renoncèrent à leur projet.

Sur l'invitation de la Chambre consultative, alors en instance pour obtenir sa conversion en Chambre de commerce, M. Ch. Lizé se livra à un travail historique, accompagné d'un intéressant tableau indiquant la moyenne des transactions en tissus d'Elbeuf, par l'intermédiaire des négociants de la place. Nous l'analyserons rapidement.

Pendant de longues années, la fabrique d'Elbeuf avait travaillé seule au placement de ses produits ; les manufacturiers avaient des voyageurs en France, en Italie, en Espagne et en Portugal. Plus tard, les nouveaux fabricants et ceux dont les moyens d'action étaient limités, avaient trouvé dans les dépôts formés par eux des facilités d'écoulement. A côté de ces dépôts, des maisons de commission s'élevèrent. Puis des maisons d'achat à forfait se créèrent. Grâce à ces intermédiaires, Elbeuf, qui jadis n'était visité que périodiquement et par une clientèle restreinte, devint un marché important et perpétuel.

Toutefois, ces maisons n'avaient pas fait sortir les affaires d'Elbeuf du cercle où elles les avaient trouvées. Alors des négociants se créèrent dans les Amériques ; mais la force des choses allait les obliger à fonder des comptoirs au delà de l'Océan.

M. Lizé concluait par la nécessité d'une Chambre de commerce.

Le tableau donnait le chiffre annuel des affaires en draperie faites par les 59 commissionnaires, marchands de draps et facteurs de marchandises établis à Elbeuf. Les chiffres expriment des centaines de mille francs :

A. Andrieu et L. Rastier, 6 ; Benoist Baillemont, 15 ; A. Barbe et Odier, 5 ; T. Boismard, 1 ; V. Bonnefous et Dumont, 10 ; Buisson et Cie, 4 ; Charpentier-Grandin et Nivert, 15 ; Cherest et Cie, 3 ; H. Claudé et Plesse aîné, 8 ; A. Cotelle et Thézard, 20 ; Dautresme, 5 ; P. Deboos, 3 ; J. Delaisse et Cie, 3 ; E. Delamare et Cie, 45 ; Delattre aîné, 2 ; Dorchain, 3 ; A. Dubosc et Cie, 8 ; Robert Dubray et Lermuzeaux, 10 ; Durand-Dautresme, 5 ; Victor Fréret, 10 ; Ch. Frontin et Cie, 5 ; Grivaz, 10 ; Ch. Frontin et Cie, 5 ; F. Guilbert, 6 ; Zacharie Halle-Halle, 6 ; L. Harent, 1 ; Hédouin jeune, 5 ; Alfred Jobey, 15 ; Jordan et Gosselin, 15 ; Lainé frères et Fontellaye, 8 ; Langlois-Gosse, 8 ; Lemonnier-Chennevière, 8 ; Désiré Lemaître, 8 ; Vve Sanson Lepesqueur et Lepesqueur fils, ensemble 20 ; Lizé père, fils et L. Auber, 40 ; A. Martel, 15 ; L. Martin, 3 ; Martin-Bénard et Delamare, 10 ; Mauger, 8 ; P. Mercier et F. Lautour, 10 ; Molet jeune et Brazier, 20 ; Papavoine frères, 8 ; Peigné et Lecomte, 5 ; Petel, 25 ; Pointel et Cie, 15 ; A. Poulain, 5 ; B. Regnaud et Hébert, 4 ; Eug. Richard aîné, 2 ; G. Rosset, 4 ; Rougeolle-Milleret, 4 ; Roussel frères, 15 ; E. Saint-Martin et E. Lanon, 12 ; Savoye oncle et Bardenat, 10 ; Louis Sibilat, 8 ; Alexandre Tessier, 15 ; Vaysse frères, 6 ; Wallet frères, 5 ; Michel Viard, 5 ; au total : 55.200.000 fr.

En ce même temps, M. Ph. Aubé remit à la Chambre consultative une note sur le commerce de laines à Elbeuf. Citons en quelques passages :

« ... Les consignations de laines indigènes ne suffisaient plus au besoin d'exportation de notre fabrique. L'innovation dans les produits appelait la recherche de matières nouvelles ; la spéculation pouvait les procurer, mais la commission est intervenue...

« ... La laine indigène, qui s'employait presque exclusivement il y a vingt ans, n'entre plus que pour un quart dans la fabrication locale. Il lui fallait des laines d'Allemagne, de Russie, d'Australie, d'Espagne, de la Plata, pour se maintenir à la hauteur des progrès qui s'accomplissaient sur tous les points...

« ... On peut estimer à 20.000.000 francs le chiffre annuel des opérations en laines des deux principales maisons d'Elbeuf... Il leur est dû en permanence, par la fabrique, de 6 à 8 millions Elles ont chacune un comptoir au Havre, et l'une d'elles a fondé un établissement à Vienne (Autriche).

« La spéculation prend une bonne part aux affaires de la place... D'autres maisons s'attachent principalement aux laines indigènes.

« En somme, le commerce des laines à Elbeuf intervient pour les trois quarts au moins dans l'approvisionnement de la place, soit pour 30 millions de francs... »

Entre temps, MM. Ch. Flavigny et Augustin Poussin avaient fait de nombreuses démarches à Paris, afin d'obtenir, dans le traité avec l'Angleterre, pour les tissus de laine, une protection spécifique plutôt que *ad valorem*. M. Baroche fils avait assuré à nos deux concitoyens que l'affaire ne pressait pas. Néanmoins, on avait appris à Elbeuf que M. Baroche avait déposé son rapport.

M. Flavigny retourna à Paris. M. Baroche lui dit qu'il avait conclu par 1 fr. 50 le kilog. sur les tissus valant 15 fr. le kilog. et au-dessous, et par 10 pour 100 *ad valorem* sur ceux valant plus de 15 fr. le kilog. M. Flavigny protesta contre cette insuffisance de protection, sans toutefois pouvoir obtenir davantage.

De retour à Elbeuf, M. Flavigny proposa à

la Chambre consultative d'envoyer immédiatement une adresse à l'empereur ; mais la Chambre n'étant pas au complet, les membres présents jugèrent qu'il n'était pas possible qu'une délibération fut prise avant l'époque indiquée pour la signature définitive du traité.

Dans la séance du 14 novembre, le Conseil municipal adopta un nouveau traité avec la compagnie du gaz.

Dans celle du 21, M. Buée exposa qu'ayant été informé que le conseil général des Ponts et Chaussées avait adopté le tracé du chemin de fer de Serquigny, en plaçant la station d'Elbeuf au-delà du cimetière de Saint-Aubin. il s'était empressé de communiquer avec M. Henri Quesné, député au Corps législatif.

M. Quesné lui avait laissé entrevoir la possibilité d'obtenir cette station dans l'enclos de M. Monreuil, avec un pont fixe au bout de la rue de Paris, et le député engageait le conseil municipal à faire une pétition dans ce sens.

M. Ch. Flavigny ajouta que M. Julien, directeur de la compagnie de l'Ouest, avait fait la proposition ferme de ce pont fixe et que c'était l'ingénieur du contrôle qui avait proposé la variante fixant la station dans la propriété Montreuil.

M. Tabouelle fit ressortir que la compagnie n'avait tenu aucune des promesses faites au cours de l'enquête.

M. Paul Sevaistre pensait que toutes les promesses de la compagnie n'avaient eu d'autre but que de faire départir le Conseil des délibérations antérieures.

« Evidemment, dit-il, les moyens de persuasion sont épuisés. L'avis du conseil des

Ponts et Chaussées est un nouvel échec pour notre manière de voir : c'est la question d'argent qui domine la résolution de la Compagnie. Que n'essaye t-on pas de la vider en offrant une subvention ? Ne vaut-il pas mieux sacrifier aujourd'hui quelques centaines de mille francs que perdre plus tard des millions ? car la station dans la presqu'île aura pour conséquence certaine, dans l'avenir, la création d'une ville nouvelle, la perte du marché de la draperie pour l'ancienne et la dépréciation de ses propriétés ».

Le Conseil, déclara renouveler les délibérations antérieures et invita la commission du chemin de fer à faire auprès du ministre toutes les démarches nécessaires.

Le 23, le Conseil arrêta les termes d'une très longue adresse au ministre du Commerce, de l'Agriculture et des Travaux publics sur la question du chemin de fer. Après avoir rappelé les objections que la compagnie de l'Ouest opposait aux désirs de la ville d'Elbeuf, l'adresse y répondait ainsi :

« 1° L'excédent de dépenses. Nul doute que, pour se rapprocher d'Elbeuf, il ne faille allonger la ligne et augmenter la dépense. Mais est-ce que quelques centaines de mille francs doivent peser dans la balance lorsqu'il s'agit d'intérêts aussi importants et d'une dépense totale de seize millions pour l'embranchement ? D'ailleurs, nous mettons en fait, et c'est un point reconnu par tous ceux qui savent les habitudes des populations à desservir : c'est que le chemin, en plaçant la station le plus à proximité d'Elbeuf, trouvera dans la préférence qu'il obtiendra par là sur les bateaux à vapeur faisant le service sur Rouen, un revenu supérieur à l'intérêt de cet excédent de dépense. Cette considération n'est donc en réalité de nulle valeur et doit être écartée.

« 2° L'insuffisance du terrain susceptible d'être affecté à la gare ne doit pas davantage arrêter la décision de Votre Excellence. En effet, les ingénieurs de la Compagnie, après avoir demandé pour cette gare une surface de sept hectares d'abord, puis de neuf hectares, se sont enfin arrêtés à onze hectares. Sans discuter ces chiffres, il nous suffira de dire que la réunion si facile des îles Saint-Gilles et Landry, au moyen du comblement du petit bras d'eau qui les sépare, offre une superficie presque trois fois supérieure au maximum de onze hectares demandé, et que cette réunion permet en même temps d'établir la station d'Elbeuf sur le parcours d'une ligne droite ayant un kilomètre de longueur, au lieu de la mettre sur la ligne courbe que présente le plan de la Compagnie. Il nous sera permis d'ajouter que cette réunion des deux îles Saint-Gilles et Landry se rattache et se lie parfaitement aux projets d'amélioration conçus dans l'intérêt de la navigation par l'administration des Ponts et Chaussées dans cette partie de la Seine.

« 3° L'inconvénient d'un pont placé en biais au débouché du vallon d'Orival, pour incliner la ligne vers Elbeuf, est-il aussi grave qu'on l'a articulé ? Si nous ne nous trompons, il y a une différence, au point de vue de la navigation, entre un pont placé en biais sur la Seine, comme l'a été si malencontreusement celui construit en face le village du Manoir, et un pont biais dont les piles et culées ont leurs axes longitudinaux placés exactement suivant la direction du courant du fleuve que ce pont sert à traverser. Il ne s'agit donc pour parer à l'inconvénient signalé que de prescrire au point dont il s'agit la construction d'un pont biais, au lieu d'un pont placé en biais ».

Cette adresse fut remise à M. Henri Quesné, qui la transmit au ministre, lequel lui en donna en personne un accusé de réception. Le ministre était d'ailleurs très favorable aux intérêts d'Elbeuf ; mais l'administration des Ponts et Chaussées leur était contraire.

La Société archéologique, fondée à Elbeuf, avait été autorisée le 16 novembre.

Un arrêté préfectoral, notifié le 23, autorisa la création du Cercle nautique elbeuvien, avec siège rue du Maurepas, tout près du café Thénier, très en vogue à cette époque, ainsi que le café du Palais-Royal, son voisin.

Malgré les réclamations de l'industrie drapière et particulièrement celles des délégués d'Elbeuf, le système des droits spécifiques fut repoussé. Le *Moniteur* du 1er décembre fit connaître aux industriels lainiers la seconde convention complémentaire entre la France et l'Angleterre ; elle fixait le taux des droits d'entrée pour les tissus de laine à 15 pour 100 de la valeur jusqu'à la fin de 1863 et à 10 pour 100 de la valeur au 1er janvier 1864.

Le 5 décembre, la Chambre consultative adressa une supplique à l'empereur au sujet des lignes de Serquigny à Rouen et de Laigle à Granville.

Le même jour, elle donna un avis favorable sur le projet d'établissement d'un barrage éclusé à Martot.

Le 17, la commission municipale des chemins de fer proposa au Conseil une nouvelle démarche, en l'appuyant d'une deuxième subvention de 200.000 fr.

M. Tabouelle proposa cette délibération :

« Le Conseil, prenant en grande considération l'urgence de l'établissement dans les îles de la station du chemin de fer, décide que la commission spéciale du chemin de fer est autorisée à se transporter auprès de M. le ministre des Travaux publics pour appuyer, de rechef et de plus fort, au nom de la ville d'Elbeuf, les votes antérieurs relatifs à la station, et au besoin de s'engager à contribuer à l'excédent de dépense que pourrait occasionner l'établissement de la gare dans les îles et à discuter le chiffre de cette contribution ».

M. Papavoine déclara qu'il ne voterait pas pour cette proposition, impliquant le principe d'une nouvelle subvention, qu'il repoussait d'une manière absolue.

M. Cavrel crut entrevoir dans le débat un intérêt de quartier.

M. Tabouelle répondit qu'il n'y avait point de représentants de quartier dans le Conseil, mais des représentants de la ville entière, et qu'il n'était pas permis de leur supposer l'intention et le désir de sacrifier l'intérêt général à leur intérêt particulier.

Après des observations présentées par MM. Bourdon, Poussin et Lefort, M. Paul Sevaistre demanda le vote par appel nominal sur la proposition de M. Tabouelle.

Votèrent pour : MM. Turgis, Lefort, Pion, Bourdon, Buée, Lizé, C. Grandin, Flavigny, A. Grandin, Fillolet, Poussin, Martel, Lanseigne, Tabouelle, Rivière, Aubé, Lecerf, Sevaistre, Lanne et Martin, au total 20 voix.

Votèrent contre MM. Moreau, Papavoine,

Cavrel, Chennevière, Carré, Houllier fils et Osmont, ensemble 7 voix.

En décembre, on fit une enquête sur le projet de division, en deux cantons, du canton d'Elbeuf.

Le 24, on procéda à l'adjudication des travaux de construction d'un pavillon de secours pour les noyés et asphyxiés.

Le 27, M. Prieur neveu, banquier, entra à la Chambre consultative, en remplacement de M. Martel, soumis avec d'autres de ses collègues à la réélection, qui n'acceptait pas de nouveau mandat.

Un décret impérial du 29 décembre nomma M. Achille Cavrel à la présidence du Tribunal de commerce ; MM. Lanseigne et Pierre Pelletier fils aîné, juges ; MM. L. Flavigny, Amable Beaudouin et Bellest-Malfilâtre, juges suppléants.

Dans le cours de 1860, deuxième année de son existence, la Société industrielle s'était particulièrement attachée aux points qui suivent :

Moyens à employer pour supprimer les bourres de tondeuses et de laineries, jusque-là abandonnées aux contre-maîtres.

Etude sur le prix du gaz dans différentes localités, et renseignements complets concernant sept villes différentes.

Etude sur le prix de revient comparatif d'un mètre de drap fabriqué en France et en Angleterre.

Etude d'un nouveau procédé de dégraissage des pièces de draps et nouveautés.

Vers cette époque, M. Limet, fabricant à Elbeuf, introduisit en France le séchoir à laine dit « courant d'air forcé », inventé en Angleterre. L'année suivante, M. Pasquier, de Reims, fit breveter un séchoir mobile.

Cette année-là, M. Laurent Fouquet, d'Elbeuf, reçut un brevet pour un métier à tisser de son invention.

En 1860, on compta dans notre ville 677 naissances, 676 décès et 174 mariages. — A Caudebec, il y avait eu 225 naissances, 216 décès et 52 mariages.

CHAPITRE XXV
(1861)

Toujours le chemin de fer de Serquigny. — Les rues Dautresme, Solférino et Magenta. — Incendies. — La Société d'Archéologie. — Création de la Chambre de Commerce — Régates. — Election au Conseil général. — Le pont de la rue de Paris — Il est question d'un service d'eaux. — L'alcoolisme a Elbeuf. — Visite de l'ambassadeur de Perse. — Addition a l'église nouvelle. — Statistique industrielle.

Les premiers jours de l'année furent marqués par un débordement de la Seine, causé par la fonte des neiges. L'eau monta jusqu'à la rue Bourdon ; le Champ-de-foire, complètement inondé, fut quelques jours après, couvert d'une glace épaisse, à la grande joie des patineurs et des enfants.

Le dimanche 6 janvier, il y eut en ville deux incendies et deux feux de cheminée.

Une décret daté du 16 déclara d'utilité publique l'établissement projeté d'une salle d'asile rue Notre-Dame.

Le 18, il fut procédé à l'installation de M. Achille Cavrel, comme président du Tribunal de commerce ; à celle de MM Lanseigne et Pierre Pelletier fils aîné, comme juges, et à celle de MM. Louis Flavigny, Amable Beaudoin et Louis-Jules Bellest-Malfilâtre, comme juges suppléants, tous nommés par décret impérial du 29 décembre précédent.

Du discours prononcé par M. Lecerf, président sortant, il ressortait que 660 affaires avaient été inscrite au Tribunal en 1859 et 626 en 1860. En 1859 le nombre des faillites avait été de 14, et de 18 en 1860.

En ce même mois, le Tribunal donna un avis favorable au projet de conversion de la Chambre consultative en Chambre de commerce.

Réuni le 25 janvier, le conseil municipal, après avoir voté 400 fr. pour des réparations à faire à la fontaine Saint-Georges, rue de la Rigole, reprit la question du chemin de fer.

M. Buée donna lecture d'une lettre du préfet, de laquelle il résultait 1° que le conseil général des Ponts et Chaussées, après avoir entendu le représentant de la compagnie de l'Ouest, qui avait déclaré que celle ci prenait l'engagement de construire un nouveau pont sur la Seine, en face la rue de Paris, ainsi que la voie d'accès à la gare, dans le cas où le tracé rouge serait adopté, avait émis un avis favorable à ce tracé ; 2° que la Compagnie entendait retirer ses offres, si le tracé vert, demandé par la ville d'Elbeuf, venait à être préféré.

M. Tabouelle rendit compte de la démarche que la commission du chemin de fer avait faite auprès du ministre.

Celui-ci s'était montré animé des sentiments les plus bienveillants pour les intérêts d'Elbeuf. Il avait fait remarquer qu'il en avait donné une preuve sans exemple, en arrêtant l'effet de l'avis émis par les Ponts et Chaussées, parce qu'il comprenait le danger qu'il y avait pour notre ville. Aux termes du cahier de charges, il pouvait bien obliger la compagnie à placer la gare dans les îles, mais non lui imposer la construction d'un pont ; qu'ainsi ce serait à la ville d'Elbeuf d'établir un accès sûr et commode, dans le cas où la station serait placée dans ces îles.

Le ministre avait ajouté qu'il ne fallait pas compter sur le concours de l'Etat pour la construction d'un pont, mais qu'il serait possible d'aider au rachat du péage du pont suspendu par une allocation annuelle.

Aussitôt de retour à Elbeuf, la commission s'était abouchée avec M. Levavasseur, propriétaire du pont suspendu ; mais déjà plusieurs combinaisons pour la consolidation et le rachat du péage avaient été examinées lorsque la lettre du préfet parvint à la commission.

L'unanimité qui avait jusqu'alors régné dans cette commission avait cessé : quatre membres persistaient dans les décisions antérieures et le cinquième désirait ne pas repousser d'une manière absolue les offres de la Compagnie ; toutefois la commission s'était de nouveau mise d'accord pour présenter un projet de délibération au Conseil par lequel celui-ci continuerait à réclamer la station dans les îles.

Et au cas où des considérations porteraient à incliner vers l'admission du tracé rouge, le conseil municipal réclamerait que la compagnie de l'Ouest s'obligeât à substituer à ses frais des ponts solides, en matières de tôle ou de fonte, aux deux ponts suspendus, et à établir une voie d'accès jusqu'à la gare, indépendamment de l'autre pont que la compagnie se proposait de construire au bout de la rue de Paris, ainsi qu'une voie à la suite de ce pont.

Enfin, la commission du chemin de fer proposait d'incorporer la commune de Saint Aubin à la ville d'Elbeuf

Le Conseil discuta longuement et, finalement, persista à réclamer la gare dans les îles, mais à une assez faible majorité

Fin janvier, la garnison de notre ville se composait d'un bataillon entier du 15e de ligne, y compris les voltigeurs et les grenadiers.

Un bal de bienfaisance, qui fit époque durant un certain nombre d'années, fut donné à l'Hôtel de Ville, le 2 février ; il produisit une somme nette de 4.158 fr.

Le 7, on inhuma M. Sainte-Croix Desfrêches, manufacturier, ancien juge au tribunal de commerce, décédé l'avant veille dans sa 57e année.

Le 18, le conseil municipal vota l'ouverture de la rue Dautresme, limitrophe entre Elbeuf et Caudebec.

Le nouveau service des pompes funèbres commença le 1er mars.

Le lundi 25 février, vers une heure du matin, le feu s'était déclaré à la Sécherie elbeuvienne, rue du Cours ; les pertes s'élevèrent à 85.000 fr.

Un nouvel incendie éclata pendant la nuit du mardi 5 au mercredi 6 mars, rues du Havre et Henry, dans l'établissement Drouard, qui fut entièrement détruit. Les pertes se chiffrèrent par environ 150.000 fr.

Le samedi 9, à onze heures et demie du soir, on vit une belle aurore boréale dans la direction de Rouen, qui fit croire même à un immense incendie dans la presqu'île de Saint-Aubin.

Le 28, vers sept heures et demie du soir, notre ville fut encore mise en émoi par un nouveau sinistre. Le feu s'était déclaré rue de la Bague, dans l'établissement Gérin-Roze. Les dégats furent estimés à environ 70.000 fr.

Le 20, la Chambre consultative pria le ministre du Commerce d'intervenir auprès de son collègue des Finances pour qu'il fût créé un bureau de douane à Elbeuf, afin d'y faire arriver sans transbordement les charbons de provenance anglaise.

Le 15 avril, mourut M. Delanos, ancien médecin à Elbeuf ; il était âgé de 86 ans.

Le lendemain, soixante hectares de la forêt d'Elbeuf furent détruit par le feu ; on estima les dommages de 25 à 30 000 fr.

Le 28, dans l'après midi, le feu consuma un bâtiment rempli de laines, situé place Bonaparte et appartenant à M. Emile Martin, teinturier. Les pertes dépassèrent 200.000 fr.

Les abattoirs et fondoirs publics, dont l'ouverture eut lieu le 1er mai, comportaient des tueries et fonderies de suif particulières, à la grande satisfaction des intéressés.

Le 15, la Chambre consultative adressa, au ministre du Commerce, une demande tendant à assurer aux industriels français, en Angleterre, la propriété des dessins de fabrique, en la même forme qu'elle était garantie en France.

Le même jour, la société locale d'archéologie inaugura ses travaux, en présence de l'abbé Cochet. Son but était d'étudier les antiquités locales et de réunir les objets curieux trouvés dans le sol. — Le bureau de la nouvelle société était composé de MM. Gustave-Victor Grandin, président ; Eugène Maille, vice président ; Léon Sevaistre, secrétaire ; Jules Buquet, secrétaire-adjoint ; Emmanuel Pelletier, trésorier-archiviste ; le comte de Boussey, visiteur cantonal pour le canton d'Elbeuf ; Molet aîné, visiteur cantonal pour le canton de Grand-Couronne.

Le lendemain 16, la Société industrielle ouvrit ses cours de chimie ; M. Houzeau en fut le premier professeur.

Le 29, on inaugura les nouvelles orgues de Saint-Etienne.

M. Philippe-Ambroise Aubé mourut le 24 mai ; il était âgé de 85 ans.

Le Cercle nautique elbeuvien, fondé au commencement de l'année, donna des régates magnifiques le dimanche 7 juin. Il vint des canotiers de Rouen, de Paris et même d'Angleterre. Aux courses à la voile, on ne compta pas moins de vingt embarcations. La musique du 15e de ligne apporta son concours à cette journée, qui se termina, le soir, par une belle fête vénitienne sur la Seine. — *L'Illustration* publia, dans son numéro du samedi suivant, un beau dessin de M. Lanon, représentant les régates d'Elbeuf.

Le mercredi 10, on lança à Rouen, aux chantiers de l'île Lacroix, un nouveau navire destiné au service d'Elbeuf au chef-lieu, construit pour le compte de MM. Lenormand et Baudu. Ce nouveau vapeur prit également le nom de *Dorade*.

Le 15 du même mois mourut, à l'âge de 63 ans, M. Félix-Laurent Collas, ancien manufacturier, rue de la Justice. Il avait fait partie du Conseil municipal, du Tribunal de commerce et de la Chambre consultative.

L'élection au Conseil général, des samedi 15 et dimanche 16 juin, fut assez mouvementée. M. Deschamps, conseiller sortant, se représentait, avec l'appui du gouvernement. M. Charles Flavigny, qui avait été candidat officiel en 1852, se portait de nouveau contre lui, mais comme indépendant. Le *Journal d'Elbeuf* patronnait M. Deschamps. L'élection donna les résultats suivants :

Communes	Inscrits	Votants	Deschamps	Flavigny
Elbeuf	5.610	1.787	924	843
Saint-Aubin	402	222	101	121
Caudebec	1.472	315	202	109
Cléon	157	75	48	27
Freneuse	180	60	36	24
La Londe	478	214	90	124
Orival	406	192	159	34
Saint-Pierre	896	441	295	141
Sotteville	97	43	29	14
Tourville	242	69	42	27
Totaux	9.940	3.418	1.925	1.464

Il y avait donc ballottage. Au second tour, qui eut lieu la semaine suivante, M. Deschamps fut réélu par 2.413 voix, contre 1.652 données à M Ch. Flavigny.

La question du chemin de fer fut tranchée, le 22 juin, par une dépêche adressée au préfet, annonçant que, conformément à l'avis du Conseil général des Ponts et Chaussées, le ministre des Travaux publics avait adopté le tracé rouge, proposé par la compagnie de l'Ouest, à la condition que cette compagnie construirait, à ses frais, un pont sur la Seine, dans la direction de la rue de Paris, et un chemin à la suite.

Le ministre laissait à la charge de la ville le rachat du pont suspendu, mais il promettait le concours de l'Etat dans le cas où il s'agirait de consolider ou même de reconstruire ce pont.

Les travaux de sondage pour la construction du pont de la rue de Paris commencèrent à la fin de ce même mois de juin.

Le maire autorisa, le 20 juillet, l'ouverture d'un établissement de bains froids pour dames dans le bras de Seine séparant les îles Saint-Gilles et de la Bastide ; le directeur était M. Pauger.

En juillet-août, le *Journal d'Elbeuf* inséra plusieurs lettres d'un membre de la Société archéologique locale, touchant les armes du duché et de la ville d'Elbeuf. Ces lettres furent, avec raison, contredites par M. Parfait Maille.

Le 8 août, on mit en adjudication deux rangées d'arbres au Champ-de-foire, dont l'abattage était nécessité par l'ouverture des rues de Solférino et de Magenta.

Le point de départ du service d'eaux installé dans notre ville fut une proposition que le maire fit au Conseil le 3 août.

Après avoir donné lecture d'un rapport de l'architecte municipal, duquel il résultait qu'une source située dans l'établissement du dispensaire pourrait peut-être non seulement alimenter une fontaine placée sur le marché au poisson, mais encore distribuer de l'eau sur plusieurs autres points de la ville, M. Buée réclama un crédit de 150 à 200 fr. pour s'en assurer par de nouvelles études. — Le Conseil vota 300 fr. à cet effet.

A cette occasion, M. Tabouelle rappela que, depuis longtemps, les divers Conseils de la commune qui s'étaient succédé, avaient recherché les moyens de doter la ville d'une distribution complète d'eaux ; qu'un moment même, en 1854, on avait espéré atteindre ce but en traitant avec un certain marquis de Bourdeille, mais qu'à l'instant où cette affaire allait s'engager, on avait appris que l'autorité supérieure avait refusé son approbation à un traité passé entre la ville de Rouen et la compagnie du marquis de Bourdeille; puis que l'on n'avait plus entendu parler de celui-ci, ni de ses propositions.

Ce même jour, M. Bourdon exposa au Conseil que M. Barthélemy, architecte de la nouvelle église, s'était aperçu qu'une travée supplémentaire donnerait à cet édifice un aspect plus monumental et plus complet ; qu'il était temps encore d'y ajouter ce complément ; qu'à coup sûr, le conseil municipal ne voudrait pas laisser aux âges futurs une œuvre incomplète. Il conclut en demandant que l'ancienne commission de l'église se rendît sur les lieux pour recevoir les explications de M. Barthélemy, et en observant que l'addition proposée coûterait de 25 à 30.000 fr., somme que l'on obtiendrait du ministre des Cultes, qui avait paru très bien disposé en faveur de cette œuvre.

L'assemblée donna pouvoir à MM. Bourdon, Poussin, Tabouelle, C. Grandin et Flavigny, membres de la commission de l'église, d'étudier le projet.

Dans cette séance encore, il fut demandé que des mesures fussent prises pour la répression de l'ivrognerie. M. Tabouelle s'exprima en ces termes :

« En juin 1861, dans une discussion qui eut lieu au Sénat, on a cité une ville de la Seine-Inférieure pour la quantité considérable d'alcool qui y est absorbée. Cette ville n'a pas été nommée, mais je crains bien que ce soit Elbeuf qu'on ait eu en vue. Il y a longtemps, en effet, que les états de l'octroi nous ont appris qu'ici plus qu'ailleurs la quantité d'alcool consommée est véritablement effrayante. Elle se trahit par le grand nombre d'individus qui sillonnent si fréquemment les rues en état d'ivresse.

« La jurisprudence tend de plus en plus à venir en aide au pouvoir municipal pour la répression de ce vice, si fécond en conséquences déplorables... »

M. Tabouelle conclut en proposant au Conseil d'inviter le maire à prendre un arrêté pour rendre applicables à Elbeuf les prescriptions concernant l'ivresse publique et sanctionnées par la jurisprudence. — Cette proposition fut adoptée à l'unanimité.

Le dénombrement de la population fait en 1861 accusa 19.988 habitants, dont 4.612 garçons, 4.391 hommes mariés, 412 veufs ; 5.125 filles, 4.427 femmes mariées, 1.021 veuves. L'augmentation sur 1856 se chiffrait par 1.167 habitants. — A Caudebec, l'augmentation était de 1.484 habitants, sur les 5.419 que l'on avait comptés en 1856.

Par décret du 26 septembre, M. Jules Chauvin fut nommé commsisaire central à Elbeuf, en remplacement de M. Astier, nommé dans le département de la Seine.

Le 24 octobre, mourut M. Louis-Auguste-François Bellec, âgé de 61 ans.

Le samedi 26, à 11 heures du soir, l'agent

de police Jean-Baptiste-Armand Fériel, âgé de 36 ans, fut mortellement blessé d'un coup de couteau, sur la place Saint Louis, en voulant arrêter des perturbateurs du repos public — Fériel, ancien militaire, après avoir été garde forestier, était entré dans la police municipale le 27 mars précédent ; il avait un enfant âgé d'environ cinq ou six ans auquel une pension de 225 fr fut servie jusqu'à sa majorité. En outre, la ville sert, depuis cette époque, une rente annuelle de 225 fr. à sa veuve, qui jouit, en plus, d'une pension viagère de 120 fr. que lui paie le Département.

Dans le courant de ce mois, Hassan-Ali-Khan, ambassadeur de Perse, accompagné de Nazar-Aga, premier secrétaire de la légation, envoyé par son gouvernement pour remettre à M. Molet jeune, consul de Perse, le firman et les insignes de commandeur du Lion et du Soleil, en profita pour visiter plusieurs fabriques elbeuviennes, notamment celles de Mme Th. Chennevière. Vauquelin, Mignard et Cie. — Sur la demande de Hassan-Ali Khan, le shah accorda également à M. Houzeau les insignes du Lion et du Soleil, en reconnaissance des leçons de chimie données par ce professeur à de jeunes Persans qui avaient suivi ses cours l'année précédente.

Le 5 novembre, le Conseil vota la création d'une poissonnerie couverte ; la dépense prévue était de 25.200 fr.

Puis M. Bourdon fit un rapport verbal sur la travée supplémentaire qu'il s'agissait de faire entrer dans la construction de l'église de la rue du Neubourg. La dépense était évaluée à 48 300 fr. M. Bourdon ajouta :

« M. Rouland, ministre des Cultes, a examiné avec intérêt les plans de cette église. Dans un voyage qu'il a fait à Elbeuf, il a donné quelques conseils et a même fait des promesses qu'il ne peut avoir oubliées ».

Le Conseil adopta l'addition demandée. Après quoi M. Bourdon parla de la construction d'un presbytère pour cette église et du percement de rues nouvelles dans ses abords.

Une note de cette époque porte que l'industrie de notre ville était fort active, et que ses produits s'écoulaient facilement. Les nouveautés étaient particulièrement recherchées.

M. Charles-Louis Victorin Houllier, banquier, conseiller municipal de 1834 à 1848, adjoint au maire en 1841, ancien président du Consei des prud'hommes, mourut le 8 décembre, étant dans sa 86e année.

Le 14, mourut M. le docteur Tassel, âgé seulement de 32 ans.

Enfin, M. Amédée-Charles Parfait Capplet, dernier descendant d'une famille qui joua un certain rôle dans l'histoire de notre ville, mourut à Elbeuf, le 19 décembre, à l'âge de 86 ans. Il avait été l'un des premiers à substituer la filature mécanique à celle à la main, au commencement du siècle, dans la manufacture qu'il dirigeait, et avait contribué au développement de notre centre industriel.

Il avait fait partie du Conseil municipal et du Tribunal de commerce, était membre de la Société d'Emulation de Rouen et de l'Association normande. Dans un des voyages qu'il avait faits en Italie, le pape l'avait nommé chevalier de l'ordre de Saint-Sylvestre — Par testament, M. Capplet laissa 5 000 fr. à l'hospice et 5 500 fr. à d'autres établissements de bienfaisance de notre ville.

En cette année était mort aussi M. Dantan, l'un des gardes de la forêt d'Elbeuf avant la Révolution et le dernier officier survivant de la maison du prince de Lambesc.

Nous avons dit qu'un décret du 5 juin avait créé à Elbeuf une Chambre de commerce, pour succéder à la Chambre consultative des Arts et Manufactures, dont les derniers membres étaient MM. Philippe Aubé, Edouard Bellest, Mathieu Bourdon, Laurent Démar, Charles Flavigny, Constant Grandin, Isidore Lecerf, Charles-Hyacinthe Lizé, Pelletier fils aîné, Alexandre Poussin, Prieur neveu et Edouard Turgis.

Voici le tableau, dressé à cette occasion, des industries relatives à la laine dans les trois principales communes du canton d'Elbeuf :

Etablissements	Elbeuf	Caudebec et St-Pierre
Fabricants de drap	204	67
Teinturiers	18	1
Filateurs de laine	8	2
Apprêteurs	50	»
Loueurs de force motrice	22	»
Batteurs de laine	3	»
Retordeurs de fils	28	1
Colleurs de chaînes	7	11
Lamiers-rôtiers	11	1
Fabriques de savon	4	1
Foulonniers à la mécanique	2	»
Etablissements de séchage	2	»
Marchands de déchets	8	18
Monteurs de métiers	2	»
Dessinateurs pour fabriques	4	»

On comptait 14.700 ouvriers elbeuviens dans l'intérieur de la ville, 4.400 autres venant des environs pour y travailler, et 2.500 occupés au dehors pour l'industrie d'Elbeuf ; soit, au total, 21.600 ouvriers, sans compter les 1.200 qu'employaient les fabricants de Caudebec et de Saint-Pierre.

La première élection à la Chambre de commerce eut lieu le 19 décembre ; elles eurent pour résultat la nomination de MM. Lizé, Bourdon, Aubé, Poussin, Ch. Flavigny, Demar, Prieur neveu, Turgis et Auguste Lefort.

Ce fut en 1861 que l'on établit le porche en menuiserie et la grille de l'église Saint-Jean, rue Henry. Avec le trottoir, ces travaux s'élevèrent à plus de 7.000 fr.

Pendant sa troisième année d'existence, la Société industrielle examina

Un nouveau système d'encollage des chaînes;

Cinq systèmes de métiers mécaniques à tisser ;

Un système de transmission de mouvement par chaîne en fer ;

Enfin, elle expérimenta le charbon minéralisé que lui avait soumis M Gohin

Pendant le courant de l'année, l'état-civil enregistra 696 naissances, 204 mariages et 643 décès.

CHAPITRE XXVI
(1862)

Nouvelles protestations a propos du chemin de fer. — Conditions et usages de place. — Elbeuf a l'Exposition de Londres. — — Les fêtes de juillet ; congrès, tenu a Elbeuf, de l'Association Normande ; concours agricole ; exposition industrielle ; exposition archéologique et artistique. — Délimitation de la paroisse de l'Immaculée-Conception. — Députations d'Elbeuviens vers le ministre des Travaux publics. — Le titrage métrique des filés.

Les dépenses prévues au budget municipal de 1862 s'élevèrent à 444.525 fr — Les dépenses du budget de l'hospice étaient arrêtées à 48.497 fr., et celles du Bureau de bienfaisance à 42.300 fr.

L'éclairage par les lanternes publiques, jusque-là subordonné aux phases de la lune, eut lieu toutes les nuits à partir du 1er janvier.

Vers le 11, mourut à Rouen M. Henri-Mathieu Quesné, chevalier de la Légion d'honneur, père de M. Henri Quesné, député. Le défunt était dans sa 73ᵉ année. Il avait fait partie du Conseil municipal de 1823 à 1843, et avait été adjoint au maire en 1831. Industriel de mérite, il avait fait partie du Conseil général des manufactures. Le Tribunal de commerce l'avait compté également parmi ses membres et la garde nationale au nombre de ses officiers.

Le 24, on procéda à l'installation de MM. Joannès Moreau et Léon Collas, nommés juges au Tribunal de commerce par décret du 28 décembre précédent, et à celle de MM. Prosper Cabourg et Jules Wallet, nommés suppléants.

En cette même année, le Tribunal décida que l'usage du tour de rôle pour les syndicats de faillites cesserait d'être observé ; que les syndics seraient nommés en prenant surtout en considération les soins vigilants et l'activité apportés dans la gestion des syndicats antérieurs.

Le 29 janvier, sous la présidence de M. Buée, maire, on procéda à l'installation des membres composant la Chambre de commerce élus le 19 décembre précédent Ces membres étaient MM. Charles-Hyacinthe Lizé, Mathieu Bourdon, Philippe Aubé, Alexandre Poussin, Charles Flavigny, Laurent Démar, Louis-Denis Prieur neveu, Edouard Turgis et Aug. Lefort ; — Ce dernier n'accepta pas le mandat que les électeurs voulaient lui confier

M. Bourdon fut élu président ; M. Flavigny vice-président, et M. Poussin, secrétaire, mais par suite de sa non acceptation, M. Aubé le remplaça. Enfin, M. Prieur fut élu trésorier. — On nomma M. Gardin secrétaire archiviste salarié. — M. Isidore Lecerf, élu le 24 du mois suivant, remplaça M. Auguste Lefort.

Le 30 janvier, le conseil municipal protesta

contre la proposition de la compagnie des chemins de fer de l'Ouest tendant à établir à Oissel la gare tête de ligne du chemin de fer de Serquigny, et demanda, en application du décret du 13 avril 1859, que cette gare fût établie à Tourville. La Chambre de commerce fit une protestation également.

Le même jour, on mit en adjudication les travaux de construction d'une poissonnerie couverte, entre les rues Henry et Berthelot; le devis s'élevait à 24 000 fr.

A la deuxième séance tenue par la Chambre de commerce, le 1er février, on fixa son budget pour l'année à 1.500 fr., et l'on décida de modifier les jetons de présence en remplaçant les anciennes armes de la ville, par ces mots : « Chambre de commerce d'Elbeuf (Seine-Inférieure) instituée par décret impérial du 5 juin 1861 », et d'en faire frapper 90 exemplaires.

Un décret impérial du 12 déclara d'utilité publique l'ouverture d'une rue de dix mètres entre Caudebec et Elbeuf (rue Dautresme), de la rue du Cours à celle de Louviers.

Le 2 mai, il fut procédé à l'adjudication des travaux pour l'établissement du barrage de Martot et des écluses de Saint Aubin ; la dépense prévue était évaluée à 206.000 fr.

Le préfet et le général de Lioux, venus à Elbeuf, par le bateau à vapeur *Napoléon*, le 8 du même mois, à l'occasion du conseil de revision, visitèrent l'asile et la crèche Saint-Jean, et le nouvel établissement de MM. Legrix et Maurel, rue du Cours

Le 22 le conseil municipal ajouta 5.000 fr. aux 10.000 qu'il avait votés déjà, pour les fêtes qui devaient avoir lieu à Elbeuf à l'occasion du Congrès de l'Association normande.

Le mercredi 28, le Théâtre Lyrique de Paris donna la première représentation de *Sous les Charmilles*, opera en un acte de M. Kauffmann, musique de M. Lucien Dautresme, d'Elbeuf. Ce fut un succès pour notre concitoyen. La presse parisienne reconnut les grandes qualités de cette pièce et le talent du compositeur, qui reçut aussi les félicitations de M. Amédée Méreaux, juge rouennais très compétent.

Le mardi 1er juillet, l'archevêque de Rouen, en tournée pastorale, inaugura un bâtimennt neuf et le calvaire de l'hospice.

La Chambre de commerce arrêta ainsi, le 2 juillet, le tableau des conditions et usages de la place d'Elbeuf :

« *Laines :* Elles se vendent à sept mois, qui commencent à courir de la date de la facture, avec un escompte de deux pour cent et un pour cent de trait. Tare nette.

Teinture : Dix pour cent d'escompte avec 60 jours, non compris le mois de livraison.

« *Filature :* Quinze pour cent d'escompte avec 60 jours, non compris le mois de livraison.

« *Produits manufacturés :* 1º Les draps pour femmes et pour hommes, les cuirs de laines et généralement les tissus lisses ou seulement croisés, qui se vendent sans être décatis, obtiennent un escompte de six pour cent. — Dans ces étoffes, les défauts, inséparables d'une fabrication régulière, sont bonifiés selon leur importance et par des réfactions de métrage.

« 2º Les édredons castors et autres articles non façonnés, pour paletots, qui se vendent décatis, n'ont droit qu'à quatre pour cent d'escompte. — Les défauts sont bonifiés comme dans les articles précédents.

« 3º Les articles façonnés, quel que soit leur emploi, sont vendus décatis, avec un escompte de quinze pour cent. — Pour eux, il est accordé un pour cent pour défauts

« Les défauts ainsi bonifiés sont ceux inévitables en fabrication, attendu que les étoffes non réussies, quel qu'en soit le genre ou l'emploi, sont vendues telles quelles et supportent une réduction de prix proportionné à leur état de défectuosité

« *Conditions générales* : Tous les produits précités sont payables à Elbeuf à soixante jours, en plus du mois dans lequel les ventes ont été faites, à moins qu'elles aient lieu après le 25 ; dans ce cas, les ventes partent du mois suivant. — Les vendeurs sont tenus d'emballer à leurs frais leurs étoffes, si elles sont destinées à l'extérieur Si, au contraire, elles ont été vendues à des acheteurs de la place, ceux-ci es reçoivent sans toilettes ni emballage et ont droit à un pour cent à titre de compensation ».

La distribution des récompenses de l'Exposition de Londres se fit en juillet ; la part de l'industrie de notre ville fut huit grandes médailles et quatre mentions honorables :

Médailles : MM. E. Bellest, Benoist et Cie ; Vve Th. Chennevière et fils ; Chary et Lafendel ; L. Demar et Cie ; Legrix et Maurel ; A. Poussin et fils ; J. Thillard et Cie ; F. Vauquelin

Mentions : MM. L. Cosse ; Duclos et Neveu ; H. Gérin-Roze ; Levieux.

M. Desplas, constructeur-mécanicien, obtint également une mention honorable.

A la suite de cette exposition, MM. Félix Vauquelin et Michel Legrix, manufacturiers, furent nommés chevaliers de la Légion d'honneur. Leur nomination ne parut qu'en 1863

La sente du Bosquet Chandelier fut classée comme rue, le 5 juillet, par délibération du conseil municipal.

Ce même jour, le Conseil repoussa une proposition de créer un poste de pasteur protestant à Elbeuf, faite par le consistoire de l'église de Rouen. D'après une observation de l'un des membres, il n'y avait alors que 109 personnes dans notre ville appartenant au culte de l'Eglise réformée

On sait qu'à l'occasion du Congrès de l'Association Normande qui tint ses assises en notre ville les 10, 11 12 et 13 juillet, une exposition de produits industriels et agricoles, de machines et instruments aratoires, fut organisée A cet effet, un traité avait été passé avec MM. Limosin et Havard, de Paris, pour la construction d'un local place du Champ-de foire.

Le bâtiment se composait d'une travée de 70 mètres de longueur, 8 mètres de largeur et 6 mètres de hauteur, au milieu de laquelle était une façade décorée et aux armes de la ville, pour servir d'entrée à l'exposition. Aux deux extrémités étaient deux avant-corps également décorés, par lesquels se faisaient les sorties. Ce bâtiment était couvert en planches et carton bitumé. L'intérieur était magnifiquement garni de drapeaux, écussons, etc.

Devant ce hall se trouvaient un square et espace clos par un treillage vert où étaient exposés divers produits

Une machine à vapeur locomobile donnait

le mouvement à des outils mécaniques, au moyen d'une transmission.

Une estrade de 8 mètres de longueur sur 8 mètres de largeur, fut également construite pour la distribution des prix.

La durée de l'exposition fut fixée à un mois, à partir du 10 juillet.

Voici le programme que l'on établit pour les fêtes à donner :

Jeudi 10 juillet. — A midi : Réception des membres de l'Association Normande à l'entrée de la ville, par la municipalité, escortée de la garde nationale, tambours et musique en tête. A une heure : Ouverture de la session dans la grande salle de l'Hôtel de Ville. Enquête agricole. A cinq heures : Séance de la Société française d'archéologie.

Vendredi 11. — A sept heures du matin : Excursion dans la presqu'île de Saint-Aubin. A midi : Enquête industrielle et discussion des questions s'y rattachant. Visite des établissements industriels et à l'exposition des produits installés sur la place du Champ-de-foire.

Samedi 12. — Concours provincial de bestiaux. Exposition des produits agricoles et instruments aratoires. Exposition industrielle et horticole. De midi à cinq heures : Enquête morale et artistique à l'Hôtel de Ville.

Dimanche 13. — Exhibition publique du concours industriel et mise en mouvement des machines. A midi : Conseil général administratif. A deux heures : Distribution solennelle des primes, sous la présidence du préfet. A quatre heures : Ascension de ballons. Jeux divers, course en sacs, seau volant, etc. A six heures : Banquet par souscription des membres de l'Association Normande. A neuf heures : Feu d'artifice, illuminations générales. Danses publiques et gratuites les 12, 13 et 14 juillet

Les fabricants qui prirent part à l'Exposition furent MM Berrier frères ; Bellest, Benoist et Cie ; Bona et Cie, Morel Beer, Bruyant-Desplanques, Blondel fils et Dubus, Chary et Lafendel, Carré et Béranger, Vve Th. Chennevière et fils, P. Cabourg, Duclos et neveu, Delaunay et Delepoule, Doublet et fils, Dubos fils, Gence et Cie, Démar et Cie, Dugard frères, Fouchet père, Godard fils, André Guérot, Foliot et Aubrée, Ch. Flavigny et fils, Fouchet fils, Clovis Hue, Louis Huet, Ch. Imhaus, Levieux, Limet, Legrix et Maurel, Lion et Cie, Métot, Mignard. Osmont et Lermuzeaux, Fréd. Olivier, Plantefol-Gariel, Poussin et fils. Savoye neveu, Cyprien Sanson, Saint Amand, Traber, Thillard, Vauquelin, Vaguet aîné, Beaudouin frères, Leblond et Malassis, René frères, Félix Lefebvre.

Les emplacements, tous égaux, furent tirés au sort.

Les autres exposants elbeuviens étaient : .

MM. Dumoutier, métier à tisser, appareil d'appel de secours après sépulture, moulin à pommes, machine à coudre. — Mouchard, machine à lustrer les draps. — Bri!, de Saint-Pierre, rubans de cardes. — Grard, pompe à eau. — Limet, machine à sécher la laine. — Desplas, machine à fouler. — Béranger, métier à tisser mécanique, ourdissoir mécanique, métier à monter les chaînes. — Malteau, égloutronneuse, fouleuse, lainerie. — Palin, ceinture de sauvetage. — Berta, calorifère, cheminée, fourneau. — Leprince fils, presse à confitures. — Duvallet aîné, serre-joints en fer. — Ch. Drevet, appareil à caser les bouteilles, etc. — Pinchon, machine à faire les peignes. — Leroy, machine à adoucir et assouplir les draps, machine à laver la laine. — Leblond, tondeuse longitudinale. — Laloy, machines à apprêter les draps. — Hubert, machine Jacquard sans cartons, scie circulaire. — Picard fils, lames et rôts. — Prévost frères, lames et rôts. — Rouzier fils aîné, pompe à incendie.

Le jeudi 10, dès le matin, notre ville prit un air de fête. Des drapeaux flottaient sur la façade des habitations, et les 6e et 7e compagnies de la garde nationale escortèrent les autorités qui allaient recevoir les membres de l'Association, auxquels se joignit la compagnie de voltigeurs du 26e de ligne, alors en garnison à Elbeuf.

Les détails complets de ce congrès sont consignés dans 383 pages de l'*Annuaire* des cinq départements de la Normandie, pour l'année 1863. Nous lui ferons quelques emprunts concernant l'état de notre ville à cette époque.

Deux entreprises de bateaux à vapeur entretenaient d'actives relations entre Elbeuf et Rouen ; le nombre des voyageurs était d'environ 365.000 par année.

La ville comptait 1.649 patentés.

Elle utilisait 91 machines à vapeur d'une force nominale de 749 chevaux et de plus de 1.000 effective, cinq usines hydrauliques équivalaient de 20 à 25 chevaux-vapeur.

L'industrie lainière comptait, parmi les établissements à façon, 21 grandes teintureries, 12 filatures de laines, 50 ateliers de retordage, plusieurs sécheries et 45 maisons d'apprêt pour le lainage, la tonte, le lustrage et le décatissage des draps En outre, des établissements situés dans la vallée de l'Eure, de l'Iton, de l'Andelle et de la Risle, travaillaient pour le compte de l'industrie elbeuvienne.

L'Association Normande visita plusieurs établissements de notre ville, et le soir du 11 juillet se réunit en séance. Les jours suivants, il y eut l'exposition de bestiaux, d'instruments aratoires, de produits agricoles et industriels et de machines diverses. La distribution des récompenses eut lieu le 13 juillet.

Nous avons dit qu'une exposition artistique et archéologique faisait partie du programme et qu'elle avait été installée rue Berthelot, à l'angle nord vers la rue de Seine, par les soins de la Société industrielle. Parmi les objets qui y figurèrent, nous citerons un lit Renaissance, reconstitué avec les débris d'un lit provenant du château de la Londe, démoli lors de la Révolution, et trois chapes en velours rouge brodé, données à la collégiale de la Saussaye par un duc d'Elbeuf. — M. Raymond Bordeaux a publié un compte rendu de cette partie de l'exposition elbeuvienne de 1862, qui nous dispense d'entrer dans les détails.

L'exposition resta ouverte jusqu'au 15 août. Le prix d'entrée était de 50 centimes.

Pendant toute sa durée, un concert-bal attira chaque soir d'abord, plusieurs fois par semaine ensuite, un assez grand nombre de personnes.

Les dépenses occasionnées par le Congrès s'élevèrent à 28.151 fr. Les recettes faites aux Expositions industrielle et artistique avaient produit 9.745 fr. Pour couvrir l'excédent de dépenses non prévu, le conseil municipal vota un crédit supplémentaire de 8.406 francs.

M. Bénêche ayant démissionné, M. Jules Buquet fut nommé bibliothécaire municipal le 22 juillet. — Quelques jours auparavant, M. Buquet avait été nommé secrétaire-adjoint du Conseil des Prud'hommes ; le 3 octobre suivant, il succéda également à M. Bénêche, comme secrétaire de cette compagnie, dont le président était alors M. Bazin et le vice-président M. Félix Gasse, nommé en cette même année.

Dans sa séance du 19, le conseil municipal s'occupa de la création d'une troisième circonscription paroissiale, par suite de la construction de la nouvelle église, dite de l'Immaculée-Conception.

D'après le projet de M. l'abbé Poulain, la paroisse Saint-Jean devait conserver ses limites vers l'Ouest ; dans la partie Est, elle se terminerait en suivant une ligne marquée sur le plan en encre rouge : partant du cimetière Saint-Jean, elle passait par le milieu des rues Tournante et Patallier, passage et place Lemercier, et rue des Traites jusqu'à la rue du Port.

M. Buée observa qu'il avait été tracé une variante, en vue d'augmenter l'étendue de la paroisse St-Jean qui, d'après le projet primitif, se serait trouvée, à peu de différence près, de même importance que celle de l'Immaculée-Conception, tandis que, avec la variante, on aurait pour la première paroisse 7 254 habitants et pour la seconde 6.263.

M. Papavoine combattit cette variante ; mais M. Poussin la soutint, alléguant qu'il y avait beaucoup de terrain disponible dans la nouvelle paroisse, qui tendrait à prendre plus d'accroissement que celle de Saint-Jean.

M. Bourdon partagea cet avis et entrevit, de plus, la possibilité de réunion, dans un temps donné, de la commune de Caudebec à celle d'Elbeuf. Il pensait aussi que la nouvelle paroisse deviendrait plus importante que celle de Saint-Jean, à laquelle il convenait de laisser la supériorité. En conséquence, il fallait adopter le plan le plus favorable à cette dernière paroisse.

M. Poussin, après une réplique de M. Papavoine, demanda la faveur pour le projet le plus large envers la paroisse Saint Jean ; ce qui fut adopté.

En conséquence, la ligne séparative des deux paroisses devait passer par les rues Tournante, Patallier, de la Barrière (depuis le passage Lemercier jusqu'au Calvaire), rue de Paris et des Traites jusqu'à la rue du Port.

Mais, quelque temps après, le Conseil revint sur cette décision, à la suite de l'intervention de l'archevêché.

Les jeudi 14 et vendredi 15 août, on ouvrit gratuitement au public l'exposition industrielle et artistique. On compta 9.782 visiteurs pour la première et 6.600 à la seconde.

Un arrêté du maire, daté du 8 septembre, régla les débuts à faire par les artistes du théâtre.

Le même jour, le conseil municipal protesta contre le projet de la compagnie de l'Ouest, consistant à reporter la station de Tourville, placée jusque-là sur la grande ligne de Paris à Rouen, sur celle de Serquigny.

Le 3 novembre, le conseil municipal vota une somme de 60.000 fr. pour la construction d'une salle d'asile rue Notre-Dame, dans la propriété acquise de M. Demontfleury.

Le dimanche 9, le préfet vint présider la distribution des récompenses décernées à l'occasion du Congrès de l'Association Normande, cérémonie qui avait été retardée à cause d'une maladie de ce magistrat.

Le 16, le ministre des Travaux publics reçut une délégation composée de M. Quesné, député, de M. Buée, maire, de membres de la Chambre de commerce et du conseil municipal, du marquis de Belbeuf, sénateur, et du comte de Belbeuf, conseiller général du canton de Boos.

La députation demanda au ministre le maintien de la station de Tourville sur la ligne de Paris, la mise en activité de la ligne de Serquigny, l'ouverture des travaux du pont de la rue de Paris et le percement des voies qui en étaient l'accessoire.

Le ministre répondit à peu près en ces termes :

« Le dossier de l'affaire concernant la station de Tourville n'est pas encore revenu en mes mains ; mais je puis vous assurer que j'apporterai dans son examen et dans la décision qui en sera la suite, le plus vif désir de donner satisfaction aux intérêts d'Elbeuf. Je suis, en général, disposé à respecter les droits acquis ; Elbeuf est en possession d'une station sur la ligne principale à Tourville : il faudrait de très puissants motifs pour l'en déposséder. Je ne puis prendre, vous le comprenez, d'engagement formel à cet égard, mais je puis vous garantir mes bonnes dispositions particulières et ma tendance générale aux respects de vos droits ; ma décision ne se fera pas attendre.

« Quant à votre désir de voir mettre prochainement en activité votre embranchement, et les travaux du pont fixe et des voies d'accès à la gare de Saint-Aubin, je le trouve très légitime, et dans l'appréciation du budget de la Compagnie pour 1863, budget qui m'est parvenu hier même, je ne perdrai pas de vue vos réclamations et vos besoins, et serai heureux de donner dans cette circonstance une preuve de plus de l'intérêt que je porte à votre ville, dont j'apprécie les efforts dans la lutte industrielle soutenue par elle en ce moment ».

Pendant les travaux du chemin de fer, M. l'abbé Cochet découvrit, cette année-là, un cimetière gallo-romain de la période de transition, c'est à-dire du IVe et du Ve siècle de notre ère, sur le versant de la colline regardait l'Orient, entre Tourville-la-Rivière et Sotteville-sous-le-Val, à l'endroit où la ligne débouche du tunnel vers Pont-de-l'Arche.

La nouvelle église de l'Immaculée-Conception, fut bénie le lundi 8 décembre, par l'archevêque de Rouen M. Gosselin, desservant de Rolleville, fut le premier curé de la nouvelle paroisse, et M. Brunel le premier vicaire. — A cette occasion, M. Buisson, curé de Saint-Jean, reçut sa nomination de chanoine honoraire de l'église métropolitaine de Rouen.

Le conseil municipal décida, le 10 décembre, la suppression du magasin de farines en réserve pour la boulangerie, que l'on avait établi rue Saint-Jacques.

Ce même jour, le Conseil décida que l'on canaliserait les eaux de la source existant dans le dispensaire, à l'entrée de la rue du Thuit-Anger, pour les envoyer sur quatre points différents : places de la Poissonnerie, du Calvaire, Lécallier et Lemercier, où des bornes-fontaines seraient établies. Il vota une somme

ÉGLISE DE L'IMMACULÉE-CONCEPTION

ce 19.800 fr. pour l'exécution des travaux nécessaires. Enfin, il décida que, pour honorer la mémoire de M. Join-Lambert, ancien propriétaire de la source, celle ci porterait son nom.

Dans cette séance encore, il fut décidé que 17 candélabres seraient posés sur le quai, 4 rue Magenta, 2 place Bonaparte, et qu'au fur et à mesure que les trottoirs seraient construits, on en placerait également rues du Cours, Henry, de Paris et du Neubourg.

Le 13, M. Charles Flavigny, manufacturier, fonda un lit à l'hospice.

Le surlendemain, M. Laurent Patallier, depuis vingt-cinq ans administrateur de ce même établissement, et désirant se retirer, lui fit également don d'un lit.

Un décret impérial du 27 décembre déclara d'utilité publique l'élargissement des quais d'Elbeuf.

Le tableau officiel de la population du canton, se résumait ainsi :

Caudebec, 6 903 habitants ; Cléon, 522 ; Elbeuf, 19.988 ; Freneuse, 570 ; la Londe, 1.645 ; Orival, 1.740 ; Saint-Aubin, 1.580 ; Saint-Pierre, 3.238 ; Sotteville, 315 ; Tourville, 850. — Total : 38.055.

Dans une des dernières de ses séances de l'année 1862, la Société industrielle délibéra sur l'application du système métrique au titrage des filés, et conclut ainsi :

« Le système métrique est admis en principe pour le titrage des fils. L'unité de base sera le kilomètre pour la longueur et le kilogramme pour le poids.

« Tous les fils, qu'ils soient simples ou retordus, doivent être dévidés et numérotés d'après le système métrique. Les dévidoirs auront une circonférence uniforme de 1 m. 50 et seront soumis à la vérification du contrôleur des poids et mesures.

« La finesse des fils sera d'après le nombre de mille mètres contenus dans un kilogramme, chaque kilomètre donnant un numéro : le n° 1 contiendra un kilomètre, le n° 2 deux kilomètres, etc.

« Les fils seront facturés au kilogramme ou au kilomètre ; le numéro de la finesse du fil devra être indiquée sur chaque paquet, dont l'étiquette portera aussi le poids et la longueur ; les paquets ne devront pas être inférieurs à dix kilomètres ni supérieurs à cinquante ».

Les autres principaux travaux de la Société industrielle avaient porté, dans le courant de l'année, sur :

Un nouveau et rationnel mode de paiement pour le tissage, et les compte-duites ;

Les appareils contrôleurs des rondes faites pendant les nuits par les veilleurs ;

Les dépôts d'échantillons faits au bureau du Conseil des prud'hommes ;

Un nouveau mode de transmission par câble métallique, inventé par M. Hirm, en Alsace ;

Une nouvelle machine à laver les laines ;

La création, à Elbeuf, d'une société pour l'emploi des déchets de fabriques.

En 1862, on constata, à Elbeuf, 679 naissances, 183 mariages et 565 décès ; à Caudebec : 273 naissances, 64 mariages et 250 décès.

CHAPITRE XXVII
(1863)

Une proposition de M. Bourdon. — La station de Tourville. — Adoption du projet d'Hôtel de Ville et de grands travaux de voirie. — Vote d'un emprunt de 2 millions de francs. — Projet de suppression de l'ile de l'Epinette. — Elections législatives ; M. Quesné réélu, contre MM. Bourdon et Manchon. — Empoisonnement de la Seine. — En fabrique ; la vente par petites coupes. — Dépenses supplémentaires pour l'église nouvelle.

Le 16 janvier 1863, on procéda à l'installation de M. Isidore Lecerf, nommé président du Tribunal de commerce, par décret du 27 décembre précédent ; à celle de MM Cabourg, Louis Flavigny et Amable Beaudouin, nommés juges, et à celle de MM. Henri Lebourgeois et Emmanuel Pelletier, nommés suppléants.

M. Cavrel fit le relevé de ses deux années de judicature comme président. En 1861, on avait inscrit 646 affaires, et 747 en 1862. Le nombre des faillites avait été de 21 en 1861, et de 15 en 1862, soit 36 pour les deux années, dont 19 de cafetiers et débitants de liquides et spiritueux, mais pas une seule de fabricant de draps, malgré la crise commerciale et la diminution de l'exportation.

Vers le commencement de l'année, cinquante sept fabricants d'Elbeuf prirent la résolution de payer les ouvriers tisserands aux mille duites et non à la livre de compte, ainsi qu'on l'avait toujours fait dans notre ville et à Louviers.

Une estimation de M. Delaisse, négociant à Elbeuf, portait à la somme de 12 millions de francs la valeur des produits de notre ville vendus chaque année en Italie.

On poursuivait toujours avec rigueur tous les individus convaincus de vols de fabrique et les recéleurs. En huit mois, le tribunal correctionnel de Rouen prononça 65 condamnations, représentant 20 ans et 52 jours de prison, contre des délinquants.

M. Bourdon fit une singulière proposition à la séance municipale du 13 février ; nous relèverons une partie des motifs qu'il exposa dans le but de la faire adopter.

« Les produits de la fabrique d'Elbeuf ont figuré à toutes les expositions qui ont eu lieu depuis l'an IX. On en compte quatorze, en y comprenant l'exposition régionale de Rouen et les deux expositions universelles de Londres.

« Au milieu de ces luttes, sans cesse renaissantes à partir du présent siècle, toutes les étapes de la Fabrique ont été marquées par des efforts continus et toujours progressifs. Elle aurait cru rétrograder si elle était demeurée stationnaire.

« Il n'est pas un seul des grands concours

auxquels elle a participé qui n'ait, au contraire, attesté dans le développement de ses forces productives, une tendance de plus en plus prononcée vers la perfection.

« En renouvelant en temps opportun ses instruments de travail ; en demandant à la science mécanique tout ce qui peut en simplifier les rouages ; en variant surtout, à chaque saison, les dessins de ses tissus dans la fabrication des articles de nouveauté, son principal élément de réussite aujourd'hui, elle a répondu à toutes les exigences du bon goût et de la mode, et ses succès ont grandi comme par enchantement.

« Au début, dans les trois premières expositions de l'an IX, de l'an X et de 1806, elle n'avait obtenu que d'insignifiantes récompenses Huit autres expositions, de 1819 à 1851, avaient successivement abouti à lui assigner le premier rang.

« En 1855, le jury national lui accorda la grande médaille d'honneur, et en 1862, à l'exposition universelle de Londres, où elle a été représentée par quinze exposants, elle vient de remporter les plus hautes distinctions et de se placer incontestablement hors ligne... »

« A tous ces titres, j'ai pensé qu'il conviendrait de rappeler, dans un tableau commémoratif, les noms de tous les chefs d'industrie inscrits au palmarès de chacune des expositions passées ou futures. L'exemple de ceux qui se sont anoblis par le travail, la seule et véritable noblesse des temps modernes, serait ainsi recommandé d'une manière durable aux générations qui suivront la nôtre... »

M. Bourdon conclut en demandant qu'un tableau d'honneur fût placé dans l'une des salles du nouvel Hôtel de Ville, dont les plans étaient en cours d'exécution.

Cette proposition ne fut point favorablement accueillie par l'assemblée.

Le conseil général des Ponts et Chaussées ayant émis l'avis qu'il y avait impossibilité de placer une station de chemin de fer à Tourville, en faisant observer que la ville d'Elbeuf n'avait pas prouvé que cette station fut possible, M. Henri Quesné, député, écrivit pour demander l'avis de l'agent-voyer en chef du département, lequel répondit qu'il ne pouvait se charger de ce travail Alors M. Buée eut la pensée de faire étudier la question par M. Darré, architecte de la ville, qui se mit à l'œuvre et reconnut la possibilité de créer la station demandée. Après quoi, la commission municipale du chemin de fer se rendit avec MM. Darré et Quesné, à Paris, où le ministre des Travaux publics les reçut, le 1er mars.

Le travail de M. Darré fut soumis au ministre, devant M. de Franqueville, directeur général des Ponts et Chaussées.

Le ministre, après examen, manifesta des dispositions favorables et promit de faire étudier le projet immédiatement.

Le samedi 7 mars, sur l'avis qu'il en avait reçu, M. Buée se rendit à Tourville, où se trouvait M. Delaître, inspecteur en chef du contrôle des chemins de fer de l'Ouest, de l'Est et du Nord, qui avait reçu mission du ministre d'étudier le projet de M. Darré.

Il paraît que l'on avait confondu, à Paris, la station des marchandises avec celle des voyageurs, sans tenir compte de la concession de la ville d'Elbeuf, qui ne demandait plus qu'une station pour voyageurs.

M. Delaître, sans se prononcer positivement, considéra la station comme possible et promit que, dans une dizaine de jours, on serait fixé à cet égard.

Ce fut dans la séance du 10 mars que l'on aborda, au conseil municipal, la discussion sur le projet de construction d'un nouvel hôtel de ville, dont les plans furent soumis à l'assemblée. Le rapport de la commission concluait à ce que cet édifice fut construit à l'angle des rues Saint-Jean et Henry

MM. Tabouelle et Cavrel prirent successivement la parole. M Rivière présenta deux points de la ville comme plus favorables pour la construc ion projetée : celui de Mme Emile Delaunay et celui de M. Cousin-Corblin, situé à l'angle des rues de Paris et Henry.

M. Tabouelle répondit que la commission avait examiné ces deux emplacements.

« Celui de Mme Emile Delaunay, dit il, est incomplet, n'a qu'une superficie de 4.020 m. et présente une forme irrégulière ; la façade sur la rue de la Barrière est très resserrée. Son prix serait de 550.000 fr.; Mme Delaunay prétend que sa propriété lui rapporte par baux 30 000 fr. de rente.

« Quant au terrain de M. Cousin, il est d'une surface de 15.000 mètres et vaut de 4 à 500 000 fr. Ce terrain, se trouvant dans le voisinage du pont qui doit être construit, nécessiterait des remblais considérables ; dans tous les cas, il n'est pas central ».

M Papavoine demanda que l'on étudiât le terrain du Cercle — où est actuellement l'école de filles de la rue de Seine — et celui des propriétés voisines A première vue, son prix n'atteindrait pas 300.000 fr.

Un membre observa que, dans le projet de la commission, on faisait disparaître de vieilles maisons, on assainissait cinq cours infectes et l'on engageait ainsi les propriétaires voisins à élever de belles constructions.

M. Martel cita le terrain de M. Durécu, en y comprenent les maisons longeant la rue de Seine. — On lui répondit que cet emplacement n'avait que 3.800 mètres, au lieu de 4.200 ; qu'il faudrait exhausser le sol de la rue de Seine et probablement lui donner un débouché rue de la Barrière, ce qui entraînerait à de grandes dépenses.

Bref, on mit aux voix les conclusions de la commission, qui furent adoptées. — L'Hôtel de Ville devait donc être bâti rue Henry en face l'église Saint Jean.

On passa ensuite à l'examen du plan de l'édifice, dont l'auteur était M. Anger, architecte.

M Cavrel réclama la mise du plan au concours, ainsi que la société du Cercle le faisait pour son nouveau local. — Cette proposition fut repoussée.

On appela M. Anger, qui donna quelques explications, et l'on passa au devis. Les dépenses prévues s'établissaient comme suit :

Acquisition de l'emplacement....fr	351.747
Travaux, y compris 38.649 fr. pour honoraires de l'architecte........	811.627
TOTAL........fr.	1.163.374

Le Conseil, sans la moindre discussion, vota immédiatement cette grosse somme.

Dans sa séance suivante, tenue le 17 du même mois, le Conseil vota :

1º L'élargissement du port et 26.500 fr. de

dépenses correspondantes ; 2º l'élargissement d'une section de la rue Deshayes : dépense 11.900 fr.; 3º l'élargissement de la rue de Constantine : 18.000 fr.; 4º l'élargissement de la rue du Marché : 26.000 fr.; 5º l'élargissement de la rue des Echelettes : 8.000 fr. ; 6º l'élargissement de la rue des Trois-Cornets : 20.000 fr.; 7º l'élargissement de la rue de la Bague 10.000 fr.

Il vota en outre : 1º l'élargissement de la rue du Moulin-Saint-Jean, de la rue de la Rigole et la construction d'un mur de quai le long du bassin de ce nom, dépense : 107 mille 675 fr. ; 2º le prolongement de la rue des Traites, l'établissement de ruisseaux et d'aqueducs, dépense 44.970 fr.; 3º la construction de trottoirs rues de Caudebec, du Neubourg, Henry, du Havre, du Maurepas, du Cours et de la rue projetée entre la rue de Seine et le futur hôtel de ville, et l'élargissement des trottoirs de la rue de Paris, dépense : 72 mille 95 francs.

Enfin, ce même jour, le Conseil vota la création d'aqueducs rues des Echelettes, de la Bague et Lafayette dépense : 27.800 fr.

La séance du 21 fut encore consacrée à des travaux d'utilité publique.

M Flavigny avait offert à la ville une rue de 12 mètres de largeur et de 134 mètres de longueur, partant de la rue du Cours et aboutissant à celle des Traites, en face la grille de la Cerisaie ; le donateur ayant empierré, nivelé et garni de trottoirs cette nouvelle voie; le Conseil, pour donner une preuve de sa reconnaissance, décida spontanément qu'elle porterait le nom de rue Charles-Flavigny.

Ensuite, le Conseil prit en considération le

projet de porter à 12 mètres la largeur de la rue de la Rigole, au moyen d'un trottoir de deux mètres que l'on établirait en encorbellement sur le bassin de ce nom.

Puis il adopta le prolongement de la rue de la Rochelle, jusqu'à la rue Victor-Grandin ; dépense : 83.563 fr.

Il vota l'ouverture d'une rue de dix mètres entre la rue Royale et la place Saint-Louis, sur l'emplacement du passage Béranger ; dépense : 26.000 fr.

Il adopta un projet destiné à faciliter l'accès des voitures à l'église Saint-Etienne ; dépense : 12.600 fr.

Ensuite, le maire exposa l'insuffisance des abattoirs, qui avaient coûté 186.345 fr. ; il fallait un nouvel échaudoir et exécuter divers travaux nécessaires, dont le total, en dépense, s'élevait à 89.050 fr., qui furent votés.

Cela fait, le Conseil s'occupa de la construction d'un presbytère pour le curé de l'église nouvelle et du dégagement de cet édifice ; le devis s'élevait, suivant la commission, à la somme de 125.050 fr.

M. Aubé remontra que l'emprunt projeté de 1.800.000 fr. était déjà dépassé par le chiffre des dépenses précédemment votées.

M. Tabouelle lui répondit que, si cela était nécessaire, on proposerait un emprunt de 2.000.000 fr.

M. Papavoine trouva plus logique d'appliquer la somme demandée à l'achèvement de l'église que de l'employer à isoler un édifice qui était encore en construction.

La discussion continua et se termina par le vote du crédit demandé par la commission, avec l'application ci-dessus mentionnée.

Le conseil municipal, ce même jour, vota 180.000 fr. pour le dégagement de l'église Saint-Jean et l'élargissement d'une partie de la rue de ce nom.

Mais il repoussa une proposition de M. Aubé, tendant au dégagement de l'hospice.

La séance se termina par le vote d'un emprunt de 2.000.000 fr pour l'exécution de tous ces projets.

M Auguste-Joseph Lechantre, en religion frère Apollonius, directeur des Ecoles chrétiennes, mourut le 21 avril 1863, à l'âge de 56 ans. Il était né à Tournay (Belgique).

Vers le commencement de mai, la commission administrative de l'hospice décida : 1º de construire une salle de bains ; 2º de construire deux pavillons dans la cour, vers la chapelle; 3º de faire exécuter divers autres travaux.

Le conseil municipal, réuni le 27 du même mois, prit connaissance d'un rapport de M. Fillolet, exposant les travaux que les ingénieurs de la navigation avaient l'intention de faire pour donner plus d'extension à la retenue de Martot.

On ferait disparaître l'île de l'Epinette, pour améliorer les berges de la rive gauche de la Seine, depuis l'abreuvoir jusqu'à la rue du Port, en redressant cette rive au moyen de remblai, de manière à permettre l'ouverture d'une voie de communication de 15 mètres de largeur entre les propriétés riveraines et le talus gazonné à établir. Pour ces travaux, l'administration des Ponts et Chaussées demandait une contribution de 15.000 fr. à la ville d'Elbeuf.

Cette somme fut votée par le Conseil, en manifestant le désir que l'administration des

Ponts et Chaussées prolongeât ce travail jusqu'à la rivière d'Oison, c'est-à dire jusqu'entre Caudebec et Saint-Pierre.

Le 31 mai, mourut subitement M. Louis-Robert Flavigny, manufacturier, membre du conseil municipal, âgé de 64 ans.

Aux élections législatives générales du 31 mai, M. Henri Quesné, député sortant, fut le candidat désigné par le gouvernement. La circonscription électorale comprenait les cantons d'Elbeuf, Duclair, Grand Couronne, Maromme, Pavilly et Caudebec-en-Caux. Voici le texte de la circulaire que le candidat officiel adressa au corps électoral :

« Messieurs les électeurs,

« Onze années se sont écoulées depuis que j'ai l'honneur d'être votre représentant au Corps législatif.

« Déjà en 1857, vous avez bien voulu renouveler mon mandat, et ainsi déclarer que je l'avais loyalement rempli en donnant mon sincère concours à la politique de l'Empereur.

« Nos frontières des Alpes reconquises après la glorieuse campagne d'Italie et trois départements ajoutés à notre territoire ; notre pavillon respecté sur toutes les mers ; le calme régnant à l'intérieur et protégeant les louables aspirations ; de grands travaux publics améliorant le sort de l'ouvrier ; l'autorité joignant ses généreux efforts à ceux de la France entière pour rendre moins pénible à nos populations laborieuses la crise cotonnière, qu'elles supportent avec une si noble résignation ; voilà ce que nous avons vu depuis six ans ; voilà pourquoi je suis resté dévoué au gouvernement impérial.

« Sur le terrain économique, j'ai soutenu

avec fermeté la cause de nos industries ; membre de plusieurs commissions financières du Corps législatif, je me suis associé à tout ce qui tendait à réduire les dépenses publiques.

« Quant aux intérêts si importants de notre circonscription, si éminemment industrielle et agricole, vous m'avez toujours trouvé empressé à les défendre.

« Je viens, Messieurs, fier et profondément reconnaissant de la confiance dont vous m'avez honoré, candidat en complète communauté de sentiments avec une administration départementale que vous aimez tous, fort de l'appui d'un gouvernement que vous avez si souvent acclamé, je viens pour la troisième fois solliciter vos suffrages.

« Si comme je l'espère, ils prouvent encore que j'ai suivi la voie que me traçaient vos intentions et ma conscience, vous me verrez dans l'avenir tel que j'ai été dans le passé, c'est-à-dire toujours fidèle à nos communes convictions. — Henri QUESNÉ ».

Cette circulaire fut appuyée par une proclamation du préfet et, l'avant-veille du scrutin, on afficha en ville le texte d'une dépêche annonçant un grand succès de nos troupes au Mexique, afin de bien disposer les esprits.

M. Manchon, de la Feuillie, avocat à Rouen, était le candidat des libéraux, autrement dit de ceux qui aspiraient à l'avènement d'une nouvelle république, et M. Mathieu Bourdon, d'Elbeuf, était le candidat des orléanistes.

A la faveur de la pression administrative et de promesses faites aux ouvriers, M. Quesné fut réélu ; cependant, il n'eut pas la majorité dans plusieurs cantons. Voici, du reste, le résumé des opérations électorales :

Cantons	Quesné	Manchon	Bourdon
Elbeuf	2.014	1.706	2.156
Duclair	2.455	279	187
Grand-Couronne	2.057	1.794	347
Maromme	1.783	2.322	313
Pavilly	2.448	588	158
Caudebec-en-Caux	1.935	403	241
Totaux	12.692	7.092	3.402

Le total des inscrits était de 35.428 et celui des votants de 23.277.

Dans le canton d'Elbeuf, les suffrages de chaque commune s'étaient ainsi répartis :

Communes	Quesné	Manchon	Bourdon
Elbeuf	742	778	1.291
Caudebec	193	375	315
Cléon	64	»	32
Freneuse	57	29	17
La Londe	131	169	81
Orival	114	167	48
Saint-Aubin	143	58	147
St-Pierre-lès-Elbeuf	321	122	212
Sotteville	75	1	6
Tourville	174	7	7
Totaux	2.014	1.706	2.156

Le canton d'Elbeuf comptait 11.009 inscrits ; il y eut 5.916 votants.

MM. Pouyer-Quertier, Corneille, Lédier et Henri Barbet, candidats officiels dans la Seine-Inférieure, furent élus. Il y eut ballottage dans la circonscription du Havre ; le second tour de scrutin eut pour résultat l'élection de M. Ancel.

Dans le département de l'Eure, MM. d'Albuféra, d'Arjuzon, Ph. Fouquet et Guillaume Petit, candidats du gouvernement, furent également élus.

Le 8 juin et les jours suivants, le bruit se répandit dans toutes les communes riveraines que l'eau de la Seine était empoisonnée; aussi chacun s'abstint-il de l'utiliser pour des usages domestiques.

L'eau du fleuve avait pris une coloration verte très prononcée, due à la présence d'organismes qui s'y étaient développés en quantités prodigieuses, et notamment d'*Euglena viridis*, être qui mesure lorsqu'il a acquis toute sa croissance 20 millièmes de millimètre de diamètre ; mais la presque totalité de ceux que l'on rencontrait alors dans la Seine ne mesurait pas plus de 7 millièmes de millimètre de diamètre.

L'eau que l'on prenait à la Seine n'était que peu agréable, si on la portait immédiatement à l'estomac ; mais quand on la laissait séjourner dans des vases, il se formait un précipité qui n'était autre qu'un amas de matières animales putréfiées, et conséquemment malsaines.

Les docteurs E. Ducastel et Georges Pouchet, de Rouen, mirent en garde les populations de la vallée contre la consommation de l'eau de Seine.

Le 11, on mit en adjudication la construction d'un oratoire à l'asile Saint-Jean, sur une mise à prix de 2.978 fr.

Sur une réclamation d'un grand nombre de négociants en draps, tant de Paris que des principales villes de France, contre l'usage, qui s'était introduit depuis quelques années à Elbeuf, de vendre des tissus nouveautés par petites coupes, la Chambre de commerce prit, le 24 juin, la délibération suivante :

« La Chambre, considérant que l'usage dont se plaignent les négociants en draps... est le résultat tout naturel de circonstances que la fabrique n'a pas créées, mais auxquelles elle a dû céder ; que des intermédiaires se sont établis et ont attiré sur place un grand nombre de petits acheteurs, que la facilité des communications a encouragés, et que d'autres ont fait voyager sur tous les points et ont offert de vendre par petites coupes.

« Que la multiplicité des dispositions et des nuances a contribué en outre à ce morcellement ; que les fabricants qui y trouvaient un écoulement plus facile et plus complet de leurs marchandises, n'ont pas pu résister à ce qui leur semblait être fait à leur avantage ; que c'est un fait avéré que, depuis que l'usage de morceler s'est établi, les soldes, si onéreux pour la fabrique, ont presque entièrement disparu, et que la vente est devenue continue, d'intermittente qu'elle était.

« Que, sans doute, le haut commerce souffre de cet état de choses, puisqu'il s'en plaint, mais que l'expérience enseigne qu'il n'y a pas de modification dans les affaires sans déplacement d'intérêts ; que la prospérité actuelle de la fabrique d'Elbeuf est un fait incontestable, qui répond aux craintes qu'on exprime sur son avenir.

« Considérant, d'ailleurs, que l'usage dont on se plaint n'est en rien contraire à la loyauté ; que ce n'est qu'un mode de transaction différent de celui qui se pratiquait antérieurement, qu'il est parfaitement licite et qu'il ne demande aucune réglementation ; que l'intervention de la Chambre n'aurait pas sa raison d'être et serait, au contraire, de nature à compromettre son autorité.

« Décide que M. le président voudra bien

écrire à l'un des signataires de la réclamation pour lui faire part de la présente résolution ».

Cette réponse fut très mal accueillie par le commerce de gros qui, à partir de ce moment, s'ingénia à faire fabriquer des genres « exclusifs », souvent sur des échantillons d'Elbeuf, par des manufacturiers du midi de la France ou de l'étranger. L'hostilité de ces négociants se manifesta d'abord par le refus des commissions livrées en retard par les fabricants de notre ville.

A cette époque Elbeuf occupait de 400 à 500 ouvriers tisserands cotonniers sans ouvrage, dans les arrondissements d'Yvetot et de Dieppe, ceux de notre ville et des environs ne suffisant pas d'ailleurs à produire assez pour répondre aux besoins des fabricants de nouveautés.

Vers la fin de ce mois, un arrêté préfectoral autorisa M. Duchemin à établir un service de bateaux à vapeur entre Elbeuf et Rouen, avec escales à Oissel, Port-Saint-Ouen et la Mi-Voie. Ce service comprenait trois départs par jour de chaque point terminus.

A cette époque, la compagnie Lenormand et Baudu faisait, de son côté, circuler entre Elbeuf et Rouen : le *Neptune*, le *Napoléon*, l'*Elbeuvien*, le *Rouennais* et la *Dorade n° 3*. Il en résultait que, dans certains jours, les voyageurs avaient à leur disposition dix et quelquefois douze départs d'Elbeuf et autant de Rouen.

Le 4 août, sur la proposition de M. Buée, on donna le nom de rue de Puébla à la voie nouvelle limitrophe de Caudebec et allant de la rue de Louviers à celle du Cours ; mais, neuf jours après, le Conseil rapporta cette délibération et décida qu'elle se nommerait rue Dautresme.

Le 13, une demande de crédit supplémentaire de 76.845 fr., présentée au conseil municipal pour les travaux de l'Immaculée-Conception, fut accueillie très froidement.

M. Lizé remontra que l'on était à la veille de faire des dépenses considérables ; que si le Conseil entrait dans la voie qu'on lui proposait de suivre, ce serait un fort mauvais exemple, qui pourrait avoir dans l'avenir de très fâcheuses conséquences. « Je désirerais, dit-il, entendre d'excellentes raisons de la part de la commission pour donner son approbation au compte présenté ; mais devant le silence de la commission le Conseil ne peut prendre de décision ».

M. Bourdon, au nom de la commission, présenta sous forme de conclusions trois questions posées dans une note qui avait été déposée à la séance précédente et tendant à l'approbation du décompte, qui s'élevait à la somme de 299.493 fr.

M Alfred Grandin déclara être opposé à cette approbation, les explications données ne lui paraissant pas justifier l'excédent de dépenses.

M. Rivière proposa le renvoi à la commission, pour avoir des motifs d'approbation sur cet excédent.

On vota par appel nominal.

Votèrent pour : MM. Lefort, Pion, Lizé, Alfred Grandin, Fillolet, Cavrel, Rivière, Lecerf et Lanne.

Votèrent contre : MM. Turgis, Bourdon, Buée, Moreau, Constant Grandin, Papavoine, Poussin, Martel, Lanseigne et Martin.

M. Tabouelle s'abstint.

Le renvoi fut donc rejeté. Puis on vota sur cette proposition :

« Est approuvé le décompte du sieur Duvallet, encore bien que dans son chiffre de 299.843 fr. il n'y ait eu d'autorisé que celui de 218.734 fr. pour travaux compris dans le devis primitif, et celui de 4.264 fr. pour commencement d'exécution d'une travée supplémentaire, ensemble 222.998 fr. Est également approuvé le chiffre complémentaire de 76.845 francs s'appliquant à des travaux exécutés sans autorisation préalable ».

Ce décompte fut adopté par onze voix contre huit.

On donna ensuite lecture d'une seconde proposition, conçue en ces termes :

« Sont ajournés les travaux nécessaires à la terminaison de l'édifice religieux, évalués d'une part à 147.923 fr., et d'autre part à 22.073 fr. en plus, pour le cas où l'on se déciderait à élargir les sacristies, le tout non compris le 20ᵉ d'honoraires de l'architecte ».

M. Papavoine déclara regretter ces conclusions : « Si on laisse la construction inachevée, dit il, ce sera une ruine anticipée ». Il conclut en demandant la prolongation pendant cinq ans de la surtaxe sur l'alcool, afin de pouvoir continuer les travaux.

M Bourdon, très zélé cependant pour la construction de cette église, répondit qu'il y avait nécessité de se reposer, au moins jusqu'à l'application du nouveau tarif d'octroi, que le Conseil avait voté dans une séance précédente, et qui devait fournir à la ville environ 100.000 fr. de plus par an. Le Conseil adopta ces deuxièmes conclusions du rapport.

Avant de se séparer, l'assemblée vota encore 21.500 fr. pour la conservation des parties de l'église qui allaient rester inachevées et pour terminer des travaux indispensables.

La fête de l'empereur, qui se célébrait le 15 août de chaque année, suivait un programme officiel

A midi, les autorités et fonctionnaires divers, accompagnés d'un certain nombre de médaillés de Sainte Hélène, se rendaient de l'Hôtel le Ville à l'église Saint-Jean, sous l'escorte d'une compagnie de la garde nationale, avec drapeau et musique, de la gendarmerie et d'un détachement de la garnison. Un *Te Deum* était chanté

De trois heures à cinq heures du soir, le public se rendait au Champ-de-foire, où étaient installés un mât de Cocagne, et un sceau volant ; cette partie de la journée se terminait généralement par une course à ânes.

A la chûte du jour, les monuments publics étaient illuminés, et à neuf heures, on tirait un feu d'artifice au Champ de foire, où des danses publiques étaient également organisées.

En 1853, on ajouta au programmme l'inauguration des dix-sept candélabres du quai et des quatre de la rue Magenta.

La liberté de la boulangerie fut proclamée, à Elbeuf, le 28 août, pour commencer à dater du 1er septembre.

On ouvrit, à partir du 15 septembre, une enquête, sur les travaux de voirie, dont nous avons déjà parlé dans le présent chapitre.

Le 21, une autre enquête fut ouverte sur le projet d'agrandissement du cimetière Saint-Jean.

Un incendie se déclara le dimanche 11 octobre, à deux heures après-midi, dans la fabrique de M. Félix Aroux, rue de Paris. Les pertes furent évaluées à environ 60.000 fr

A cette époque, deux des piles du pont de la rue de Paris étaient achevées et deux autres en construction.

Le ministre ayant refusé l'allocation de 12.000 fr que la ville lui avait demandée pour la construction de l'Asile de la rue Notre-Dame, le Conseil municipal vota, le 7 novembre, une somme supplémentaire de 14.000 fr., le projet ne pouvant être réduit.

Chaque membre de la compagnie de pompiers possédait une médaille; mais elles étaient usées. M. Léon Pion proposa, le 15 novembre, d'en distribuer d'autres à la compagnie, en laissant les anciennes aux pompiers, qui, du reste, pour la plupart, ne voulaient pas les rendre, alléguant qu'elles étaient un souvenir pour eux.

Le 30, mourut M. Victor Quesné, banquier, âgé de 55 ans. Il avait été officier de la garde nationale, membre du Tribunal de commerce et adjoint au maire.

Un arrêté préfectoral, du 21 décembre, ordonna la mise à l'enquête du chemin d'accès à la gare de Saint-Aubin.

Cette année-là, on fit pour 3.168 fr. de réparations à l'église Saint-Etienne

La fabrication avait eu en 1863, une activité extraordinaire, jamais atteinte jusque-là et qu'elle ne retrouva point par la suite. On estima, ainsi que nous le verrons bientôt, que la production en draps et nouveautés s'était chiffrée, pendant cette année, à 110 millions de francs.

Dans les séances tenues en 1863, la Société industrielle prit connaissance de divers travaux de ses membres, portant principalement sur :

Un nouveau genre de fils retors ;

Un essai des huiles ;

Certaines taches produites sur les draps dans le courant de leur fabrication ;

Un système de dégraissage, imaginé par M. Moison, de Mouy ;

Le chauffage et la ventilation des habitations ouvrières.

L'état-civil enregistra, en 1863, 772 naissances, 192 mariages et 687 décès.

CHAPITRE XXVIII
(1864)

Les rues Dévé et de Grande-Jonction. — Nouvelles fontaines. — L'industrie elbeuvienne ; 110 millions d'affaires en un an. — Election au conseil d'arrondissement. — On fixe l'emplacement de l'Hôtel de Ville. — L'emprunt est porté a 2 millions 500.000 francs. — Mort de M. Constant Leroy. — On lance le pont d'Orival. Mort de l'amiral Tardy. — Le chemin de fer d'Orléans a Rouen. — A la Chambre de commerce. — Statistiques.

A partir du 1er janvier 1864, la Crèche, fondée au moyen de souscriptions particulières, devint établissement communal.

MM. Léon Collas et Amable Beaudouin ayant été réélus en qualité de juges, et MM. Jules Wallet et Emmanuel Pelletier comme suppléants, un décret impérial du 20 décembre les avait renommés dans leurs fonctions au Tribunal de commerce ; ils furent installés le 17 janvier.

On adopta, le 13 février, un projet de renouvellement du numérotage des maisons et des inscriptions des noms de rues.

Le 1er mars, vers 8 heures du soir, un incendie détruisit la sécherie de MM. Plaisiat et Cie, rue du Bourgtheroulde. M. et Mme Plaisiat furent blessés ; une jeune bonne, âgée de 14 ans, nommée Armande Drouet, périt dans les flammes. Les pertes matérielles s'élevèrent à près de 50.000 fr.

A partir du printemps, il y eut onze départs par jour de Rouen et d'Elbeuf, par les bateaux à vapeur ; les dimanches et fêtes, il y en eut quatorze, au prix de 80 centimes aller et retour.

Le feu se déclara dans les combles de l'Hôtel de Ville, à 8 heures et quart du soir, le dimanche 10 janvier. Les pertes n'atteignirent pas 3.400 fr.

Ce même jour mourut, à Versailles, M. Frédéric Petit, lieutenant-colonel de cavalerie en retraite, officier de la Légion d'honneur, chevalier de Saint-Louis, du Mérite militaire de Pologne, du Phénix de Hohenlohe, médaillé de Sainte-Hélène. M. Petit était né à Elbeuf, d'où il était parti pour suivre la carrière militaire, tout en conservant des relations dans notre ville. Il était âgé de 77 ans.

Le 23, un décret déclara d'utilité publique la Société industrielle d'Elbeuf.

Pendant la nuit du dimanche 27 au lundi 28 mars, le feu se déclara de nouveau dans l'établissement Félix Aroux, où il avait déjà pris le 13 octobre précédent, mais cette fois dans la sécherie de M. Gamarre. Les dégâts furent évalués à 30.000 fr.

Le Conseil municipal accepta, en mai, l'ouverture de la rue Dévé, que lui proposaient plusieurs propriétaires, en demandant de lui donner ce nom.

On mit en adjudication, le 12, les travaux pour l'établissement de fontaines sur les places Lemercier, du Calvaire et Lécallier, ainsi que les canalisations nécessaires pour leur alimentation.

La Chambre de commerce arrêta comme suit le tableau de la production lainière elbeuvienne pendant l'année précédente.

Il avait été fabriqué :

33.600 mètres de draps unis valant 12 fr. le mètre ci..........fr.	20.966.400
50.040 mètres de façonnés pour pantalons d'hiver d'une moyenne de 12 fr. le mètre..............	31.224.960
74 760 mètres de draps demi-saison et de printemps au prix approximatif de 9 fr. le mètre.........	34.987.680
39.900 mètres pour paletots d'hiver et de printemps du prix moyen de 11 fr. le mètre..............	22.822.800
Total de la fabrication...fr.	110.001.840

La longueur des draps était de 10 millions 300.000 mètres.

Dans ces chiffres, les communes de Caudebec et de Saint-Pierre entraient pour un peu moins que le dixième.

Comparativement à l'année 1859, il y avait une augmentation de 20 millions de francs.

La fabrication du drap uni diminuait chaque année, celle des pantalons d'hiver s'était un peu accrue ; l'augmentation était plus grande sur les paletots d'hiver, mais le developpement le plus considérable s'était porté sur les pantalons et paletots de printemps et de demi-saison.

On attribuait cette augmentation de la fabrique elbeuvienne au haut prix des tissus de coton, et au bien-être de la classe moyenne, qui lui faisait préférer les étoffes de laine légères et à bas prix aux tissus de coton.

Le prix moyen des étoffes légères qui, en 1859, était de 10 fr. 20, était descendu à 9 fr. le mètre ; les plus bas étant inférieurs à 5 fr. et les plus élevés supérieurs à 17 fr.

Au point de vue de l'exportation, pour le drap uni, les qualités supérieures étaient demandées de préférence, et les qualités fines et moyennes pour les paletots et façonnés à pantalons.

L'abaissement du prix moyen avait pour causes : l'abondance de la production, qui faisait dominer l'offre sur la demande ; l'extension donnée aux moyens de fabrication, soit par l'industrie spéciale de la teinture, soit par celle de la filature, soit par celle des apprêts, et enfin, pour la manufacture en général, quelques nouvelles constructions, des ustensiles plus perfectionnés et plus économiques, facilitant et accélérant la production.

Quant aux salaires, ils se maintenaient, parce que la fabrique elbeuvienne avait occupé 2.000 ouvriers tisseurs manquant de travail par suite de la crise cotonnière. On estimait que les manufacturiers d'Elbeuf occupaient 1.400 métiers dans l'arrondissement d'Yvetot et de 500 à 600 dans ceux de Rouen et de Dieppe, ce qui portait à 23 600 le nombre des ouvriers occupés par la fabrique elbeuvienne, nombre qui ne fut jamais dépassé.

Les articles belges et anglais qui au début de l'application des traités de commerce, n'avaient pas eu de succès, parce qu'ils n'étaient pas appropriés à la consommation française, venaient de recevoir une amélioration sensible qui, dans un temps rapproché, menacerait la fabrication d'Elbeuf d'une concurrence redoutable.

La guerre d'Amérique faisait alors un grand tort à notre commerce d'exportation, qui avait sensiblement diminué.

La consommation des laines de la Plata s'était accrue dans une proportion extraordinaire, grâce au marché du Havre; c'était avec les laines de Buenos-Ayres et de Montevideo que l'on fabriquait les étoffes à bas prix.

Le marché du Havre avait plus que doublé depuis cinq ans, et était passé de 10.000 balles à 23.000 par an. Une seule maison d'Elbeuf avait introduit dans notre ville 6.500 balles de ces laines pendant l'année précédente; on estimait que la fabrique elbeuvienne avait consommé, pendant cette même année, pour 10 millions de francs de laines d'Amérique du Sud, transportées toutes par navires français.

Le 27 avril, la Chambre de commerce fit des observations sur le cahier des charges pour la fourniture des draps de troupe, qui, par ses exigences, excluait la presque totalité des fabricants d'Elbeuf, c'est-à-dire tous ceux ne possédant pas un matériel mécanique complet de fabrication. A noter que la fourniture à faire n'était que de 66.000 mètres au maximum et de 22.000 au minimum.

Une autre adjudication publique eut lieu, le 2 juin, pour la construction d'une salle d'asile, rue Notre-Dame; le devis s'élevait à 31.979 fr.

Les dimanche 18 et lundi 19 juin, les électeurs furent convoqués pour l'élection d'un membre au Conseil d'arrondissement. M. Constant Grandin, conseiller sortant, qui habitait le département de l'Eure, ne se représenta pas.

M. Bureau, brasseur, avait l'intention de poser sa candidature ; mais quand il sut que M. Buée, maire, se présentait, il la retira. Le résultat de l'élection fut celui-ci :

Communes	Inscrits	Votants	Buée	Voix perdues
Elbeuf	5.969	1.556	1.529	27
Saint-Aubin	416	205	203	2
Caudebec	2.036	416	413	3
Cléon	163	71	71	»
Freneuse	179	81	81	»
La Londe	518	287	283	4
Orival	478	174	170	4
Saint-Pierre	976	262	253	9
Sotteville	93	51	51	»
Tourville	266	126	126	»
Totaux	11.094	3.229	3.180	49

Dans la séance du 5 juillet, le conseil vota le redressement d'une partie de la rue de l'Hospice, dépense évaluée à 25.000 fr.

Puis M. Alfred Grandin proposa de placer l'Hôtel de Ville sur un terrain qui permettrait de réaliser une grande économie. Ce terrain se trouvait entre le prolongement à effectuer de la rue de Seine et le prolongement de la rue Grémont ; il était limité au Nord par le quai et au Sud par la rue Bourdon prolongée.

Cette proposition fut renvoyée à l'examen d'une commission.

Dans sa séance du 14, la commission fit son rapport, par la voix de M. Tabouelle. Cinq emplacements avaient été visités ; elle proposa celui qui avait été désigné par M. Alf. Grandin.

Une partie de ce terrain, lequel mesurait exactement 15.490 mètres, serait convertie en jardin public. De plus, on achèterait 2.970 mètres d'autres terrains, devant l'Hôtel de Ville, pour en faire une place publique, large de 45 mètres et longue de 66 mètres.

La dépense était ainsi évaluée :

Acquisition de terrain..... 640.000 fr.
Construction de l'édifice.... 840.000 —

La commission proposait également de dépenser 100.000 fr. pour élargir la rue Robert, et 48.000 fr. pour ouvrir une rue sur l'emplacement du passage Padelle.

Le Conseil adopta ces propositions et séance tenante décida que l'emprunt serait porté à 2.500.000 fr.

Le 14 juillet, on mit en adjudication la construction de murs de clôture et de soutènement au cimetière Saint-Etienne. Le devis s'éleva à 4.165 fr.

L'enquête concernant l'ouverture de la rue Dévé commença le 6 août.

Par testament, en date du 10 même mois, fait à Paris, M. Alfred-Henri-Constant-Robert Flavigny donna une somme de 10.000 fr. à l'hospice, 500 fr. au Bureau de bienfaisance et 1.000 fr. aux pauvres de notre ville.

Le 10 septembre mourut, à Pont-Audemer, M. Marie-Mathieu-Constant Leroy, officier de la Légion d'honneur. — M. Leroy avait été maire d'Elbeuf, d'où il était originaire, du 22 décembre 1831 au 22 octobre 1833, président du Tribunal de commerce lors de sa création, du 30 janvier 1830 à la fin de 1832. Nommé sous-préfet de Pont-Audemer, il avait eu encore, dans ses nouvelles fonctions, l'occasion de rendre service à l'industrie de notre ville.

Les mardi 20 et mercredi 21, on lança une partie du tablier du pont d'Orival, opération qui attira un grand nombre d'Elbeuviens sur les deux rives du fleuve.

Par suite de la liberté des théâtres, le maire prévint le public, le 28, que les débuts seraient supprimés au théâtre municipal, alors sous la direction de M. Dupontavisse.

Le samedi 1er octobre, vers 10 heures du soir, le feu se déclara simultanément en deux endroits : chez M. Chennevière, marchand de bois, et rue de la Barrière, chez M. Delaplanche, chapelier. Chez M. Chennevière les pertes s'élevèrent à environ 20.000 fr., et chez MM. Delaplanche et Prunier, son voisin, à 18.000 francs.

Le 4, mourut à Elbeuf, chez M. E. Imhaus, son beau-frère, le contre-amiral Tardy de Montravel, gouverneur de la Guyane, commandeur de la Légion d'honneur. Il était né à Vincennes, le 28 septembre 1811. Son corps fut transporté à Paris.

Lors de l'enquête sur l'emplacement du futur Hôtel de Ville, MM. Laurent Patallier père et Victor Patallier protestèrent contre le projet. Ils réclamèrent que le nouvel édifice fût construit sur l'emplacement de l'ancien, et l'érection, vers la place du Calvaire, d'un second, où l'on placerait la Chambre et le Tribunal de commerce, la Justice de paix et le Conseil des prud'hommes. Ils protestèrent surtout contre la dépense exagérée que le projet du Conseil nécessiterait. — Dans sa séance du 11 octobre, l'assemblée municipale décida que le projet serait maintenu.

Le 11 novembre, les nouvelles fontaines, établies places Lemercier, du Calvaire et Lécallier, furent mises en fonctionnement.

La Chambre de commerce examina, le 16, le projet de chemin de fer d'Orléans à Rouen, qui, sur le plan, s'arrêtait à Louviers, et de là allait se souder à la ligne Paris-Havre à Saint-Pierre-du-Vauvray.

L'assemblée décida d'appuyer la ligne proposée, mais avec deux variantes : le tracé par la vallée de l'Eure, de Chartres à Acquigny, avec raccordement de la ligne continuée, de Louviers à Elbeuf, sur le chemin de Serquigny.

Dans sa séance du 29, le Conseil municipal, appelé également à délibérer sur la question, émit aussi le vœu que le chemin de fer d'Orléans à Rouen, suivît la vallée de l'Eure, et fût prolongé jusqu'à Elbeuf et Tourville-la-Rivière, au lieu d'être relié à Saint-Pierre-du-Vauvray à la ligne de Paris à Rouen.

Le mois suivant, le Conseil modifia ce vœu, en réclamant que la ligne d'Orléans eût son terminus à Rouen, après avoir passé par Elbeuf.

Le 17 décembre, un décret déclara d'utilité publique l'ouverture de la rue Dévé. Les expropriations commencèrent peu après.

L'éclairage au gaz de l'église Saint Jean fut inauguré aux fêtes de Noël. Les deux autres églises d'Elbeuf étaient déjà pourvues de cet éclairage.

Cette année-là, l'église Saint-Etienne fut en grande partie restaurée, par le concours généreux de M. Ch Flavigny.

En 1864, également, M Joseph-Edouard Guérot et Mme Marie Laurents, sa femme, firent don de 8.500 fr. à l'hospice de notre ville.

M. Ph. Aubé fit, à la Chambre de commerce, réunie le 21 décembre, la proposition suivante :

« La nullité du *Journal d'Elbeuf*, principalement sous le rapport commercial, est d'autant plus regrettable que la ville doit toute son importance à son industrie et au commerce qui en est la conséquence. Les rares renseignements que ce journal fournit ne sont pas toujours puisés à des sources très sûres, et à l'exception des communications de la Chambre, ils sont en général sans intérêt pour la place.

« La nécessité d'une feuille commerciale, paraissant au moins une fois par semaine, n'a pas besoin de démonstration. Je demande à la Chambre d'en mettre la création au nombre des devoirs qui lui incombent ; les matières ne lui manqueraient pas. Cette feuille, selon moi, devrait contenir :

« 1º Le mouvement des affaires à Elbeuf, tant en laines qu'en draperies...

« 2º Le résultat des foires et marchés et des ventes publiques, aussi bien pour la draperie que pour la laine.

« 3º Le mouvement des ports en tant qu'il intéresserait l'industrie locale.

« 4º Une revue financière...

« 5º Les communications de la Chambre de commerce.

« 6º Les communications de la Société industrielle.

« 7º Tous les éléments de statistique de nature à édifier la place sur le mouvement des fabriques de tissus de laine françaises et étrangères...

« 8º Les jugements du Tribunal de com-

merce et les décisions du Conseil des prud'-
hommes, quand ils présenteront la solution
d'une question importante ou des circonstances particulières. Les jugements et arrêts en
matière commerciale présentant un intérêt
pour l'industrie de la circonscription de la
Chambre. Les lois et décrets en matières de
douane, etc.

« 9° Les renseignements divers, nouvelles
commerciales, inventions se rapportant à l'industrie lainière, etc.

« 10° Des annonces.

Cette proposition reçut l'approbation de la
Chambre, qui nomma une commission composée de MM. Aubé, Démar et Poussin, pour
l'examiner à fond et faire un rapport

Le rapporteur reconnut l'utilité d'une feuille
commerciale, mais en présence de difficultés
matérielles, il conclut à faire insérer, en attendant mieux, tant par le *Journal d'Elbeuf* que
par le *Nouvelliste de Rouen*, les communications de la Chambre.

Les recettes de l'octroi se chiffrèrent, en
1864, par 292.216 fr.; elles n'avaient produit,
l'année précédente que 265.405 fr.

Le nombre des voyageurs d'Elbeuf à Rouen
et de Rouen à Elbeuf, par bateaux à vapeur,
pendant la même année, fut de 542.706 ; on
estimait que le nombre de ceux qui se rendaient d'une ville à l'autre par voiture ou par
omnibus de chemin de fer était annuellement
de 58.400.

Entre Elbeuf et Louviers on comptait 95 265
voyageurs par an.

Le nombre des chevaux circulant sur les
routes aboutissant à Elbeuf était en moyenne
et par jour :

Route n° 2 de Rouen à Elbeuf :
1° de Grand-Couronne au chemin vicinal d'Oissel.......................... 125
2° du chemin vicinal n° 18 d'Oissel à Elbeuf............................. 1.472
Route n° 2, d'Elbeuf au Neubourg...... 533
Route n° 7, de Bourgtheroulde à Elbeuf. 797
Route n° 7 d'Elbeuf à Pont-de-l'Arche... 776
Route n° 36 d'Elbeuf à Louviers 1.128
Chemin vicinal d'Elbeuf à la Saussaye.. 250
— — — à Tourville.... 130

Il y avait alors à Elbeuf 117 machines à vapeur, d'une force nominale de 1.057 chevaux et effective de 1.400 chevaux.

Il entrait en ville, par an, 11 millions de kilogrammes de laines, et 1.600.000 kilogr. d'huile pour leur lubrification avant la filature.

Les laines, fils, draps, etc., partant d'Elbeuf par bateaux à vapeur, s'élevaient, en un an, à 20.462.000 kilogrammes.

Le quai d'Elbeuf recevait en marchandises diverses : charbons, bois, pierre, plâtre, briques, pavés, etc. : à l'entrée 76.000 tonnes, à la sortie 20.426 tonnes.

La ville consommait en un an : 7 376 hectolitres de vin, 55.772 hectolitres de cidre, 3.485 hectolitres d'alcool pur à 100°, 3.800 hectolitres de bière ; 1.093 bœufs, 394 vaches, 2.295 veaux, 6.103 moutons, 1.832 porcs, plus de 360.000 kilogrammes de viandes dépecées.

Malgré l'activité de l'industrie, l'année 1864 laissa des inquiétudes pour l'avenir chez les fabricants d'Elbeuf.

La Chambre de commerce estima, en effet, que notre fabrique n'avait produit pendant l'année 1864 que pour 95 millions de francs de draperies, ce qui constituait une différence de 15 millions sur 1863. Quant au métrage, il était tombé de 10.300.000 mètres à 9.367.000.

Les ouvriers cotonniers du pays du Caux ne trouvaient presque plus d'emploi dans la fabrique d'Elbeuf ; ceux que l'on avait conservés se contentaient d'un prix moindre que les ouvriers de notre circonscription.

En 1864, sixième année de son existence, pendant laquelle la Société industrielle avait été reconnue par le gouvernement comme établissement d'utilité publique, elle avait particulièrement étudié :

Les métiers à tisser mécaniques ;
Un métier à retordre, système Geoffroy ;
Un nouveau joint pour tuyau à vapeur ;
Les rapports entre patrons et ouvriers ;
Le projet de chemin de fer de Rouen à Orléans ;
La nouvelle loi sur les chaudières à vapeur ;
Des laines d'Algérie, envoyées par le gouvernement ;
Enfin, elle avait pris connaissance d'un rapport de M. l'abbé Cochet sur Caudebec lès-Elbeuf, et entendu les premières conférences faites en province, dues à M. Houzeau et à M. Saint-Edme.

Pendant le courant de l'année, on avait enregistré 783 naissances, 207 mariages et 727 décès.

CHAPITRE XXIX
(1865)

Toujours le chemin de fer de Rouen a Orléans. — Mort de l'abbé Poulain. — Les ponts tubulaires. — La rue Clémentine (Th.-Chennevière). — Le Cercle des commerçants. — Ouverture de la ligne de Serquigny. — Élections au Conseil municipal. — Les grands travaux municipaux sont approuvés. — L'astronome Leverrier a Elbeuf. — Achèvement de l'Immaculée. — Incident entre la Chambre de commerce et la Société industrielle.

Le 13 janvier 1865, on réinstalla M Lecerf dans ses fonctions de président du Tribunal de commerce, MM. Cabourg et Louis Flavigny dans celles de suppléant. M. Léon Maurel, qui avait été élu suppléant en remplacement de M. Félix Vauquelin, fut installé le même jour. Ils avaient été nommés par décret du 28 décembre précédent.

Dans cette même séance, M. Lecerf rapporta que le nombre des affaires nouvelles soumises au Tribunal avait été de 583 en 1863 et de 820 en 1864. Il avait été déclaré 14 faillites en 1863 et 23 en 1864, dont 7 de fabricants et 4 de négociants en draps.

La Chambre de commerce s'occupa, à nouveau, le 18 janvier, du projet de chemin d'Orléans à Rouen, en manifestant ses regrets que la commission nommée par elle n'eût pas été convoquée par celle du conseil municipal, afin d'étudier la question en commun.

Elle émit l'avis que la ligne projetée eût son *terminus* spécial dans cette dernière ville, en passant par la vallée de l'Eure, Louviers et Elbeuf, avec embranchement sur Evreux.

Dans cette même séance, M. Ph. Aubé rappela que trois compagnies s'étaient présentées pour la concession de cette ligne :

La compagnie Poggy, qui voulait se borner à souder sa ligne sur l'embranchement de Louviers à Saint-Pierre-de-Vauvray, sans dépasser Louviers, en négligeant Elbeuf conséquemment.

Une deuxième proposait de continuer la ligne, de Louviers à Rouen, en passant par Couronne et Quevilly.

« Naturellement, dit M. Aubé, la compagnie de l'Ouest qui aurait pu s'accommoder du projet Poggy, lequel empruntait sa ligne dans le parcours de Louviers à Rouen, a dû s'émouvoir vivement du second projet, et l'on parle de propositions qu'elle aurait faites, tendant à obtenir la concession

« Bien que notre localité n'ait jamais eu à se louer de la bienveillance de cette compagnie, on peut dire que, par esprit de justice, elle y a plus droit que toute autre, et qu'il y a probabilité qu'elle l'emportera sur les compagnies rivales. Cela donne à réfléchir.

« Quoi qu'il puisse advenir, son intérêt serait trop véritablement, comme pour toute autre, de prolonger la ligne jusqu'à Saint-Aubin, pour qu'on ne doive pas tenir pour certain qu'elle le ferait.

« En prenant ces bases de discussion, il faut chercher quelle serait la compagnie qui pourrait offrir à notre ville la plus grande somme d'avantages.

« Le projet Poggy doit être écarté tout d'abord, puisqu'il a méconnu l'importance d'Elbeuf.

« Le deuxième projet nous assure une station sur notre territoire et, par suite, des rapports faciles avec Rouen, d'un côté, et, de l'autre, avec Louviers, Dreux, Chartres, Orléans, le centre et le midi de la France. Ce sont certes là d'immenses avantages qu'il n'entre pas dans ma pensée d'amoindrir ; mais il ne faut pas se dissimuler que si la station de Saint-Aubin est éloignée du centre d'Elbeuf, le *terminus* de Rouen, placé derrière les Docks est encore plus excentrique à l'égard de Rouen ; c'est un vice incontestable dont il faut tenir compte. Au point de vue commercial, Rouen le considère comme un bienfait ; il n'y sera donc rien changé.

« Vous savez, Messieurs, de quelles entraves nos communications avec Paris vont se trouver embarrassées : omnibus à Elbeuf pour gagner la gare de Saint-Aubin ; attente d'un train venant de Serquigny pour gagner Oissel ; descente et nouvelle attente à Oissel pour y prendre un train allant vers Paris. Nous avons l'expérience des inconvénients de pareilles communications, qui rappellent à la fois le temps où, d'Elbeuf, on allait chercher les diligences à Rouen, et les correspondances actuelles d'omnibus dans Paris.

« N'oublions pas que la gare de Saint-Aubin nous place sur la ligne de Serquigny à Rouen, ligne tout à fait secondaire, que nous n'aurons probablement que les trains de cette ligne, peu nombreux naturellement, et qu'il arrivera qu'obligés d'attendre, à Oissel, les trains de vitesse qu'on nous donnera le moins possible, nous perdrons par cette attente l'avantage de la traction rapide.

« La compagnie de l'Ouest se fait une illusion étrange si elle croit qu'avec sa station de Saint-Aubin elle s'est assurée les voyageurs et le trafic entre Elbeuf et Rouen ; cet avantage ne peut être obtenu que par une station sur la rive gauche ; mais alors il sera énorme puisqu'on suppute un nombre de 400.000 voyageurs entre Elbeuf et Rouen.

« Je regarde comme parfaitement éteintes les vieilles rivalités qui ont existé entre Elbeuf et Louviers : j'approuve toute combinaison qui tend à unir et à rapprocher les deux villes ; je crois que c'est agir dans leur intérêt commun. Il faut donc chercher avec persistance le moyen d'y faire passer un courant de voyageurs venant de Paris aussi bien que d'Orléans et *vice versâ* ; mais pour que le moyen soit efficace, il faut que, bien que se dirigeant sur Elbeuf, la ligne d'Orléans à Rouen se soude sur l'embranchement de Louviers à Saint Pierre.

« Si nous pouvions trouver une combinaison qui nous assurât : 1º le passage par Elbeuf de la ligne d'Orléans à Rouen, avec une gare sur le territoire d'Elbeuf, rive gauche ; 2º des trains directs pour Paris, est ce que vous ne penseriez pas, comme moi, que tous nos efforts devraient tendre à la réalisation d'un pareil projet ? Je le crois très praticable, et c'est cette conviction qui m'a décidé à vous soumettre une proposition formelle à ce sujet.

« Mais, il faut que je le dise tout de suite, la compagnie de l'Ouest peut seule, tout en servant ses intérêts, nous offrir les avantages qui en découleraient ; c'est donc à elle, dans mon opinion, qu'il faudrait que la ligne en projet fût concédée.

« Dans mes idées, le chemin de fer d'Orléans à Rouen se raccorderait à Saint-Aubin ; mais si nous exigeons une gare sur la rive gauche, se rapprochant le plus possible du centre d'Elbeuf, il n'y a plus d'inconvénient à n'avoir pas la ligne directe sur Rouen ; au contraire, puisque nous jouirons des deux gare existant à Rouen, Saint-Sever et la Rue-Verte... ».

M. Aubé parla encore assez longtemps ; mais au lieu de délibérer sur sa proposition, ainsi qu'il le demandait, la Chambre, qui l'avait écouté d'une oreille distraite. décida que sa note serait déposée à ses archives « comme document utile à consulter ».

Les restes de M. l'abbé Poulain, ancien curé de Saint Jean, chanoine de la métropole de Rouen, décédé à l'âge de 62 ans, avaient été rapportés à Elbeuf et inhumés, le 16 janvier, dans le cimetière de cette paroisse, derrière le Calvaire : dans la séance municipale du 2 février, sur la demande de M. Papavoine, président du Conseil de fabrique de l'Immaculée-Conception, le Conseil décida de constituer en concession perpétuelle le terrain où il était enterré. — Trois mois après, le conseil municipal donna un avis favorable à une demande du conseil de fabrique de l'Immaculée-Conception tendant à transférer les restes de M. l'abbé Poulain dans une des chapelles de cette église.

Le pont d'Orival était presque terminé, on parlait des essais pour le mois de mars. Ce pont, long de 300 mètres, repose sur cinq piles et deux culées. Elles se composent chacune de deux colonnes en fonte, remplies de béton de ciment, qu'il fallut descendre, au moyen de l'air comprimé, jusqu'à des profondeurs de 16 mètres 35 au-dessous de l'étiage, afin de trouver un sol suffisamment résistant. — En ce même temps, on travaillait activement au pont de la rue de Paris, dont les quatre piles et les deux culées étaient alors établies.

Le 16 mars, mourut, à l'âge de 78 ans, M. Louis-Philémon-Eugène Sevaistre, ancien manufacturier. Il avait fait partie du Conseil municipal et avait été capitaine de la garde nationale. M. Eug. Sevaistre aimait les lettres, qu'il avait cultivées toute sa vie. Le *Journal d'Elbeuf* publia de nombreuses pièces dont il était l'auteur, et le théâtre de notre ville avait donné une représentation de *Rollon*, tragédie en cinq actes, également de M. Eugène Sevaistre. — La rue du Glayeul avait été ouverte dans ses propriétés et, au début, portait son nom.

Le 30, on bénit la chapelle de la salle d'asile de la rue Tournante. — A cette époque, la salle d'asile de la rue Notre-Dame était presque entièrement terminée.

Un conflit naquit, vers ce temps, entre la garnison d'Elbeuf et le commissaire central. Une lettre adressée, le 1er mai, au maire de notre ville par le préfet, demanda des renseignements confidentiels sur le différend.

Pendant la nuit du samedi 6 au dimanche 7, vers une heure du matin, le feu prit, dans un des bras de Seine de Saint-Aubin, à l'un des nombreux pontons flottants où l'on pratiquait alors le lavage des laines. Il appartenait à MM. Belleville et Martin, qui y avaient installé une petite machine à vapeur. Les pertes s'élevèrent à 25.000 fr.

Le 7, la compagnie des sapeurs-pompiers de Bourg Achard vint assister aux manœuvres des pompes aspirantes et foulantes de la compagnie d'Elbeuf. Ces manœuvres se firent sur le quai où elles attirèrent beaucoup de curieux.

Le 9, M. Théry, recteur de l'Académie de Caen, vint inspecter les cours publics à la Société industrielle.

Le 27, le Conseil municipal vota un crédit de 3.800 fr. pour la construction d'une tribune ou jubé, sur la chapelle du Sépulcre en l'église Saint-Etienne, afin d'y placer des enfants pendant les offices.

Ce même jour, le Conseil accepta l'offre de M. François Delaporte d'ouvrir une rue entre celles du Neubourg et Mazagran.

Il accepta également la proposition de Mme veuve Th. Chennevière d'ouvrir une autre rue, à nommer Clémentine, allant de la rue Romelot à celle de la Bague.

Enfin, il accepta l'offre, faite par M. Cosse, d'ouvrir une troisième rue, prolongeant celle Saint-Jacques jusqu'à la rue projetée dite de grande jonction.

En juin, M. Henri Tabouelle, ancien agréé, fut nommé juge de paix du canton, en remplacement de M. Graindorge, démissionnaire.

La Société dite du Cercle des commerçants fut fondée par actions, le 1er juillet, au capital

Année 1865

de 300.000 fr., pour l'acquisition d'un terrain rue Henry sur lequel on élèverait le local du Cercle.

Les premiers administrateurs de cette société furent MM. Louis-Denis Prieur, Joseph-Edouard Guérot, Louis-Benoist Paillemont, Charles-Hyacinthe Lizé père, Théophile-Amable Delandemare, Antoine-Achille Cavrel et Louis-Désiré-Joseph Chennevière.

Un théâtre d'amateurs elbeuviens donna des représentations d'avril en août au théâtre de Caudebec, monté dans la salle du Belvédère chez M. Faupoint. Les artistes étaient MM. Gatinot, directeur et premier rôle ; Félix Huet, jeune premier, qui plus tard tint un café-concert ; Duchesne, Baron ; Caron, premier comique ; M¹¹ᵉ Zélia Aumont, qui ne savait pas souvent ses rôles et quelques amateurs.

Le concours du Comice agricole de l'arrondissement de Rouen se tint à Elbeuf, dimanche 2 juillet. A cette occasion, le préfet vint passer la revue de la garde nationale et des fêtes publiques furent organisées.

La ligne de Rouen à Serquigny, par Elbeuf, fut ouverte à la circulation des voyageurs et des marchandises en grande vitesse, le lundi 24 juillet, à cinq heures du matin.

Le renouvellement du conseil municipal donna lieu à deux tours de scrutin. Les résultats furent les suivants:

Un décret impérial du 31 juillet déclara d'utilité publique dans la ville d'Elbeuf : 1° La construction d'un Hôtel de Ville

Second Tour

ÉLUS	voix	ÉLUS	voix
MM.		MM.	
Cabourg	1.996	J. Lanseigne	1.111
Philippe Aubé	1.984	H. Tabouelle	1.104
Olivier	1.531	Vauquelin	1.096
Léon Pion	1.484	Cosse	1.065
Isidore Lecerf	1.382	L. Chennevière	1.045
Fouchet père	1.302	Houllier	1.043
Charles Lizé	1.206	Léon Quidet	1.010
V. Papavoine	1.203	Dr Fillolet	1.003
Guérot	1.158	Legrix	996

Venaient ensuite, mais non élus :

MM.	voix	MM.	voix
Ch. Flavigny	967	P. Sevaistre fils	782
Liorel	952	Monfray	739
Eug Bruyant	951	Alfred Vy	726
Elie-Berthelot	926	C Delalande	533
A. Chennevière	908	Const. Grandin	515
Fossard	888	Leblond-Lesseré	413
Courel	880	Horcholle	386
Jules May	873	Laquerrière	348
E. Hennebert	863	Sulpice	305
Duval	857	Cauvin	271
Justin	844	Duvallet	271
Delanney	813	Lequesne	138

Comme on le voit, un certain nombre d'anciens membres du Conseil, qui se représentaient de nouveau, ne furent pas réélus.

Un décret impérial du 31 juillet déclara d'utilité publique dans la ville d'Elbeuf :

1º La construction d'un Hôtel de Ville entre la rue Bourdon prolongée et le quai ; l'ouverture, à l'est et à l'ouest de cet édifice, de deux rues formant le prolongement direct des rues de Seine et Grémont jusqu'au quai, et la création d'une place devant la façade principale de l'Hôtel de Ville ;

2° L'élargissement des deux voies latérales à l'église de l'Immaculée-Conception ; la construction d'un presbytère en façade sur la voie latérale située au sud, et le prolongement de la rue de la Forêt jusqu'à celle des Trois Cornets ;

3° L'agrandissement de l'abattoir public ;

4° L'élargissement de la rue Saint-Jean, entre la rue Berthelot, et l'église et le dégagement des abords de cette église :

5° L'élargissement de la rue Saint-Jean aux abords de la rue de la Barrière ;

6° L'élargissement de la rue du Moulin-Saint-Jean ;

7° L'élargissement de la rue de la Rigole ;

8° L'élargissement et le prolongement de la rue de la Rochelle ;

9° L'élargissement du quai à l'ouest de la place du Port ;

10° L'élargissement du quai à l'est de la dite place ;

11° L'élargissement de la rue Deshayes, entre les rues des Traites et du Cours ;

12° L'élargissement du côté sud de la rue du Marché ;

13° L'élargissement de la rue des Echelettes, entre la place Saint-Louis et la rue Petou ;

14° L'élargissement de la rue des Trois-Cornets, entre les rues Pavée et du Neubourg ;

15° L'élargissement de la rue de la Bague, au débouché de la rue Percière ;

16° Le prolongement de la rue des Traites jusqu'à celle du Port ;

17° L'ouverture d'une voie entre la rue Royale et la place Saint-Louis ;

18° L'élargissement de la rue de Seine, entre les rues Henry et Bourdon ;

19° L'élargissement à dix mètres de la rue Robert, entre les rues de la Barrière et de la Porte-Rouge ;

20° L'ouverture d'une rue entre les rues Saint-Jean et de Seine ;

21° L'élargissement de la rue du Centre ;

22° L'ouverture d'une rue entre les rues de l'Hospice et du Neubourg.

Le 1er août, M. Charles Denis, inspecteur de police à Saint-Nazaire, fut nommé commissaire de police à Elbeuf, en remplacement de M. Vergne, envoyé à Beaucaire.

Un arrêté préfectoral, en date du 18, ordonna la mise à l'enquête du chemin de fer d'Orléans à Rouen, dans la partie comprise entre cette dernière ville et Louviers. Au nombre des membres de la commission se trouvaient MM. Henri Quesné, député ; Turgis, membre du Conseil général pour le canton de Grand-Couronne ; Buée, maire d'Elbeuf et conseiller d'arrondissement ; Poussin fils, manufacturier à Elbeuf.

La nouvelle municipalité fut installée le 6 septembre, par M. Henri Tabouelle, juge de paix L'administration se composait de MM. Buée, maire, Martel et Rivière, adjoints, et le Conseil municipal de MM. Achille Cavrel, A. Beaudouin, Alfred Grandin, A. Osmont, Augustin Poussin, Prosper Cabourg, F. Olivier, Léon Pion, Mathieu Bourdon, Isidore Lecerf, Ch. Lizé, Victor Papavoine, Edouard Guérot, Jules Lanseigne, Tabouelle, F. Vauquelin, L. Cosse, Louis Chennevière, Houllier, Léon Quidet, Fillolet, Michel Legrix, Philippe Aubé et L. Fouchet.

Le prolongement de la rue Saint-Jacques jusqu'à celle dite de grande jonction (rue Poussin) fut soumis à l'enquête à dater du 8 septembre. — Vers ce temps, on prolongea la rue Magenta jusqu'à celle des Traites.

On ouvrit une autre enquête, le 18, pour l'ouverture d'une rue entre celles Mazagran et du Neubourg, dans la propriété de M. Delaporte.

Une sous-commission fut constituée, à Elbeuf, en vue de l'Exposition Universelle de 1867. Cette commission se composa de MM. Philippe Aubé, membre de la Chambre de commerce ; Charles Bazin, président du Conseil des prud'hommes ; Mathieu Bourdon, président de la Chambre de commerce ; Louis Flavigny, juge au Tribunal de commerce ; Isidore Lecerf, président de ce Tribunal ; Michel Legrix. membre du Conseil municipal ; Ch. Lizé père, président du Cercle commercial ; Augustin Poussin, président de la Société industrielle ; Henri Quesné, député, et Félix Vauquelin, membre du Conseil municipal.

En cette même année, Mme Hyacinthe-Samson Lepesqueur, née Anne Hermier, donna à l'hospice d'Elbeuf une somme de 8.500 fr. — Une autre somme de 8.500 fr. fut également donnée à l'hospice en 1865, par Mlle Henriette-Fanny Capplet et Mme Mathieu-Edouard Delarue, née Louise-Clémentine-Julia Capplet.

Le *Moniteur* du 2 octobre publia la loi autorisant la ville d'Elbeuf à contracter un emprunt de 2.500.000 fr. et à s'imposer extraordinairement.

Le pavage de la chaussée de la rue Saint-Amand fut mis en adjudication le même jour, et celui d'une partie de la rue de la Bague, le 5 du même mois.

Le 30, M. Pierre-Ursin Ricard, ancien avoué à Evreux, puis agréé à Fécamp, fut admis à titre provisoire comme agréé au Tribunal de commerce d'Elbeuf, en remplacement de M. Pasquier. — On l'admit définitivement le 11 du mois suivant.

Le 22 et 23 novembre, les assises de l'Association scientifique de France se tinrent à l'Hôtel de Ville d'Elbeuf, en présence de M. Leverrier, célèbre astronome, directeur de l'Observatoire de Paris sous la présidence de M. Leroy, préfet, assisté de M. Théry, recteur de l'Académie de Caen, et de M. Sanson, secrétaire de l'Association.

Le dimanche 26, on convoqua une compagnie de la garde nationale pour recevoir M. de Bonnechose, récemment nommé cardinal, venant à Elbeuf pour administrer la confirmation.

Le 19 décembre, le conseil municipal vota, par 15 voix contre 7, l'achèvement de l'église de l'Immaculée-Conception à la charge du budget municipal, à condition que la dépense ne dépasserait pas 170.395 fr., conformément au devis de l'architecte et y compris ses honoraires, dans laquelle somme entreraient 20.250 francs souscrits par des habitants de cette paroisse. — Pendant la discussion, M. Alfred Grandin fit remarquer qu'un entrepreneur avait pris l'engagement de construire cette église, y compris la travée additionnelle, moyennant 346.000 fr. et, qu'en réalité, les dépenses se chiffreraient par près de 600.000 francs.

Le pont tubulaire de la rue de Paris était

alors à peu près terminé. Il avait été commencé le 1er septembre 1864.

La longueur de ce pont est de 250 mètres et sa largeur de 8 mètres y compris les trottoirs, qui n'ont qu'un mètre chacun.

Il repose sur huit piles de fer forgé réunies deux par deux par de fortes membrures de fer. Ces piles, cylindriques et creuses, ont un diamètre d'un mètre 80 centimètres, et le fer dont elles sont formées a une épaisseur de trois centimètres. Plusieurs descendent jusqu'à vingt mètres au-dessous du niveau de la Seine. L'intérieur de ces cylindres est complètement rempli de béton.

Les culées du pont sont assises sur des centaines de pilotis qui ont été chassés à coups de bélier dans le sol, et sur un lit de béton d'un mètre d'épaisseur.

Le tablier avait été poussé tout d'une pièce, de la rive droite à la rive gauche.

Le poids du fer employé, tant pour les piles que pour le tablier, est évalué à 1.200 tonneaux.

La construction du petit pont, à St Aubin, avait été assez difficile; les pilotis s'enfonçant « comme dans du beurre », il en avait fallu un grand nombre pour l'établissement des deux culées, situées à 20 mètres l'une de l'autre.

Le remblai entre les deux ponts fut le dernier travail opéré; le ballast était amené par bateaux et monté à l'aide d'une grue.

La dépense totale fut évaluée à 2.500.000 fr.

Le résultat de l'élection à la Chambre de commerce qui eut lieu le 21 décembre fut une surprise pour beaucoup.

Il s'agissait de nommer trois membres, en remplacement des trois dont le mandat était expiré. Le nombre des votants fut de 67. M. Lecerf obtint 63 voix, M. Prieur 56, M. Cavrel 38, et M. Mathieu Bourdon, président sortant, 37 seulement. Les trois premiers furent donc déclarés élus, à l'exclusion de M. Bourdon, contre lequel une cabale avait été organisée. Voici ce qui s'était passé :

On se souvient de la lettre adressée, en 1863, à la Chambre de commerce par les négociants en gros, représentés par la maison Constant Petit-Colin et Cie, de Paris, protestant contre les livraisons par petits métrages, et de la réponse que cette Chambre y avait faite. Or, à tort ou à raison, on accusait M. Bourdon d'avoir inspiré, sinon rédigé, cette réponse, et dès qu'elle avait été connue, les acheteurs de Paris avaient soufflé à ceux des fabricants d'Elbeuf qui ne vendaient que par pièces entières, de donner une leçon à la Chambre de commerce, en la personne de son président.

La veille de l'élection, on avait fait circuler au Cercle des commerçants et, le lendemain, distribuer à un certain nombre d'électeurs, un imprimé, portant l'entête de la Société industrielle d'Elbeuf et signé : « Le secrétaire, Léon Collas ». Cet imprimé rappelait les réclamations des négociants en gros et continuait ainsi :

« Où les maisons qui achètent et commissionnent à l'avance seront forcées de renoncer à un commerce qui ne serait plus rémunérateur, ou la nécessité les engagera à essayer d'étendre leurs achats à l'étranger; pour remédier à un état de choses qui devient intolérable pour elles.

« La circulaire d'octobre 1865 nous apprend

que la Chambre de commerce, par l'organe de son président, répondit qu'elle ne croyait pas devoir donner suite à la demande des pétitionnaires.

« L'auteur de la proposition regrette que la Chambre de commerce, instituée pour être la vigilante gardienne des intérêts de sa circonscription, n'eût pas cru devoir porter au moins à la connaissance des intéressés — les fabricants — les questions posées par cette pétition et user de son autorité morale pour signaler — si elle en trouvait — les inconvénients qui pourraient résulter de l'état de choses actuel.

« Il a demandé à la Société industrielle de vouloir bien renvoyer à une commission l'étude des questions soulevées par cette pétition, et de porter à la connaissance de tous les membres l'esprit de la pétition et de la circulaire, déposées au secrétariat de la Société...

« L'assemblée, à une forte majorité, a pris la proposition en considération et en a renvoyé l'étude à la 68e commission, composée de MM. Alphonse Osmont, Victor Lainé, Léon Pion, Oscar Crabit, Boscowitz ».

Cet imprimé portait encore que du 1er juillet 1864 au 1er juillet 1865, il était entré, à Paris seulement, 20.000 pièces de draperies étrangères, et qu'il était à craindre que pour l'exercice en cours, ce chiffre fût augmenté de moitié. Pour la saison d'hiver, il était entré des quantités très considérables de draps anglais : une maison, qui n'en avait jamais acheté, avait débuté par 150.000 fr. d'achats. Enfin, une maison belge avait pris, en articles d'été et pour la seule place de Paris, pour plus d'un million de commissions».

A la séance du 26 décembre, de la Chambre de commerce, le vice-président, M. Flavigny, lut une lettre de M. Bourdon, puis l'on s'entretint du résultat des élections et des incidents auxquels elles avaient donné lieu. On observa que le secrétaire d'une compagnie ne devait rien publier de son propre mouvement et que l'imprimé signé Léon Collas n'était pas l'expression de la Société industrielle, mais une narration de faits, d'où il paraissait résulter que la Chambre de commerce avait failli à tous ses devoirs, en ne portant pas à la connaissance de la fabrique la pétition du commerce de la draperie. « C'est, dit un membre, un véritable réquisitoire, présenté de telle sorte que la Société industrielle parait n'avoir nommé une commission que pour juger la Chambre ».

Le même membre ajouta qu'il savait bien que la Société industrielle n'avait pas entendu donner à sa résolution une portée semblable, et qu'en réalité, la prise en considération s'attachait à la circulaire Petit-Colin et nullement aux motifs inconvenants invoqués pour l'appuyer. Il voyait là une raison de plus pour que la Chambre tînt à ce qu'une réparation lui fût faite de l'offense qui lui avait été gratuitement et publiquement adressée. En conséquence, il demanda que, se regardant comme offensée, elle exigeât un désaveu de la publication faite par M. Collas.

Un autre membre parla en faveur de la concorde. Je pense, dit-il, que plus la Chambre apportera de modération, plus la solution cherchée de bonne foi, aussi bien dans la Société industrielle que dans la Chambre, deviendra facile.

Cette opinion prévalut et une résolution fut prise à l'unanimité pour ne statuer sur l'incident qu'après que la Société industrielle aurait statué elle-même.

Le ralentissement des affaires s'était continué en 1865, malgré le rétablissement de la paix aux Etats-Unis, qui devait ranimer notre commerce avec ce pays, mais il rencontra la concurrence de l'étranger, notamment en articles de printemps. Le Chili cessa de donner des ordres à notre fabrique et l'Europe ne demanda presque rien, de sorte que le chômage se déclara dans une partie de nos ateliers vers la fin de l'année. Une faillite considérable vint aussi jeter la défiance dans notre industrie ; le failli nommé Huvet, qui avait organisé de longue main son projet, s'était embarqué avec toute sa famille pour les Etats Unis.

La valeur des ventes opérées par la fabrique elbeuvienne ne se chiffra, en 1865, que par 85 millions de francs, soit une diminution de 10 millions sur l'année précédente et de 25 millions sur le chiffre de 1863. Cette diminution se répartissait ainsi : 6 millions de moins dans la production et 4 millions par l'abaissement des prix de vente.

La demande de main-d'œuvre étant devenue moins grande, il en résulta une baisse de salaires, qui se fit plus particulièrement sentir sur le tissage à la main, par suite des offres ou des acceptations à plus bas prix, résultant en partie de l'augmentation du nombre des tisserands qui s'était produite quand des fabricants avaient fait appel aux ouvriers du pays de Caux.

Cette baisse de salaires en laissait entrevoir d'autres ; aussi le mécontentement se répandit dans une partie de la classe ouvrière et poussa les groupes ouvriers à se réunir, de temps à autre, pour parler de leurs intérêts.

A partir de cette époque également, il se produisit un mouvement prononcé contre le gouvernement de Napoléon, qui, par le libre-échange, avait jeté une grande perturbation dans l'industrie lainière, comme dans d'autres, du reste.

Pendant le courant de l'année, la Société industrielle eut à s'occuper du projet de chemin de fer à Rouen. Elle étudia, en outre :

Un extincteur d'incendie ;

Les Sociétés coopératives ;

L'utilité des oiseaux et autres sujets industriels ou scientifiques.

Pendant l'année 1865, on avait compté à Elbeuf, 791 naissances, 185 mariages et 759 décès.

FIN DU TOME X

TABLE DES GRAVURES

DU TOME X

1. Une vue d'Elbeuf (reproduction d'un tableau du Musée municipal). . . au titre
2. La Porte de Rouen, où des barricades furent élevées . . . . p. 140
3. M. Léon Pion, capitaine des pompiers . . . . p. 229
4. M. Mathieu Bourdon, ancien maire et député d'Elbeuf . . . . p. 239
5. Bénédiction du calvaire St-Auct (reproduction d'une lithographie de l'époque) . . . . p. 265
6. « Mariage de Tobie » (reproduction du tableau du peintre elbeuvien J. Aubert) . . . . p. 332
7. M. Louis Buée, maire d'Elbeuf. . p 378
8. Ecroulement de l'ancien pont de Pont-de-l'Arche (d'après une photographie) . . . . p. 378
9. Le métier à tisser Mac-Ferlan . . p. 444
10. Buste de M. Th. Chennevière, par Dantan . . . . p 459
11. M. Parfait Maille auteur des « Recherches sur Elbeuf ». . . . . p. 482
12 Eglise de l'Immaculée-Conception p. 536

NOTA. — *Cette table servira d'avis au relieur.*

TABLE DES MATIÈRES

DU TOME X

I. (Juillet-Décembre 1846). — Mlle Georges à Elbeuf. — Condamnations à propos de l'émeute de mai. — L'attentat Henry ; adresse à Louis-Philippe. — Dernière exposition publique de criminel. — Elections municipales. — Grèves ; arrestations. — Le projet de caserne et l'intendance militaire. — La passion du jeu. — Elections dans la garde nationale. — Installation de la municipalité. — Cherté des vivres. . . p. 1

II. (Janvier-Mars 1847). — Cherté des subsistances ; proposition du maire. — Inquiétudes de la municipalité ; elle redoute la population de Caudebec. — Projet d'emprunt pour soulager la misère ; on préfère une souscription publique. — M Victor Grandin à la tribune ; le libre-échange. — Désordres à la halle au blé. — Un emprunt s'impose . . . . p. 22

III. (Avril-Décembre 1847). — Pétition ouvrière. — Travaux de charité pour les hommes sans travail. — M. Grandin soulève une tempête à la Chambre — M. David Dautresme. — Transfèrement du Tribunal de commerce. — Au Conseil municipal. — L'entrée des Sœurs de St-Vincent-de Paul à l'Hospice et au Bureau de bienfaisance. — Une grève. — Le comte de Salvandy, ministre, vient à Elbeuf. — Projet d'Ecole primaire supérieure. — La récolte de pommes. . . . . p. 40

IV. (Janvier-Février 1848). — Le travail des enfants dans les fabriques. — La Révolution de Février ; ses effets à Elbeuf. — Administration municipale provisoire. — Mesures pour le maintien de l'ordre. — Tout le monde est républicain ; le *Journal d'Elbeuf* aussi. — Proclamations aux ouvriers. — Le nouveau drapeau tricolore. — Le portrait de Louis-Philippe. . . . . p. 60

V. (Mars 1848). — L'Enseignement du peuple. — Fourniture de draps de troupe. — Nouvelle administration municipale provisoire ; M. Henri Sevaistre, 25° maire (provisoire) d'Elbeuf. — La garde nationale à cheval. — Discussions municipales. — Questions ouvrières. — Les comités politiques. — Le Comptoir d'escompte. — Une cantate. — Circulaires électorales. — Ateliers nationaux. . . . . p. 87

VI (Avril 1848). — On complète la Commission municipale provisoire. — Plantation d'un Arbre de la Liberté. — Élections législatives ; les candidats ; les résultats ; le citoyen Victor Grandin est réélu ; le citoyen Dobremel. — L'insurrection des 28-29 avril ; la garde nationale ; les barricade ; un mort et plusieurs blessés. — A l'Hôtel de Ville ; proclamation aux ouvriers. — Des troupes arrivent de Rouen ; arrestations. — Démission du maire et des adjoints. — Le citoyen Buée, 26° maire d'Elbeuf . . . . p. 118

VII. (Mai 1848). — Proclamations aux habitants et à la garde nationale. — Aux environs d'Elbeuf. — 160 arrestations. — MM. Bertrand Espouy, Félix et Hippolyte Limet — Nouvelle commission municipale ; son adresse aux représentants du peuple. — Élections dans les deux bataillons de la garde nationale ; M. F. M. Sevaistre, colonel. . . . . p. 148

VIII. (Juin-Juillet 1848). — Affaires diverses La fourniture de draps militaires — Dissolution des ateliers nationaux — L'insurrection de Juin à Paris ; un Elbeuvien mort et un blessé — Adresse aux représentants du peuple — Projet de fortification de l'Hôtel de Ville d'Elbeuf ; le vote du Conseil. — Une partie des insurgés d'avril en correctionnelle . . . . p. 164

IX. (Août-Décembre 1848). — M. Blanqui à Elbeuf. — Nouveau Conseil municipal. — Elections aux Conseils général et d'arrondissement. — Nouveaux troubles. — La journée de douze heures. — Paiement, en drap, des ouvriers. — Installation de la municipalité. — La garde nationale d'Elbeuf à Paris. — Promulgation de la Constitution — Banquets politiques. — L'élection du président de la République. — Conditions de place ; liste des fabricants — Les émeutiers d'avril en cour d'assises ; condamnations. p.183

X. (Janvier-Juin 1849). — Les frères Limet. — Réapparition du choléra. — L'élection de M. V. Grandin. — Distribution de drapeaux aux gardes nationales. — Mort de M. Petou. — Anecdote amusante — Les Sociétés elbeuviennes. — Le parti « démagogique ». — Adresses à Louis-Napoléon ; réponse du Président de la République. — Elbeuf à l'Exposition de 1849. . p. 207

XI. (Juillet-Décembre 1849). — Au tribunal de commerce. — Louis-Napoléon vient à Elbeuf ; proclamation, programme discours, décorations ; un dîner perdu. — Mort de M Victor Grandin ; la ville prend le deuil pour cinq jours ; les obsèques — Etat à Elbeuf. — Election législative ; quatre candidats ; M. M. Bourdon est élu p. 221

XII. (1850). — Faits divers. — Le centenaire Bigotti. — L'incendie de la Vallée. — Dissolution de la garde nationale de la Londe-Orival — Mutilation de l'Arbre de la Liberté. — Projet de monument à M. V. Grandin. — Fin de l'Ecole primaire supérieure — Situation de la manufacture elbeuvienne. — On reparle du projet de chemin de fer. . . . . p 243

XIII. (Janvier-Octobre 1851). — La fraction républicaine du Conseil municipal est remplacée. — Mort de M. Henri Sevaistre ; ses libéralités. — La ville vote 100.000 francs pour le chemin de fer de Serquigny. — Recensement — Vote de 280 000 francs pour une caserne. — Un miracle. — Erection du calvaire Saint-Auct. — L'affaire de la Caisse d'épargne. — Un homme enterré vivant. — Incendie Victor Grandin ; trois millions de pertes. — Fin de la garde à cheval. — M. Lefebvre-Duruflé . . . . p. 257

XIV. (Novembre-Décembre 1851). — Elbeuf à l'Exposition de Londres. — Découverte de poudre et de balles ; arrestation. — Le Coup d'Etat du 2 Décembre ; Elbeuf est mis en état de siège ; craintes de la municipalité ; demandes de troupes ; nouvelles arrestations ; adresse à Louis Bonaparte. — Félicitation à la garde nationale. — Le plébiscite. — Statistique. . . . . p. 272

XV. (Janvier-Juillet 1852). — Suppression de l'Arbre de la Liberté. — La caserne du Vallot. — Nouvelles arrestations politiques. — Les élections législatives ; quatre candidats ; M. Henri Quesné est élu. — Questions de chemins de fer ; pourparlers avec Louviers. — Déportation de républicains. — L'embranchement de Serquigny. — Prestations de serment. — Réorganisation de la garde nationale. . . . . p. 290

XVI. (Août-Décembre 1852) — Elections au Conseil général, au Conseil d'arrondissement, au Conseil municipal — Refus de prestation de serment. — Inauguration du monument Victor Grandin. — Le complot de Marseille ; adresse à Louis-Napoléon. — L'école congréganiste de la rue de Paris. — Pétition de 272 gardes nationaux. Nouveau plébiscite. — Napoléon III empereur ; proclamation et fêtes à Elbeuf . . . . . p 308

XVII. (1853). — Mariage de l'empereur ; adresse. — Les sœurs du Bureau de bienfaisance. — Serments politiques. — Lettre au ministre ; la ligne d'Oissel à Serquigny au Conseil municipal et à la Chambre consultative — Le peintre Aubert ; le « Mariage de Tobie ». — Elbeuf à l'Exposition de Londres. — Statistique industrielle et commerciale . . . . p. 325

XVIII. (1854) — Une crise. — La guerre d'Orient. — Les draps de troupe ; nouvelle adresse à l'empereur. — Les draps velours ; procès. — Suppression des ravines ; construction d'aqueducs. — La Chambre consultative et les draps de Montagnac. — Régates. — Au Bureau de bienfaisance. — Incidents au Conseil municipal. — Un emprunt. — La télégraphie — Les heures de repas. — Les pontons. . . . . p. 341

XIX. (1855). — Encore les draps de troupe ; commande à l'étranger ; réclamation des fabricants elbeuviens. — La crise commerciale et alimentaire continue. — Condamnation du ministre protestant. — Elections municipales ; rapport policier ; dissolution du Conseil ; commission municipale. — Elbeuf à l'Exposition de 1855. — La guerre de Crimée (suite) . . . . p. 370

XX. (1856). — Le bureau télégraphique. — Naissance du prince impérial ; adresse à l'empereur. — Projet de suppression des droits de douane ; nouvelle adresse. — Voirie et travaux publics. — Ecroulement du pont de Pont-de-l'Arche. — La garde nationale reçoit un nouveau drapeau. Projet de construction d'une troisième église. — A la Chambre consultative. — La ligne de Serquigny ; encore une adresse à l'empereur. p. 393

XXI (1857). — Toujours les draps dits velours et M. de Montagnac. — Projet d'une Société industrielle — Cavalcades. — Elbeuf à l'exposition de Rouen. — Elections législatives ; candidatures officielles ; M. Quesné est réélu. — Mort de M. Randoing. — Députation vers l'empereur ; l'embranchement de Serquigny. — Ambassade persane à Elbeuf. — Agrandissement du théâtre. — Les travaux du quai — Le legs Charvet. p. 418

XXII. (1858). — L'attentat d'Orsini ; adresse à l'empereur. — Métiers mécaniques pour draps. — Les médaillés de Sainte-Hélène — Les soldats de la guerre de Crimée. — Libraires et imprimeurs. — La rue Berthelot et la place de la Poissonnerie. — Election au Conseil d'arrondissement. — Mac-Mahon à Elbeuf. — Etat de la fabrique elbeuvienne. — Un commissariat central. — Mort de M. Th. Chennevière. — Les aqueducs. — Les draperies nouveautés . . . p 440

XXIII. (1859). — Faits divers — La guerre d'Italie ; proclamation au public ; adresse à l'empereur ; fêtes ; la paix — L'incendie du 2 novembre. — Projet d'un Hôtel de Ville sur le lieu du sinistre. — La rue Sainte-Sophie. — Elbeuf à l'Exposition régionale de Rouen. — Une centenaire — Les vols de fabrique. — Premiers cours et première assemblée de la Société industrielle. — M. Maille et ses « Recherches sur Elbeuf » . . . . p. 464

XXIV. (1860). — Les traités de commerce ; vaines réclamations de la fabrique d'Elbeuf. — Le chemin de fer de Serquigny ; nouveau déboire pour la ville. — Ouverture du musée. — Pose de la première pierre de la nouvelle église. — Projet de reconstruction de l'Hôtel de Ville place du Coq. — Grands projets de voirie et d'un emprunt de 1.200.000 fr. — Elections au conseil municipal. — La rue Saint-Laurent. — Statistique commerciale. — Les laines. — Le pont fixe de la rue de Paris . . . . p 484

XXV (1861). — Toujours le chemin de fer de Serquigny. - Les rues Dautresme. Solférino et Magenta · Incendies — La Société d'Archéologie. — Création de la Chambre de commerce. — Régates. — Election au Conseil général. — Le pont de la rue de Paris. — Il est question

d'un service d'eaux — L'alcoolisme à Elbeuf.
— Visite de l'ambassadeur de Perse. — Addition
à l'église nouvelle. — Statistique. . . . p. 5ʻ9

XXVI. (1862). — Nouvelles protestations à
propos du chemin de fer. — Conditions et usages
de place. — Elbeuf à l'Exposition de Londres.
— Les fêtes de juillet ; congrès, tenu à Elbeuf,
de l'Association normande ; concours agricole ;
exposition industrielle ; exposition archéologique
et artistique. — Délimitation de la paroisse de
l'Immaculée-Conception. — Députation d'Elbeuviens vers le ministre des Travaux publics. —
Le titrage métrique des filés. . . . . . p. 523

XXVII. (1863). — Une proposition de M. Bourdon. — La station de Tourville. — Adoption du
projet d'Hôtel de Ville et de grands travaux de
voirie. — Vote d'un emprunt de 2 millions de
francs — Projet de suppression de l'île de l'Epinette. — Elections législatives ; M. Quesné réélu,
contre MM. Bourdon et Manchon. — Empoison
nement de la Seine — En fabrique ; la vente par
petites coupes. — Dépenses supplémentaires pour
l'église nouvelle . . . . p. 539

XXVIII (1864). — Les rues Dévé et de Grande-
Jonction. — Nouvelles fontaines. — L'industrie
elbeuvienne ; 110 millions d'affaires en un an.
— Election au conseil d'arrondissement. — On
fixe l'emplacement de l'Hôtel de Ville. — L'emprunt est porté a 2.500.000 francs. — Mort de
M. Constant Leroy. — On lance le pont d'Orival.
— Mort de l'amiral Tardy. — Le chemin de 'er
d'Orléans à Rouen. — A la Chambre de commerce. — Statistiques. . . . . p. 559

XXIX. (1865). — Toujours le chemin de fer de
Rouen à Orléans. — Mort de l'abbé Poulain. —
Les ponts tubulaires. — La rue Clémentine (Th.-
Chennevière). — Le Cercle des commerçants. —
Ouverture de la ligne de Serquigny. — Élections
au Conseil municipal. — Les grands travaux

municipaux sont approuvés. — L'astronome Leverrier à Elbeuf. — Achèvement de l'Immaculée. — Incident entre la Chambre de commerce et la Société industrielle. . . . . p. 572

Table des gravures . . . . p. 591

FIN DE LA TABLE

Elbeuf. — Imprimerie H. SAINT-DENIS.

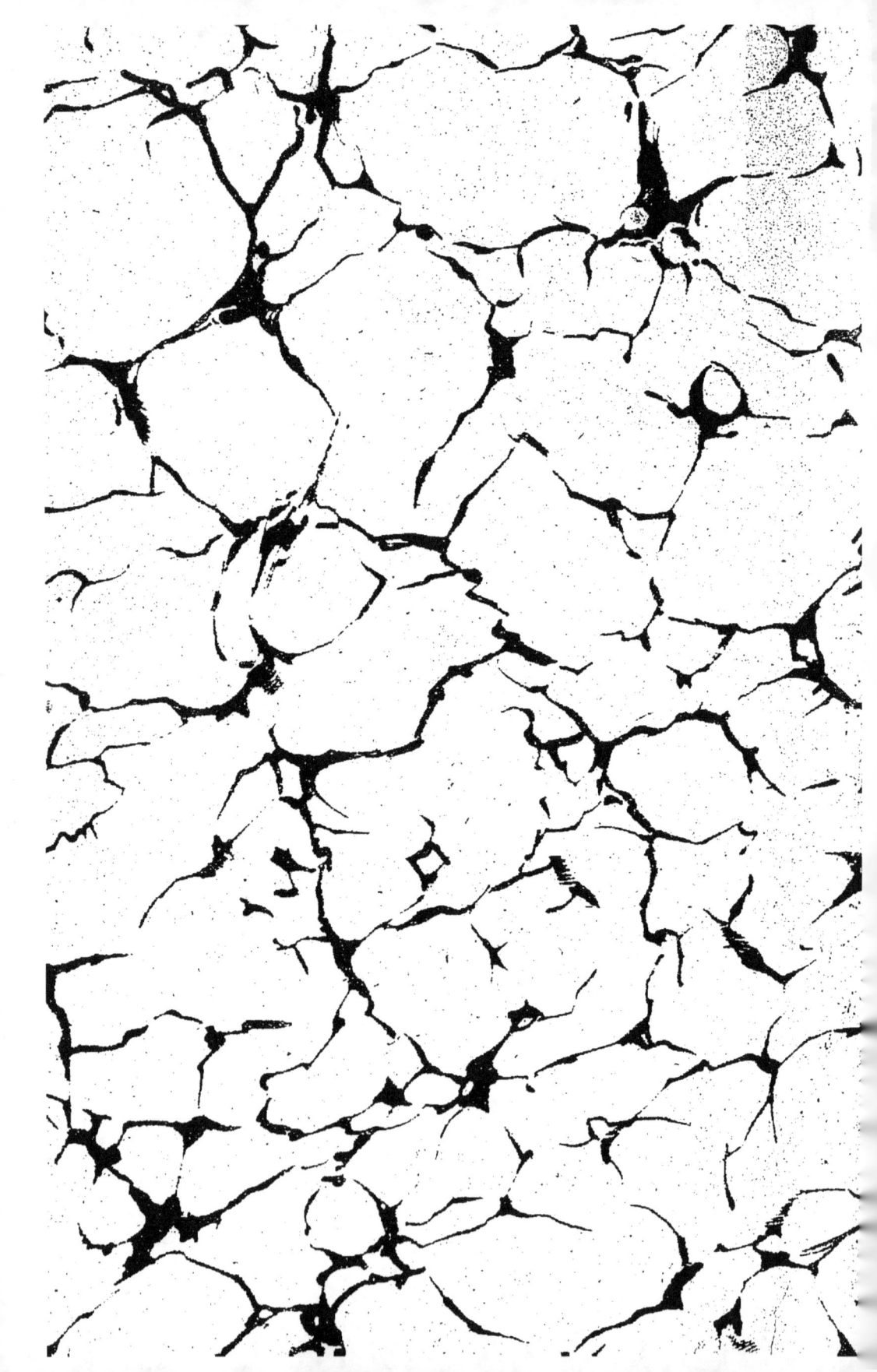